"十四五"普通高等教育精品系列教材

# 新编国际商务谈判

▶ 左世翔◎编 著

西南财经大学出版社

中国·成都

图书在版编目(CIP)数据

新编国际商务谈判/左世翔编著.—成都:西南财经大学出版社,2023.10
ISBN 978-7-5504-5954-0

Ⅰ.①新… Ⅱ.①左… Ⅲ.①国际商务—商务谈判 Ⅳ.①F740.41

中国国家版本馆 CIP 数据核字(2023)第 193062 号

## 新编国际商务谈判

XINBIAN GUOJI SHANGWU TANPAN

左世翔 编著

策划编辑:雷静
责任编辑:雷静
责任校对:李建蓉
封面设计:墨创文化 张姗姗
责任印制:朱曼丽

| | |
|---|---|
| 出版发行 | 西南财经大学出版社(四川省成都市光华村街 55 号) |
| 网　　址 | http://cbs.swufe.edu.cn |
| 电子邮件 | bookcj@swufe.edu.cn |
| 邮政编码 | 610074 |
| 电　　话 | 028-87353785 |
| 照　　排 | 四川胜翔数码印务设计有限公司 |
| 印　　刷 | 郫县犀浦印刷厂 |
| 成品尺寸 | 185mm×260mm |
| 印　　张 | 18.25 |
| 字　　数 | 430 千字 |
| 版　　次 | 2023 年 10 月第 1 版 |
| 印　　次 | 2023 年 10 月第 1 次印刷 |
| 印　　数 | 1— 2000 册 |
| 书　　号 | ISBN 978-7-5504-5954-0 |
| 定　　价 | 48.00 元 |

21世纪普通高等院校系列规划教材自2008年首次策划和出版以来，通过西南地区普通高等院校经济管理学院院长联席会议多轮次研讨，按照"分类指导、突出特色、重在改革"的原则，以教育教学改革和优质资源共享为手段，以提高人才培养质量为目标，先后编写和出版了九个系列百余本经济管理类本科教材，对推动普通高等院校经济管理类本科教材建设和课堂教学质量提升取得了良好的效果。

党的十九大以来，中国高等教育进入了新的发展阶段。以习近平同志为核心的党中央高度重视高等教育，对高等教育工作做出了一系列重大决策部署，要求高校落实立德树人的根本任务，坚持"以本为本"、推进"四个回归"，建设一流本科教育。《教育部关于加快建设高水平本科教育全面提高人才培养能力的意见》（又称"新时代高教40条"）对新时代高等教育的指导思想、总体目标和主要任务进行了全面和系统的规定。2018年，教育部启动"六卓越一拔尖"计划2.0，提出了建设新工科、新医科、新农科、新文科，其中新文科建设成为人文社科类一流本科专业建设的目标和方向。

近20年来，无论是财经院校或综合性高等院校，还是地方院校或专业性高等院校，经济管理类专业招生规模增长迅速，经济管理类专业建设是新文科建设的重要内容。在新文科建设背景下，近年来，有专家、学者根据经济管理类专业的教育教学规律和特征，提出了新财经和新商科教育的理念。新文科就是用符合世界高等教育发展规律和中国特色社会主义建设要求的新理念、新模式、新理论和新方法，改造传统的人文社科专业，以实现人文社科专业的新交叉、新功能、新范式与新路径。它是一个覆盖哲、史、经、管、文、教、法七个人文社科学科门类的广义概念。新文科建设主要包含学科专业交叉、人才培养和教育教学改革三个方面。新财经是新文科的一个分支，是经济学与管理学门类学科专业的新文科建设。概括而言，就是根据教育发展规律，立足中国基本经济制度和经济社会发展的阶段性特征，用新理论、新思想、新技术和新方法改造传统的经济管理学科教育教学，达成经济管理学科教育教学的新体系、新模式、新路径和新质量。新商科是新文科的建设思路在管理学科专业特别是工商管理和部分应用性经济学科专业的应用，目的是培养既掌握商科知识，又具有现代技术特别是信息技术运用能力的应用型和管理型人才。

教育部建设一流本科教育的主要抓手是一流专业、一流课程的两个"双万计划"，并对一流课程建设提出了体现高阶性、创新性和挑战度的"两性一度"要求，而一流课程必须有一流的教材支撑。"新时代高教40条"对一流教材也提出了明确要求，即必须创新教材呈现方式和话语体系，实现理论体系向教材体系转化、教材体系向教学体系转化、教学体系向学生知识体系和价值体系转化（三个"转化"），体现教材的科学性、前沿性，增强教材的针对性、实效性，让教材成为教书和育人相统一的载体。这意味着在新文科建设背景下，新财经教材既要服务于一流课程建设，提高"两性一度"，又要服务于中国特色的哲学社会科学理论体系、学术体系和话语体系，更要服务于本科教育教学的知识传授、价值塑造和能力培养三大基本功能的发挥。党的二十大报告指出"加强教材建设和管理"。因此，编委会决定按照新文科建设的新要求，以新财经教材为目标，引导和指导各相关教师对已有课程教材进行大幅度的修订或重编，并根据本科专业建设和发展的需要，组织编写新课程教材。总体而言，我们将对新财经教材进行三项改革，并力图体现三个特征：

第一，改革教材的理论知识体系，吸收最新学科专业成果，体现出新财经教材的科学性和挑战度。其一，教材必须要吸收最新学科理论成果。进入新世纪以来，随着科技革命的不断深入，经济不断全球化和信息化，以科技为先导、以经济为中心的综合国力竞争不断加剧，再加上气候变化、新冠疫情（新型冠状病毒感染）、贸易保护主义抬头、逆全球化和全球不断加剧的滞涨，传统的经济管理理论受到巨大挑战，新的经济理论和管理理论成果不断出现，这需要我们把这些理论新成果添加进教材，升级理论框架。其二，教材必须要吸收专业交叉的知识。科技创新有原始创新、集成创新和引进消化再创新三种方式，其中集成创新就是多个学科专业、多种技术手段的集成和交叉融合创新，是创新的主要方式。专业交叉也非常有必要，当前主要是现代信息技术与经济管理专业知识的交叉和融合，因此要更新知识体系，体现出学科知识的科学性和交叉融合性。其三，教材必须要增"负"和提高挑战度。较长时间以来，大学本科的"水"课多和"严进宽出"一直为社会所诟病，同时产业升级、经济发展对学生的知识水平和综合实践能力的要求也不断提高，为了支撑一流课程建设，必须为教材增"负"和提高挑战度。

第二，改革教材的价值体系，服务中国经济科学和经济建设，体现新财经教材的价值引领和目标导向。其一，教材建设必须要体现中国特色哲学社会科学的建设成果。习近平总书记指出，要从我国改革发展实践中提出新观点、构建新理论，努力构建具有中国特色、中国风格、中国气派的学科体系、学术体系、话语体系；《中共中央关于加快构建中国特色哲学社会科学的意见》要求加快构建中国特色哲学社会科学。较长时期以来，西方经济学理论和方法在我国经济学科建设中占据了重要地位。新财经教材必须在理论体系和教学内容上做出重大转变，以习近平新时代中国特色社会主义思想为指导，综合运用马克思主义政治经济学理论和借鉴吸收西方主流经济理论，建构中国经济学科的理论框架，解决"道"的问题；总结提炼中国经济改革开放实践经验和参考借鉴西方资本主义经济方法、机制等设计中国经济运行的模式、机制和路径，解决"术"的问题，做到以道驭术、以术行道。其二，教材必须致力于培养中国特色社会主义经济建设者和接班人。不同于西方的资本主义经济制度，党的十九届四中全会指出，中国社会主义基本经济制度有三项：公有制为主体、多种所有制经济共同发展，按劳分配为主体、多种分配方式并存，以及社会主义市场经济体制。新财经教材必须立足于既能巩固和发展中国的基本经济制度，又能借鉴西方经济学的理论和方法，推动人类命运共同体建设。总之，新财经教材要有利于学生实现三个维度的教育教学目标：掌握基本知识、基本理论和基本方法的知识目标，提高学生思想政治素质和经世济民情怀的素养目标，增强学生运用现代科技手段进行经济分析和经营管理的能力目标。

第三，改革教材呈现方式，兼顾教育教学的需求，体现教材的现代性和应用性。其一，教材要便于以学生为中心的自主学习。要运用新一代信息技术，采用互联网、二维码、微视频等现代信息技术手段呈现教材内容、教学资源，加快数字化教材建设，同时服务于 MOOC、SPOC 和微课等新型课程形式，加快教材与课程一体化建设，方便学生自主学习。其二，教材要便于教师组织系统性教学。围绕当前的一流课程建设，教材的结构要兼顾理论教学与实验教学、第一课堂与第二课堂相融合、线下与线上教学的需要，教材的呈现形式需要更加多样化。其三，教材要服务于普通本科的应用性教学。普通高校以培养应用型人才为主，教材必须做到产教融合，即把握产业发展趋势，反映行业的新知识、新技术和新进展，关注新行业、新业态和新产品，体现教材的针对性和实效性。

为了编好本系列教材，西南财经大学出版社采取了与之前不同的模式，根据教材性质和特点有针对性地邀请有相同任课经历的资深教授担任匿名评审专家，从而对教材进行审计并提出评阅意见，供教材编委会参考。在出版社的组织和协调下，该系列教材由各院校具有丰富教学经验的高级职称教师担任主编，由主编拟订教材编写大纲，经教材编委会审核后再修订或编写。同时，每一种教材均由多所院校的一线教师合作，取长补短、共同提升。截至 2021 年年底，该系列教材中已有 10 多种成为省部级一流课程或课程思政示范课教材。

我们希望，在新文科建设背景下，在新财经和新商科教育目标下，通过主编、编写人员及使用教材的师生的共同努力，让此系列教材成为支持新时代普通本科院校一流专业和一流课程建设的一流教材。最后，我们对各经济学院、管理学院和商学院院长的大力支持、各位编者的认真编写以及西南财经大学出版社编辑的辛勤劳动表示衷心的感谢！

编委会

2022 年 12 月

前言

　　国际商务谈判是放眼世界的谈判、围绕商务的谈判和充满智慧的谈判。国际商务谈判亦是对外经济贸易作的重要环节，发挥着促进国际商务发展、增进国内外企业联系和拓展国际市场空间等积极作用。随着世界经济的全球化和中国对外开放战略的不断深入，中国的国际商务人才必须满足"质"和"量"的双重要求，而面对"一带一路"倡议和国际经贸格局的最新发展，学好国际商务谈判的知识与技能已十分必要。笔者编著《新编国际商务谈判》教材正是为了满足我国普通高等学校新时代人才培养的迫切需要，为培养更多懂得国际商务知识、掌握涉外谈判技能及具备文化礼仪素养的复合型、应用型、创新型商贸人才提供帮助。

　　本教材共八章，第一章至第二章为国际商务谈判的理论部分，主要讲述国际商务谈判的概念、特征、要素及程序等内容，以及与谈判相关的经济学、心理学及博弈论等理论。第三章至第六章为国际商务谈判的实务部分，主要讲述国际商务谈判的准备环节、开局环节、磋商环节及结束环节的相关工作要点、策略技巧及注意事项。第七章至第八章为国际商务谈判的背景部分，主要讲述跨文化谈判、世界各国文化与谈判风格、国际商务礼仪等内容。

　　本教材将新时代国际商贸类人才应当具备的政治素养与思想认识融入教学内容当中，从而实现了"课程思政"和人才培养的有机结合。就总体而言，本教材定位准确、内容充实、结构严谨、特色鲜明，兼具理论性与实践性，融合专业性与通识性，适合国际经济与贸易、国际商务、国际金融、经济学、跨国企业管理、国际市场营销、工商管理及涉外文秘等专业或课程的学生学习，也可作为国际商务人士、外贸从业人员、经济管理干部、工商企业职员及自主创业人员的自修教材和参考用书。另外，除了《新编国际商务谈判》教材，笔者还编著了《新编国际贸易理论与实务》和《新编客户关系管理》教材，从而形成了一套具有微专业特征的新编系列教材。其中，"谈判"教材解答了如何谈成国际交易，"贸易"教材回答了如何做好国际交易，而"客户"教材讲解了如何与客户保持长期合作，从而形成了一套高效务实的国际商贸经营模式与操作流程。这三本教材可以配套使用，在此推荐给大家。

为方便教师备课和学生学习，本教材不但提供了大量习题、案例、试题及课件等教学资源，还在智慧树网站同步开设了新编国际商务谈判、新编国际贸易实务等在线课程（详情可扫描封底勒口的二维码），教师和学生可以借助慕课、微课和翻转课堂等现代教育技术手段开展线上线下相结合的混合式教学活动与自主学习。

左世翔

2023 年 7 月

目录

# 第一章

# 国际商务谈判概述

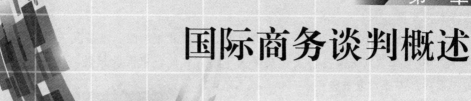

■**学习目标**

知识目标：理解国际商务谈判的概念与内涵，掌握国际商务谈判的特征与作用，熟悉国际商务谈判的要素与类型，明确国际商务谈判的程序与原则。

能力目标：能够辨析国内商务谈判与国际商务谈判的异同，能够根据国际商务谈判的要素差异灵活适用地策划谈判程序。

素养目标：懂得参与国际商务谈判的政策、法规、原则与规范，能够在涉外经济管理工作中展现高度的社会责任感、进取的事业心和深厚的家国情怀。

■**学习重点**

国际商务谈判的"国际""商务"和"谈判"三项内涵；国际商务谈判的涉外特征；国际商务谈判的主体、客体和环境；让步型谈判、立场型谈判和原则型谈判的含义与适用情形；国际商务谈判的六大基本原则。

 **开篇阅读资料**
KAIPIAN YUEDU ZILIAO

### 中国加入世贸组织：拥抱世界，造福世界

这是历史性的一刻！

当地时间 2001 年 11 月 10 日 18 时 39 分，在卡塔尔首都多哈喜来登酒店萨尔瓦会议大厅，随着世界贸易组织第四届部长级会议主席，卡塔尔财政、经济和贸易大臣卡迈勒手中击槌轻落，会议通过了关于中国加入世界贸易组织的决定。

1947 年 10 月，世贸组织的前身关贸总协定在瑞士日内瓦签订，中国是关贸总协定的创始国之一。中华人民共和国成立后，由于历史原因，中国与关贸总协定之间的正式关系长期中断。

20 世纪 80 年代初，为进一步对外开放，中国开始酝酿、准备复关事宜，并于 1986 年 7 月 10 日正式向关贸总协定递交复关申请。自此，中国以积极、认真、合作和务实的态度参加并推动复关谈判。

1995 年 1 月 1 日，世贸组织代替关贸总协定正式成立。同年，中方决定申请入世，并根据要求，与世贸组织的 37 个成员开始了双边谈判。

从 1997 年 5 月与匈牙利最先达成协议，到 2001 年 9 月 13 日与最后一个谈判对手墨西哥达成协议，直至 2001 年 9 月 17 日，世贸组织中国工作组第十八次会议通过中国入世法律文件，这期间起伏跌宕、山重水复。其中，中美谈判进行了 25 轮，中欧谈判进行了 15 轮。

备受瞩目的中美谈判范围广、内容多、难度大。1999 年 11 月，经过六天六夜的艰苦谈判，这场最关键的战役取得双赢结果，于当月 15 日签署双边协议，为谈判的最终成功铺平了道路。次年 5 月 18 日，中欧谈判也正式达成双边协议。

经过艰苦努力，美欧等发达经济体同意"以灵活务实的态度解决中国的发展中国家地位问题"，中方最终与所有世贸组织成员就我国加入世贸组织后若干年市场开放的领域、时间和程度等达成了协议。双边谈判的结果是平衡的，符合世贸组织的规定和我国经济发展的水平。

2001 年 12 月 11 日，我国正式加入世贸组织，成为其第 143 个成员，标志着中国对外开放进入了一个新的阶段。

资料来源：2021 年 4 月 6 日的《人民日报》。

**思考：**

回顾中国加入世贸组织起伏跌宕的谈判进程，谈谈你所理解的国际商务谈判及其特征。

## 第一节 国际商务谈判的概念与内涵

### 一、国际商务谈判的概念

#### （一）谈判

从字面上讲，谈判一词包括了"谈"和"判"两部分含义。"谈"即谈论、讨论、交流，"判"即分辨、评判、决定，合起来即在协商中达成一致。作为一种古老而常见的议事方式，谈判被广泛应用在经济、管理、政策、科技及外交等众多领域。

本书认为，谈判（negotiation）是指参与某项活动的各方当事人围绕共同关心的议题所进行的信息交换、意见征询、问题磋商等交流活动，以求在协调一致的情况下达成协议或建立共识。一般而言，谈判的概念又可分为狭义与广义两种。狭义的谈判仅仅是指那些在正式场合进行的谈判，对谈判的时间、地点、人员、程序、议题及环境等有着严格的规范与要求；而广义的谈判则包括了除正式谈判以外的一切人与人之间的协商、交涉、探讨、磋商、沟通及说服等活动，对谈判的时间、场合和形式等并没有严格的限制。

实际上，谈判并不是一项简单的交流活动。谈判各方不仅谋求一个令彼此都满意的结果，还要经历一个复杂多变的过程。在谈判的过程当中，各方当事人会以自身利益为出发点，综合考虑谈判态势和共同目标，或在冲突中让步，或在僵局下妥协，最终才能达成一致、实现均衡。可以说，谈判也是一项协调各方关系、再分配各方利益、解决各方矛盾的常见社会活动。

### （二）商务谈判

商务活动（business activities）是社会经济活动的重要组成部分，是相关当事人为了达到一定的商业目的而开展的各类经济管理活动。在实践中，商务活动的形式与内容非常丰富，既包括与经济交易直接相关的贸易、投资、并购、合作及租赁等，也包括服务于经济交易的会议、展览、交流、考察及培训等。可以说，一切以营利为目的的行为都属于商务活动的范畴。然而，在竞争激烈的市场环境当中，顺利地销售商品或服务并非易事，企业需要协调与各个利益相关方的关系，因而商务领域的沟通与谈判几乎是无处不在的。

本书认为，商务谈判（business negotiation）是指参与商务活动的各方当事人围绕经济利益或商业目的所开展的谈判活动。商务谈判是谈判在经济管理领域的重要应用，主要协调的是交易行为、经济关系和商业利益，并广泛存在于政府与企业之间、企业与企业之间、服务机构与企业之间的各类商业活动当中。例如，常见的商务谈判包括货物买卖合同谈判、投融资协议谈判、工程承包项目谈判、服务与技术协议谈判、劳务与合作项目谈判、争端解决与损失赔偿谈判等。有时，企业面对用户、顾客及消费者个人所进行的沟通活动，也可被视为商务谈判的一种类型，其原理与技巧仍然符合"人与人之间的沟通"这一谈判的本质特征。

### （三）国际商务谈判

国际商务（international commerce）是对跨境商务活动的总称，包括在不同国家或地区间进行的商品、服务、劳务、资本、技术及知识等资源的国际转移。国际商务的具体形式十分丰富，涉及的内容也很多，常见类型包括国际货物贸易、国际服务贸易、国际技术贸易、国际直接投资、国际间接投资及国际劳务等。商务谈判亦是国际商务的重要内容之一。不难想象，无论是大宗交易还是跨境零售，任何一项合同的签署或意向的达成，都离不开商务谈判的积极作用。

本书认为，国际商务谈判（international business negotiation）是指从事国际商务活动的各个利益主体，围绕某项交易的达成而进行的一系列协商沟通活动。我们也可以将国际商务谈判概括为这样一个过程，即来自不同国家或地区的商人，基于对国际市场与谈判双方的信息了解，本着自愿、平等、诚信、友好等基本原则，灵活运用各种谈判策略与技巧，为实现自身利益的最优化进行反复沟通与磋商，最终在让步与妥协中达成一致并签订合同。很显然，国际商务谈判与国内商务谈判不同，具有很强的涉外性特征，即所涉及的"人"和"事"必须跨越国界或关境。例如，国际商务谈判的利益主体通常为来自世界不同国家或地区的公司、企业、商业团体及个人等，谈判的内容也主要针对国际贸易、国际投融资及国际交流合作等。同时，国际商务谈判的难度更大、过程更复杂，对谈判参与者的要求也更高。例如，在与外国企业或商人展开谈判时，本国企业需要面对国内外的各种差异，克服包括政策法律、文化礼仪、商业习惯及语言文字等方面在内的各种障碍。可以说，国际商务谈判是国内商务谈判的对外延伸，是商务谈判的最高层次和最复杂形式。

## 二、国际商务谈判的内涵

国际商务谈判是一类特殊的谈判类型，我们需要从"国际""商务"和"谈判"这三个关键词来把握其内涵。

### （一）放眼世界的谈判

"国际"属性丰富了谈判活动的内涵，并使其成为国际化的谈判。国际化又具体体现在三个方面。

首先，国际商务谈判的参与者必须有来自国外或境外的法人或自然人。例如，采购国内工业品的外国进口商、推销加工贸易原材料的海外出口商、提供跨国中介服务的境外代理商等。简言之，只要参与谈判的任何一方来自其他国家或境外地区，这场谈判就符合国际化特征。

其次，国际商务谈判的开展需要在世界政治经济文化的大背景下进行。例如，谈判所达成的合同或协议需要满足国际法或国际惯例的要求；谈判开展的方式与程序务必尊重不同国家的文化与习俗；谈判各方所谋求的利益要符合世界市场变化和产业经济波动的基本格局。可以说，国际商务谈判的参与者要力争成为了解世界的通才，在谈判中做到"立足本国、放眼世界"。

最后，国际商务谈判的内容主要是一些涉外经济管理活动。例如，磋商国际货物销售合同的签订、谈判国际招商引资项目的落地、洽谈跨国公司的兼并与收购、商讨跨国技术或专利的转让等。换言之，国际商务谈判涉及外贸、外资等国际经济活动，通常都不是国内企业能够单独完成的简单交易。

### （二）围绕商务的谈判

"商务"属性限定了谈判活动的内涵，并使其具备了鲜明的商务特色。商务特色又主要反映在三个方面。

首先，驱动国际商务谈判的核心是利益。最大化或最优化自身利益是参与谈判的各方当事人的基本出发点。这里的利益（benefit）也是一个具有广泛含义的概念，既可以被概括为经济利益与非经济利益的总和，也可以被定义为个体利益、集体利益和社会利益的加总。实践表明，只要可以谈判，就说明各方当事人存在利益冲突并愿意通过谈判来重新协调利益。如果能在保障自身利益的前提下扩大共同利益，则更能体现谈判的重要价值。

其次，左右国际商务谈判的主因是关系。按照社会学的观点，一切经济管理现象都受到社会关系的影响。商务谈判也不例外，其实质仍然是对旧有关系的突破和对新型关系的探索。实践表明，谈判涉及的关系类型也很丰富，既包括了社会关系中的人际关系、信任关系、情感关系等，也包括了商业关系中的客户关系、竞争关系、合作关系等。

最后，规范国际商务谈判的工具是礼仪。按照国际惯例，参与国际商务谈判的各方当事人务必遵守相应的商务礼仪，这既是对谈判对手的一种礼貌和尊重，又是协调各方关系、消除沟通障碍的有效手段。如今，国际商务礼仪规范已十分成熟，内容涵盖形象、迎送、会谈、宴请、馈赠、交际等方方面面，早已成为涉外企业或机构从业人员的基本业务素养。

### （三）充满智慧的谈判

"谈判"属性决定了"人"在这项工作中的主观能动性，并使其拥有了无限的创造力。国际商务谈判终究是人与人之间的沟通与协商，离不开各方谈判团队及其人员在智力、精力及体力等方面的较量，是一场充满智慧的"竞争"。具体而言，人们在国际商务谈判当中的智慧主要体现为两个方面。

一方面，谈判已成为一门成熟的科学。这门谈判科学在长期的实践当中形成，是人们智慧与经验的积累。从理论上看，国际商务谈判不仅符合经济学、管理学及社会学的观点，更体现了心理学、博弈论等众多理论的交叉融合。如今，一套相对完整的谈判理论已经形成，整个谈判过程也被划分为谈判前的准备、谈判前期的探测、谈判进程中的磋商及谈判结束后的签约等主要阶段。可以说，对于完成一场成功的国际商务谈判已经形成了一套严谨、规范、有章可循的科学流程。

另一方面，谈判还是一门精彩的艺术。这门艺术始终处于不断创新与发展的进程当中，人们的谈判智慧似乎也永无止境。例如，面对同样的谈判议题，不同的谈判者往往会有截然不同的表现。不同的谈判者会根据自身特质设计谈判流程、选择谈判策略、施展谈判技巧，从而形成不同的谈判氛围、议事风格、个人魅力及攻防效果。即使谈判的结果相似，谈判的过程也会千差万别。可以说，国际商务谈判并没有"标准答案"，每一环节都能体现参与者——"人"的独特思考与行动，因而堪称是充满了智慧的谈判艺术。正所谓，谈判"一半是科学，一半是艺术"。

## 第二节　国际商务谈判的特征与作用

### 一、国际商务谈判的特征

国际商务谈判由于是一类特殊的商务谈判，因而既具有一般商务谈判的共性特征，也具有涉外商务谈判的专有特征。

### （一）国际商务谈判的一般特征

**1. 强调经济效益**

商务谈判是促进企业开展经济业务的重要手段，因而商务谈判的参与者会以盈利为目的，强调谈判成果的经济效益。众所周知，经营性企业的主要盈利方式是对外售卖商品或提供服务。商务谈判的重要意义就在于能够降低成本、开拓渠道和克服障碍，而企业开展商务谈判的能力也已成为企业参与市场竞争与合作的一项基本生存能力。可以想象，为了持续盈利，企业需要通过谈判同产业链中的各个利益相关者建立起稳定的商业关系。例如，同产业链上游的供应商谈判，企业可以获得廉价的原材料或半成品；同产业链下游的分销商谈判，企业可以拓展市场空间和打开产品销路。可以说，企业的每一次商务谈判都是服务于企业的经营管理目标的，而是否取得经济效益，就是检验企业对外谈判成败的一项关键指标。

**2. 突出交易条件**

成功的商务谈判大多以达成协议和签订合同为结果，谈判的主要焦点是合同中的各项具体交易条件。以常见的国际贸易合同谈判为例，进出口双方的谈判要点就是国际贸易合同的各项具体条款，包括品名条款、品质条款、数量条款、运输条款、保险条款、价格条款、收付款方式条款、商检条款、仲裁条款及不可抗力条款等。每一项合同条款都涉及交易双方的切身利益，因而都需要进行一定的磋商和谈判。其中，围绕价格条款的谈判被认为是整个商务谈判的核心内容。进出口双方都会在谈判前预设最低价格和最高价格，而最终的成交价格一定是基于双方谈判实力与技巧的均衡价格。类似地，对于其他交易条件的谈判，交易双方也都可以按照价格谈判的模式来进行。因此，国际商务谈判的过程也被习惯性地概括为询价、发价、还价和接受四个基本环节，可见价格谈判的代表性和重要性。

**3. 充满博弈思维**

商务谈判并不是一场简单的分配活动，各方当事人也不会在合同中平均分配各种权利、责任与义务。究其原因，主要是因为谈判各方既不能全面掌握有关交易的信息，也不能看透对方的底线与实力，从而只能在一次次的试探中尽可能地使谈判的结果接近自身的预期目标。因此，商务谈判的过程近似于一场冲突与合作并存的博弈过程。

所谓博弈（game），其实质就是一系列瞄准目标的、基于信息的、运用策略的竞争。一方面，谈判中的冲突（conflict）是指在谈判的各方当事人之间存在的明显的争执，表现为对某个问题存在不同的观点或意见。最典型的例子就是价格，买方的出价通常较低，而卖方的出价一般较高，双方的初始价格往往都有明显的差距。另一方面，谈判中的合作（cooperate）则是指谈判的各方当事人会为了共同的利益而彼此配合、一致行动，这主要表现为能够运用让步来化解僵局，力争做到"求同存异，彼此共赢"。例如，在谈判的每一阶段，总有一方会为了合作而首先调整自己的要求，尽量用局部较小的"牺牲"来换取整体较大的"收获"。可以说，商务谈判就是各方当事人比拼智慧与实力的博弈过程，各方都需要思考如何选择最佳的谈判策略与技巧，从而真正成为商务谈判的最后赢家。

### （二）国际商务谈判的涉外特征

1. 需要注意的政策性约束较多

国际商务谈判涉及大量的国内外法律、规定及惯例，是一类政策性很强的商务活动。一场国际商务谈判的成败，还关系着参与企业能否利用好国际国内两个市场、两种资源。

首先，国际商务谈判受到各国国内法的约束与规范。目前，各个国家或地区的内部法律并不统一，这就导致国际商务活动常常受到不同政策法律环境的影响。为了规避因法律差异而产生的各类风险，国内企业需要熟悉并掌握相应的国际商法。国际商法（international commercial law）是专门规范国际各类商事活动的法律汇总，对于保障涉外企业的合法权利有着重要意义。常用的国际商法包括公司法、合同法、金融法、贸易法、投资法、票据法及仲裁法等具体法律，这些法律是每一个涉外企业的"必修课"。

其次，国际商务谈判受到各种国际惯例的制约与影响。在开展国际市场经营活动时，可能涉及国际贸易、国际结算、国际投资、国际运输、国际金融、国际保险、国际税收等各项业务，这就要求国内企业必须熟悉并遵循各种国际惯例。所谓国际惯例（international custom），是对国际习惯和国际通例的合称，代表了世界各国的通行做法。例如，与国际贸易谈判相关的国际惯例就包括《国际贸易术语解释通则》《跟单信用证统一惯例》及《联合国国际货物销售合同公约》等。这类规定虽然不具备强制性，但是违背惯例的企业将为此付出高额的成本，因而国际惯例也被视为一类不成文的"法律"。

最后，国际商务谈判还是贯彻国家对外政策的重要途径。常言道，"外事无小事"，国际商务谈判也不例外。由于参与谈判的企业或商人分属不同的国家或地区，因而彼此之间不仅存在着经济关系，更涉及国与国之间的政治关系和外交关系。国内企业在同国外企业或商人打交道时，不仅要落实企业经营层面的国别政策，还应注意贯彻和执行国家层面的对外政策。例如，投资贸易合作是"一带一路"建设的重点内容，国内企业在同共建"一带一路"国家的企业进行商务谈判时，就要侧重激发释放合作潜力，做大做好合作的"蛋糕"。

2. 面对的环境条件较为复杂

国际商务谈判受到国际经济、政治、文化、地理等众多因素的影响，是一类涉及面很广、情况复杂多变的商务活动。完成一场正式的国际商务谈判，往往需要谈判的参与者充分准备、周密安排，还要根据谈判的实际进程随机应变。

首先，国际商务谈判的过程较为复杂。以国际贸易谈判为例，进出口双方通常会围绕签订一份贸易合同展开谈判。谈判的过程大致包含了三个阶段，分别是谈判前期的准备阶段、谈判中期的交易磋商阶段及谈判后期的签约阶段。在谈判前期，双方会对目标市场和目标客户进行调查，收集有关外部环境、谈判对手和自己企业的信息，从而确定具体的谈判策略。在谈判中期，双方会针对具体交易条件进行协商，特别是对合同中的价格、数量、品质等关键交易条件进行磋商，进而形成最终的合同。在谈判的后期，双方还会再次明确各自的"责""权""利"，在完成正式签约的同时，也为接下来的实际履约做好准备。可见，国际商务谈判是一场环节较多的商务活动。

其次，国际商务谈判的结果具有不确定性。实践证明，不到最后时刻，谁也无法准确预测一场谈判的结局。谈判毕竟是人与人之间的较量，人为因素常常左右着谈判的进程。例如，谈判人员会根据双方信息与实力的变化，审时度势地及时调整己方的策略与技巧，从而达到削弱对方优势、弥补己方劣势的谈判效果。因此，谈判结果的走向并不一定符合某一方的预先设定，随时都可能产生各种各样的障碍或争执。特别是当谈判出现僵局时，双方完成谈判所需要的时间就会更长，为此投入的人力、财力和物力会更多，谈判的结果也会更加不确定。

再次，国际商务谈判需要应对众多风险。从世界经济运行与商业环境变化的角度看，开展国际商务是一项高风险的活动。常见风险就包括：国际贸易中的交货数量与质量风险、签约后外国企业违约的风险、远期交易时发生的外汇贬值风险、国际商品交易过程中的价格波动风险等。这些风险就是国内企业需要面对的无处不在的商业风险、信用风险、汇率风险及价格风险。因此，在谈判中预防这些风险，有助于保障谈判结果的可行性和有效性。

最后，影响国际商务谈判的其他因素也很多。国内企业在同国外企业接触时，需要克服来自制度、经济、社会、文化及语言等方面的各种障碍。以世界各国的文化差异为例，全世界现有近两百个国家和地区，居住着上千个民族，使用着上千种语言，存在着不同的社会制度、宗教信仰和风俗习惯。可以说，谈判人员在谈判过程中犯下的任何跨文化沟通的"小错误"，都有可能酿成国际商务的"大事故"。因此，参与谈判的人员必须充分认知和尊重不同国家的社会文化差异，从而在谈判中规避禁忌、加强信任。

3. 对谈判人员的要求较高

由于国际商务谈判的难度较大，这就要求参与谈判的人员必须具备较高的综合素质。

第一，谈判人员需要拥有足够广的知识面。具体而言，基本的知识素养既包括与商务活动直接相关的经济学、管理学、市场营销学、国际贸易学、法学及会计学等知识，也包括谈判中可能涉及的心理学、社会学、国际经济地理学、外交学及世界各国历史文化等知识。

第二，谈判人员需要具备应对复杂环境条件的心理素质。在整个谈判过程中，谈判者应当始终保持清醒的头脑和敏锐的观察力，时刻做到意志坚定、充满信心。一名成熟的谈判者，能顶得住压力、经得起诱惑，有勇气和耐心去克服谈判中的任何困难。

第三，谈判人员务必要掌握能胜任国际商务谈判工作的策略与技巧。谈判者需要根据不同情形和时机来实施具体的谈判策略，并表现出必须参与谈判和赢得谈判的竞争能力。在实践中，谈判的能力往往左右了谈判的进程与结果，具有较强谈判能力的人员不仅善于组织己方力量来施展各种谈判策略，也能调动谈判对手使其"自觉自愿"地配合己方行动，从而拥有了将机械的博弈技巧转化为灵活的"谈判艺术"的能力。

第四，谈判人员应当熟悉国际商务谈判的相关礼仪。国际商务礼仪是展示谈判人员的外在形象、内在修养、业务水平及敬业精神等的重要手段，遵守国际商务礼仪亦是对谈判对手的最基本尊重。在实践中，谈判者既要懂得国际商务礼仪，还要善于从商务礼仪中挖掘影响谈判的机会与素材。例如，谈判中的礼仪细节往往最能反映谈判者的态度和意图，谈判双方也常常会从对方的礼仪"失误"中解读出额外的信息，稍加利用就可以成为影响谈判结果的特殊策略。

第五，谈判人员需要具备良好的身体素质。国际商务谈判属于跨国谈判，若是出国谈判，谈判人员需要承受长途奔波之苦；若是接待外宾，谈判人员则要担负迎来送往之累。加之国际商务活动大多持续时间长、中途变化多、目标要求高，这对谈判人员的体力和精力都提出了较高要求。因此，谈判人员需要拥有强健的体魄和充沛的精力。

第六，谈判人员必须拥有可靠的思想政治素养。在同国外企业和商人谈判的过程中，谈判人员要时刻牢记自己的身份与使命，以深厚的家国情怀努力维护国家与企业的利益，以爱岗敬业的职业素养认真履行自己的工作职责。在代表国家和企业对外交往时，注重展现和维护自身形象，在谈判中要不卑不亢、诚实守信。

## 二、国际商务谈判的作用

国际商务谈判是对外经济贸易工作中的重要环节，发挥着促进国际商务发展、增进国内外企业联系、拓展国际市场空间等积极作用。

### （一）促进国际商务发展

首先，国际商务谈判支撑了国际商务的蓬勃发展。在经济全球化与区域经济一体化的大背景下，开展国际商务和国际贸易活动已成为企业外向发展的必然选择。以 2022 年为例，在引进外资方面，我国全年实际使用外商直接投资金额 12 327 亿元，新设立企业达 38 497 家；在国际贸易方面，我国全年的货物进出口总额为 420 678 亿元，全年的服务进出口总额为 59 802 亿元①。可以说，每一笔投资协议和贸易合同的签订，都离不开国际商务谈判这一重要环节。随着越来越多跨国企业的创立与发展，国际商务活动也日趋活跃。近年来，国际商务谈判的适用对象与范围逐渐扩展，大量外向型中小微企业也开始登上国际舞台，它们凭借着自身的独特优势，同大型企业一起参与国际市场竞争。

其次，国际商务谈判能够解决国际商务中的具体问题。国际商务活动具有复杂性、综合性及高风险性等特征，这就必然导致一份合同从签订到履行的整个过程并不会十分顺利。为此，交易双方随时都可能会围绕出现的问题展开谈判，也只有通过不断的沟通和协商才能消除分歧、化解矛盾。同时，国际商务谈判的适用范围也很广泛，能够满足国际商务和国际贸易中绝大部分业务的要求。例如，发挥谈判作用的情形就包括了国际贸易合同的签订、国际贸易争端的解决、涉外保险的索赔、国际招投标谈判、国际代理商选择及参加国际展会活动等。

最后，国际商务谈判能够培养和锻炼国际商务人才。国际商务的从业人员除了需要具备扎实的理论知识外，还需要拥有完成各项具体实务工作的实践能力。参与国际商务谈判正好为相关人员提供了学习与锻炼的机会，能够使他们在实战中积累经验、发挥才

---

① 数据来源为《中华人民共和国 2022 年国民经济和社会发展统计公报》。

干。企业在开展谈判工作时要注重发现具有谈判天赋的优秀人才，这类有潜力成为首席谈判专家的人才将在未来的国际商务工作中发挥关键作用。同时，企业还可以注重对国际商务谈判团队的培育，通过充分发挥"老带新、传帮带"的作用，形成一支有一定年龄、专业、经验和职务梯度的专业化谈判人才队伍。

### （二）增进国内外企业联系

首先，国际商务谈判能够帮助企业做好客户关系管理。客户关系管理是企业开展商务活动的重要内容。面对空间广阔的国际市场和竞争激烈的外部环境，企业需要准确回答"我们和国外的哪些企业开展交易""各国的交易对象有何特征""如何正确有效地同国外商人打交道""怎样与优质的国外企业长久合作"及"如何留住有价值的国外企业"等实际问题，即需要完成客户识别、客户细分、客户互动、客户保持及客户挽回等客户关系管理工作。而这些问题正好可以通过商务谈判来加以回答。换言之，谈判毕竟是人与人之间的直接交流，因而更有利于企业表达意见与倾听反馈。企业完全可以通过国际商务谈判来了解国外客户的需求、减少国外客户的抱怨、提升国外客户的满意度和培育国外客户的忠诚度。可以说，国际商务谈判就是企业与国际客户展开接触、加强沟通、消除分歧、保持合作的重要手段，能够很好地发挥关系互动与关系营销等关系管理作用。

其次，国际商务谈判能够帮助企业学习国外先进经验。国际商务谈判的对象是国外企业，国内企业可以在谈判过程中通过观察、探测、请教、咨询等方式，学习和借鉴国内外的新型生产技术、高效管理方法、创新商业模式等，为获取更多能够提高企业生产经营水平的知识和资源创造机会。另外，如果谈判的地点设在国外，国内企业的谈判人员还可以对国外企业展开实地考察与参观访问，收集和分析来自第一手的调研资料，从而更加直观地明确彼此的差距和找准改进方向。

最后，国际商务谈判能够帮助企业洞察国际市场形势。众所周知，国际市场瞬息万变，以销售商品为例，国内企业就需要关注国际市场价格的波动、市场份额的变化、原材料与制成品的供求关系、终端消费者的偏好特征等问题。每一个问题都影响着国内企业的国际市场绩效，一旦发生与国际市场脱节的情况，国内企业将很可能面临市场风险并遭受经济损失。我们普遍认为，国际商务谈判是国内企业联系国际市场的重要渠道，而联通信息的"桥梁"就是国内外谈判人员之间的沟通和交流。另外，企业在开展国际商务谈判的过程中，会收集各类有关目标市场和谈判对象的信息，这些类似商业情报的信息能够帮助企业更加清晰地认识国际市场行情，从而为发掘商业机会、规避潜在风险、探寻竞争性资源和提升国际化能力奠定基础。

### （三）拓展国际市场空间

首先，国际商务谈判能够扩大企业的国际知名度。一般认为，国际商务谈判是展示国内企业良好形象的重要平台。企业形象（corporate image）是指市场中的人们在接触企业产品、服务、人员及活动等的过程中对企业产生的总体印象，具体包括产品形象、品牌形象、人员形象、文化形象及环境形象等。国内企业可以充分利用国际商务谈判的对外宣传作用，向国外市场展示良好的形象，让企业的产品更受欢迎、品牌更受肯定。随着企业知名度的不断提升，国外客户与消费者会更加愿意与企业合作，从而形成国际商务谈判与国际市场活跃度相互促进的良性循环。

其次，国际商务谈判能够帮助企业开拓新的市场。促进企业的国际化是国际商务谈判的重要功能之一。企业国际化（enterprise internationalization）是指一个企业的生产经营活动由国内拓展到了国外，并表现在生产国际化、销售国际化和管理国际化三个方面。为了获取国际化的空间，国内企业需要通过国际商务谈判来寻求国外合作者，从而为企业探索出"引进来"和"走出去"的可行路径。例如，为了在海外销售产品，企业需要同国外经销商、代理商、寄售商等谈判；为了在国外投资建厂，企业还需要与国外投资方、政府部门、商业银行等谈判。可以说，为了进入并获得一个新的市场，与相关利益主体的沟通与协商是必要的环节。

最后，国际商务谈判能够增强企业的国际竞争优势。如今，来自国际市场的竞争日趋激烈，企业已经不可能在一成不变中始终保持有利的地位了。竞争优势（competitive advantage）是指一个企业相对于竞争对手所拥有的持续优势。一般认为，竞争优势的来源比较丰富，但主要由资源优势与能力优势两部分组成。企业可以通过国际商务谈判对外签订各类合同与协议，从而形成一套具有自身特点的商业合作网络。网络中的合作者各有价值，有的可以为企业提供廉价的原材料，从而帮助企业形成成本优势；有的可以为企业提供生产技术，从而帮助企业获得质量优势；还有的可以为企业提供专业化的信息与知识，从而帮助企业获得创新优势。总之，国际商务谈判为企业获得稀缺的资源与能力提供了有效的渠道。

## 第三节 国际商务谈判的要素与类型

### 一、国际商务谈判的要素

国际商务谈判可以被看作身处特定环境的特定人员围绕特定事项的沟通与协商活动，构成谈判的基本要素包括谈判主体即当事人、谈判客体即标的和谈判环境。

#### （一）谈判主体

谈判主体也被称为谈判的当事人，是指参加谈判的各方团体和个人。谈判的当事人在整个国际商务谈判过程中起着主持谈判、参与谈判、推进谈判及完成谈判等关键作用，具有很强的主观能动性和工作创新性。同时，谈判主体并不是一个简单的概念，这里需要对其进行分类说明。

1. 法人与自然人

按照表现形态的不同，参与国际商务谈判的主体可以划分为法人与自然人两类。

一方面，法人（legal person）是指在法律上具有民事权利能力和民事行为能力，能够独立享有民事权利、独立承担民事义务的组织或团体。简言之，法人就是法律上的"人"，包括了机关法人、事业单位法人、企业法人和社团法人等。例如，参与国际商务谈判的法人就包括了国外企业、商业银行、保险公司、国际代理及政府机构等。

另一方面，自然人（natural person）是指自然学和生物学意义上的人。在法律上，自然人的民事行为能力又分为完全民事行为能力、限制民事行为能力和无民事行为能力三种。参加国际商务谈判的自然人需要拥有独立的民事权利并能够承担相应的民事义务。例如，谈判中的企业家、工作人员、个体工商户、消费者等就属于自然人。

2. 关系人与行为人

按照利害关系的不同，参与国际商务谈判的主体可以划分为关系人和行为人两类。

一方面，关系人是指参与谈判的合约关系当事人。这类当事人能够以自己的名义发起谈判、组织谈判和终止谈判，能够在谈判达成的最终合同上签字并承担合同所规定的全部"责权利"。简言之，关系人就是一场商务谈判当中的实际决策人和最终负责人且一般为法人。例如，跨境商务谈判中的委托人、国际贸易合同中的甲方与乙方等都属于关系人的范畴。

另一方面，行为人是指以自己的实际行动参加和完成商务谈判的实务操作人员。这类当事人要么能够在谈判中发挥独立的行为能力，要么因接受关系人的委托而得到相应的授权，能够根据商务谈判的实际情况随机应变地处理各项工作。在大多数情况下，行为人由自然人组成，并且具备从事国际商务谈判的能力与素养。例如，谈判团队中的首席谈判专家、法律顾问、技术人员、外语翻译和会议秘书等就是行为人。

3. 一线人员和二线人员

按照分工情况的不同，参与国际商务谈判的主体可以划分为一线人员和二线人员两类。

一方面，一线人员也被称为台前当事人，是指直接参加现场谈判的人员。在国际商务谈判的正式场合，各方当事人需要进行面对面的交流，一线人员不仅要完成陈述、问答、辩论和协商等具体事务，还要向对方展现企业的形象、文化及礼仪等。一般而言，一线人员又包含谈判组长、主要谈判人员和辅助人员三类。其中，谈判组长负责把控谈判的节奏与进度，是整场谈判的现场话事人；主要谈判人员负责具体谈判的组织和应对，是整场谈判的主要发言人；辅助人员负责配合主要谈判人进行磋商，并可根据各自的分工有所侧重地进行进攻和防守，是整场谈判的积极参与者。在实践中，谈判组长一般只有一位，主要谈判人员和辅助人员可以有多位，谈判组长也可以由一位主要谈判人员兼任。

另一方面，二线人员也被称为台后当事人，是指能够对一场商务谈判产生重要影响但没有直接参与谈判的人员。实际上，国际商务谈判会涉及很多场外人员，这些人员会在谈判前的准备环节、谈判中的僵局环节以及谈判后的签约环节发挥重要作用。例如，常见的二线人员就包括了谈判方企业的总经理、谈判团队的分管领导、谈判资料的负责团队、支援谈判的其他人员等。常言道，"当局者迷，旁观者清"。参加国际商务谈判的一线人员与二线人员应当做到相互沟通、协调配合、互为支援，从而避免发生武断决策、糊涂决策和干扰决策等谈判失误的情况。

另外，谈判人员还可被概括为谈判圈模型（见图1-1），从内到外分为决策层、执行层和关联层三个层次。其中，决策层是指指挥谈判的幕后人员，如企业的领导、智库等；执行层是指直接参加谈判的实务人员，如谈判组长与小组成员等；关联层是指服务与支持谈判的其他人员，如后勤人员、中介人员、合作人员及后续履约环节的人员等。

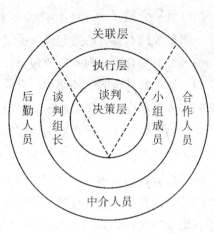

图 1-1　谈判圈模型

### （二）谈判客体

谈判客体也被称为谈判议题或谈判标的，是指谈判各方需要具体商议和讨论的话题、焦点及问题。谈判客体是谈判主体发起谈判的动因，包含谈判的目标与内容，被视为整场谈判的中心要务。

**1. 谈判客体的界定**

在国际商务谈判实践中，谈判客体并没有严格的限制，只要是谈判各方共同关心和谋求的议题，就符合"一切问题都可以谈"的原则。按照内容不同，谈判议题可分为经济议题、管理议题、文化议题和政策议题等；按照重要性不同，谈判议题可分为重大议题、关键议题和一般议题等；按照谈判层次不同，谈判议题还可分为纵向议题、横向议题、中心议题和外围议题等。

一项议题是否能够成为谈判客体，需满足三项条件。一是共同性。谈判客体与谈判各方都存在利害关系，属于各方都比较关心的共同话题。例如，国际货物买卖合同谈判中的成交价格、运输方式、保险责任及收付款工具等问题，这些问题的谈判结果不仅涉及买卖双方的经济利益，更是双方在后续工作中明确责任、控制风险和顺利履约的关键条款。谈判各方必须在谈判议题上达成一致，方能最终签订合同、完成谈判。二是可谈性。谈判各方需要同时拥有讨论谈判客体的意愿。面对分歧或异议，各方在思想和行动上要相向而行，不可背道而驰。可谈性对开展谈判的时机也提出了要求，只有当各方当事人都认为磋商的时机成熟、条件满足和场合适当时，才会进入实质性谈判。三是合法性。商务谈判的标的内容必须符合相应的国内外法律法规的要求，也可将其扩展为"合情、合理、合法"，即凡是涉及违法犯罪、损害第三方利益、违反公平合理原则和有悖于公序良俗等的议题都是不能谈的。例如，在国际贸易谈判中，在数量条款磋商中可能涉及瞒报、虚报、偷税、漏税及走私嫌疑的操作，就不具备合法性。

**2. 谈判客体的范畴**

谈判客体既表现为国际商务谈判的目标，也反映为国际商务谈判的成果。谈判客体亦被视为各方当事人最终享有的权利和承担的义务的集合。在实践中，国际商务谈判客体主要表现为各类国际商务合同，每一类合同都代表了一类国际商务谈判的议题内容。

第一，国际贸易合同。国际贸易合同（international trade contract）是指来自不同国家或地区的当事人围绕商品、服务及技术等标的物的交易而达成的正式协议。国际贸易合同又可分为有形贸易合同与无形贸易合同，前者主要包括国际货物买卖合同、成套设备进出口合同、易货贸易合同、加工贸易合同、补偿贸易合同、寄售合同、经销和包销合同等；后者则主要包括国际服务贸易合同、国际技术贸易合同等。以国际货物买卖合同为例，需要谈判的内容包括货物、信用证、国际运输、国际保险、货款的收付、违约或损失的理赔等，相应内容会最终呈现为合同的具体条款。

第二，国际投资合同。国际投资合同（international investment contract）是指国外投资者与东道国企业或政府围绕某一投资项目而签订的合作协议。国际投资的主要部分是外商直接投资，包括了对外直接投资（Outward Foreign Direct Investment，OFDI）和对内直接投资（Inward Foreign Direct Investment，IFDI）两种类型，即俗称的"走出去"和"引进来"。以引进外资建设的合资项目合同为例，需要谈判的内容包括外商企业提供的技术、设备、管理方式、外汇资金等，以及东道国企业提供的土地使用权、固定资产、劳务和本币资金等。建立一个合资企业往往需要经过多轮谈判，完成相应谈判将是一个漫长而困难的过程。

第三，国际劳务合同。国际劳务合同（international service contract）是指在对外输出劳务人员时，劳务的提供方与需求方就有关人员的权利和义务达成的书面协议。这里的劳务，即劳动服务的意思，包括体力劳动与智力劳动两种类型。例如，因工作需要，派往国外的设计师、工程师、建筑师、教师、医生、普通工人等，就需要签订国际劳务合同。一般而言，需要谈判的内容主要包括劳务工资、工作时间、加班费、医疗费、保险费、国际旅费及双方的责任范围等。而在国际劳务合同中，进出口的是跨境劳动，获得的收益是佣金和报酬。

第四，国际租赁合同。国际租赁合同（international lease agreement）是指国际上的一方当事人将特定财产的使用权让渡给另一方并收取租金的协议。在实践中，国际租赁是国际贸易和国际金融的结合，既能够帮助承租人"融物"，满足其在短时间内拥有昂贵大型设备的需求，又能够使出租人"融资"，实现其将闲置设备或资金转化为长期收益的目标。例如，一些小型航空企业或航运企业，就常常通过融资租赁方式获得飞机或船舶，并在日后的经营过程中以租金的形式偿付贷款。签订国际租赁合同，需要谈判的内容主要包括租赁物、租赁期限、租金、保证金、保险、维修事务及租期届满后的处理等。

第五，国际工程承包合同。国际工程承包合同（international engineering contract）是指跨国的委托方与承包方就某项工程签订的保证完成项目建设的协议。按照合同，承包人要自负风险和费用，在规定的期限内保质保量地交付工程，获得的收益主要是劳务费和酬金。常见的国际工程承包合同有工程咨询合同、施工合同、工程服务合同、设备安装合同及"交钥匙"合同等，需要谈判的内容包括监理条款、转让与分包条款、承包人义务、竣工时间和标准、维修条款、支付条款及工程变更条款等。

第六，其他国际商务合同。其他涉及国际商务谈判的合同还包括国际信贷合同、国际保险合同、国际运输合同、国际保理合同、国际仓储与保管合同及国际管理合同等。总之，只要是涉及国际的交易与合作的事项，都可以作为国际商务谈判的内容，并反映在一定的合同或协议当中。

### （三）谈判环境

谈判环境是指整个谈判的形势背景，包括了所有可能影响谈判进程与结果的客观因素。任何谈判都不能脱离客观实际环境，谈判人员需充分认知环境因素的作用，进而在施展谈判策略与技巧时，尽量做到趋利避害、顺势而为。一般而言，影响国际商务谈判的环境背景可以分为宏观环境和微观环境两类。

1. 宏观环境

宏观环境主要包括政治环境、经济环境、社会环境和技术环境等。来自这些环境的因素并不受企业控制，并且会对企业的国际商务活动产生重要影响。在市场营销学中，PEST 分析模型就是一种常用的宏观环境分析工具，包含对政治（political）、经济（economic）、社会（social）和技术（technological）四项宏观环境影响因素的分析。

第一，政治环境主要是指能够影响企业开展跨国经营活动的各类政治要素和法律体系，包括不同国家或地区的政治制度、外交关系、法律规范、方针政策、临时性管制措施等。如果外国的政治环境稳定，则有利于国内外企业在国际商务谈判中达成长期的合作；反之，相关企业就不得不调整预期，并做好一系列防控风险的预案。

第二，经济环境主要是指企业谋求外向发展所要面对的经济制度和市场条件，包括不同国家或地区的经济规模、产业结构、经济发展水平及经济波动趋势等。经济环境还反映在一系列宏观经济统计指标上，如国内生产总值、人均可支配收入、就业率、通货膨胀率、汇率与利率等。假如外国的经济环境繁荣，则有利于企业在国际商务谈判中达成更优的交易条件，获取更高利润；反之，企业就必须充分考虑诸如信用风险、价格风险、汇率风险等商业风险的发生概率。

第三，社会环境主要是指来自不同国家或地区的差异化非经济因素，包括社会关系、风俗习惯、价值观念、文化理念及自然地理等。这类因素容易被忽略，但是对国际商务谈判的影响"无处不在"。例如，外在的礼仪习俗和内在的思想观念都有可能成为跨文化沟通的障碍，从而成为国际商务谈判的一项难点。对此，谈判的参与者必须对此提前了解、充分尊重和巧妙利用。

第四，技术环境主要是指与国际商务活动有关的生产技术、管理科学等因素，包括关键技术的发展水平、技术创新的历程与趋势等。参与国际商务谈判的企业，必须充分了解相关行业和产品的技术现状，为参与国际市场竞争做好技术准备。例如，很多企业都意识到"落后就意味着淘汰"，于是，它们将技术创新作为自身发展的战略之一，希望能在不断创新的过程中追赶和适应科技发展的前沿要求。

总之，宏观环境对谈判企业的影响更多体现在战略层面，属于影响国际商务谈判的战略环境。

## 2. 微观环境

微观环境主要包括谈判各方的基本情况、谈判的场地和时间等。这些因素与国际商务谈判直接相关，是企业应该主动发现并加以管理的环境条件。

首先是谈判各方的基本情况。参加国际商务谈判的各方当事人需要了解己方和对方的企业信息、行业信息、人员信息及谈判信息等。其中，企业信息包括企业发展历程、企业文化、财务状况、资信情况、核心竞争优势及组织背景等；行业信息包括相关商品或服务的市场供需情况、企业在市场当中的竞争态势、企业所处行业的发展概况、与谈判相关的各种关系网络等；人员信息包括参加本轮谈判的人员组成、人员职务、谈判风格、社会关系、过往经历与表现等；谈判信息则包括本轮谈判的预定目标、利益诉求、谈判期限、主要策略、优势与劣势等。可以说，能否摸清谈判各方的基本情况将是影响谈判成败的一项关键工作。

其次是举行谈判的场地。谈判场地环境包括地理位置和场地布置两个方面的内容。一方面，国际商务谈判在什么地点举行，这是一个影响谈判人员心理和行为的重要环境因素。一般而言，国际商务谈判的地点选择有四种方案，分别是国内主场谈判、国外客场谈判、国内国外轮流谈判及第三国中立场谈判。每种方案适用于不同的谈判情形，各有优势与劣势。谈判当事人应当尽量选择在有利于己方的地点谈判，这将有助于增强谈判优势、巩固谈判地位、施展谈判策略。例如，当在本国进行主场谈判时，国内企业可以发挥"地利"优势，让外商在实地考察中增进信任、扩大交流、加速成交。另一方面，国际商务谈判的会场环境也很重要。谈判者可以通过设计与布置会场，实现营造谈判氛围、传递谈判信息、影响谈判效果等意图。例如，庄重严肃的会场适合立场型谈判，而轻松自由的会场适合让步型谈判。

最后是谈判进行的时间。谈判在什么时间开始、什么时间结束、持续多久，这些因素会制约谈判者的发挥与表现。谈判期限也是一项重要的谈判信息，掌握并利用这一信息将有助于己方在谈判中获益。如果谈判期限越紧张，则谈判者的心理压力越大，施展和应对谈判策略的空间就越少，面对的谈判局面也会越被动；反之，如果谈判的时间很有弹性，则谈判者可以采取疲劳战术、车轮战术等，制造僵局、拖延谈判，从而在谈判中掌握主动权。在实践中，为了避免陷入被动，谈判者并不需要向对方透露自己的谈判时间。同时，各方会在相互探测中掌握并利用这一重要因素。

总之，微观环境对于谈判企业的作用主要体现在战术层面，直接影响着企业对具体谈判策略与技巧的选用。

## 二、国际商务谈判的类型

按照不同的维度，国际商务谈判可以划分为不同类型。谈判者需要根据具体的谈判类型，做好人员、资料及策略方面的准备工作，并在谈判过程中注意相应的谈判特征与惯例。

### （一）按照谈判规模分类

按照参加谈判的人数规模不同，国际商务谈判可以划分为个体谈判和集体谈判两种类型。

1. 个体谈判

个体谈判是指谈判双方各自派出一名谈判人员的"一对一"谈判。个体谈判对谈判者个人的要求非常高。这类人员需要同时具备商务、贸易、金融、管理、技术、法律、礼仪及外语等方面的知识与能力，并拥有在谈判现场的决策权，从而能够胜任在复杂条件下进行综合谈判的工作。个体谈判一般适用于合同金额不大、交易难度较小的国际商务谈判，谈判的场合与时间也比较灵活。例如，在国际商品展销会上的口头谈判、在跨境电子商务平台上的书面谈判等就适用个体谈判。

2. 集体谈判

集体谈判是指谈判各方分别派出多人参加的"多对多"谈判。集体谈判强调要发挥谈判团队或小组的整体力量，内部人员既要分工，也要合作。一般而言，组成谈判团队的人员应该包括首席谈判专家、技术专家、法律助理、财务助理及翻译等，相关人员既各司其职，又密切配合。集体谈判一般应用于大宗贸易、招商引资、技术转让、劳务合作等商务谈判。集体谈判的谈判场合正式、谈判程序严谨、合同金额或价值也较高。例如，新建中外合资企业的谈判、跨国并购企业的谈判等就需要进行集体谈判。另外，集体谈判也可以根据参加人数，分为 10 人以下的小型谈判、10 人至 30 人的中型谈判和超过 30 人的大型谈判三种类型。

（二）按照谈判阵营分类

按照参加谈判的阵营数量不同，国际商务谈判可以划分为双边谈判和多边谈判两种类型。

1. 双边谈判

双边谈判（bilateral negotiation）也被称为双方谈判，是指谈判的关系人或利益主体只有两方。相比于复杂的多边谈判，双边谈判具有利益关系明确、协商方式直接、达成共识的过程简单等特点，是应用最为广泛的一类国际商务谈判形式。例如，国际货物买卖合同由进口商与出口商签订，双边谈判就能满足要求。

2. 多边谈判

多边谈判（multilateral negotiation）也被称为多方谈判，是指参加谈判的关系人或利益主体的数量在两个以上。多边谈判适用于对多方关系的协调。例如，围绕一项涉外工程建设的谈判就涉及承包方、政府、担保方、贷款银行及其他参与企业等多方当事人，此时便可采取多边谈判。相比于双边谈判，多边谈判的情形要复杂得多，谈判各方均会为了自身利益而反复博弈，因而达成一项各方都同意的协议是比较困难的。多边谈判框架常常包含着若干个双边谈判，因而完成整场谈判往往需要较长时间。例如，关贸总协定的每一轮多边贸易谈判都长达数月甚至数年，中国为加入世界贸易组织进行了长达 15 年的多边谈判。

（三）按照谈判的方式分类

按照举行谈判的具体交流方式不同，国际商务谈判可以划分为口头谈判和书面谈判两种类型。

### 1. 口头谈判

口头谈判（oral negotiation）是指谈判各方采用语言交流的方式直接进行谈判。例如，以会议方式面对面进行的谈判，通过电话或视频渠道进行的谈判等。口头谈判的优点是各方当事人可以直接磋商各类交易条件，谈判信息的交流是实时的。特别是在进行当面谈判时，谈判者还可以通过察言观色、旁敲侧击等技巧，探测对方的真实底线与最终意图。同时，口头谈判也对谈判者的随机应变能力、自我控制能力、协调配合能力及情感沟通能力等提出了要求，因而需要谈判者特别注意自己的语言表达，毕竟在正式的谈判场合，"一言既出，驷马难追"。

### 2. 书面谈判

书面谈判（written negotiation）是指谈判各方利用文字、图表及行业术语等进行间接谈判，例如，通过信函、电报、电传、网络交流工具等进行的不见面的谈判。书面谈判的优点是对谈判的准备工作更加充分。谈判各方完全可以在经过充分研究和深思熟虑之后再进行发盘或还盘，从而避免因仓促应战而陷入被动的情况。同时，书面谈判更适合国际贸易类的远程跨国谈判，谈判双方可以突破时空限制，随时随地进行网络谈判，从而大大节约了国际商务谈判的成本与费用。

在实践中，口头谈判与书面谈判常常是结合进行的，谈判各方会先通过书面谈判达成合作意向，再通过口头谈判形成交易条件，最后以书面形式签订合同，正所谓"话要落在纸上，事要落在地上"。

### （四）按照谈判场地分类

按照举行谈判的场地的位置不同，国际商务谈判可以划分为主场谈判、客场谈判和中立场谈判三种类型。

### 1. 主场谈判

主场谈判也被称为主座谈判，是指谈判者在己方所在地进行的谈判。所在地是一个较为宽泛的概念，包括谈判者所在的国家、省份、城市及办公场所等。很显然，主场谈判能够为主场谈判者带来诸多好处。例如，主场谈判者能够以东道主身份礼待对方谈判者，从而更好地传递善意、增进信任、促成合作。总之，在谈判者熟悉的地点进行谈判，可以提振士气、增强信心、方便准备，从而突出来自主场的"地利"优势。

### 2. 客场谈判

客场谈判也被称为客座谈判，是指谈判者在谈判对手所在地进行的谈判。对于国际商务谈判而言，客场就是国外或境外的某一地点，谈判者需要应对在客场谈判的各种困难与挑战。不难想象，在异国他乡进行活动，势必面临"人生地不熟"的困难。在大多数情况下，客场谈判者要做到"客随主便"是比较容易的，但要做到"反客为主"就比较困难。在谈判过程中，客场谈判者应当尽快适应陌生的环境，审时度势、迎难而上，尽力平衡主场谈判者的谈判优势，化被动为主动。另外，客场谈判还需注意"入乡问俗"和"入乡随俗"，不可因触犯文化礼仪禁忌而影响谈判效果。

### 3. 中立场谈判

中立场谈判也被称为第三地谈判，是指在谈判各方所在地之外的地方进行的谈判。中立场谈判的优点是对各方都比较公平，谈判地点具有中立性。中立场谈判的缺点是会增加谈判的成本，谈判的过程也更加烦琐。因此，中立场谈判多用于各方信任度不高的初次谈判，以及在第三地存在中间人、调解人、担保人或其他重要关系人的谈判。例如，在国际贸易实务中，很多谈判会选在中国香港、新加坡等地点，因为这类国际金融、贸易、航运中心拥有自由贸易的便利性，经验丰富的中间商也能够介绍和撮合大量转口交易。

另外，对于需要进行多轮的国际商务谈判而言，谈判场地并不止一处。国际上比较流行的是主客场轮流谈判，这种方式发挥了谈判场地的优势，也保证了谈判环境的公平。

### （五）按照谈判态度分类

按照参与谈判的态度或意图不同，国际商务谈判可以划分为让步型谈判、立场型谈判和原则型谈判三种类型。

#### 1. 让步型谈判

让步型谈判（concession negotiation）也被称为软式谈判，是指谈判的一方为了促成或维持与对方的某种合作关系而在谈判中采取妥协与退让的态度。概括而言，让步型谈判通常具有以下特点：其一，将彼此关系定位为合作，而非竞争；其二，将谈判的目标定位为达成协议，而非赢得主动；其三，将让步作为推进谈判的主要手段；其四，在谈判中尽量避免产生分歧，要充分照顾对方的心情；其五，时时畏惧对方，无原则地屈服；其六，谈判的结果往往是己方受损。

让步型谈判中的一方从一开始就做好了让步的准备，重关系而轻利益，多给予而少争取，谈判时要尽量避免争执，并在发生僵局时首先让步。谈判者会主观地认为，只要将对方视为朋友或伙伴，谈判就能取得圆满的结果。如果谈判各方都能抱有宽容、谅解、友好、互让的态度，那么软式谈判无疑将是效率较高、成本较低、气氛较融洽的一种谈判类型。然而，现实中的商务谈判堪比一场"弱肉强食"的激烈竞争，轻易的让步并不会得到对手的同情。因此，软式谈判仅仅适用于具有长期合作关系的、相互信任的商务合作者之间。

#### 2. 立场型谈判

立场型谈判（standpoint negotiation）也被称为硬式谈判，是指谈判的一方为了实现自身的谈判目标而在谈判中采取与对方较量到底的态度。概括而言，立场型谈判一般具有以下特点：其一，将彼此关系设定为对抗，竞争是主要基调；其二，强调在谈判中压倒对方，只能在胜利的协议上签字；其三，除非迫不得已，一般不会让步；其四，处处以自我为中心，较少考虑对方的感受；其五，对谈判结果充满信心，态度坚决。

立场型谈判中的一方会将对方视为"敌人"，重立场而轻关系，先竞争而后合作，谈判时表现得意志坚定、不畏僵局，面对困难能够据理力争、寸步不让。谈判者将整场商务谈判视为"商战"的延伸，坚信只要拿出"硬碰硬"的决心和勇气，就没有什么对手是不可战胜的。这类谈判突出反映了零和博弈的思想，强调己方的胜利必须建立在对方的失败之上。这也导致立场型谈判更接近一场"赌博"，要么对手和自己一样强硬，谈判不欢而散，要么对手因畏惧而妥协，谈判取得胜利。可见，这类谈判的局限性也较大，只适用于短期的"一次性交易"或"一锤子买卖"，以及谈判实力悬殊的"不平等谈判"。实际上，立场型谈判是一种缺乏信任和理解，充满争执和指责的困难型谈判。谈判的过程常常是一波三折、旷日持久，因而需要慎重选择这种谈判方式。

### 3. 原则型谈判

原则型谈判（principled negotiation）也被称为价值型谈判，是指谈判的各方都能以共同利益为目标，在谈判中采取互守原则、相互理解、相互尊重、互利双赢的态度。概括而言，原则型谈判一般具有以下特点：其一，将彼此关系设定为竞合关系；其二，主张不要先入为主，应当客观公正地达成协议；其三，注重公开竞争、合理谋利；其四，积极消除分歧、化解僵局，寻求共同利益；其五，坚持对事不对人原则，维护良好的谈判氛围；其六，兼顾各方的价值与利益，谋求皆大欢喜、各方满意的谈判结果。

在原则型谈判中，既没有朋友，也没有敌人，只有同事。谈判者在谈判过程中不卑不亢、有礼有节，彼此的关系是在竞争中谋求合作，在合作中谋求发展。谈判者会以开诚布公、以诚相待的姿态开启谈判，对待谈判中的争执与分歧也能够始终保持建设性的态度，既不会为了眼前利益而不择手段，也不会迫于对方的手段而放弃原则。原则性谈判的可贵之处在于突破了零和博弈的局限，认为只要各方共同努力，最终一定能够取得双赢的结果。同时，原则型谈判也更容易形成互信与互谅，因而也被视为最讲道理、最有感情的一种谈判类型。

在国际商务谈判实务中，相比于让步型谈判和立场型谈判，原则型谈判更符合客户关系管理的理念，更能够促进国际商务活动的顺利开展，因而是适用范围最广的一种谈判类型。

让步型谈判、立场型谈判和原则型谈判的比较见表1-1。

表1-1　让步型谈判、立场型谈判和原则型谈判的比较

| 谈判类型 | 谈判态度 | 谈判意图 | 看待对手 | 看待关系 | 博弈思维 | 适用情形 |
|---|---|---|---|---|---|---|
| 让步型谈判 | 软弱 | 达成合约 | 朋友 | 合作为主 | 放弃博弈 | 合作者之间的谈判、集团内部谈判 |
| 立场型谈判 | 强硬 | 己方利益 | 敌人 | 竞争为主 | 零和博弈 | "一锤子买卖""不平等谈判" |
| 原则型谈判 | 自然 | 共同利益 | 同事 | 在竞争中合作 | 正和博弈 | 大多数国际商务谈判 |

资料来源：编者整理。

### （六）按照谈判媒介分类

按照谈判使用的媒介不同，国际商务谈判可以划分为面对面谈判、电话谈判、函电谈判和网络谈判四种类型。

### 1. 面对面谈判

面对面谈判是指谈判各方直接进行当面协商、沟通和洽谈。面对面谈判是最古老、最普遍、最简单和最直接的谈判形式，适用于层次较高、规模较大、仪式正规且来往方便的国际商务谈判。例如，国际贸易大宗商品买卖合同的谈判，就较多采用双边会议的

形式进行面对面谈判。另外，面对面谈判也是本书主要分析和研究的谈判类型。

一方面，面对面谈判的优点主要体现在三个方面。第一，谈判仪式规范，程序完整。采用面对面的谈判形式，谈判各方一般会在正式的谈判场所进行较为深入的会议式交易磋商，谈判的氛围较为正式。谈判者会注意跨文化交流的礼仪与禁忌，并体现在着装、举止、交往及公务等具体工作细节中。整场谈判的程序安排一般由谈判各方提前商定，从进入谈判到结束谈判的各个环节都较为清晰。第二，谈判策略灵活，交流深入。面对面谈判为各方施展策略提供了丰富的机会和广阔的空间。谈判者可以根据谈判的实际情况，机动灵活地选择谈判策略。例如，谈判人员对待谈判中的"硬骨头"，既可以采取引蛇出洞、穷追不舍的策略，也可以采取点到为止、见好就收的策略；对于谈判意图的达成，既可以采取以攻代守、主动出击的策略，也可以采取以退为进、后发制人的策略。同时，谈判各方既可以在谈判桌上正面交锋，也可以在谈判场外私下沟通，可以交流和分享的信息也更多、更深入。第三，谈判关系紧密，利于合作。面对面谈判是人与人之间的直接接触，这有利于形成彼此的信任、情感和共鸣。从社会学角度讲，人际关系可以成为有价值的社会资本，从而给商务谈判等经济活动带来额外的收益。例如，熟人之间谈判会更加看重长期合作的关系价值，一般不会为了短期的得失而斤斤计较。

另一方面，面对面谈判的缺点主要有两项。第一，谈判的成本和费用较高。举行国际商务谈判的开支包括谈判人员的差旅费、生活费、住宿费、接待费、会议费及公务费等，这些费用大多产生于人员的跨国流动，这是面对面谈判不可避免的成本开支。第二，谈判人员的现场表现很重要。面对面谈判在答辩环节的竞争十分激烈，往往是对方抛出一个问题，己方就需要立即回答。同时，各方还会从对方的语言、态度、动作、表情等细节中解读其内心的动机与虚实。这将充分考验谈判人员的临场心理素质、临场应变能力及临场发挥能力。

2. 电话谈判

电话谈判是指谈判各方通过固定电话、移动电话及网络电话等进行信息沟通和商务洽谈。电话谈判是一种间接接触的口头谈判方式，适用于讲求效率、规模较小、联系频繁且来往不便的国际商务谈判。例如，当相距较远的两家外贸企业迫切需要就现有交易条件达成合同时，就可以采用电话谈判。

一方面，电话谈判的优点主要体现在四个方面。第一，联系方式简单高效，成本较低。随着科技和人们生活水平的提高，电话的普及程度也越来越高。对于瞬息万变的国际市场行情而言，时间就是利润。处于不同国家或地区的谈判者只需要拨打对方的电话，即可实时通话。相比于面对面谈判，电话谈判节约了大量非实质性谈判所要耗费的时间，因而是最有效率的谈判类型之一。同时，电话谈判的费用一般只有国际通信费，因而也节省了人员跨境流动的大额开支。第二，谈判信息范围可控，方便保密。参加电话谈判的人员一般数量有限，在谈判过程中一般也只能有一名人员发言，这一特点有利于谈判双方控制商业信息的交流范围，适合于保密要求较高或带有试探性意图的特殊谈判。第三，人员身份相对平等，礼仪简单。电话谈判一般只闻其声、不见其人，相关人员的职务、相貌、着装、态度等特征不明显，因而能够在谈判中很好地贯彻对事不对人的基本原则。同时，电话谈判礼仪也相对简单，主要涉及说话人的语气、语速及用词等方面，免去了当面接待的各项礼节。第四，意见表达较为直接。当谈判者已准备充分，希望在谈判中占据优势时，可以主动打电话给交易对象；当谈判者感觉预期交易不够理想，不愿意继续谈判时，又可以在电话中直接拒绝。电话谈判可以避免面对面谈判中"看对方脸色"的尴尬，因而有助于果断发盘和断然拒绝。

另一方面，电话谈判的缺点主要有三项。第一，容易在谈判中产生误解。由于电话谈判的信息传递方式只有声音，对方看不到眼神、表情与动作，一旦用词不当或有语言歧义，就会产生很多误会。第二，谈判的时间和内容受到较大限制。电话谈判的时间一般不会太长，如果谈判的内容与环节较多，则不能在电话中完全谈妥。同时，如果谈判的内容涉及图片、表格、样品、文件、数据等需要展示的内容，则不适用于电话谈判。第三，不具备现场举行仪式的条件。谈判者很难通过电话完成签约、合影、剪彩及参观等国际商务谈判的配套活动，谈判记录也主要是电话录音等形式。

### 3. 函电谈判

函电谈判是指谈判各方借助邮件、信函、传真、电传等工具进行的文字性的书面谈判。函电谈判与电话谈判的相似点在于都是远距离间接谈判，不同点在于函电谈判传递的是文字和图形，而电话谈判交流的是声音和语言。函电谈判主要应用于国际贸易活动，适合完成询盘、发盘、还盘和接受等交易磋商内容。目前，国际上已形成较为统一和规范的函电格式，掌握外贸函电写作与谈判也是从事国际贸易实务工作的基本要求。

一方面，函电谈判的优点主要体现在四个方面。第一，信息传递准确率高，手段简单。电传、电报等属于现代化通信方式，能够方便快捷地收发谈判信息。同时，谈判各方通过文字信息进行交流，白纸黑字、明明白白，可以有效避免因吐词发音不准或语言歧义而产生误解。第二，谈判资料较为完整，证据齐全。函电谈判为谈判各方留下了文字性的往来资料，方便谈判档案的整理、留存和查询。一旦发生异议，谈判者可以快速查证原始记录，从而更容易做到有根有据地谈判。第三，决策时间较为灵活，行动隐蔽。在函电谈判的每一个回合，谈判者都拥有充裕的准备时间。一条条看似简单的文字信息，往往是反复推敲和深思熟虑的结果。谈判者陷入困惑时，并不需要像电话谈判一样立即做出回答，而是可以在咨询专家和充分讨论之后再做打算。第四，谈判过程不需要见面，成本较低。类似电话谈判，函电谈判对礼仪、人员等方面的要求不高，重内容而轻表现，是一种很务实的商务谈判形式。同时，电报和电传的费用很低，也不产生跨国的差旅费、接待费等。

另一方面，函电谈判的缺点主要有两项。第一，书面信息存在一定局限。在实际谈判过程中，书面的文字图表信息往往需要来自口头表达的解释和说明，否则很容易让对方不明就里或糊里糊涂。第二，谈判策略的施展受到限制。函电谈判的各方不需要见面，很难根据现场的语言、态度、气氛等来综合运用谈判策略与技巧。若无电话、视频等媒介的补充，在谈判各方的人员之间就很难形成熟悉的印象和信任的关系，这无疑会增加在谈判中深化合作的难度。

### 4. 网络谈判

随着互联网技术的发展与普及，特别是随着跨境电子商务的兴起，依托互联网工具进行的网上谈判开始成为一种常见的商务谈判形式。网络谈判能够很好地融合各项多媒体技术，从而综合了面对面谈判、电话谈判和函电谈判的各项特点，具有较强的适应性和创新性。

一方面，网络谈判的优点主要体现在三个方面。第一，谈判信息快速传递，少有障碍。众所周知，互联网的出现为全球各地的人们带来了随时随地交流的便利。谈判各方可以通过互联网交流平台与工具全天候实时磋商，并不受物理时差和地理距离的限制。第二，谈判形式较为丰富，涉及面广。网络谈判可以轻松满足双边谈判、多边谈判、视频会议、现场直播等个性化要求，既可以录音、录像、留存文字资料，也可以展现国际礼仪、完成商务谈判相关仪式。可以说，网络谈判的形式比较灵活和新颖。第三，谈判团队分工合作，竞争力强。表面上，谈判各方只有几名代表出镜或上线，但实际上，在视频或连线之外还可以有强大的团队为他们出谋划策。这使得网络谈判更有利于发挥集思广益、群策群力的集体智慧的作用，相应的谈判策略更精准、谈判效果更理想。另外，网络谈判也能为谈判者节约成本，从而使其能够将有限的经费投入更有价值的活动中。

另一方面，网络谈判的缺点主要是网络安全难以保证，相应的保密措施还不够完善。如今，互联网仍然存在信息安全方面的漏洞，企业的核心商业秘密、内部情报资料、谈判的底线等有可能在网络中泄露，从而产生极为严重的后果。另外，由于网络谈判是在线上见面磋商，因而谈判的组织安排相对烦琐，一些工作细节和突发情况必须提前考虑并充分准备。

### （七）谈判的其他分类

按照不同的维度，国际商务谈判还可以分为其他一些类型。例如，按照谈判的理念不同，国际商务谈判可以分为输赢谈判、双赢谈判和多赢谈判三种类型；按照谈判的透明度不同，可以分为公开谈判、半公开谈判和秘密谈判三种类型；按照谈判的时间不同，可以分为马拉松式谈判和闪电式谈判两种类型；按照谈判的发起者不同，可以分为买方谈判、卖方谈判和代理商谈判三种类型；按照谈判的内容不同，可以分为国际贸易谈判、国际投资谈判、国际劳务谈判、国际租赁谈判、理赔与索赔谈判等多种类型。在实践中，不同的划分维度可以叠加，一场商务谈判的类型也可能不断切换，这就需要谈判人员随时保持清醒的头脑，能够认清谈判的形势并不断调整和优化己方的谈判策略。

## 第四节　国际商务谈判的程序与原则

### 一、国际商务谈判的程序

在长期的国际商务谈判实践中，谈判的基本程序逐渐形成，并成为一种具有国际惯例性质的工作流程规范。正式的国际商务谈判流程包括四个组成部分，分别是准备阶段、开局阶段、磋商阶段和成交阶段（见图1-2）。

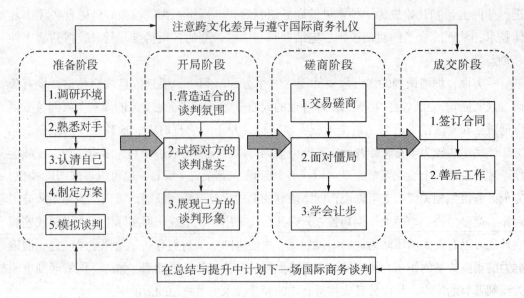

图1-2　国际商务谈判的基本流程

### （一）准备阶段

古人云，"凡事预则立，不预则废"。在国际商务谈判的准备阶段，谈判各方需要完成大量的前期准备工作，须做到"知己、知彼、知势"，方能从容应对即将开始的谈判。具体而言，准备阶段的工作主要有五个方面。

1. 调研环境

调研目标市场的环境，做到"知势"。谈判当事人需要提前完成对相关国际市场的调查研究工作，掌握宏观环境中的政治、经济、社会、文化及技术等影响因素，收集目标市场的规模、价格、购买力及竞争者等商业信息。只有充分了解目标市场的现状特征与变化趋势，才能清晰预测和把握国际商务活动的实际效果，为即将开展的国际商务谈判提供可行的全盘策略。

2. 熟悉对手

掌握谈判对手的特征，做到"知彼"。在进入正式谈判之前，谈判者要能够准确地回答出"我们将和谁谈判"这一重要问题。为此，企业需要寻觅、筛选并确定合适的目标客户，并与之展开实质性的商务谈判。例如，对于国际贸易谈判而言，向国际市场发出询盘，就是一种寻求谈判对象的常用做法。只有当询盘得到回应，才会产生后续的发盘与接受。为了能够在谈判中掌握主动，谈判当事人还要收集和分析有关谈判对手的各类信息。例如，谈判对手的企业信息包括主营业务、收支水平、资产负债、资信状况及发展历程等，谈判对手的人员信息包括谈判小组的姓名与职务、领导与分工、劣势与优势、性格与偏好等。这些信息将有助于设计具有针对性的谈判方案，从而更好地规避和防范对方的长处、暴露和攻击对方的短处。

3. 认清自己

准确把握己方的实力，做到"知己"。常言道，"知人者智，自知者明"。能够认清自己既是成功开展国际商务谈判的一项重要前提，也是一项工作难点。谈判者要充分分析己方的谈判实力，认知己方在谈判中存在的优势与劣势。例如，企业需要明确自身的市场营销状况，梳理和挖掘企业的核心竞争优势，包括企业的产品优势、技术优势、价格优势、关系网络优势等。企业还要组建一支适合国际商务谈判的专业团队，在形成团队整体能力的同时，了解并发挥每一名谈判人员的业务特长。通过认知和设计，谈判者将进一步具备迎接挑战的勇气和战胜困难的信心。

### 4. 制定方案

制定可行的谈判方案，做到"有备无患"。谈判方案即谈判计划，是谈判者在正式谈判之前对谈判目标、谈判主题、谈判议程、谈判人员、谈判策略、谈判期限及谈判场地等所做的预设方案。虽然这套计划会在实际谈判中有所调整，但是已经为谈判者提供和准备了指导思想与行动预案，即使遭遇某种变化，谈判者也能参考方案从容应对。可以说，谈判方案能够帮助谈判者明确方向、抓住重点、提供参考，制订计划的信息越充分、思路越周密、环节越详细，则谈判者对后续谈判的组织与控制就越有效。

### 5. 模拟谈判

开展有效的模拟谈判，做到运筹帷幄。模拟谈判即谈判者在正式谈判之前，基于全部资料准备所进行的带有"实战"特征的谈判过程推演。在模拟谈判中，谈判人员会站在对手的立场和角度思考问题并提出要求，然后一一应对与化解。模拟谈判的最大价值，在于整合了谈判准备工作中的人员配置、信息和策略，能够使谈判团队中的每一名人员明确职责、互补优势、协调关系，从而进入斗志昂扬的"临战状态"。总之，模拟谈判是进入正式谈判前的最后一环，谈判者需要在"彩排"与"演练"中检验预设的策略、发现自身的弱点、提高谈判的能力，从而使制定的谈判方案更加符合实际情况。

### （二）开局阶段

常言道，"万事开头难"。在国际商务谈判的开局阶段，谈判各方需要相互认识和了解，并在最初的接触中建立关键的"第一印象"。在这一阶段，谈判各方虽然还没有进入实质性磋商，但是影响整场谈判的氛围与基调已经形成，这对后续的磋商阶段具有重要意义。具体而言，开局阶段的工作主要有三个方面。

### 1. 营造适合的谈判氛围

谈判氛围是指谈判各方在接触与互动过程中带给人们的综合感受，受谈判者的言谈举止、礼仪态度、办事风格等各种因素的影响。实践中，谈判氛围并不需要向对方专门介绍或宣布，而是一种可以被真切感知的信息交流。例如，谈判者疑惑的眼神、惊讶的表情、疲惫的姿态、慌张的动作及说漏嘴的话语等，都可以成为影响谈判氛围的关键细节。谈判者既可以从对方发出的各种有声或无声的信号中解读其用意，也可以主动传递一些经意或不经意的细节，从而达到明示或暗示对方的谈判效果。一般而言，常见的谈判氛围有四种，分别是热情友好的谈判氛围、冷淡对立的谈判氛围、严肃认真的谈判氛围、松弛拖沓的谈判氛围。实际上，最佳的谈判氛围是不存在的，谈判者须根据国际商务谈判的实际情况，在开局阶段营造最为恰当的谈判氛围，并在谈判过程中随机应变、实时调整。

### 2. 试探对方的谈判虚实

在谈判的开局阶段，对谈判对手进行试探十分必要。一方面，谈判各方通常会在开局阶段进行自我介绍与开场陈述，听懂对方的发言和讲好自己的故事就是试探与反试探的第一场交锋。例如，在开场发言中流露出长远合作意图，就暗示了达成合作的期望；在开场介绍中透露与其他同类企业的联系，就传递了还有其他竞争者的潜在压力。另一方面，谈判人员可以通过迂回询问法、火力侦察法、聚焦深入法、试错印证法等一系列成熟的试探性策略，主动了解谈判对手的虚实。可以试探的内容包括对方的意图与底线、背景与实力、风格与特征、强项与弱项等，掌握这些信息，将为后续的正式谈判提供有力的策略支持。

### 3. 展现己方的谈判形象

开局阶段是展现己方诚意、信心、意图和魅力等形象特质的最佳时机。由于国际商务谈判的各方往往相距遥远，相互之间大多并不认识，因此谈判双方人员的初次见面就显得十分关键。针对不同的迎接地点，主座方应当在礼仪、对话、环境布置等方面充分准备，特别是将要进行友好合作的谈判时，务必要营造出真心实意、宾至如归的感觉。例如，见面的场地既可能是机场、高铁站、汽车站等户外场地，也可能是接待大厅、办公室、会议室等室内空间，相应的接待礼仪差别很大，相应的策略也各不相同。另外，开场寒暄也是加速各方人员相互认识与熟悉的常用方法。寒暄（greetings）本意是指社交见面中对天气冷暖的闲谈应酬，后来泛指正式谈话前的问候、谈天、闲聊及夸赞等。在商务谈判中，寒暄可以打破谈判初期的尴尬气氛，成为缩短各方人员心理距离和文化距离的高效润滑剂。总之，谈判者应当思考自身要在对方眼中留下什么样的印象，并在开局阶段做好铺垫。

### （三）磋商阶段

磋商阶段是国际商务谈判的实质性谈判阶段，也被视为整场谈判中最为关键的博弈阶段、交锋阶段、竞争阶段和拉锯阶段。磋商阶段也被视为最正式的谈判阶段，主要包括交易磋商环节、僵局环节和让步环节等。

### 1. 交易磋商

谈判双方需要进行反复的交易磋商。通俗地讲，交易磋商即讨价还价，一般包括了询盘、发盘、还盘和接受四个主要环节。发盘和接受属于法律意义上的"要约"和"承诺"，是谈判中最核心的两个环节。具体而言，询盘（inquiry）是指谈判的一方向其他方询问交易条件，涉及的内容可以是意向性的价格、品质、数量、包装、运输、保险及付款方式等各种交易条件。而巧妙的询盘常常能够打探市场信息、了解对手底线、试探交易诚意等，具有十分积极的意义。发盘（offer）是指谈判的一方向对方发出明确、具体、有约束力的交易条件。发盘的法律意义为"要约"，且发盘的内容必须十分确定，对方一旦表示接受，发盘方便接受约束并承担法律责任。还盘（counter offer）是指谈判的一方在收到对方发盘后，在修改原发盘的一项或多项交易条件后，再发回原发盘人的行为。还盘的实质是一项新的发盘，还盘的次数也没有限制，谈判双方往往在反复的还盘与再还盘过程中达成一致。接受（acceptance）是指谈判的一方对发盘或还盘没有意见，表示接受相应交易条件、愿意签订合同的一种行为。接受的法律意义为"承诺"，接受一旦成立，合同也随即生效。需要注意的是，国际商务谈判需要面对来自文化习俗、社交礼仪、语言文字和处事风格等方面的诸多差异，相应的交易磋商过程会更漫长、内容会更烦琐、挑战会更严峻，因而谈判者必须做好相应的知识与能力方面的准备。

2. 面对僵局

僵局是谈判过程中的"家常便饭"。所谓僵局，是指因谈判双方的分歧或矛盾无法调和而产生的僵持或对峙局面。当谈判双方各执己见、互不相让时，僵局便会产生。按照原因不同，僵局可以分为三种类型，分别是策略型僵局、情绪型僵局和利益型僵局。策略型僵局是一种人为制造的僵局，能够产生拖延谈判时间、消磨对方意志、扰乱对方思路等策略性效果。情绪型僵局是一类由谈判对手的不当言辞、过分要求或礼仪怠慢等引起的临时性僵局，通常属于不利于谈判关系发展的"小插曲"。利益型僵局产生于双方对利益分配的不同主张，是谈判各方围绕成交价格、费用分摊、业务经办等交易条件细节而产生的僵局。利益型僵局在国际商务谈判中最为常见。实际上，僵局并不可怕，反而还隐含着谈判对手的希望与困难，如果应对策略得当，僵局也可以成为推进谈判的契机。因此，僵局并不意味着一场谈判的结束，谈判双方会在随后的时间里，凭借争取合作的智慧与耐心打破僵局，从而让谈判向着共识的方向继续前进。

3. 学会让步

谈判的难题常常会在彼此的相互让步中找到"答案"。让步也被称为妥协，是指谈判的一方或双方为了化解僵局或促成交易而主动做出的行动退让。俗话说，"退一步海阔天空"。让步不但不是放弃和投降，反而可能产生以退为进的积极效果。让步行为不仅表示对对方诉求的理解和包容，而且隐藏着对己方预期目标的调整和变通，因而是国际商务谈判过程中的必要环节。按照不同的标准，让步可以分为不同类型：按照彼此的态度，可以分为单方让步和对等让步两种类型；按照策略的意图，可以分为进攻型让步和防守型让步两种类型；按照影响的大小，可以分为战略性让步和战术性让步两种类型。另外，让步的好处也很明显。例如，及时让步可以缓和对方负面的谈判情绪、降低己方的谈判压力；己方的小让步可以争取到对方的大让步；无关紧要的让步可以配合对关键条件的坚持等。特别是当谈判遭遇僵局时，必要的让步往往成为推进谈判的明智选择。

**（四）成交阶段**

成交阶段是国际商务谈判的最后阶段，代表谈判各方已经达成共识并形成协议，只待签约成文即可宣告整场谈判的结束。随着后续一些收尾善后工作的完成，各方也将着手下一阶段的履约工作。具体而言，成交阶段主要包括签约和善后两项基本工作。

1. 签订合同

随着磋商阶段接近尾声，谈判各方已经意向性地就国际商务合同的绝大多数条款达成了一致，此时，谈判各方的工作重点就是尽快签订正式的书面合同。书面合同能够在法律层面和实务层面明确各方的权利、义务和责任，并为后续的国际商务活动提供充分的保障。然而，常言道，"行百里者半九十"。谈判越是接近成功，谈判者越不能掉以轻心。为了确保国际商务谈判所取得的成果，谈判各方还应认真做好几个方面的工作。其一，再次确认谈判达成的关键共识，向对方传递准备签约的意思。其二，整理与汇总谈判记录，在与最初的谈判方案进行比较后，确认谈判目标的达成情况。其三，正式发布本场谈判的总结陈述，包括口头发言与书面纪要，经双方认可后可作为最终协议的佐证材料。其四，按照国际规范的礼仪布置签字厅、排列签字座次、预备合同文本，举行正式的签约仪式。谈判者要充分重视每一个环节的工作，切勿在最后阶段因小失大、功亏一篑。

2. 善后工作

严格地讲，签订合同并不意味着谈判过程的完全结束，还有一些善后工作需要完成。第一，欢送谈判对手。一般来说，在正式谈判结束后，各方会举行一些庆祝活动和欢送仪式。这类仪式可以增进各方的情感联系，巩固彼此的信任关系，从而为下一次合作奠定基础。第二，做好内部总结。谈判团队需要对本次谈判的经验与教训进行详细的自我总结，形成一些举一反三的典型案例或模式化的操作流程，从而为后续参加同类的国际商务谈判提供参考。第三，完成衔接工作。谈判团队需要同履约团队交接相关工作，衔接后续的诸如备货、开证、运输、投保等具体工作，并在合同的执行期间做好相关解释工作。实际上，想要管理好国际商务谈判的整个过程，可以参考"善始善终、终而复始"八个字。换言之，只有准备充分，才能达成理想的目标，而一场谈判的成功结束，又预示着新的博弈正在来临。正如 PRAM 模型所反映的，商务谈判就是一个不断循环的工作过程（见图 1-3），包括计划（plan）、关系（relationship）、协议（agreement）及维持（maintenance）四项内容。

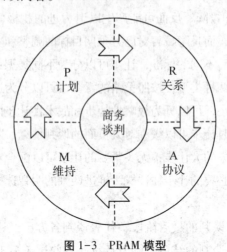

图 1-3　PRAM 模型

## 二、国际商务谈判的原则

国际商务谈判的原则是在长期实践经验的基础上，总结所得的一系列行动准则。遵循这些原则可以使我们的谈判始终向着正确的方向前进，而违背这些原则会给我们的谈判带来困难与风险。因此，谈判当事人有必要掌握并践行各项谈判原则。

### （一）平等互利原则

平等、自愿、互利是开展国际商务谈判的前提。任何国际企业的协商洽谈都应建立在相互尊重和自愿对等的基础上，既不为强人所难之事，亦不受城下之盟之辱。

第一，谈判各方的地位应当平等。虽然国际市场竞争十分激烈，涉外企业的生存发展面临"弱肉强食"的丛林法则，但是国际商务活动不仅仅是企业与企业的交易，还涉及国家与国家的交往。依照国际惯例，无论国家大小贫富、无论企业实力强弱、无论个人职位高低，其在国际商务谈判活动中应当一视同仁，正如《中华人民共和国民法典》（简称《民法典》）第四条的规定，"民事主体在民事活动中的法律地位一律平等"。这意味着，不能在谈判中强迫对方接受显失公平的交易条件，不能在商贸往来中附带任何不平等的政治条件，更不能做出仗势欺人或以强欺弱的事情。平等原则还应体现在谈判达成的合同当中，即合同所规定的各方权利与义务应当光明正大、公平合理，从而保证谈判的结果是"皆大欢喜"的合作博弈，而不是"损人利己"的零和博弈，正如《民法典》第六条的规定，"民事主体从事民事活动，应当遵循公平原则，合理确定各方的权利和义务"。同时，谈判人员还应当时刻牢记，自己的一言一行不仅代表着企业，更代表着国家，决不能在国际商务谈判中做出任何有损国家形象与利益的事情。

第二，谈判各方的行为应当自愿。自愿是指人的行为来源于主观意愿。在现代市场营销环境下，自愿是一切交易的基础，任何人都不能强迫他人做出违背意愿的事情。例如，在国际贸易谈判中，进出口双方不能将己方的要求强加给对方，更不能欺行霸市、强买强卖。谈判各方一定是根据自身的商业需求提出谈判主张，并在协商一致的情况下完成交易。通俗地讲，商务谈判所谈的是"两相情愿"，而非"一厢情愿"。同时，自愿的前提是公平，比如各方收到的信息必须公开和透明。这意味着谈判者被蒙蔽或欺骗所做出的决策并不是自己的真实意思，这样的"同意"或"共识"也是无效的。例如，在国际贸易谈判中，因出口方夸大产品质量、以次充好而导致进口商损失的情况，就应当由出口方承担全部违约责任。

第三，谈判的结果应当双赢。现代谈判理念认为，最佳的谈判并不能用输赢来衡量。谈判者需要思考的不是如何打败对手，而是如何在谈判中谋求更大的共同利益。只要把利益的"蛋糕"做大，如何分配就不再是一道难题。实际上，成功的商务谈判是以寻求合作共赢为目标的，对待分歧与异议通常会采用长远目光和战略思维。在谈判过程中，各方会努力做到将心比心、换位思考，即主动站在对方的角度考虑对方的损失与利益。这不仅能够增进彼此的信任关系，更能够化解矛盾和消除分歧，从而找到令各方都能满意的最优解。简言之，双赢互利才能长期盈利。

### （二）诚实守信原则

《民法典》第七条规定，"民事主体从事民事活动，应当遵循诚信原则，秉持诚实，恪守承诺"。诚实守信原则要求参与国际商务谈判的各方待人要真诚、做事要讲信用、获取利益的方式方法要有道德。正所谓，"君子爱财，取之有道"。谈判者不能为了眼前的利益而不择手段，任何伤害对方利益的虚假、欺骗、伪造行为都是不可取的。

一方面，谈判者的态度应当"诚"。对于谈判中的各方当事人而言，诚心诚意是寻求合作的基本道德要求。对于一个成熟的谈判团队而言，谈判的动机应当是光明正大的，并没有什么见不得人的阴谋诡计；谈判的过程应当是开诚布公的，对于一切可以谈判的问题都是不应该回避的；谈判的结果应当是货真价实的，并不会为了眼前的蝇头小利而伤害彼此的长远关系。实践已经证明，人们更愿意和诚实的人做交易，因而诚实的

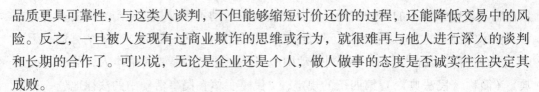

品质更具可靠性，与这类人谈判，不但能够缩短讨价还价的过程，还能降低交易中的风险。反之，一旦被人发现有过商业欺诈的思维或行为，就很难再与他人进行深入的谈判和长期的合作了。可以说，无论是企业还是个人，做人做事的态度是否诚实往往决定其成败。

另一方面，谈判者的言行应当"信"。人无信不立，信用是一切合作的基础。谈判团队中的每一位成员都应该做到讲信用、有信用和守信用。例如，在与对方的谈判过程中，谈判人员应当时刻注意自己的言行，说话和做事一定要客观公正，切勿为了图一时口快而信口开河、妄下结论；对于在谈判桌上做出的承诺，更要言必信、行必果，不能做出出尔反尔、自食其言的事情。实际上，信用的建立需要通过长期的努力，而信用的崩坏可能只需要一次欺骗。失信的后果也是相当严重的，例如，我国原《合同法》[①]第五十二条就规定，"一方以欺诈、胁迫的手段订立合同"属于无效合同。因此，信用是企业宝贵的无形财富，需要倍加珍惜和精心维护。另外，谈判者还应当在谈判中做一个可信的人。众所周知，信任有助于消除怀疑和减少对抗，因而是人际关系中的润滑剂。对于国际商务谈判而言，如何取信于人也是一项重要的工作。

### （三）遵纪守法原则

遵纪守法是对国际商务参与者的基本要求，谈判人员必须熟悉国内外的各项相关法律法规，并强化谈判纪律，从而避免出现因触犯法纪而遭受损失的被动情况。

第一，谈判工作必须坚持依法办事。法律是国家颁布并强制执行的行为规范体系。违法者必定会承担相应的法律后果，轻者受到经济处罚，重者追究刑事责任。国际商务活动的参与者必须是守法者，所作所为必须合法。正如《中华人民共和国民法典》第八条所规定的："民事主体从事民事活动，不得违反法律，不得违背公序良俗。"实际上，国际商务谈判并不是简单的买卖协商，而是一项涉及国际国内多项法规政策的复杂活动，稍有不慎，当事人就很有可能陷入法律困境。例如，我国原《合同法》第五十二条就规定，"违反法律、行政法规的强制性规定"的合同属于无效合同。为此，谈判人员必须牢固树立依法办事的工作原则，对谈判中涉及的交易、结算、税收、运输、保险、仲裁、不可抗力及海关手续等环节务必依法依规严格执行。另外，在国际商务谈判小组中，应当尽量配备一名法律专业的人员，他主要担负解读和运用法律的职责。

第二，谈判人员务必遵守纪律。纪律是维护集体利益和保障工作效率的内部规章或条文。谈判纪律既是企业内部的自我约束，也是企业文化与理念的重要体现。谈判人员必须自觉遵守相关纪律，做到认真履行职责、严格执行命令、积极维护秩序等，从而保障各项涉外商务活动能够如期顺利完成。具体而言，在国际商务谈判中，谈判人员必须遵守的纪律主要有三类：首先，政治和外交纪律。谈判人员必须保持坚定的政治立场，对待根本性、原则性问题要毫不动摇，时刻维护国家的形象与利益。其次，涉密和保密纪律。谈判人员要妥善保管各类谈判资料，切勿因疏忽大意而丢失、泄漏。对于涉及商业秘密或核心竞争优势的资料，谈判人员要严格遵守保密纪律。谈判参与者应当牢记，

---

① 2020年5月28日，十三届全国人大三次会议表决通过了《中华人民共和国民法典》，自2021年1月1日起施行。婚姻法、继承法、民法通则、收养法、担保法、合同法、物权法、侵权责任法、民法总则同时废止。

不该说的不要说，不该问的不能问，正如古人云，"事以密成，语以泄败"。最后，公务与接待纪律。谈判人员应当加强自我管理，遵守日常谈判的工作纪律。例如，在文化与礼仪方面，要注意着装规范、语言规范，不触碰跨文化禁忌；在会谈与交流方面，要注意程序规范、资料规范，做事不要粗心大意、怠惰因循；在个人与集体的行为方面，要注意团结配合与集思广益，切忌单打独斗、先斩后奏；在客户关系管理方面，要注意在工作细节上照顾对方的感受，待客应当热情、主动、周到，千万不要给人急功近利、不近人情的感觉。另外，谈判者还应注意控制发言时间、避免非策略性的迟到、早退、缺席等。

### （四）随机应变原则

随机应变原则要求国际商务谈判的参与者能够根据实际情况的实时变化灵活机动地处理谈判中的障碍与问题。换言之，谈判者不应当惧怕变化，而要有在变化中谋求合作发展的勇气与智慧。

一方面，"应变"是参与国际商务谈判的主要思路。实践证明，谈判的过程是动态的而非静止的，谈判者需要随时应对来自市场环境、谈判对手和自身条件的新变化。世界上也并不存在一套绝对成熟与完善的谈判策略，能够适用于所有的谈判情形。谈判参与者唯有掌握随机应变的能力，根据谈判对象的国别、商务活动类型、双方实力差距等区别对待，才能在千变万化的国际商务谈判情形中找到最恰当的那一套策略。

另一方面，"求变"是适应国际商务谈判的主要方法。谈判各方为了获得最优的谈判结果，往往会凭借自身的各项优势展开激烈的博弈和竞争，而变化无穷的方法策略最能产生出其不意的效果。从这个角度讲，国际商务谈判堪称各国谈判者施展谈判策略与技巧的"大舞台"，亦是各国商人比拼智慧的"竞技台"。面对纷繁复杂且层出不穷的谈判策略，谈判者必须保持清晰的头脑并提升自身的学习能力。要努力掌握那些最新、最有效的策略技巧，并将其灵活机动地应用到谈判实践当中。

### （五）沟通协商原则

沟通是人与人之间传递信息、反馈感受、联络感情的有效途径。在国际商务谈判中，分歧和争论是客观存在的正常现象。只要是寻求合作或共识，各方就会有一系列意见需要交流、若干关切需要回复、很多细节需要落实，必然要经历从"各行其是"走向"风雨同舟"的关系协调过程。在这一过程中，僵局或拉锯的情况在所难免，若稍有松懈，就极有可能使谈判半途而废、功败垂成。因此，无论遇到怎样困难的局面，谈判者都不应当轻言放弃，而应当保持冷静的头脑和充分的耐心，积极采取沟通和协商的方式来破解困局。在实践中，沟通与协商也需要一定的技巧，例如，劝说的技巧、提问的技巧、倾听的技巧、辩论的技巧、肢体语言的技巧以及文字表达的技巧等。这些沟通与协商的技巧，将是构成谈判人员业务能力的重要部分。总之，遇事协商、积极沟通是推动谈判顺利进行的基本原则。

### （六）求同存异原则

国际商务谈判的各方当事人来自不同国家或地区，在价值观念、商业习惯、利益诉求等方面存在差异，因而很难在谈判中取得完全一致的意见。为此，谈判者既要有"求同"的理念目标，也要有"存异"的思想准备。

一方面，"求同"是指寻找共同点。在谈判中，谈判各方的共同点包括长期合作的共同目标、和衷共济的共同利益、齐心协力的共同行动等。只要是能达成一致意见，都可以纳入"求同"的范畴。为此，商务谈判的实质也可以被概括为寻求交易中的最大"公约数"的过程。

另一方面，"存异"是指包容不同点。只要谈判的总体成果或方向符合双赢原则，即使搁置一些分歧也是可以接受的。按照实践经验，谈判者更愿意"存小异而求大同"，即通过满足对方的一些较小要求，来换取其在较大问题上的让步。这种做法不仅有利于扩大共同利益，更是促进谈判成交的一种常用策略。另外，求同存异原则还表现为谈判双方的"互取"和"互让"。彼此间的共同利益既是通过磋商争取来的，也是通过放弃谦让出来的。

### （七）其他原则

国际商务谈判还有一些值得注意的原则规范。例如，对事不对人的原则就指出，谈判各方应当保持友好的态度，将工作中的事情与人分开对待。切忌因为交易中的争执而对他人恶语相向、破口大骂，任何诋毁他人名誉的人身攻击都是不被允许的。再比如，原则与策略相结合原则认为，谈判者既要表明原则，又要留有余地。谈判过程中的非原则性分歧，是可以通过策略性让步来进行应对的。随着涉外谈判实践经验与教训的不断积累，谈判原则还可能会增加。谈判者应当以发展的眼光来看待国际商务谈判活动，并在实践中不断补充和完善谈判的各项原则与注意事项。

 **本章小结**

本章主要讲述了四个方面的内容。

第一，国际商务谈判的概念与内涵。国际商务谈判是指从事国际商务活动的各个利益主体，围绕某项交易的达成而进行的一系列协商沟通活动。国际商务谈判是一类特殊的谈判类型，放眼世界、围绕商务和充满智慧是其主要内涵。

第二，国际商务谈判的特征与作用。国际商务谈判的特征主要包括强调经济效益、突出交易条件、充满博弈思维等一般特征，以及需要注意的政策性约束较多、面对的环境条件较为复杂、对谈判人员的要求较高等涉外特征。国际商务谈判的作用主要包括促进国际商务发展、增进国内外企业联系和拓展国际市场空间等。

第三，国际商务谈判的要素与类型。国际商务谈判的要素主要包括谈判主体、谈判客体及谈判环境。按照不同的维度，可以将国际商务谈判划分为不同类型。例如，个体谈判和集体谈判；双边谈判和多边谈判；口头谈判和书面谈判；让步型谈判、立场型谈判和原则型谈判等。

第四，国际商务谈判的程序与原则。正式的国际商务谈判程序包括四个部分，分别是准备阶段、开局阶段、磋商阶段和成交阶段，每一阶段都有相应的工作要点。国际商务谈判的基本原则包括平等互利原则、诚实守信原则、遵纪守法原则、随机应变原则、沟通协商原则及求同存异原则等。

总之，本章的学习，将有助于同学们理解什么是谈判、为什么谈判和如何谈判三个基本问题。

 **作业与习题**

### 一、单项选择题

1. （    ）是指从事国际商务活动的各个利益主体，围绕某项交易的达成而进行的一系列协商沟通活动。

  A. 谈判       B. 商务谈判

  C. 国际商务谈判    D. 国际商务投资

2. （    ）是指在法律上具有民事权利能力和民事行为能力，能够独立享有民事权利、独立承担民事义务的组织或团体。

  A. 法人       B. 自然人

  C. 关系人      D. 行为人

3. （    ）是指来自不同国家或地区的当事人围绕商品、服务及技术等标的物的交易而达成的正式协议。

  A. 国际租赁合同    B. 国际劳务合同

  C. 国际投资合同    D. 国际贸易合同

4. （    ）多用于各方信任度不高的初次谈判，以及在第三地存在中间人、调解人、担保人或其他重要关系人的谈判。

  A. 主场谈判      B. 客场谈判

  C. 中立场谈判     D. 多边谈判

5. （    ）适用于讲求效率、规模较小、联系频繁且来往不便的国际商务谈判。

  A. 面对面谈判     B. 电话谈判

  C. 函电谈判     D. 书面谈判

### 二、多项选择题

1. 国际商务谈判的内涵主要包括（    ）。

  A. 放眼世界     B. 围绕商务

  C. 充满智慧     D. 缺乏竞争

  E. 零和博弈

2. 常用的国际商法包括了（    ）等具体法律。

  A. 公司法      B. 合同法

  C. 金融法      D. 贸易法

E. 投资法　　　　　　　　　　F. 票据法

3. 国际商务谈判需要应对众多风险，常见风险包括（　　　）。

A. 商业风险　　　　　　　　　B. 信用风险

C. 汇率风险　　　　　　　　　D. 价格风险

E. 自然灾害　　　　　　　　　F. 意外事件

4. 按照谈判当事人的利害关系不同，可以将参与国际商务谈判的主体划分为（　　　）两类。

A. 法人　　　　　　　　　　　B. 自然人

C. 关系人　　　　　　　　　　D. 行为人

E. 台前当事人　　　　　　　　F. 台后当事人

5. 在市场营销学中，PEST 分析模型就是一种常用的宏观环境分析工具，包含（　　　）四项内容。

A. 政治　　　　　　　　　　　B. 经济

C. 社会　　　　　　　　　　　D. 技术

E. 人口　　　　　　　　　　　F. 贸易

## 三、判断题

1. 国际惯例被视为一类不成文的"法律"，虽然不具备强制性，但是违背惯例的企业将为此付出高额的成本。（　　　）

2. 国际租赁合同是指跨国的委托方与承包方就某项工程签订的保证完成项目建设的协议。（　　　）

3. 口头谈判是指谈判各方利用文字、图表及行业术语等进行间接谈判。（　　　）

4. 立场型谈判也被称为硬式谈判，是指谈判的一方为了实现自身的谈判目标而在谈判中采取与对方较量到底的态度。（　　　）

5. 国际商务谈判并没有"标准答案"，每一环节都能体现参与者"人"的独特思考与行动，因而堪称是充满了智慧的谈判艺术。（　　　）

## 四、简答与论述题

1. 请简述原则型谈判的概念与特点。

2. 请简述为什么商务谈判会充满博弈思维。

3. 请简述国际商务谈判的基本程序，并对其中的关键环节加以阐述。

4. 试论述国际商务谈判对于推动宏观经济发展与微观企业成长的积极作用。

5. 请结合相关案例，谈谈你对国际商务谈判诚实守信原则的理解。

## 五、实训题

1. 请查阅 1~2 个国际商务谈判实例，概括其中的谈判要素与谈判流程。

2. 请分别收集 1 个让步型谈判、1 个立场型谈判和 1 个原则型谈判的实例。

3. 观看一部有关谈判的电影，分析谈判的作用与原则。

参考答案

## 第二章

# 国际商务谈判理论

■**学习目标**

知识目标：掌握商务谈判中的经济学、管理学理论，熟悉商务谈判中的社会学、心理学理论，理解商务谈判中的博弈论。

能力目标：能够在国际商务谈判中发挥比较优势，能够分析和判断谈判各方的谈判实力，可以从客户关系管理的角度处理谈判关系，能够基于心理学中的心理效应、博弈论中的方法与技巧参与国际商务谈判。

素养目标：具有参与国际商务谈判的良好心理素质，能够在涉外经济活动中坚持遵纪守法、公平公正、诚实守信的基本原则，注重正和博弈而非零和博弈。

■**学习重点**

绝对优势理论与比较优势理论的内涵；"经济人"与"社会人"的概念；影响谈判实力的主要因素；关系营销的主要内容；谈判需要的结构与层次；谈判心理学的具体应用；博弈论的经典例子，博弈的分类及应用。

**开篇阅读资料**
KAIPIAN YUEDU ZILIAO

### "这是我们双赢的合作"

上午 8 时左右，苏莱曼来到公司，安排好当天工作后，便与几位分管部门负责人召开晨会。布置完工作，他马不停蹄地前往生产计划、成品仓库办公室，了解排产计划和出货情况。

苏莱曼是中国巨石埃及玻璃纤维股份有限公司（以下简称"巨石埃及"）的副总经理。去年年底，巨石埃及年产 12 万吨玻璃纤维生产线投入使用，使得巨石埃及玻璃纤维基地年总产能达到 34 万吨，目前是非洲大陆最大的玻璃纤维生产基地。由此，苏莱曼的工作更加忙碌，也有了更大成就感。"随着生产智能化水平提高，公司的生产能力和国际竞争力逐渐增强。巨石埃及为埃中两国共建'一带一路'增添新动力。"苏莱曼说。

据悉，新上马的生产线历时 14 个月建设，采用最先进的池窑纯氧燃烧技术、大漏板多分拉技术、自动物流输送技术，是一条由中国巨石自主设计、拥有自主知识产权、高度自动化和智能化的生产线，每年可为埃及新增创汇 1 亿美元。

巨石埃及成立于 2012 年 1 月，位于埃及苏伊士运河经济区中埃·泰达苏伊士经贸合作区内，如今已成为苏伊士运河经济区的龙头企业，是中国迄今在埃及制造业领域投资最大的项目。作为中埃共建"一带一路"重要成果，巨石埃及积极支持当地经济发展，直接提供工作岗位超过 2 000 个，有效带动埃及矿产、包装材料等上下游产业链蓬勃发展，累计为当地创造超 4 000 万美元的税收收入和超 10 亿美元的外汇收入。

"从 2016 年开始，我们与巨石埃及开展合作，为其提供硅砂、高岭土、石灰石、石膏等材料。"埃及开罗矿产企业西奈国际负责人萨克尔介绍，巨石埃及专门派技术人员在生产设备、开采工艺等方面进行指导，协助改进技术、建立质量管理体系等。"通过合作，我们的产品质量和生产效率得到显著提升，产能提高了近一倍，生产规模日益扩大。与中国企业的合作让我们受益匪浅，实现了双赢。"

"我们生产的玻璃纤维产品 95% 以上通过苏伊士运河销往欧洲、美洲等地。"巨石埃及计调物流部副经理迪娜介绍，巨石在国际玻璃纤维市场上占有率超过 20%，全球每 3 片风电叶片中就有 1 片使用了巨石的玻璃纤维。迪娜表示，期待巨石埃及的产品走向更广阔的市场。

"这是我们双赢的合作。"埃及苏伊士运河经济区总局主席瓦利德·贾迈勒丁高度评价巨石埃及为推动当地经济社会发展作出的积极贡献。他表示，巨石埃及不断扩大在埃投资，创造大量就业机会，助推埃及制造业转型升级，其产品不仅满足埃及国内需求，还远销欧美市场，为埃及创造了宝贵的外汇收入。期待更多中国企业来埃及投资、建设。

资料来源：2023 年 5 月 10 日的《人民日报》。

**思考：**

1. "一带一路"倡议为国际商务与贸易的发展带来了机遇与动力，试从经济学与管理学角度分析国际商务谈判的积极作用。

2. 结合以上案例谈谈你对平等互利、合作双赢等谈判原则的理解，并比较正和博弈与零和博弈的区别。

## 第一节　商务谈判中的经济学、管理学理论

### 一、国际贸易理论

国际商务谈判大量应用在国际贸易活动中，能够发挥寻找交易对象、识别合作空间、促成进出口交易等重要作用。很多与贸易有关的经济学理论能够较好地解释谈判的动机与意义，从而帮助企业更好地认识谈判的必要性和可行性。这里主要介绍来自市场机制、绝对优势与比较优势等理论的观点。

#### （一）市场运行的基本机制

在经济学理论中，市场是买卖双方进行交易的场所，而一切交易的达成必须符合市场机制。所谓市场机制（market mechanism），是指市场运行的基本规律和原则，包括供求、价格、竞争、风险等各种具体实现机制。

第一，供求机制（supply and demand mechanism）是调节市场供求关系和缓解供需矛盾的均衡机制。在商品经济条件下，供求关系反映了某种商品或服务的供给与需求存在着既相互联系、又相互制约的市场联动关系。当供大于求时，形成买方占据主动地位的买方市场；当供不应求时，又形成卖方占据主动地位的卖方市场；只有当供需均衡时，才能形成相对稳定的市场格局。供求机制被认为是市场机制的核心，参与国际商务谈判的企业必须清晰把握过去、现在及未来的市场格局，并根据自身的买卖角色制定差异化的谈判策略。

第二，价格机制（price mechanism）是在市场竞争和供求关系共同作用下形成的价格变动与均衡机制。价格机制又包括了价格形成机制和价格调节机制。前者反映了市场配置资源与政府宏观调控对价格产生的"正作用"；后者反映了价格变动对生产、经营和消费等环节产生的"反作用"。价格机制被认为是市场机制中最敏感和最有效的调节机制，国际商务谈判者应当熟练掌握价格谈判的原理与技巧，并在不违背价值规律的前提下，充分利用蕴藏在价格波动过程中的谈判机遇。

第三，竞争机制（competition mechanism）是市场选择、培育和保留适应者的优胜劣汰机制。市场竞争既可以发生在买卖双方之间，也可以产生于买方之间或卖方之间。最为常见的竞争方式就是价格竞争，即以更低的价格战胜竞争对手。在实践中，各个市场主体为了占据某种优势或超越某类对手，就必须在生产经营活动中表现出一定的竞争能力。这种能力可以来自产品、服务、品牌、客户和成本等任何一种或多种商业要素。而实际上，国际商务谈判就是一种谈判主体间的实力博弈，仍然表现为各自竞争能力的优劣比拼。面对一场谈判，如何在展现己方时扬长避短，如何在进攻对方时避实就虚，这就要求谈判者必须具备充分的竞争思维和有效的竞争手段。

第四，风险机制（risk mechanism）是市场给予竞争者各种不确定结果的一种机制。一般认为，市场风险既不能完全避免，也不能准确预测，是所有市场主体都必须面对的

客观现实情况。按照经济学的观点，风险也并非坏事，风险的大小常常与收益的多少成正比。为此，按照风险偏好的不同，可以将国际商务谈判的决策者划分为风险爱好、风险厌恶和风险中性三类，每一种类型又分别适合具有不同目标的谈判类型。可以说，认知并利用国际市场的风险机制，将为相关企业减少损失和扩大收益提供理论支持。

## 阅读资料 2-1：

### 《镜花缘》中的"君子国"

清代的李汝珍写了一部奇书《镜花缘》，秉承奇幻小说一脉，想象奇特幽默，常常令人忍俊不禁。其中描述了一个海外"君子国"，那里的国人可谓仁义至极、互相谦让，作买卖时买方不是压低价钱而是抬高价钱，卖方也不是抬价而是以低价卖出为荣，双方常常为此争得不可开交，最后在别人的劝说下才成交。

李汝珍实际是以"君子国"来讽谏世风。自有商业社会以来，哪里的买卖不是商人抬价、买方杀价？有的经商者利欲熏心，每每以次充好、牟取暴利，从不想自己在其中赚了多少昧心钱，坑了多少顾客，以致有了"无商不奸"的说法。以人性利己的角度看，"君子国"的买卖显然是一个假想，正常状态下，经商的还是得赚钱，买方还是要买到质优价廉的好商品才满意，但是，其间相互的利益博弈，应该在公平合理的规则下、和谐稳定的环境中达成一致。

资料来源：2012 年 8 月 17 日的《光明日报》。

**思考：**

"君子国"的交易是否符合市场运行的基本机制？

### （二）绝对优势与比较优势理论

回顾国际贸易经典理论的发展脉络，我们发现其主要产生了五种阶段性理论，分别是重商主义思想、绝对优势理论、比较优势理论、保护贸易理论及要素禀赋理论。

首先，重商主义（mercantilism）产生于 15—17 世纪，强调"商业""资本"及"财富"在一国对外经济活动中的重要意义。在国际商务谈判中表现为注重单方面的盈利，并主张己方的贸易顺差和货币净流入。

第二，绝对优势理论（theory of absolute advantage）产生于 17—18 世纪，强调拥有某种"绝对成本优势"是国际贸易的前提条件。在国际商务谈判中要求各方按照绝对的优势和劣势进行分工，而只要合作就可以实现双赢。

第三，比较优势理论（theory of comparative advantage）产生于 19 世纪，认为在没有绝对优势的情况下依然可以产生国际贸易，而开展国际竞争的条件是"比较优势"、结果是"比较利益"。在国际商务谈判中体现为更大的合作空间，基于合理分工的"自由贸易"也不再困难。

第四，保护贸易理论，即幼稚产业保护理论（infant industry theory），产生于 19 世纪，认为一个国家完全可以通过贸易保护政策来培育潜在的产业优势，从而将当前的竞争劣势转变为将来的竞争优势。在国际商务谈判中表现为对外来威胁的敏感和对自身弱点的保护。

第五，要素禀赋理论（factor proportion theory）产生于20世纪初，认为生产要素的多少决定了国际贸易发展的好坏，提出一个国家应当主要出口那些由本国相对充裕的生产要素所生产的商品，而进口那些由本国相对稀缺的生产要素所生产的商品。在国际贸易谈判中体现为看重国际生产要素的差异及其价格体系的变动。

总之，以上五种理论不仅解释了国际贸易的基本原理，更为国际商务谈判提供了分析与预测的经济学模型。这里简要介绍绝对优势与比较优势的基本原理。

1. 绝对优势条件下的分工合作

假设世界上有两个国家，分别是A国和B国；每个国家只生产两种产品，分别是工业品和农产品；投入的生产要素只有劳动力一种，且只能在行业间流动，而不能跨国流动；国际自由贸易，而其他成本或费用为零。于是，可以进一步假定A国和B国的生产情况（见表2-1）。可见，A国在工业品的生产领域具有绝对优势，而B国在农产品的生产领域具有绝对优势。

表2-1　国际分工之前的生产可能性

| 国家 | 每人每天的劳动产出 |
| --- | --- |
| A国 | 8单位工业品或12单位农产品 |
| B国 | 5单位工业品或16单位农产品 |

显然，这一生产模式并不是两个国家的最佳选择，两国完全可以通过谈判来实现自身利益的最大化。于是，按照绝对优势理论，A、B两国可以通过谈判重新安排国际分工，各自专注于优势商品的生产与出口，而完全进口处于成本劣势的商品。于是，在经过国际分工之后，各国和世界的生产情况发生了变化（见表2-2）。此时，世界的工业品和农产品的总产量得到了提高，国际贸易谈判与分工创造了新的世界财富。

表2-2　国际谈判与分工之后按照绝对优势的生产情况

| 国家 | 按照绝对劣势生产 | | 按照绝对优势生产 | |
| --- | --- | --- | --- | --- |
| A国 | 0单位工业品 | 12单位农产品 | +8单位工业品 | -12单位农产品 |
| B国 | 5单位工业品 | 0单位农产品 | -5单位工业品 | +16单位农产品 |
| 世界 | 5单位工业品 | 12单位农产品 | +3单位工业品 | +4单位农产品 |

2. 比较优势条件下的互利共赢

我们仍然按照之前的假设进行分析，重新假定A国和B国在一个生产周期内的具体生产情况（见表2-3）。此时，A国在工业品的生产领域和农产品的生产领域均具有绝对优势，而B国在两个生产领域都处于绝对劣势。那么，两个国家还有可能通过谈判来实现国际贸易吗？比较优势理论的回答是肯定的。

表 2-3　国际分工之前的生产可能性

| 国家 | 生产 1 单位工业品 | 生产 1 单位农产品 | 产量 |
|---|---|---|---|
| A 国 | 60 个劳动力 | 50 个劳动力 | 2 单位 |
| B 国 | 100 个劳动力 | 150 个劳动力 | 2 单位 |

一方面，对于 A 国而言，生产 1 单位工业品所需的劳动力 60 人，多于生产 1 单位农产品所需的劳动力 50 人，因而其生产农产品的能力更强、比较优势更大。另一方面，对于 B 国而言，生产 1 单位工业品所需的劳动力 100 人，少于生产 1 单位农产品所需的劳动力 150 人，因而其生产工业品的能力更强，比较劣势更小。所以，两个国家完全可以通过谈判与国际分工，各自专注于相对优势更大的产品的生产与出口，而完全进口另一种产品。于是，在经过国际分工之后，各国和世界的生产情况发生了调整（见表 2-4），A 国生产出了 2.2 单位的农产品，B 国生产出了 2.5 单位的工业品，两个国家在没有增加劳动力数量的情况下都扩大了产量。显然，世界的工业品和农产品总产量得到了提高，国际贸易分工在比较优势理论的指导下也创造出了新的世界财富，谈判可以让两国实现互利共赢。

表 2-4　国际分工之后按照比较优势的生产情况

| 国家 | 生产 1 单位工业品 | 生产 1 单位农产品 | 产量 |
|---|---|---|---|
| A 国 | 0 个劳动力 | 110 个劳动力 | 2.2 单位 |
| B 国 | 250 个劳动力 | 0 个劳动力 | 2.5 单位 |

比较优势理论从要素生产率的国际差异角度为国际商务谈判指明了达成交易的区间范围。我们可以进一步假设，两国各有 300 人的劳动力，则分别用来生产工业品和农产品的情况如表 2-5 所示。此时，A 国国内的农产品与工业品的交换比例是 6∶5，即 6 单位的农产品可以换取 5 单位的工业品。而在 B 国国内，农产品与工业品的交换比例是 2∶3，即 2 单位的农产品可以换取 3 单位的工业品。

表 2-5　假定劳动力总量时 A 国与 B 国的生产情况

| 国家 | 工业品产量 | 农产品产量 | 劳动力总量 |
|---|---|---|---|
| A 国 | 5 | 6 | 300 个 |
| B 国 | 3 | 2 | |

在国际市场上，A 国具有生产农产品的比较优势，B 国具有生产工业品的比较优势。对于 A 国的企业而言，只要农产品与工业品的交换比例低于 6∶5，则国际贸易优于国内贸易；对于 B 国的企业而言，如果农产品与工业品的交换比例高于 2∶3，则国际贸易也优于国内贸易。于是，我们可以画出 A 国与 B 国开展国际贸易的交易空间示意图（见图 2-1），这一空间也是两国企业能够通过国际商务谈判达成贸易的"可行区域"。而在实践中，如果谈判双方未能掌握这一经济学区域，想要通过谈判实现双赢将十分困难。

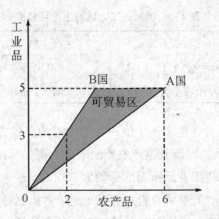

图 2-1　A 国与 B 国开展国际贸易的交易空间示意

　　比较优势理论还通过国际市场价格的形成机制解释了国际商务谈判的讨价还价空间。按照市场运行的基本机制，我们可以针对工业品交易分别画出 A 国、B 国和国际市场的供需情况示意图（见图 2-2）。首先，右图为 A 国国内工业品市场的供需情况。其中，$S_A$ 表示 A 国国内工业品市场的供给曲线，$D_A$ 表示 A 国国内工业品市场的需求曲线，两条曲线的焦点价格 $P_A$ 反映了 A 国国内工业品市场的均衡价格。其次，左图为 B 国国内工业品市场的供需情况。其中，$S_B$ 表示 B 国国内工业品市场的供给曲线，$D_B$ 表示 B 国国内工业品市场的需求曲线，两条曲线的焦点价格 $P_B$ 反映了 B 国国内工业品市场的均衡价格。最后，中图为国际工业品市场的供需情况。其中，$S_W$ 表示国际工业品市场的供给曲线，$D_W$ 表示国际工业品市场的需求曲线，两条曲线的焦点价格 $P_W$ 反映了国际工业品市场的均衡价格。

　　不难看出，由于 A 国不具备生产工业品的比较优势，因而国内的工业品价格较高。与此对应，B 国的国内工业品价格则相对较低。假设国际上的运输、保险等费用为零，也不存在贸易壁垒，则工业品会从便宜的 B 国流向昂贵的 A 国。同时，由于国际上只有两个国家，因而 A 国的出口量就等于 B 国的进口量。此时，国际市场价格 $P_W$ 可以被确定，并且只能介于 $P_A$ 与 $P_B$ 之间。可见，国际商务谈判是不能漫天要价的，成交价格应当以国际市场价格为基准，并受到双方国内市场价格的一定影响。

　　综上所述，无论是绝对优势理论，还是比较优势理论，国际贸易都是有助于国际分工和国际合作的。围绕国际贸易的商务谈判完全可以成为一种正和博弈，成为促进各方合作共赢的交流平台。相信，只要各方能够在谈判中将彼此的优势视为共同的优势、将彼此的困难视为共同的困难、将彼此的利益视为共同的利益，则一定能将贸易的"蛋糕"越做越大。

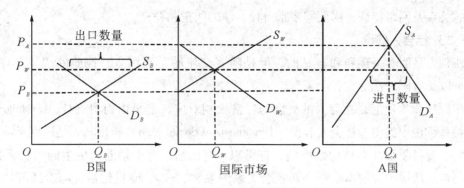

图 2-2  国际市场的供需情况示意

## 二、"经济人"与"社会人"假设

国际商务谈判的当事人既是高度理性的"经济人",亦是充满非理性的"社会人"。

### （一）经济人假设

作为国际商务活动的决策者和参与者,充分盈利肯定是谈判者的主要目的,因而谈判人员给人的"第一印象"应当是高度理性的"经济人"。

回顾经济学理论,经济人假设（Hypothesis of Economic Man）也被称为理性经济人假设,是一种将经济活动的参与人假定为只会追求自身利益最大化的"唯利人""自私人"的观点。这一假设最早由英国经济学家亚当·斯密提出,后来经过约翰·穆勒、维尔弗雷多·帕累托等学者的进一步概括,成为古典经济学与新古典经济学的基本假设之一。在斯密等人看来,经济利益激发了人的行动,而获取最大回报是一切经济活动的根本动因。按照这一假设,经济人在与其他人接触、谈判或交易时会表现得十分理性,他们头脑清醒、信息全面,一定会在行动之前计算自身的利益得失,并始终选择风险最小、成本最低、收益最大的策略。

按照经济人假设的思路,国际商务谈判的直接目的就在于达成交易、签订合同或促成合作,谈判各方皆试图通过博弈谋求自身经济利益的最大化。为此,各方在争夺经济利益的过程中势必始终以自我为中心和不择手段,彼此间的关系将更多地表现为竞争对手关系,任何妥协与让步都可能降低最终的利益水平。

在国际商务谈判过程中,谈判人员应当保持理性并充分认知彼此各方的利益诉求。一方面,站在己方角度,谈判策略要注重以谈判目标为导向,切忌因为眼前的僵局或冲突而失去原则。例如,如果忽略自身利益的最大化,一遇到困难就无原则地退让,并表现出"老好人""和稀泥"等"软弱"态度,就很容易陷入"走投无路"的被动境地。另一方面,站在对方角度,谈判手段要考虑对方的感受与反应,不可采用逼迫、欺诈、哄骗等方式伤害对方的利益。例如,如果低估谈判对手的利益底线,一有机会就"变本加厉""漫天要价",甚至"落井下石""趁火打劫",则很可能遭到对方的反感和反制,从而使谈判破裂。

综上,经济人假设能够解释和指导谈判者的部分行动,并且可以作为抽象理解谈判关系的一种思路。然而,原子化的经济人假设也存在明显的局限性,并不能反映人与人之间的关系及网络特征，因而需要来自社会学的纠正和补充。

### （二）社会人假设

谈判人员固然是逐利和自私的，但是随着交流的逐渐深入，彼此的"第二印象"完全可以是有限理性的"社会人"。

回顾社会学理论，社会人的概念与经济人相对应，最早由梅奥（G. E. Mayo）在人际关系学说中提出。社会人假设（Hypothesis of Social Man）指出，人是区别于动物和机器的、置身复杂社会结构之中的、有思想、有感情、有人格的活生生的"关系人"。正如马克思所说，人的本质是一切社会关系的总和。进入 20 世纪后，随着经济社会学的复兴，社会学家对于经济活动中的人的理解越来越立体，特别是在加入关系、情感、信任等元素之后，人的概念几乎完全跳出了理性经济人的假设限制。事实也是如此，经济活动中的人并不是只会唯利是图的"简单人"，而是一种容易受到外部环境和自身意识双重影响的"复杂人"。除了经济需求，人还会有社交、尊重、自我实现等其他需求，而这些需求并不一定能够用金钱来衡量。正如马斯洛需求层次理论（Maslow's Hierarchy of Needs）所指出的，人的需求是分层次、有高低的，当一种需求得到满足时，新的需求又会产生。从这一角度讲，人的欲望与需求可以说是无穷无尽、无边无际的，由此引发的行为动机也将始终处于一个动态变化的过程当中。另外，经济活动中的人也绝不是孤立的个体，社会人会因为彼此间的互动而形成相对稳定的关系网络，即社会网络（social network）。这类特殊的社会结构能够传递信息、建立信任、弥补资源、提升能力，是企业参与商务活动的重要社会资本。

按照社会人假设的思路，国际商务谈判的最终目的并不仅仅在于一份合同或一次交易，彼此间的合作关系往往要远远大于眼前的经济利益。一些现在看似非理性的决策，却能为将来的合作共赢创造条件。为此，精明的企业家应当在国际商务活动中拥有战略性的眼界格局，树立谋长远而不谋一时、谋全局而不谋一隅的观念，形成"义在利之先""利从义中取"的商业思想。

在国际商务谈判过程中，谈判人员应当注重发挥人际关系的积极作用，注意运用非经济手段来解决经济难题。例如，面对老客户，谈判人员可以"打感情牌"，主动回忆过往合作的良好印象，从而在具体交易条件上获得减让。面对新客户，谈判人员又可以"打感动牌"，通过开诚布公的交流和保质保量的承诺，赢得对方的尊重与信任。在令对方"不好意思"或"颇为感动"的同时，也为后续的谈判铺平了道路。另外，谈判人员还可以通过表现一些非理性的举动，达到控制谈判节奏或改变自身处境的效果。例如，谈判人员可以借助对方的失误或过失"小题大做"，看似夸张的愤怒和懊悔，就很有可能迫使对方做出让步。

综上，社会人假设更加真实地反映了谈判活动中的互动与关系，很好地解释了为什么谈判是解决冲突和矛盾的最佳途径。实际上，经济人假设与社会人假设也并不矛盾，二者互相补充、相辅相成，都是指导国际商务谈判的重要理论依据。

### 三、谈判实力理论

国际商务谈判是各方当事人较量实力的特殊舞台，对于彼此实力的正确认知和灵活运用将是影响谈判成败的关键内容。

#### （一）谈判实力的内涵与特征

谈判实力理论由美国学者约翰·温克勒在其著作《讨价还价技巧》中提出。这一理论指出，谈判实力是决定谈判结果的主要因素，而构成和影响谈判实力的因素是复杂多样的。谈判者必须充分理解彼此各方的谈判实力，并在谈判过程中尽力增强己方的实力和削弱对方的实力。

具体而言，所谓谈判实力，是指谈判者在谈判过程中所拥有的来自经济实力、心理素质、策略技巧、环境便利等各个方面的综合竞争能力。这种实力在谈判中直观地表现为讨价还价的能力，即哪一方的实力更强，哪一方就拥有决定价格等交易条件的主动权。同时，梳理谈判实力的特征将有助于理解谈判实力的内涵。

1. 综合性

谈判实力并不是一种单一来源的竞争能力，而是各种因素综合作用的结果。一方面，谈判实力既来源于主观因素，又受制于客观因素。例如，谈判者精心制定的谈判策略与计划属于主观因素，而谈判过程中来自对方或环境的新变化就属于客观因素。正所谓，"谋事在人，成事在天"。另一方面，谈判实力既形成于组织内部，也来源于组织外部。例如，企业自身的谈判团队、财务保障等属于内部条件，而谈判场地、市场环境等就属于外部条件。正所谓，"天时、地利、人和，三者不得，虽胜有殃"。

2. 相对性

谈判实力的强弱并不是绝对的，而是一方相对于另一方的"比较优势"或"比较劣势"。一方面，在不同的谈判场合，谈判实力会有不同的表现。同样主题的商务谈判，常常会因时、因事、因人而产生大不相同的结果。例如，当企业在谈判中采用冒险的强势要价策略给对方施压时，对于"知难而退"的对手是有效的，而对于"争强好胜"的对手则是无效的。另一方面，谈判的最终结果并不绝对取决于谈判实力的对比。在谈判过程中，各方的实力表现常常会呈现此消彼长的动态特点，并非强者恒强、弱者恒弱。例如，面对大公司，小公司仍然能够凭借自身的特长进行有效反击，并非总是"一败涂地"。古今中外，在谈判中以弱胜强、以小博大的案例不胜枚举。只要谈判者善用策略与技巧，谁胜谁负也未必可知。正所谓，"此一时，彼一时"。

3. 潜在性

谈判实力并不是一项可以被完全量化的经济管理指标，而是一类由显性指标和隐性指标共同组成的复杂概念。换言之，谈判实力既存在"一目了然"的可见内容，也存在"若明若暗"的潜在内容。一方面，可见的谈判实力反映了整场谈判的基本格局。例如，企业的经济规模、市场份额、品牌价值等就属于可见的实力。当大企业与中小企业进行谈判时，谈判地位的高低显而易见。另一方面，潜在的谈判实力为整场谈判埋下了伏笔。例如，一些精明的谈判企业常常会在博弈中采用"后发制人"的思路，对己

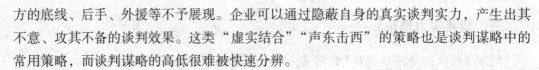

方的底线、后手、外援等不予展现。企业可以通过隐蔽自身的真实谈判实力，产生出其不意、攻其不备的谈判效果。这类"虚实结合""声东击西"的策略也是谈判谋略中的常用策略，而谈判谋略的高低很难被快速分辨。

（二）谈判实力的影响因素

在国际商务谈判开始之前，各方应能够静态地评估谈判实力，并制定相应的谈判策略。随着谈判的正式开始，一些影响谈判实力的因素会逐渐显现，并动态影响谈判的最终结果。

1. 谈判的重要程度

谈判者越是看重谈判的结果，其谈判实力就越弱。而谈判中的过分需求感最有可能弱化谈判的话语权与主动性。例如，当谈判人员迫切需要通过谈判达成某项目标时，就会在谈判中表现得谨小慎微、顾虑重重，唯恐因谈判失利而酿成不可挽回的后果。这时，谈判对手一旦掌握了这种需求感，就会想方设法地攻击这一"软肋"，从而进一步削弱需求方的谈判实力。实践中，"饥饿营销"就是一种充分调动消费者需求感的营销模式。企业人为制造"供不应求"的假象，消费者争相抢购"限量版"商品，即使价格高昂也在所不惜。

2. 交易的满意程度

谈判者越是满意交易的条件，其谈判实力就越强。所谓满意，即实际收获与心理期望的比值。只要交易条件达到或超过了预期，谈判者就会感到满意，反之则会不满意。一方满意并不会告诉对方，而是进一步拥有了谈判的自信心和主动权。例如，在国际贸易谈判中，双方对于价格、运输、保险、品质等交易条件的磋商，要么有利于进口方，要么有利于出口方。条件对谁更有利，谁就拥有更大的让步空间，可以施展的计策也就越丰富。实践中，一些企业会率先使用"狮子大开口"的策略，出价很高而还价很低，无论对方是否答应都为自己增加了讨价还价的筹码。

3. 外部的竞争程度

在谈判之外，潜在的竞争对手越多、竞争程度越强，谈判者的谈判实力就越弱。谈判者可以自主选择交易的对象，谁的交易条件更优，就与谁展开合作。谈判对手在同我方谈判的同时，会关注其他同类企业的行动。一旦掌握来自我方竞争者的有利信息，轻则借机施压，迫使我方让步；重则终止谈判，另寻交易对象。反之，若市场竞争很少，我方拥有异质性的、稀缺的、难以替代的核心竞争优势，则会在谈判中拥有不可动摇的主导权，合作与否就不由对方决定。例如，商务谈判中常常用到"接电话"的策略，一方人员会故意公开和其他企业讨价还价，达到引入竞争、制造危机的谈判效果，从而迫使对方妥协。实践中，处于竞争市场环境中的企业，一般态度积极、服务周到、价格实惠；而处于垄断市场环境中的企业，往往没有多少讨价还价的余地。

4. 谈判者的信誉高低

谈判者的信誉主要来自所在企业的资信状况、品牌形象、市场口碑及社会影响等方面。企业的信誉度越高，其谈判实力也越强。众所周知，商标或品牌是企业参与市场竞争的重要无形资产，具有知名品牌的企业，营销成本低、市场号召力强、抗风险能力大，相应的谈判优势也更加明显。同时，信誉较高的企业更注重在谈判中"一诺千金"，大部分企业都愿意和这样有责任感的企业合作。例如，在加工贸易谈判中，有自主品牌的企业通常就比无品牌的代工企业更有市场。

5. 谈判者的经济实力

谈判者的经济实力是左右谈判进程的重要因素，主要包括资金实力、技术实力、市场份额、盈利水平等。谈判者的各项经济技术指标越有竞争力，谈判实力也越强。实际上，经济实力最能直观反映谈判实力。例如，大型企业通常"财大气粗"，在企业规模、业务范围、人员团队等方面占据优势，而中小微企业一般能力有限，只能凭借"一技之长"在市场夹缝中求得生存。然而，谈判者不论规模大小，皆可以在谈判中施展谋略、各取所需。可见，经济实力又不完全等同于谈判实力，只能是构成谈判实力的重要基础。

6. 谈判者的时间要求

谈判时间是容易被谈判者忽略的一项影响因素。谈判者参与谈判的时间越充裕，其谈判实力越强；谈判时间越紧迫，其谈判实力越弱。不难理解，谈判者越是急于求成，越是适得其反，正所谓"欲速则不达"。假如谈判人员拥有充足的时间与对手周旋，就更有机会消磨对方的意志和发现对方的弱点。例如，主场谈判人员常常会以提供接送服务为由打听客场谈判人员的回程时间，这将有助于利用时间因素来增强谈判的主动权。

7. 谈判者的信息情报

信息是重要的竞争性资源，谈判双方谁掌握的信息更准确、及时、全面，谁的谈判实力就更强。一般认为，信息的实质是一种发展的机会。国际商务谈判涉及的重要信息就包括了国际市场的价格信息、需求信息、渠道信息、政策信息等。这些信息亦是支撑企业管理和决策的重要依据。实践中，当一方谈判者掌握了对方的谈判底线、技术短板、策略意图等核心商业信息后，那么其谈判表现必将得到大幅提升，并最终占据谈判主动。当然，谈判信息也可以成为误导对方的一种策略，正所谓"兵不厌诈"。例如，谈判人员常常会在谈判现场"遗失文件"或"说漏嘴"，故意明示或暗示对方，从而达到左右谈判进程、干扰对方决策的效果。

8. 谈判者的人员素质

人是一切经济活动的主导者。谈判毕竟是人与人之间的协商与沟通，人的表现亦是影响谈判效果的主要因素之一。实践中，不同的谈判人员往往具有不同的知识背景、性格特征和办事风格，施展的谈判策略与技巧也常常因人而异。即使是同样主题的商务谈判，如果派出的人员不同，谈判的过程和最后的结果也很可能会不同。例如，相比于刚刚参加工作的谈判新手，经验丰富的谈判专家更有优势。因此，谈判人员必须具备优秀的业务素养和心理素质，并善用谈判策略，这将是企业提升谈判实力最为直接的一种途径。

## 四、关系营销理论

### （一）关系营销的内涵与特征

关系营销理论是国际商务活动的常用理论，这一理论以"关系在营销中的价值"

为视角，将社会关系、经济关系和商务关系相融合，为企业提供了一种通过互动、沟通与信任等元素来实现合作、双赢与忠诚的营销策略。

关系营销的概念产生于 20 世纪 80 年代，最早的提出者是美国学者伦纳德·白瑞（Leonard Berry），在他看来，除了吸引交易对象，保持和巩固彼此间的关系也很重要。同时，关系营销理论丰富和拓展了商业活动中客户的范围，谈判的对象除了终端消费者，还应当包括供应商、分销商、政府机构、中介机构、媒体公众及竞争者等一切利益关系方。

按照关系营销理论，国际商务谈判的实质是涉外企业同各个利益关系方的互动过程。谈判服务于交易，而关系是达成交易的"纽带"。具体而言，关系营销具有五项特征，这些特征与国际商务谈判相适应，尤其适用于国际市场营销类的谈判。

1. 双向沟通

强调双向沟通是关系营销的主要特征之一。良好的沟通能够为企业带来更多、更好的市场信息，而无效的沟通往往使企业脱离市场的需求、丧失发展的机会。在概念上，双向沟通与单向沟通相对应，要求信息的发送者与接受者能够不断变换角色或位置，从而做到"换位思考""将心比心"。在商务谈判中，谈判者要注意尊重、倾听和分析对方的意见，特别是当收到不同意见时，要以友好、积极的态度进行协商、沟通，直到双方均能满意为止。

2. 战略协同

关系营销中的谈判关系具有长期的战略协同性。企业应当将合作关系视为一项重要的战略性资源，力争做到长期维护、协同发展。谈判者应当具有战略眼光与战略思维，谈判或签约不应该是"一次性"的交易行为，而要看到合作关系中潜在的长期价值。谈判人员决不能为了短期的经济利益而做出"杀鸡取卵""涸泽而渔"的事情。另外，由于关系的持续时间受到互动频率和信任程度等因素的影响，因而谈判人员必须在国际商务活动中主动保持与谈判对手的良性互动，并且依靠自己的一言一行树立起良好的市场信誉。

3. 交易互利

关系营销理论提倡在谈判中谋求"互利双赢"目标。在市场营销学中，双赢是一种最优的盈利模式。在取得双赢的交易过程中，谈判双方不再进行"你输我赢"的零和博弈，而是在相互理解与相互支持中将整体利益最大化。谈判人员应当努力寻求合作与利益的平衡点，力争实现共同获利、共同发展。无论施展何种策略或技巧，都应兼顾彼此的共同利益，任何"损人利己"或"损人不利己"的行为都会为谈判关系的破裂埋下隐患。

4. 及时反馈

关系营销突出了信息反馈的及时性。信息的实质是一种潜藏着发展机会的特殊资源，一般包括市场需求信息、生产技术信息和政府政策信息等。关系营销强调与利益关系方的及时沟通，这正好符合谈判的实时沟通要求。由于信息的传导过程比较复杂，企业获得的市场信息往往在时间上具有滞后性、在逻辑上缺乏连续性、在实践上没有针对性，这样的反馈不仅不能改善企业的竞争优势，反而容易误导企业的决策判断。因此，为了保证谈判的时间进度和工作效率，无论是在谈判双方之间还是在谈判团队内部，对各种信息情报的及时收集与分析都是十分必要的。

5. 亲密交往

关系营销理论认为谈判各方之间应当保持一定的亲密性。社会学中，人际关系以情感为纽带，以信任为基础，能够持续稳定地带来信息沟通和价值传递，因而是一类具有投资性、生产性和延展性的重要社会资本。一方面，情感是人类所特有的态度或意识，能够使人的行为具有倾向性和稳定性。另一方面，信任亦是谈判过程中的重大收获。很显然，在谈判中融入情感和信任因素将有利于企业获得更持久、更丰富的商业利益。但需要注意的是，情感和信任还具有敏感性和脆弱性特征，这使得谈判各方建立并保持亲密关系的过程十分困难，任何不诚信的言行都会导致谈判的失败。

（二）关系营销的模型与对象

一般认为，企业与市场相组合，共同构成了现代市场经济的资源配置模式。企业及其商业行为并不能脱离市场环境而单独存在，而是与市场当中的其他主体共同构成了一个动态平衡的整体系统。关系营销理论将企业面对的市场环境划分为外部环境和内部环境。其中，外部环境包括了消费者市场、供应商市场、分销商市场、竞争者市场以及其他利益相关者市场等。内部市场则主要是指由企业内部员工所形成的市场。这六种市场共同构成了关系营销的基本模型（见图2-3），而国际商务谈判实际上就是企业与这六种市场建立关系的过程（见表2-6）。这也完全符合客户管理的理论与实践。

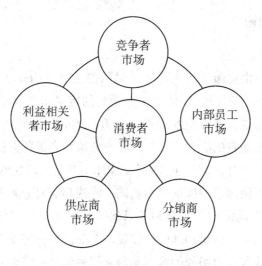

图2-3　关系营销市场模型

表2-6　国际商务谈判中的关系营销

| 市场类型 | 谈判内容举例 |
| --- | --- |
| 消费者市场 | 与国内外大中型客户签订购销合同。 |
| 供应商市场 | 与国际市场上的原材料、零部件等供应商达成合作。 |
| 分销商市场 | 与国外市场的代理商、寄售商、经销商等签订协议。 |

表2-6（续）

| 市场类型 | 谈判内容举例 |
|---|---|
| 竞争者市场 | 与同行企业、替代品生产商等就避免恶性竞争达成共识。 |
| 内部员工市场 | 在跨国并购中与外籍员工达成一致。 |
| 其他利益相关者市场 | 与当地政府、行业中介、金融机构、新闻媒体、邻里社区等建立信任与合作。 |

资料来源：编者整理。

## 第二节　商务谈判中的社会学、心理学理论

人是具有心理活动的高级动物。所谓心理（psychology），是指人对客观事物的主观反映，表现为一系列心理现象。心理现象又分为两大类，分别是心理过程和心理特性。心理学则是专门研究人类心理现象及其影响下的行为活动的科学，主要内容涉及认知、情绪、思维、人格、习惯、关系等众多领域。由于人的心理会对国际商务谈判产生微妙的影响，因而我们十分有必要借助心理学来研究国际商务谈判，而认知和运用心理学的工具与方法，也将有助于谈判者更快更好地达成谈判目标。近年来，谈判心理学逐渐兴起，在不断得到来自谈判实践的支撑和补充的同时，也已成为谈判人员的一门必修课。

这里以心理学为基础，分别从需要、公平、思维、情绪等角度展开探讨。

### 一、谈判需要理论

#### （一）谈判需要理论概述

谈判需要理论最早由美国学者杰勒德·尼尔伯伦格（Gerard I. Nierenberg）在其著作《谈判的艺术》一书中提出。在他看来，谈判的定义最为简单，但涉及的范围也最为广泛。人们会为了改变关系而交换观点，会为了达成一致而展开磋商，但究其本质，人的愿望和需要是诱发谈判的潜在原因。国际商务谈判亦是各方提出需要并得到满足的过程，并且各方都是"合作的利己主义者"，深知相互满足需要的重要性。

尼尔伯伦格以马斯洛需求层次理论为基础，将谈判需要分为七个层次，从低到高分别是生理（体内平衡）的需要、安全和寻求保障的需要、爱与归属的需要、获得尊重的需要、自我实现的需要、认识和理解的需要、美的需要；将谈判的层次和途径分为三项，分别是个人间的谈判、组织间的谈判和国家间的谈判；将谈判需要理论的适用方法分为六项，分别是顺从对方的需要、使对方服从己方的需要、同时服从对方和己方的需要、违背己方的需要、损害对方的需要、同时损害己方和对方的需要。由此可以做出一个三维模型，进而产生126种具体的谈判策略（见图2-4）。

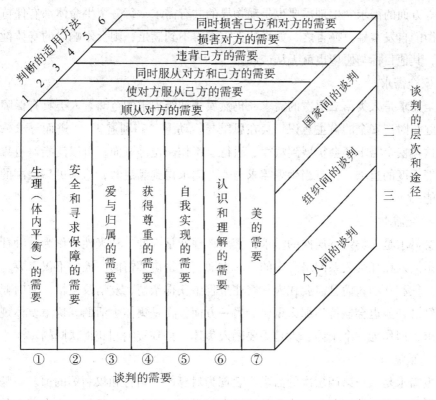

图 2-4　谈判需要理论策略

## （二）需求层次理论

谈判需要理论的提出借鉴了马斯洛需求层次理论，并明确提出，策动人类每一种行为的力量是对需要的满足。回顾马斯洛需求层次理论将有助于我们理解谈判的基本动因与运行原理。

具体而言，马斯洛需求层次理论指出，人类的需求包括了五个层次，分别是生理需求、安全需求、社交需求、尊重需求和自我实现需求（见图 2-5）。实践中，当人的一项需求得以满足，新的需求又随即产生，人们总是会从无意识到有意识地阶梯式提升自己的需求目标，这也是人类行为和心理活动的共同规律。

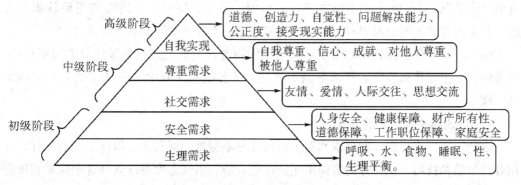

图 2-5　马斯洛需求层次理论模型

### 1. 生理需求

生理需求是人类第一层次的需求，主要包括人对呼吸、饮水、食物、睡眠、性及生理平衡等方面的需求。生理需要也是动物界的共有需求，每一个生命体都有保持自身正常和平衡的自发本性。换言之，如果这类需求得不到满足，则会影响人的身体健康和生命安全，其他目标与愿望也就无从谈起。

### 2. 安全需求

安全需求是人类第二层次的需求，仍然属于初级需求的范畴。人类具有保障自身人身、家庭与财产安全的自主意识，会在思维与行动上"趋利避害"，进而寻求一种保障机制。这类安全需求还会扩展到法律、道德、工作岗位等方面，可以泛指对可靠性、安稳性和舒适度的追求。只有当生理需求与安全需求得到满足时，追求更高层次的需求才成为可能。

### 3. 社交需求

社交需求是人类第三层次的需求，摆脱孤独亦是人的一种天性。作为一种社会性动物，人是嵌入在社会关系网络当中的。一方面，人是讲感情的。人们不仅需要与其他人认识、交往和互动，而且需要在人际交往过程中获得亲情、友情及爱情。有时候，在感情面前经济利益也会显得不那么重要。另一方面，人是集体生活的。这主要体现为一种归属需求，即作为一个个体，人是需要融入集体、得到接纳和获得认同的。

### 4. 尊重需求

尊重需求是人类第四层次的需求，表现为对尊严、名誉和权利等的追求。随着人们社会生活的丰富，获得尊重成为一种精神上的需要。尊重一般又可分为自尊和他尊。自尊即自我的尊重，包含了自信、自主、自负等来自内心的肯定；而他尊即他人的尊重，表现为在群体中有威望、有地位、受到他人的信赖等来自外部的肯定。当人得到尊重时，不仅会感觉精神抖擞、干劲十足，更能体会到生命的价值与活着的意义。尼尔伯伦格指出，健康的尊重是名副其实的"实至名归"，而非"阿谀奉承"之下的徒有虚名。

### 5. 自我实现需求

自我实现被认为是人类最高层次的需求。具体内容包括了实现个人理想、发挥个人才能、成就人生目标、践行道德典范等。实际上，人的追求是无限的。以工作为例，当工作能够解决人的温饱问题时，人又开始要求工作的质量与成就，希望将"事情"提升为"事业"，自己也能成为相关领域的行家、专家。同时，人还需要得到认识和理解，对美也有着无限的渴望。可见，自我实现是一类没有上限的高级需求。

综上，洞察并掌握各方的需要是参与国际商务谈判的前提。如果连对方需要什么、谋求什么、主张什么、反对什么都搞不清楚，又怎能在谈判中"有的放矢""对症下药"呢。

### （三）谈判需要的发现方法

谈判需要理论指出，发现谈判对手的需要并不困难。谈判者可以像个侦探一样，运用各种策略和技巧，从对方的言谈举止、神色表情、语气态度等蛛丝马迹中探知其所思所想、所欲所求。

1. 提问的方式

向对方提问是获取信息的最简单方式。直截了当提问不仅阐明了我方的关切，也给予了对方自己表达意图的机会。当然，以探询对方需要为目的的提问必须注意方法和技巧。谈判中应当注意三个问题，即提出什么问题、如何表述问题以及何时何地提出问题。以提问的表述为例，一个小学生问她的爸爸，"我可以在学英语的时候看电视吗？"和"我可以在看电视的时候学英语吗"，她爸爸对这两个问题的回答很可能会截然不同。为此，谈判需要理论将提问概括为五种形式，分别是一般性提问、直接性提问、诱导性提问、发现性提问及探询性提问（见表2-7）。而在谈判中运用恰当的提问方法，将会引导谈判取得成功的结果。

表2-7　谈判中的提问类型

| 序号 | 提问的类型 | 问题举例 | 提问与回答的效果 |
| --- | --- | --- | --- |
| 1 | 一般性提问 | 1. 你为什么这么做？<br>2. 您认为该如何处理？<br>3. 最近的生意怎么样？ | 提问不受限制；<br>回答不可控制 |
| 2 | 直接性提问 | 1. 谁能解决这个问题？<br>2. 什么时间签合同？<br>3. 商检机构选择哪一家？ | 提问内容受限，有一定针对性；<br>回答的信息较明确，可以控制 |
| 3 | 诱导性提问 | 1. 这难道不是事实吗？<br>2. 运输还没有落实吗？<br>3. 据我方掌握，贵公司货源并不充足呢？ | 提问内容带有暗示，已经划定了回答的范围；<br>回答是可控的 |
| 4 | 发现性提问 | 1. 贵方的决策者到底是谁？您能拍板吗？<br>2. 请提供货运船舶的信息<br>3. 贵方的进口数量预计是多少？ | 提问的目的是掌握事实，就事论事的态度明显；<br>回答一般可控，但也可适当保留 |
| 5 | 探询性提问 | 1. 您认为合理的价格是多少？<br>2. 是不是我方降价，贵方就会购买？<br>3. 本月发货，能不能做到？ | 提问的目的是询问观点和态度；<br>回答基本可控 |

资料来源：编者整理。

2. 陈述的方法

谈判需要理论强调了恰当陈述的重要作用。当一个问答环节结束时，如何做出陈述性的回应就显得十分关键。陈述不仅能够控制商务谈判的节奏与进度，更能发挥强调己方的观点和向对方传递信息的作用。从彼此的陈述中，双方也能更加直接地了解对方的需要。需要注意的是，在陈述中加入感情色彩必须十分慎重和巧妙。例如，威胁的态度和攻击的言语有时候非但不能使对方屈服，反而会激起对方的反制和暴露己方的软肋。另外，肯定的陈述比否定的陈述要好，因为肯定句保留了产生需要的可能，而否定句会破坏谈判的氛围和前景。例如，如果想要回绝一笔生意，一般人会说"不要再给我打电话了"，而谈判专家会说"等我考虑好了再联系你"。这并不是谎言，而是对对方需要的洞察与回应。

3. 听话的技巧

听是发现谈判需要的重要手段。谈判需要理论指出，合格的谈判者必须善于听，能够从对方吐露的每一个字的措辞、语气和声调中找到隐喻的需要。俗话说，"听话听音，锣鼓听声"。谈判者要善于从对方的言语中读出弦外之音、言外之意，就像听锣鼓演奏要抓住节拍一样。例如，在谈判中，我们常常听到类似"顺便提一下""说老实话""坦率地讲""不是我计较""不知当讲不当讲"等表述，这其实就是说话者欲盖弥彰的掩饰而已，其真实意图恰恰与表述相反，很可能既不坦率、也不随便。可以说，说话和听话都充满了艺术性，谈判的需要就隐藏其中。

4. 观察的作用

实际上，语言不一定可靠，因为人类可以沉默、隐瞒及说谎。但是人类的身体很诚实，常常会通过一些细节暴露内心的真实想法。因此，谈判者除了要从语言中了解有声的信息，还应学会在观察中探索无声的信息。谈判者要善于观察对方的行为举止，并读懂其背后的心理学含义，从而掌握或验证对方的谈判需要。人的行为举止主要包括了肢体动作、面部表情、精神状态等。有时候，一些看似不起眼的小细节，往往能够反映谈判中的大问题。例如，按照行为心理学的解释，抱起双臂表示自我防卫、抓摸下巴表示犹豫不决、手摁膝盖表示即将离开、勤看手表表示很不耐烦……可以说，在谈判过程中，谈判者要学会察言观色，这也是人际沟通的重要内容。

## 二、谈判公平理论

### （一）谈判公平理论概述

公平是国际商务谈判的基本原则。谈判者只有懂得公平的含义与原理，才能在实践中正确把握谈判策略的着力点与分寸，从而更好地实现互利双赢。

公平理论也被称为社会比较理论，由美国心理学家约翰·斯塔西·亚当斯（John Stacy Adams）于 20 世纪 60 年代提出。该理论主要形成于《工人关于工资不公平的内心冲突同其生产率的关系》（1962）、《工资不公平对工作质量的影响》（1964）和《社会交换中的不公平》（1965）三部著作，是一种起源于研究工资报酬分配的合理性、公平性及其后续影响的理论。公平理论指出，对员工的激励程度来源于两个方面的比较，一是和自己的比较，二是和别人的比较，而比较的结果依赖于人的主观感受，而非客观事实。实际上，社会中的人并不是单独存在的，彼此之间会关注、会评价、会比较。而人的行动又受到心理活动的支配，当感到公平时会激发动力，当感到不公平时又会消极应对。

公平理论认为，当一个人取得成绩或报酬时，他既会计算绝对值，也会评估相对量。基于此，公平理论概括了两种具体情形。第一，公平关系着对人的激励。按照心理学的观点，人与人是相互"关心"的，并且常常是关心别人胜过关心自己。一般而言，当自己的得失与他人相当时，会表现得心平气和，并认为公平合理；当自己的收益高于他人时，会表现得喜出望外，认为合理的同时，会备受鼓舞和激励；当自己的收益低于他人时，又会表现得牢骚满腹，心态难以平衡的同时，容易灰心和泄气。可见，人的动力与公平相关。第二，不公平会影响人的思维。当一个人认为自己遭受了不公正待遇时，会在心理上产生一系列消极后果。最常见的情形包括了苦恼、愤懑、不安、紧张及后悔等，进而导致行为动机减弱、工作效率下降、情绪状态失控等消极反应。为了缓解这类困难，人的思维又会做出调整。例如，可以通过归因于客观因素等自我安慰方式继续认可公平；可以更换比较对象，以"比上不足，比下有余"的心态重新感受到公平；还可以采取视而不见的逃避态度，或者形成继续忍耐的麻木心态。亚当斯（1965）将人们对于不公正的反应概括为六种情形，分别是改变自己的投入、改变自己的所得、扭曲自己的认知、扭曲对他人的认知、改变参考对象、改变目前的工作。可见，不公平的后果非常复杂。

**（二）谈判公平理论模型**

公平理论分为两种比较模式，分别是横向比较和纵向比较。

1. 横向比较

横向比较即自己与他人比较，是指一个人将自己获得的"报酬或收益"与付出的"投入或成本"的比值，同组织内的其他人的这个比值相比较。其中，报酬或收益包括了货币收入、荣誉表扬、工作安排、物质奖励等，投入或成本包括了时间成本、精力耗费、体力付出、经济损失、其他无形损耗等。相关模型如模型 2-1（A）、（B）、（C）。

模型 2-1（A）：$\dfrac{自己的报酬}{自己的投入} = \dfrac{自己感觉别人的报酬}{自己感觉别人的投入}$

当模型为等式时，个人感觉公平；当模型为不等式时，又会产生模型 2-1（B）和模型 2-1（C）两种具体情况。

模型 2-1（B）：$\dfrac{自己的报酬}{自己的投入} < \dfrac{自己感觉别人的报酬}{自己感觉别人的投入}$

模型 2-1（C）：$\dfrac{自己的报酬}{自己的投入} > \dfrac{自己感觉别人的报酬}{自己感觉别人的投入}$

在模型 2-1（B）的情况下，当事人发现组织中的其他人在同等付出的情况下获得了更高的回报，或者在获得同等回报的情况下付出的投入更少。显然，当事人感受到了不公平，是不满意的。于是，他会采取措施，调整自己的行动。一方面，当事人可以要求增加自己的报酬或降低自己的投入，这样可以使等式左右相等。另一方面，当事人还可以要求减少比较对象的报酬或增加比较对象的投入，这样也可以使等式左右相等。两种要求都可以达到维持公平的效果。当然，当事人也可以在组织中多找几个比较对象，直到心理平衡。

在模型 2-1（C）的情况下，当事人发现自己在组织中获得的报酬相对较多或付出的投入相对较少。此时，当事人的心态与行为受到自身道德素质的影响。当他的道德水平较高时，会自我感觉不公平或不好意思，从而主动要求组织减少自己的报酬或增加自己的投入。当他的道德水平一般时，反而会更加觉得公平。此时，当事人会认为超额的收益也许是自己应得的，并重新评价自己的投入情况，从而使等式恢复平衡。

在国际商务谈判中，横向比较是谈判各方之间的比较，究竟是己方获益还是对方获益，各方的主观评价并不一致。这也就会影响各方在谈判中的诉求与反制。

2. 纵向比较

纵向比较即自己与自己比较，是指一个人将现阶段自己获得的"报酬或收益"与付出的"投入或成本"的比值，同自己过去的这个比值相比较。相关模型如模型 2-2（A）、模型 2-2（B）、模型 2-2（C）。

$$模型2-2（A）：\frac{现阶段自己的报酬}{现阶段自己的投入}=\frac{过去自己的报酬}{过去自己的投入}$$

当模型为等式时，个人感觉公平；当模型为不等式时，又会产生模型 2-2（B）和模型 2-2（C）两种具体情况。

$$模型2-2（B）：\frac{现阶段自己的报酬}{现阶段自己的投入}<\frac{过去自己的报酬}{过去自己的投入}$$

$$模型2-2（C）：\frac{现阶段自己的报酬}{现阶段自己的投入}>\frac{过去自己的报酬}{过去自己的投入}$$

在模型 2-2（B）的情况下，当事人会发现在同等投入情况下今天的报酬不如过去多了，或者在同等回报的情况下今天的付出比过去更多了。此时，当事人会感觉到"今不如昔"，认为不公平。于是，当事人的工作积极性会下降，或者要求组织在接下来的时间里增加自己的报酬和减少自己的投入。如果情况继续恶化或要求得不到满足，当事人会逐渐失去继续工作的动力，直至脱离组织另寻出路。

在模型 2-2（C）的情况下，当事人一般不会产生不公平的感觉，而会将自身情况的改善归因于自己的努力、组织的发展或环境的变化等。实践表明，绝大部分不公平的感觉来源于处境变差，而非处境变好。因为人们对于报酬的态度总是"多多益善"的。

在国际商务谈判中，纵向比较是谈判当事方内部的比较。相比于上一场谈判，这场谈判究竟是谈得更好还是谈得更差，各方都会进行评价。评价的结果会导致谈判者调整自己的目标与策略。

### （三）谈判公平理论的评述

事实上，公平理论并没有看起来的那么简单，也不可能仅凭几个不等式就完全概括。为了更好地理解公平理论，还需要注意以下几个问题。首先，公平与否受控于人的主观感受。所有模型中的变量其实都是人的"感觉"，并非客观度量的精确指标。在现实中，人的内心又往往比较自我，在评价报酬与投入时，总会觉得自己吃亏而他人占便宜。其次，公平与否受限于评价标准。实践中，什么叫公平、怎么做才公平，不同的人有着不同的看法。例如，绝对平均和加权平均，按人数平均和按贡献平均，是激励优秀还是补助落后，公平的标准与效果都会不一样。再次，公平与否与绩效评定有关。在实际工作中，对于绩效的评价方法也很多，一般包括了过程评价和结果评价两大类，更涉及工作的困难程度、时间长短、成果数量和成果质量等各种维度。更何况，有些绩效是看得见的短期绩效，而有些绩效又是看不见的远期绩效。因而如何做到公平，就需要制定公正的个人绩效认定标准。最后，公平与否还与评定人有关。在工作中，谁来做出公平的论断至关重要。实践中，表面上的公平和人们内心的公平也许存在差异，评定人应当充分掌握这类情况，并在工作中尽量消除偏见、化解矛盾、做好解释，从而在组织内营造公平合理的工作氛围。

公平理论对国际商务谈判产生了重要启示。谈判者应当自觉维护公平合理、互利双赢的谈判原则，并将谈判对手转化为合作伙伴。可以想象，当谈判对手在与我方的谈判中感受到横向比较的更高"性价比"时，寻求与我方在纵向比较下的长期合作将不再困难。

### 三、谈判心理学的应用

谈判心理学（negotiation psychology）是应用心理学的一个分支，涉及人际心理学、沟通心理学、说服心理学、管理心理学、营销心理学、社交心理学及社会心理学等众多内容，具有较强的交叉性和综合性特征。这一理论指出，谈判者可以通过分析和利用谈判对手的行为与心理，进而施展一定的策略与技巧，从而引导谈判过程与结果向着有利于己方的方向发展。心理学的重要价值在于解释了人的心理与行为的关联关系，特别是对心理效应的概括最值得在商务谈判中应用。而所谓心理效应，则是指在一定条件的刺激作用下，在人们的心理认知和行为倾向上所产生的因果变化或连锁反应。这里结合典型的心理效应，分别从认知类、交流类和判断类，谈谈心理学在国际商务谈判中的具体应用。

（一）认知类效应

1. 首因效应与近因效应

首因效应（primary effect）与近因效应（recency effect）的提出者是美国心理学家洛钦斯（A. Ladins），这对概念反映了信息出现的顺序对人的心理认知的影响程度，并为人们如何应对这种差异提出了建议。

（1）首因效应：宝贵的第一印象。

具体而言，首因效应也被称为优先效应，是指当人们开始接触信息时，首先获得的信息比后来获得的信息更有影响力。换言之，在人与人的交流过程中，先入为主的"第一印象"至关重要。产生首因效应的原因与人脑的信息输入原理有关，当人们第一次接触崭新的信息时，犹如在白纸上作画，留下的记忆深刻而持久。随着各种信息的不断输入，人脑又会自然产生边际记忆力递减的疲劳感，从而默认前面的信息而忽略后面的信息。即使前后信息互相矛盾，人们也更愿意用前面的印象来解释后面的变化，从而使改变"第一印象"变得十分困难。

首因效应在国际商务谈判中十分常见，特别是当各方人员初次见面或接触时，彼此在对方心目中的印象会对后续谈判产生明显的影响。为此，谈判人员应当注意两个方面的问题，从而确保能给对方留下良好的"第一印象"。首先，仪表仪态要干净整洁。谈判人员需要规范自己的着装、发型及面容等，既体现企业与团队认真负责、严谨务实的工作作风，也展现谈判者个人的精神面貌与气质修养。其次，言谈举止要有礼有节。谈判人员要注意在协商交流、待人接物、迎来送往等过程中的商务礼仪，自己的表情、动作、语言等也应规范得体。什么时候直言正色、什么时候风趣幽默、什么时候侃侃而谈、什么时候惜字如金，谈判人员皆要把握好分寸。总之，作为营造商务谈判开局氛围的重要心理现象，首因效应需要得到谈判人员的理解与重视。当然，首因效应也并不绝对，与之相对的近因效应就是一种调整途径。

## 阅读资料 2-2：

### 印刻效应实验

1910 年，德国行为学家海因洛特在实验中发现了一个十分有趣的现象：刚刚破壳而出的小鹅，会本能地跟随在它第一眼见到的自己的母亲后面。但是，如果它第一眼见到的不是自己的母亲，而是其他活动的物体，如一只狗、一只猫或者一只玩具鹅，它也会自动地跟随其后。尤为重要的是，一旦这只小鹅形成了对某个物体的跟随反应后，它就不可能再形成对其他物体的跟随反应了。这种跟随反应的形成是不可逆的，也就是说，小鹅承认第一，却无视第二。"印刻效应"不仅存在于低等动物之中，也同样存在于人类。

资料来源：百度百科。

**思考：**

心理学上的印刻效应会对商务谈判产生什么影响？工作与生活中还有哪些符合印刻效应的现象？

（2）近因效应：最新的记忆最清晰。

近因效应也被称为新颖效应，是指当人们在接触各种信息时，后来获得的信息比先前获得的信息更有影响力。简言之，在人际交往过程中，人们更愿意相信最新获得的印象、评价、观点及信息等。产生近因效应的原因主要有三个。其一，信息的间隔时间较长。按照艾宾浩斯遗忘曲线（见图 2-6），人的遗忘规律是先快后慢的。人们总是对最近的记忆比较清晰，而对久远的印象比较模糊。于是，首因效应会随着时间的推移而减弱。其二，信息的前后反差较大。随着人际交往的持续深入，人们会在互动中不断验证"第一印象"的对错。如果后续信息不断挑战之前的假定，一旦达到从量变到质变的临界点，近因效应就会取代首因效应，成为心理上的主导。其三，人的性格特点差异。实践中，人的个体性格差异会影响心理效应。一般认为，性格内向、思维缜密、城府较深的人容易产生首因效应，而性格外向、思维简单、喜形于色的人容易产生近因效应。

实际上，近因效应与首因效应并不矛盾。一方面，每一种效应都对应着一定的环境条件。一般而言，当人们面对连续释放的信息时，首因效应占据主导；而当人们面对断断续续的信息时，近因效应又占据上风。当人们与陌生人进行交流时，首因效应相对突出；而当人们与熟人进行合作时，近因效应又比较明显。另一方面，两种效应存在相互转化的辩证关系。谈判人员要避免犯下"先入为主""以貌取人"的错误，不可死板、机械、带有成见地处理谈判关系。正所谓，"路遥知马力，日久见人心"。例如，"良好"的近因效应就能够弥补和修正"不好"的首因效应，非常值得在商务谈判中应用。另外，在国际商务谈判中，谈判人员还可以利用近因效应来吸引对手的注意力、扭转在谈判僵局中的被动地位、淡化谈判策略失误的不良后果等，使之配合首因效应，改善谈判效果。

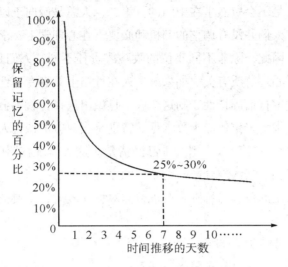

**图 2-6 艾宾浩斯遗忘曲线示意**

2. 晕轮效应：不要管中窥豹、以偏概全

晕轮效应（Halo Effect）也被称为光环效应、成见效应等，是指人们在人际交往中所形成的以偏概全、以点代面的主观偏见现象。这一概念最早由美国心理学家爱德华·桑代克于 20 世纪 20 年代提出，在他看来人要做出认知和判断需要经历一个从局部到整体的扩散过程。特别是当人们评价他人时，常常会因为此人在某一方面的优点而认定其全面优秀。事实也是如此，人们对于信息的获取会经历从无到有、由少到多的过程。在大多数情况下，人们会迫不及待地提前决断，从而产生只依据部分信息就推断事物全貌的情况。例如，人们常说的爱屋及乌、情人眼里出西施、一美遮百丑等就是这个道理。

与晕轮效应相似但含义相反的概念是恶魔效应，这种效应是指人们会因为他人的一个缺点而全面否定此人，从而产生过度厌恶、极难沟通的人际交往结果。例如，人们常常会评价某人一无是处，即使他有什么优点也不愿意承认。

总之，无论是晕轮效应还是恶魔效应，其实质都是由人的主观心理所制造出来的一种错觉。在国际商务谈判的过程中，谈判者应当尽力避免恶魔效应、巧妙利用晕轮效应。更重要的是，要善于"识人"和"知己"，即时刻做到正确认识谈判中的对手与自己。

3. 定位效应：找准自己的位置

定位效应是指人会按照自己的角色定位参与社会活动，而外界对此的干扰并不明显。这一心理现象来源于位子实验，实验过程是这样的：一群人受邀参加会议，会议室的座位由人们自由选择。组织者会连续召开五六次会议，且每开一次会议，就散会休息十分钟。实验结果显示，绝大多数人员每次开会都会坐在第一次选定的位置上，只有很少的人会换来换去。这一心理现象揭示了一个道理，人对自己在群体社会中的角色是有定位的，类似于潜移默化的思维定式或根深蒂固的行为习惯。一般认为，定位效应的产生主要有三个原因。第一，这是首因效应的后遗症。人们会对不熟悉的环境感到不适，而自我定位是基于有限信息的一种保护性策略。例如，人们第一次选择的座次，常常先选边缘位置，不得已是不会贸然坐在中间的。第二，人总是倾向于以不变应万变。实验中，座位一旦选定，人们并没有调整的动机和必要。在心理学上，求变意味着创新，创新就可能遭遇风险。因此，除非不同座位的收益或责任不同，人们是不会自行调换的。第三，这与人的个人心理特质有关。如果一个人在性格上具有专一性、在行动上具有惰性、在心理上具有过度自信等特性，则这个人一旦做出选择，就不会轻易改变。

在国际商务谈判中，定位效应十分常见。特别是当双方的谈判人员初次接触时，各自将要扮演什么角色、发挥什么作用基本已经清楚。这既体现在团队的组成与分工上，也体现在会议室的座次、签约与合影时的站位顺序等细节上。当然，谈判人员也要注意克服定位效应先入为主的弊端，特别是在进行非对称谈判时，不要被双方表面上的实力差距所束缚。

### 4. 地位效应：克服盲从与自负

地位效应（Position Effect）由美国心理学家托瑞提出，是指处于不同地位的人的言行能够对他人产生截然不同的效果。在社会生活中，人们在听取意见、咨询对策、了解情况时，总会倾向于社会地位较高者，而对社会地位较低者往往持有怀疑和否定的态度。这一心理效应也来源于一类社会实验，实验的方式是向具有不同身份地位的人征求某个问题的解决方案。实验结果显示，由地位较高的人给出的错误方案依然有很多人认可，而由地位较低的人给出的正确方案却很少有人赞同。实际上，意见的正确性与人的身份地位并没有直接关联，导致这一心理认知偏差的原因主要有三项。其一，人们总是认为地位较高者更有经验与发言权，不然这类人也不会成为"成功人士"。其二，人们在心理上具有遵从地位较高者的倾向，毕竟在这些人的身上有不少令人佩服或羡慕的"闪光点"。其三，人们会默认地位较高者具有更为丰富的信息来源，认为他们"站得高、看得远"，更能掌握事情的前因后果、来龙去脉。于是，在实践中，人们更容易相信身份显赫、德高望重、财大气粗、专业对口的专家学者、权威人士，而很少注意人微言轻的发言者。

地位效应常常在国际商务谈判中出现。人们会按照身份地位区别对待谈判各方的人员，进而施展针对性的谈判策略。例如，当对方赞扬和吹捧我方谈判组长或首席代表时，我方不能沾沾自喜、自鸣得意，否则就会因为中了对方的"骄兵必败"之计而做出错误决策；当我方在与对方开展全方位磋商交流时，要注意对方的每一名人员，切勿偏听偏信对方"大人物"的花言巧语而忽略了来自一些"小人物"的蛛丝马迹。

总之，谈判者必须保持清醒的头脑，避免陷入地位效应。

### 5. 反映法则：从外到内的自我审视

反映法则亦被称为"猩猩实验"，是指人的内心想法会反映在外部环境中。在社会生活中，人们总是善于评价他人，而不愿意剖析自我。即对他人的缺点"了如指掌""津津乐道"，而对自己的缺点却常常是"一无所知"或"视而不见"。可以说，客观公正地认识自己并不容易。这一心理现象被证实于一个实验。实验的场所是一间装满镜子的房间；实验的对象是两只猩猩，一只性情温顺，一只性情暴躁；实验方法是将两只猩猩分别放入房间三天。三天时间里，性情温顺的猩猩和镜子里"友好的同伴们"相处融洽，实验结束时，这只猩猩竟然表现得依依不舍、不愿离开。而性情暴躁的猩猩却没有这么幸运，三天时间里，它与镜子里"凶恶的对手"追逐打斗，最终筋疲力尽、倒地不醒。猩猩实验揭示了这样一个道理：一个人的社会遭遇和他自身的内心世界密切相关。社会恰似这间装满镜子的房间，它既能照出我们的优点，也能反映我们的缺点；若你向它展示优点，你将得到正向的反馈，若你向它释放缺点，你也将承担相应的恶果。

在国际商务谈判过程中，谈判人员需要了解并运用反映法则。第一，谈判者要明白，你怎样对待对手，对手就会怎样对待你。例如，斤斤计较很可能换来寸步不让；以诚相待常常得到开诚布公；你来我往才会实现互利共赢。第二，谈判者要善于利用社会关系这面镜子，清晰照出谈判各方。俗话说，"物以类聚，人以群分"，谈判者通过观察一个人的社交圈，就可以了解这个人。例如，我们可以通过调查掌握贸易伙伴的过往交易对象、合作伙伴与商业口碑等，就可以了解其经营作风与信用水平。第三，谈判者要学会从谈判对手的态度、语言、行为等表现中发现自身的不足。切忌在谈判中盲目自信、自以为是，以至于暴露了问题或犯下了错误还浑然不知，最终被对手反制。

### （二）交流类效应

#### 1. 三明治效应：让人接受难听的话

三明治效应也被称为"汉堡包沟通法"，是指在与他人进行协商或沟通时，如果要提出批评或反对意见，最好不要直接表述，而要采取"肯定+否定+肯定"的三明治样式的表述法。具体而言，三明治效应的操作分为三步：首先，进行表扬。肯定的语言能够缓和严肃紧张的氛围，使听话者放松心理戒备。接着，正式提出意见。通常会以"希望""最好""建议"等商量的口吻进行表达，使听话者不至于反感，也更容易接受意见。最后，表达赞赏和支持。可以用溢美之词缓解对方的不良感受，鼓励听话者认可谈话内容。当把难听的话放在两段好听的话中间时，听话人就很容易在愉悦、诚恳、理性的心态下建设性地接受意见。可见，说话也是一种艺术。

三明治效应之所以有效，主要有三个方面的原因。第一，能够化解人际沟通中的防卫心理。俗话说，"良药苦口利于病，忠言逆耳利于行"。人们总是倾向于听好话，而对难听的批评是排斥和反感的。第二，能够打消人际沟通中的后顾之忧。批评的后果往往是检讨和改正，人们总是担心一旦承认错误，就会招惹麻烦或陷入被动，因而不愿意接受批评。而鼓励式的批评是能够调动改正的积极性的。第三，能够保留或挽回被批评者的面子。在肯定中批评能够最大限度地维护人的脸面，使谈话的焦点"对事不对人"，从而使各方都能在不伤感情、不坏氛围的情况下朝着解决问题的方向共同努力。

国际商务谈判涉及跨国人际沟通的众多问题，三明治效应就是一种可以被应用的有效谈话方式。实际上，三明治效应来源于批评心理学，特别适用于在商务谈判中提出反对意见或驳斥主张。这一效应为如何在谈判中化解分歧和矛盾提供了心理学角度的有效对策。值得注意的是，运用三明治效应绝不等同于吹捧和奉承，也不是功利性的说好话、诓骗人，而是要坚持实事求是、以理服人的基本原则。

#### 2. 南风效应：做有"人情味"的谈判者

南风效应（South Wind Law）也被称为南风法则或温暖法则。这一概念源自一则寓言故事：北风寒冷，南风温暖，两种风决定来一场比赛，看谁更有本事吹掉行人的衣服。于是，北风吹出强劲刺骨的寒风，将行人吹得狼狈不堪，但是行人反而纷纷将衣服裹得更紧更严，一件也不会脱掉；南风见状，徐徐吹出亲切的暖风，使得行人暖从心生、越走越热，情不自禁地就解开了衣扣、脱下了衣服。最终，看似强大的北风失败了，而看似柔弱的南风反而胜利了。这则故事揭示一个心理效应，即当你想要影响别人的行为时，温暖胜过严寒。

具体而言，南风效应强调了"人情味"在人际交往中的重要价值，认为有温度的情感是促进人际关系改善的最佳润滑剂。在社会生活当中，特别是在商业管理和商务谈判中，参与人应当给人以温情、温暖的感觉，而不要以居高临下或冷漠无情的态度给人一种只关心利益而不关心人的感觉。例如，在企业管理实践中，就十分强调"以人为本""人性化管理"等理念，提出上级对待下级、员工对待客户要像春风一样温暖。一些企业还提出了"五颗心"的办事原则，即用关心、热心、诚心、耐心和细心去服务客户。

在国际商务谈判中，南风效应能够成为说服对手和打动对手的有效策略。实践证明，有亲和力的人比高傲自负的人更容易在谈判中赢得尊重。孟子云："爱人者，人恒爱之；敬人者，人恒敬之。"你如何对待对手，对手也就会如何对待你。虽然国际商务谈判带有明显的营利性和竞争性，但是"动之以情、晓之以理"的策略仍然能够发挥作用。谈判者若能在磋商时多几分礼让、多几分温度、多几分理解，即使是气势汹汹、咄咄逼人的对手，也会有所触动、有所收敛。毕竟，"良言一句三春暖，恶语伤人六月寒"。

总之，南风效应就是要以温度与情感来触动人心上最柔软的那个地方。

3. 自己人效应：从陌生走向信赖

自己人效应（Acquaintances Effect）是指在人际交往过程中，要把交际的对方转变为"同类人"或"自己人"，从而使彼此的思维和行动都能协同一致。社会心理学家纽卡姆于1961年通过实验证明了这一效应。曾有这样一种说法，一滴蜂蜜比一箱杀虫剂更能消灭马蜂。因为面对杀虫剂，马蜂们还可以殊死一搏、决一死战，而面对蜂蜜，马蜂只会放下戒备、自投罗网。在心理学上，人们对陌生人拥有较强的防范意识，由此也会产生较强的疏远感。与此相对，人们会对"自己人"更加亲近和信赖，彼此间的心理距离更近，信息交流的广度与深度也更大。因此，在社会生活中，人们要善于发现形成"自己人"的那"一滴蜂蜜"，用情感与真诚融入不同的社会关系群体。

在国际商务谈判中，如何让对手成为"自己人"，这将是一种高超的谈判策略。一般而言，强化"自己人"意识需要做好四个方面的工作。第一，坚持平等谈判的基本原则。平等是建立互信互尊的基础，既没有人愿意和目中无人、趾高气扬的人谈判，也没有人看得起低声下气、唯唯诺诺的对手。第二，对别人的谈话表达兴趣。谈判也是听和说的博弈，听有时比说还更有用。谈判者要善于倾听对方的陈述，并表现出恰当的感兴趣程度。很显然，总是打断对方谈话或不停反驳对方观点的人，并不受欢迎。第三，要在谈判中展现充分的可信度。"自己人"是不能欺骗和伤害"自己人"的。谈判双方的交易是彼此双赢的合作，任何一方一旦被发现存在不老实、不忠诚的行为，就会被视为唯利是图、背信弃义之辈。第四，要增强谈判人员自身的魅力。在谈判中，个人的魅力有利于产生自己人效应，魅力的来源又主要包括品德、能力、才华、人格等。在心理上，人们总是愿意和优秀的人交往，并认为自己也同样优秀。

总之，当谈判各方都产生自己人效应时，化解商业上的任何冲突与分歧也就不再困难了。

### 4. 留白效应：彼此要留有余地

留白效应也被称为留白法则，是指在与人沟通的过程中，要注意给对方留有余地，而不要过分要求。"留白"本是中国传统绘画中的一种技法，要求绘画者要在画作中适当保留空白。空白给人以想象的空间，也更能凸显绘画的主题。按照中国传统哲学，"月满则亏，水满则溢"，在很多时候，无胜于有，空好于满，因而做任何事情都不能过度。

在国际商务谈判过程中，谈判者要注意适当应用留白效应。具体而言，可以从三个方面着手。第一，沟通时要和对手保持一定距离。谈判是人与人的交流互动，除了业务上的磋商，私人之间保持联系也很常见。但是，谈判人员要注意保持安全的社交距离，要注意什么话该说或不该说、什么问题能问或不能问，切勿谈及双方的个人隐私与文化禁忌。第二，磋商时要给对方留下一定空间。纵然各方都会追求自身利益的最大化，但在不伤害整体利益的前提下，留给对方适当"折扣""回报"或"优惠"也很必要。这既有利于双赢，也能够促成交易。第三，僵局时要给各方增加回旋的余地。国际商务谈判一旦陷入僵局，谈判双方都会受到影响。此时，与其固执己见、火上浇油，不如以退为进、保持低调。随着冲突的降温，谈判各方都有了冷静思考的时间，这时的"留白"更有利于化解分歧。

总之，留白效应告诉我们，无论是商务谈判，还是人际交往，做人做事都不要求吹毛求疵、求全责备。凡事保留一定的自由度或宽松度总是有益的。

### 5. 古德曼定理：倾听比诉说更有效

古德曼定理由美国学者古德曼提出，其主要思想是没有沉默就没有沟通。在人际沟通过程中，并不是说话越多，沟通越有效。换言之，喋喋不休者并不是最具说服力的人，而善于倾听的沉默者往往更加优秀。更何况，言多必失。有学者笑称，人为什么有两只耳朵一张嘴巴，根本原因就在于要多听而少说。可见，善听才能善言。

对于国际商务谈判而言，谈判者既要靠语言来提出观点、表达意见、陈述主张、说服对手，也要靠倾听来收集信息、感受氛围、缓和冲突、赢得时间。说和听一样，都是参与谈判博弈的重要手段。然而，人们总是更多地关注于说，却较少注意听的作用。实践证明，听能够了解对手的内心想法，能够迅速拉近人与人的距离。特别是当对方言语带有情绪时，倾听更能达到鼓励、安慰、理解、共鸣等心理呼应效果。在谈判实践中，听的技巧有很多，例如可以鼓励对方先开口、可以同时观察对方的肢体语言、尽量少去打断对方的讲话、适当给予的表情回应等。

总之，沉默与倾听是谈判中的常用手段。

### （三）判断类效应

1. 三分之一效应：善于做出有新意的选择

三分之一效应（Third effect）是一种发生在决策过程中的心理偏差效应，是指当人们在做选择时，随着选项的增加，选择余地也会增加，但是做出决定的难度反而会增加。三分之一效应来源于一个实验，实验设计如下：实验的方法是请不同的人参与抓阄；实验的道具是三个纸团，两个写"有"，一个写"无"，分别揉成一团；道具从左至右按照"有""无""有"顺序摆放；实验过程为请每位参与者选择一次。按照统计原理，抽到"无"的概率要低于"有"。然而，实验结果却是大部分参与者都不约而同地抽取了中间的"无"。这一实验揭示一项普遍的心理现象，即人在做出选择时，会产生某种顾虑，表现为既不会选择第一个，也不会选择最后一个，而是折中选择中间的某一个。社会生活中的案例也印证了这一原理。例如，在一条商业街上，街口第一家店铺和街尾最后一家店铺都不是生意最好的店铺。当人们逛完前几家店铺时，会觉得后面一定还有更好的；而当人们逛到最后几家店铺时，又会后悔错过了更好的，因而处于整条街上两个三分之一处的店铺往往是生意最好的。概括起来，人们决策的难度由低到高分别是判断题、单项选择题、多项选择题和问答题，答案越是丰富，决策者越容易陷入困惑与迷茫。这一现象的成因类似心理学上的"选择困难症"，即人的行为会受到心理平衡、需求权重、可能的后果及自我完美要求等因素的影响。

在国际商务谈判中，需要谈判人员做出选择的环节有很多。当谈判者面临多种选择时，应当克服心理上的三分之一效应，在有把握的情况下大胆决策，从而达到打破常规、出奇制胜的效果。事实表明，在大多数时候，最优的选择并非是那个基于传统思维模式的所谓最正确选择。

2. 情绪效应：学会控制情绪

情绪效应（Emotiona IEffects）也被称为野马结局，是指一个人的情绪状态很可能会影响其思维与行动，进而产生更好或者更坏的结果。这一效应来源于一个故事：在非洲草原上生活着一种很小的吸血蝙蝠，最爱吸食野马的鲜血。本来，这种蝙蝠并不能对野马造成致命的伤害，但是它会紧紧咬住野马的血管使其很难摆脱持续的痛痒。蝙蝠的这一特性会使野马烦恼不已并最终被激怒，野马最终死于内心的愤怒和痛苦的挣扎。这个故事具有一个重要启示，即人们不能在工作生活中被糟糕的情绪所左右，切忌冲动和暴躁。正所谓，"小不忍则乱大谋"。一般而言，人的情绪包括了喜、怒、哀、乐、惧等心理表现，具体又分为三类：一是正向的情绪，如高兴、开心、激情、满意等；二是负向的情绪，如恐惧、焦虑、嫉妒、冲动等；三是中性的情绪，如平静、安详、无所谓等。每一种情绪对应着一定的行为特点，值得研究与注意。实际上，情绪本来是人内心的一种主观感受，但是当情绪爆发时，又会成为一类外在的行为表现。因此，人们可以通过观察某人的面部表情、手势动作、姿态特征、语气语调等了解其内心想法，进而更好地展开沟通与交流。

在心理学中，与情绪有关的效应还有不少，如踢猫效应、卡瑞尔公式等。踢猫效应是指当人的情绪不好时，会按照等级高低或实力强弱依次传递负能量。换言之，当人生气时，会首先寻找比自己软弱的对象发泄不满，比如猛踢身边的一只猫。这一效应告诉我们，人的情绪会影响周围的人，控制不了坏的情绪可能会让事情变得越来越糟。卡瑞尔公式则是一个教会人如何正确面对困难并调整好心态的方法。其主要内容可以概括为一句话，即只要面对最坏的情况、接受最坏的结果、做出最好的努力，坏事就可以转变为好事。实际上，当人们敢于面对糟糕透顶的局面时，心理上的接受会为后续的行动减压和松绑，这一心理调整有利于将我们的精力重新集中到解决问题、处理实务和干出成绩等要点上。总之，绝不能让情绪成为心理负担。

实际上，与情绪有关的各种效应完全可以作为一大类策略被用于国际商务谈判。其一，情绪是可以相互感染的。例如，谈判人员可以通过分享成功或合作的喜悦等方式将正向的情绪扩散到整个谈判会场上，诱导谈判对手与己方相向而行。其二，情绪是可以随时爆发的。例如，谈判人员可以施展情绪爆发策略，即抓住对方在态度、礼仪或言语上的过失"大发雷霆"，从而达到制造僵局、敦促让步的目的。其三，情绪是可以调节的。谈判者要善于控制自己的情绪，并找到恰当的释放方式。既要避免轻易被对方激怒，也要防范被对方抓住把柄。例如，当对方挑衅或刺激我方时，谈判者就需要保持平静和理智，进而识破对方是否在用"激将法""打草惊蛇法"或是"请君入瓮法"。

总之，谈判者应当充分认识情绪的好处、坏处及各种效应，并掌握管理情绪的相应方法与技巧。

3. 糖果效应：人要经得起诱惑

糖果效应也被称为延迟满足效应，是指一个人为了获取更长远的、更大的利益，而自愿放弃眼前的、较小的利益。这一效应来源于一项与糖果有关的实验，实验内容是告诉一群只有几岁的小孩：在你们面前有两块糖果，如果现在想吃，只能吃一块，如果等待二十分钟之后再吃，就可以吃两块，你如何选择？实验的结果显示，大部分孩子会为了多吃糖果而坚持等待，但是等待的过程相当难受，少部分孩子选择立即吃糖，并且表现得迫不及待。这一实验持续到了十二年后，在长大后的这群孩子当中，当年选择等待的孩子表现得更有耐心和毅力，而当年选择立即吃糖的孩子则相对任性和多疑。这一实验揭示人在面对诱惑时的心理差异，有的人拥有较强的自我约束能力，做事更加理性和有远见，而有的人难以抵御内心的冲动，表现得短视和经不起诱惑。

在国际商务谈判中，谈判人员要注意发现和应对糖果效应。面对谈判中的各种情况，一定要保持耐心与定力，切忌急功近利。常言道，"欲速则不达"，越是急于求成，越是事与愿违。反思谈判的目的，要明确是追求短期的交易还是谋求长期的合作。若是后者，则千万不能为了眼前的蝇头小利，而置共同的战略利益于不顾，做出鼠目寸光、杀鸡取卵的错误决策。换言之，为了顾全大局，一时的忍让也是必要的。

总之，谈判者要有战略眼光和全局观念，不为小利所诱惑，能为长远而让步。

4. 比伦定律：正确看待失败

比伦定律由美国企业家比伦提出，含义为失败也是一种机会。这一概念指出，没有经历失败，就等于没有尝试过机会。人只要坚持不断地尝试，就总有成功的可能，但是没有尝试，就注定是失败。

在开导人的思维方面，比伦定律告诉我们要辩证地看待失败。人应当克服害怕失败的恐惧心理，要在心理上把失败看作走向成功的必经之路。正所谓，"失败是成功之母"。在工作实践中，每一个人在成功之前都会经历无数次失败，只要善于从失败中总结经验教训，失败也能成为学习知识和提升能力的良好机会，从而助人成长成才。反过来说，如果成功来得过于顺利，这也未必就是好事。因为太过轻易的成功会冲昏人的头脑，使人骄傲自大和不太珍惜眼前的成果。事实也证明，一帆风顺只是人们的一种愿望，不经历磨炼和坎坷是很难达成理想的目标的。常言道，"不经历风雨，怎么见彩虹"，正是这个道理。

在指导人的行动方面，比伦定律启示我们要敢于试错。例如，很多精明的企业家都认为，没有犯过错误的员工不是好员工，因为"无过"多半是因为"无为"。从事商业活动的人要有探索与创新的意识。想要创新就不能因为害怕失败而故步自封、裹足不前。在谋求发展与进步的过程中，人只要有行动，就有可能遭遇挫折。但要记住，失败并不可怕，可怕的是害怕失败的错误心理。

国际商务谈判的很多情况与比伦定律相符。例如，谈判总会遭遇僵局，如果一遇到僵局我们就放弃，那么合作共赢将无从谈起。实际上，每一次僵局都潜藏着深入合作的机会，暂时的困难考验着谈判双方的智慧与能力。比伦定律提醒我们要耐心地去发现僵局中的需求并巧妙化解彼此间的分歧，从而从逆境走向顺境。

### （四）其他效应：心理知识多多益善

在谈判心理学中还有很多心理效应值得关注。这里再举出一些例子。

第一，特里法则指出，人要敢于承认错误并改正错误。在谈判中，出现错误是正常的，关键在于能不能改正错误并从中得到进步。

第二，齐加尼克效应指出，适度的紧张有利于工作的完成。商务谈判常常伴随着紧迫感，谈判人员要善于将压力转变为动力，从而既有效率又不失分寸地完成谈判任务。

第三，卢维斯定理指出，谦虚使人进步。谈判者总是善于自我表现的，但在展现自我的同时，不要忘记谦虚谨慎的优良品质，要善于接受他人的批评和不同意见。

第四，破窗效应指出，任何一种不良现象都有蔓延和恶化的可能。谈判人员不能一遭遇挫折就心灰意冷、消极应对，因为再小的懈怠都可能演变为巨大的溃败。正所谓，"千里之堤，毁于蚁穴"。

第五，名片效应指出，在人际交往过程中，如果能够开门见山地表明自己与对方是一致的，就能迅速消除隔阂、建立人际关系。在谈判中，谈判者要学会与对方形成思想上的共鸣，注意利用"投其所好"的心理策略。

第六，互悦机制指出，人与人之间是存在对等吸引关系的。俗话说，两情相悦。其原理就在于对方会因为你喜欢他，而更加喜欢你。谈判人员可以利用这一机制打好"感情牌"，即在沟通中注意将心比心、用心贴心、以心换心，从而使彼此间的合作关系能够更加稳固。

第七，鸟笼效应指出，人们在突然获得一个物品时，会继续添置更多的相关物品。简言之，得到一只精美的空鸟笼，怎么能不再买一只漂亮的鸟儿呢？在谈判中，谈判者可以利用对方的这一心理，通过巧妙的让步，诱使对方扩大交易的金额或数量。

第八，登门槛效应也被称为得寸进尺效应，是指若干小的要求可以最终累积发展为一个巨大的收获。在营销类的谈判中，谈判人员可以利用这一效应将目标化整为零，只要每一阶段都有收获，那么最后的成功也就不再困难。

总之，作为国际商务谈判的参与者，掌握心理学十分必要。谈判者必须懂得谈判过程中的心理规律与行为反应，从而能够更加清晰地了解自己和认识对手，并最终实现谈判目标。

## 第三节　商务谈判中的博弈论

### 一、博弈论概述

博弈论（game theory）也被称为对策论、赛局论、游戏论等，是现代数学和运筹学的重要分支理论。对于游戏，人们常常将胜负归咎于运气的好坏，而博弈论则揭示了选择策略的优劣才是影响游戏结果的最关键因素。博弈论主要研究多个行为主体在特定条件下的竞争策略，而模型化、公式化的研究方法和结论更加严谨科学和行之有效。具体而言，博弈论着眼于各类带有竞争、对抗、比赛等博弈性质的行为现象，能够帮助行动者分析环境条件和预测对手行为，并找到未来行动的最优化策略。通过在博弈过程中占优，行动者可以获得更大的利益或达成更高的目标，因而博弈论也被视为从事现代商业活动的必备知识。值得注意的是，新型博弈已不再分输赢，例如合作就可以让博弈各方都有收获，从而形成皆大欢喜的多赢局面。

目前，博弈论的应用领域已十分广泛，在生物学、经济学、管理学、金融学、社会学、政治学及国际关系学等学科都有体现。作为多学科交叉融合的谈判学，博弈论的观点和方法更加值得借鉴，相应的博弈类型、均衡条件、最优策略等将具有重要的理论和实践价值。

#### （一）博弈的基本要素

博弈的构成要素主要有博弈方、博弈策略、博弈过程、博弈得失及博弈均衡等。

第一，博弈方（players）即博弈活动的参与者，这类"局中人"能够在博弈过程中独立决策、独立行动和独立承担后果。实际上，每一场博弈都必须要有博弈方，哪怕只有一个人，也可以构成诸如走迷宫、猜谜语等单人博弈类型。

第二，博弈策略（strategies）是博弈方可以选择的各种行动方案。行动者需要根据自己的分析做出判断，究竟采用何种行动对自己最优，并且需要明确行动的时机、方向、次数和调整机制等。一般可以根据博弈策略的数量分为"有限博弈"和"无限博弈"。

第三，博弈过程主要是指博弈次序（orders），这也是博弈结构的重要内容，反映为在博弈中一次性决策还是先后多次决策。"静态博弈"就是各方同时进行的一次性博弈，如猜拳、赛马等。各方的博弈决策相互独立，即使在时间上存在先后，结果也不受影响。"动态博弈"则是有先手后手的分阶段持续博弈，如下棋、商务谈判等。各方相互关注，交替选择策略和行动。另外，还有一种"重复博弈"，与"静态博弈"和"动态博弈"都相关，如分几局进行的体育比赛、市场营销中的回头客等。为了整体利益的最大化，每一次重复博弈都考验着博弈者的智慧。

第四，博弈得失（payoffs）是指博弈的参与者最终的利益与损失。这一概念也是评价整个博弈过程胜败的重要依据。得失既包括看得见的经济利益、财务指标、市场份额等，也包括看不见的合作关系、长期利益、战略意图和市场前景等。博弈各方的总体得失可以为零，可以为正，也可以为负，这取决于博弈的性质是"零和""正和"还是"负和"。如何看待博弈的得失，也考验着博弈者的思维与能力。

第五，博弈均衡是指博弈者最终能够达成的某种平衡或稳定状态。例如，纳什均衡（Nash equilibrium）就是博弈的一种稳定结果。

总之，博弈就是若干博弈方选择不同的行动策略来最优化最终得失并达到均衡的一系列决策过程。

### （二）博弈的主要分类

按照不同的维度，博弈可以被划分为不同类型。

#### 1. 单人博弈、双人博弈与多人博弈

按照博弈的参加人数，可以将博弈分为单人博弈、双人博弈和多人博弈等类型。

首先，单人博弈是指只有一个参与者的博弈。由于没有博弈的对方或竞争者，单人博弈只用考虑己方的思路与行动，因而是一类寻求自身结果最优化的策略选择问题。例如，在"走迷宫"博弈中，唯一的博弈方必须在每一个岔路口选择是"往左"还是"往右"，走得通即成功，走不通即失败。博弈方拥有的信息越多，决策的准确性也越高，最终的收益也越丰富。

其次，双人博弈是指拥有两个相互制约的参与者的博弈。双人博弈的当事人不能只考虑自己的行动，而要分析对方、防范对方、影响对方以及制约对方。双人博弈在实践中最为常见，诸如下棋、打球、买卖、合资等都属于双人博弈的范畴。需要注意的是，对抗并不是双人博弈的最优选择，而合作往往对双方都更有好处。

最后，多人博弈是指有三方或三方以上参加的博弈。随着博弈方的增加，博弈者要考虑的情况越发复杂，决策的难度也相应提升。例如，在赛车比赛中，两车交汇时的超车就明显要比三车交汇时更容易，因为盯住一方容易，而盯住几方困难。由于各方的决策会相互影响，使得博弈的结果就像化学反应一样难以预测。另外，如果在多人博弈中存在合谋者或破坏者，要想在博弈中获胜将更加困难。

#### 2. 完全信息博弈和不完全信息博弈

信息是影响博弈成败的关键，博弈的参与者究竟应该如何行动，这取决于他是否了解对手的处境。按照对信息的了解程度，可以将博弈分为完全信息博弈和不完全信息博弈两种类型。

一方面，完全信息博弈（complete information game）是指博弈活动的每一个参与者都完全了解所有博弈方的优势劣势、策略集合及收益函数。在完全信息条件下，博弈的过程是公开和透明的，何种策略产生何种收益，各方都是一清二楚、心知肚明的。同

时，按照博弈过程的不同，又可将完全信息博弈进一步细分为完全信息静态博弈和完全信息动态博弈。同样在完全信息条件下，前者的各个博弈方会基于各自的分析同时选择行动，而后者的各个博弈方会先观察别人的行动，再选择自身的行动，如此一先一后地多次博弈。这里举一个完全信息静态博弈的例子（见图 2-7）。图中，甲公司和乙公司的上策都是要利用移动互联网开展市场营销，上策均衡就是两家公司都开发了面向市场客户的手机应用软件。

乙公司

|  | 开发 | 不开发 |
|---|---|---|
| 开发 | 200　100 | 300　0 |
| 不开发 | 120　160 | 200　40 |

（甲公司）

**图 2-7　是否开发手机应用软件的决策**

另一方面，不完全信息博弈（incomplete information game）是指博弈活动的参与者并不能完全了解其他博弈方的具体情况。在这种条件下，找到最优的博弈策略相对困难，一般需要用到海萨尼转换（the Harsanyi transformation）来处理不完全信息博弈的问题。类似地，不完全信息博弈也可以被进一步细分为不完全信息静态博弈和不完全信息动态博弈。在实践中，不完全信息博弈占大多数，例如，下棋、打牌等，各方都不清楚对方是什么思路、有什么大牌，只能随机应变、走一步看一步。这里举一个不完全信息博弈的例子（见图 2-8）。假设由两家企业开展市场竞争，东道国市场中已经有了甲公司正在投资建厂，乙公司需要选择是进入市场投资建厂还是退出市场不再经营。乙公司所不知道的是甲公司的建厂成本是高是低，但甲公司自己知道。于是双方的博弈结果如图。

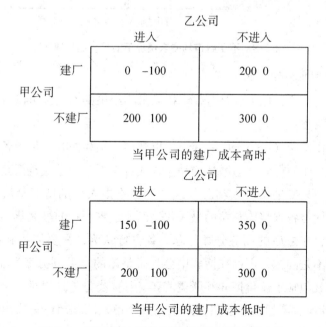

**图 2-8　不了解对手成本情况下的投资建厂决策**

结果显示，站在甲公司的角度，若甲公司的建厂成本高，无论乙公司进入与否，甲公司选择不建厂都是最优策略；若甲公司的建厂成本低，则没有严格优势策略，需要根据乙公司的行动来考虑。站在乙公司的角度，不建厂的收益始终为零，而建厂的收益取决于甲公司的行动。显然，若乙公司知道甲公司的建厂成本高，乙公司一定会选择进入；若乙公司知道甲公司的建厂成本低，则乙公司可以考虑进入。这一博弈困难就在于各方所掌握的信息可能并不完整。

另外，对于市场行情的不了解，也会产生不完全信息博弈。继续上一个案例的分析，如果影响收益的主要因素不是成本，而是市场需求，那么甲公司与乙公司的竞争形势将变化为如图 2-9 所示。此时，市场需求旺盛和市场需求萎靡两种情况下，决策结果截然不同。

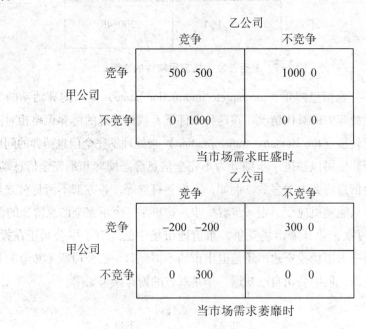

图 2-9 不了解市场需求情况下的投资建厂决策

### 3. 合作博弈与非合作博弈

博弈既可以是竞争，也可以是合作。按照最终结果的不同，可以将博弈分为合作博弈和非合作博弈两类。

一方面，合作博弈（cooperative game）也被称为正和博弈，是指各个博弈方能够通过在博弈中融入合作而得到普遍增加的利益，或者至少有一方获益而其他各方的利益不受损害。换言之，只要是"利人利己"或"利己不损人"的博弈都属于合作博弈。合作博弈追求的目标是各方整体利益的最大化，而非己方利益的最大化。其关注点不在对抗，而在合作及合作之后的利益分配问题。各方皆认为，只要能将利益的"蛋糕"做大，怎样分配都不是问题，因而在博弈中会为了整体的"共同方案"而做出局部妥协。常见的合作博弈又包括了议价博弈和联盟博弈等具体类型。这里举一个合作博弈的例子（见图 2-10）。社区有甲超市和乙超市两家生鲜超市，两家超市都在思考每天要不要打折促销，于是博弈情况如图。若两家超市都不打折，收益一般，若两家超市都打折，收益也增长不多。最好的情况是甲乙两家超市轮流打折，彼此都能获得更大的收益。于是，合作成为这场博弈的最优策略。

<table>
<tr><td></td><td colspan="2" align="center">乙超市</td></tr>
<tr><td></td><td align="center">打折</td><td align="center">不打折</td></tr>
<tr><td>打折</td><td align="center">90　90</td><td align="center">150　100</td></tr>
<tr><td>甲超市</td><td></td><td></td></tr>
<tr><td>不打折</td><td align="center">100　150</td><td align="center">60　60</td></tr>
</table>

图 2-10　合作博弈的决策方案

另一方面，非合作博弈（non-cooperative game）是指各个博弈方独立决策，只考虑自身利益最优化而不考虑整体利益最优化的、不存在合作关系的博弈类型。非合作博弈包括了零和博弈和负和博弈两种类型。具体而言，零和博弈是指各个博弈方需要进行"损人利己"的对抗或竞争，一方的收益来自另一方的损失，双方得失相加始终为零。在零和博弈中，合作是不可能发生的事情，因为对各方而言，击垮对方或吃掉对方将是己方的最优策略。在生活中，凡是有输有赢的游戏，大多属于零和博弈。这类活动本身并不创造财富或增加利益，而顶多算是对现有资源的再次分配。例如，按照重商主义思想进行的国际贸易，就是典型的零和博弈。贸易国要尽量实现贸易顺差，并强调黄金和白银的净流入。而实际上，一国财富的增加，就是另一国财富的减少。负和博弈则是指各个博弈方有可能实施了"损人不利己"的策略，各方的收益都小于损失，整体情况非但没有改善，反而进一步恶化。可以说，这是一种两败俱伤、得不偿失的博弈。在实践中，如果博弈者抱有自己得不到的别人也别想得到这类思想，就会在博弈过程中不计后果地干扰和破坏对方的策略。例如，两家企业为了争夺市场而展开价格竞争，纷纷不计成本地降价促销，其结果就有可能形成恶性消耗战，双方均损失惨重，落得"双输"的结果。

总之，无论是零和博弈还是负和博弈，都与国际商务谈判所强调的合作双赢原则相违背。谈判者需要思考如何扩大合作博弈的市场空间，从而使相关国际商务活动有利于促进世界经济发展和造福于世界各国人民。

## 二、博弈论的经典例子

### （一）囚徒困境

囚徒困境（Prisoner's Dilemma）最早由美国人阿尔伯特·塔克（Albert Tucker）、梅里尔·弗拉德（Merrill Flood）、梅尔文·德雷希尔（Melvin Dresher）等于 20 世纪 50 年代提出，探讨的是关于两个被捕囚徒如何招供的决策问题。这是博弈论中关于非零和博弈的典型例子，说明了在博弈过程中，博弈方个人的最优选择并非是整体组织的最优选择。换言之，即使彼此合作能够取得更好的收益，各个博弈方也很难协调一致，因而个人的理性并不等于集体理性。

具体而言，囚徒困境描述了这样一种情况：有两个犯罪嫌疑人被警察逮捕，由于犯罪证据不足，需要对其进行进一步审问。为了防止二人串通抵赖，警察决定对他们进行分别审问。警察告诉每个嫌疑人，如果二人都坦白，罪名成立，各判五年徒刑；如果二人都抵赖，证据有限，各判一年徒刑；如果一人坦白一人抵赖，坦白的人有立功表现，可从轻处罚，立即释放，而抵赖的人属于顽固到底，罪加一等，从重判处八年徒刑。博弈矩阵如图2-11所示。博弈的结果显示，二人都坦白是最后的均衡解，即纳什均衡。由于在嫌疑人之间并不存在充分的信任，且每人都担心对方会率先坦白，于是用不了多少时间他们的心理防线就会崩溃，纷纷争先恐后地交代罪行和揭发同伙。因此，即使都抵赖是整个团伙的最优决策，但是每名嫌疑人仍然会选择坦白这一最有利于自己的决策。

囚徒困境博弈对于国际商务谈判具有重要意义，在有关价格竞争、品质竞争、交易条件保障等问题的谈判中常常涉及。谈判者需要考虑，究竟是片面追求自身利益的最大化，还是谋求整体利益的最大化。当然，要取得彼此间的信任与合作是十分困难的，有时甚至需要做出必要的让步、妥协、甚至牺牲。因此，如何将谈判中的静态零和博弈转变为动态正和博弈，这充分考验着谈判者的智慧与能力。

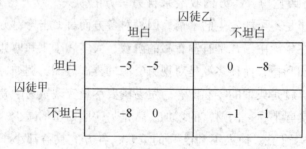

图2-11 囚徒困境

## （二）智猪博弈

智猪博弈（Boxed pig game）由约翰·纳什（John F. Nash）于20世纪50年代提出，讲的是两头猪面对食物究竟是选择等待还是付出的策略问题。这亦是博弈论中关于纳什均衡的又一经典例子，揭示了在实力差距明显的竞争对手之间，究竟是先发优势更大，还是后发优势明显。换言之，面对激烈的竞争，强者固然具有优势，但弱者也并非无计可施。有时候，等一等或缓一缓恰恰是弱者的最优选择。

具体而言，智猪博弈描述了这样一种情况：假设猪圈里饲养着两头猪，分别是大猪和小猪。猪圈通过一套特殊的"自助式机关"自动喂食，当一头猪踩下一端的踏板时，远在另一端的饲料口就会放出10个单位的饲料。一头猪踩下踏板并跑到饲料口需耗费相当于2个单位饲料的体力。于是，一头猪跑去踩踏板，另一头猪就会在饲料口"坐享其成"，大猪和小猪面临踩踏板和搭便车两种策略的选择。如果两头猪同时踩踏板、同时跑向饲料口，则大猪吃7个单位，小猪吃3个单位；如果大猪踩踏板、小猪先去饲料口等待，则大猪吃6个单位，小猪吃4个单位；如果小猪踩踏板、大猪先去饲料口等待，则大猪吃9个单位，小猪吃1个单位；如果两头猪都选择等待，则都只能饿着。考虑2个单位饲料的成本，两头猪的博弈矩阵如图2-12所示。显然，等待是小猪的最优策略，大猪不得不选择行动，否则将一无所获。于是，智猪博弈的纳什均衡是大猪行动，小猪等待。

智猪博弈也给国际商务谈判带来了启示，即如何看待商业上的"捡现成"和"搭便车"现象。实际上，大猪和小猪就好比具有不同实力的谈判主体，大有大的责任，小有小的技巧。一方面，大中企业拥有敢于冒险的勇气和实力。这类企业财大气粗、市场广阔，拥有较强的竞争力，处处展现着创新技术、产品和服务的引领作用。另一方面，小微企业具备机动灵活的市场模仿能力。这类企业虽然势单力薄，但是学习能力强、沉淀成本低，一旦发现新的商机，就会选择跟随战略，并从大中企业的经验教训中迅速成长起来。于是，强者与弱者谈判，一定要注意分寸与技巧。对待非原则性的问题，强者要宽容，弱者要自觉。例如，当谈判者掌握主动权时，反而不能以强欺弱，也不宜对某项谈判条件斤斤计较。实践证明，适当允许对手的"搭便车"行为，往往更有利于在彼此间达成共识和促进合作。当然，小猪也可能变成大猪，但是在成长的过程中，防止冒进和逞能就是一种需要长期坚持的策略。小猪要记住，在实力不够时，冲在前面不如跟在后面，正所谓，"枪打出头鸟""闷声发大财"。

图 2-12　智猪博弈

### 三、博弈论在谈判中的应用

#### （一）茶壶赔偿案：合作能够扩大谈判的价值

有甲乙两名游客在同一家旅游纪念品商店各买了一个紫砂茶壶，二人搭乘同一航班返回家乡。当他们到达目的地后，发现各自的紫砂茶壶都在航空托运过程中摔坏了，于是向航空公司索赔。航空公司了解到，这种紫砂茶壶的售价为 200 至 300 元，但具体价值并不清楚。于是，航空公司单独询问两名游客，要求他们在 300 元之内报出各自的实际购买价格。如果二人的报价一致，航空公司会认定他们讲了真话，会按照所报价格全额赔付；如果二人的报价一高一低，航空公司将只认可较低的价格，并按照低价来赔付。为了鼓励二人讲真话，航空公司还告诉他们，讲真话者会得到额外奖励 10 元，而讲假话者会被惩罚性扣除 10 元。于是，两名游客会与航空公司展开一场无声的博弈。

很显然，如果甲乙两位游客都报 300 元，那么他们将各自得到最高的赔偿金额。这也将是二人同盟条件下针对航空公司的最优博弈策略。然而，事实却很可能并非如此。甲游客会想，如果他报 299 元，而乙游客报 300 元，他就会得到包含奖金在内的 309 元。此时，乙游客预判了甲游客的行为，认为如果他报 298 元，则奖金又会落到自己的头上。甲游客其实也想到了乙游客的心思，他会考虑干脆报 297 元，而乙游客说不定又在揣摩甲游客的想法了……如此想来想去，最终甲乙两名游客可能都会为了那 20 元的奖惩差额而报出 200 元的最低价。这一例子告诉我们，片面强调输赢在谈判中是不可取的。谈判者不能只打自己的"小算盘"，而忽略了与对方合作的潜在价值。有时候，照顾对手，就是照顾自己。

### （二）羊羔与猎犬的故事：谈判要增加朋友而不是树立敌人

牧羊人与猎人比邻而居，牧羊人的家里饲养了许多胆小的绵羊，而猎人的家里驯养着一群凶猛的猎犬。由于猎犬上蹿下跳、每日狂吠，使得羊羔惊恐不已，每隔数日就有羊羔被吓死或咬死。牧羊人指责猎人没有约束好犬只，猎人又不满牧羊人大惊小怪，无事生非。于是，两户邻居日日争吵，不胜其烦。作为主要受害人，牧羊人觉得自己面临两种策略选择。第一，到警察局或法院控告猎人，让其赔礼道歉并补偿损失。第二，再次与猎人谈判，说服其改变态度和约束行为。然而，第一种控告策略，无异于将矛盾公开，看似解决了问题，但是破坏了邻里关系。第二种谈判策略，能够通过沟通来化解分歧，只要方法得当，是有利于睦邻友好的。于是，牧羊人想了想，与其增加一个"敌人"，不如多交一个"朋友"，还是选择谈判比较妥当。随后，他想到了一个解决问题的好办法。有一天，恰逢当地的丰收节日，牧羊人向猎人的孩子们赠送了几只小羊羔，而猎人的孩子们非常喜欢，每天都要在院子里和这些羊羔玩耍。为了小羊羔的安全，猎人自觉地将猎犬关进了笼子。从那以后，牧羊人与猎人再也没有发生过争吵，自家的绵羊也再也没有被猎狗骚扰过。

其实，类似的谈判博弈在生活中并不少见。例如，有一位神经衰弱的老大爷，只能在安静的环境中休息。但是楼上邻居家的小孩却偏爱拍皮球，总是在老大爷午休的时候发出"咚咚咚"的噪音。老大爷本想上楼理论，但转念一想，还是给小孩子送一套儿童图书吧。从此以后，不但小孩子养成了安静读书的好习惯，两户邻居的关系也融洽了许多。

这两个故事告诉我们，谈判博弈的目的不是"树敌"，而是"交友"。国际商务谈判的参与者应当重视对谈判关系的维护与改善，要将谈判对手转变为合作伙伴。换言之，谈判各方所要得到的并不是眼前的利益，而是长期的、稳定的、更有价值的商业关系。同时，就算在谈判中遇到了强劲的"对手"或"敌人"，执意说服对方或强行迫使对方往往是事倍功半的。若能调动对方的行动积极性，借对手自己之力来实现我方的目标，那才是事半功倍的高明策略。故事中的牧羊人正是通过换位思考和需求创造等策略，让猎人在不知不觉中主动配合了牧羊人。

### （三）优质水稻的故事：谈判要善于在分享优势中放大优势

一户农民偶然获得了一种产自外地的优良水稻种子，这种水稻的产量将是本地水稻的两倍。于是，连续两年这户农民都是村里的"高产大户"，得到了大家的尊敬和表扬。然而，这户农民既感到高兴，也感到担忧，害怕同村的农户如果也掌握了种植优质品种的技能，自己的优势与荣耀将不复存在。为此，这户农民对自己的"核心技术"严格保密，生怕别人"偷学"了技术。然后，好景不长，没过几年，这户农民的粮食产量就开始减产，时不时地还遭遇严重的病虫害。通过咨询农业专家得知，由于周边农田均种植普通水稻，这户农民的香甜可口的优质水稻就成了大部分害虫最喜欢的口粮，加之连年受到周边普通水稻的杂交污染，原本高产的优质基因也逐渐弱化，因而导致了最终的损失。在这个例子中，农户面临着独享信息和分享信息两种博弈决策。显然，前者是短期有利、长期不利，而后者是短期不利、长期有利。总体而言，分享信息的决策更加高明。

对于谈判者而言，应当学会与合作者分享自己的优势。这里的优势包括了来自产品、成本、信息、资源、能力及关系等各方面的优势。只要分享的对象和方式正确，谈判者非但不会被对手模仿和替代，反而能够引导对方在参与中扩大合作的基础。实践也已表明，当谈判对手已经知道你的优势或利益时，遮遮掩掩更容易让人感到缺乏诚意。正如例子中的那户农民，最后不但遭遇了经济损失，还会被同村其他农户指责为"自私自利""自食其果"。反过来想，如果那户农民能够分享自己的技术与经验，则完全可能产生各家各户都能丰收的"多赢"结果。可以说，在谈判中分享各自的优势是可以放大整体的优势的。

### （四）摔古董的例子：讨价还价也有博弈技巧

古代有一位富商来到一家古玩商店，店里的一对古董花瓶引起了他的兴趣。富商询问商店老板得知，这对花瓶的售价是 300 两白银，富商感觉价格偏高，但又对花瓶爱不释手。商店老板看出了富商的心思，便故意说道："这对花瓶乃是稀世珍品，除了本店，无处可寻。"富商听闻，更加想买，言道："我也寻了许久，终于找到了这种花瓶。只是这对花瓶体量稍稍小了点，不够大气，可否便宜一些？"商店老板一听，顿时来了精神，心想"嫌货才是买货人"，暗喜买主就是他了。于是，假装失手将一只花瓶摔碎在地上，并叫嚷着说："完了完了，这世上恐怕只剩下那一只花瓶了！"说完就向富商提出，剩下那只花瓶少于 500 两白银不卖。富商埋怨道："一对花瓶才卖 300 两，一只花瓶怎么能卖 500 两呢？"这时，商店老板并不理睬富商，而是哭泣着抱起最后一只花瓶举过头顶，自言自语道："我还是把你也摔了吧，省得我看着伤心。"富商一听，再也沉不住气了，连忙阻止道："好、好、好，500 两就 500 两，我服了你了！"于是，买卖成交。

在谈判中，讨价还价就是一种常见的动态博弈。买卖双方都会根据对方的报价不断调整己方的还价。在这个故事中，商店老板成功地抓住了富商求购心切的需求和心理。面对买主的降价要求，卖主不但不予满足，反而将其逼入"绝路"。这正是谈判博弈中反其道而行之的一种有效策略。当然，古董买卖凭借的是物以稀为贵的道理，孤品肯定是最珍贵的。在商业实践中，如果谈判者具有一定的讨价还价实力，比如是卖方市场中的卖方或买方市场中的买方，则完全可以运用博弈技巧为己方争取到更大的利益。

### （五）诚信博弈：信用是谈判博弈的基础

有甲和乙两个商人从事国际贸易，甲商人是出口商，售卖各类家用电器，乙商人是进口商，联系着各地的家电经销商。由于国际贸易中的买卖双方相距遥远，也未曾谋面，彼此之间缺乏了解与信任，因而初次谈判能不能达成交易并交货付款，买卖双方都没有十足的把握。出口商的诚信主要体现在产品的质量、数量、价格和发货的时间、运输、保险等方面，进口商的诚信主要体现在按时收货和付款方面。于是，这里就存在一个有关诚信的博弈问题：甲商人要不要信任乙商人而按时发货，乙商人要不要讲诚信而按时付款。如图 2-13 所示，如果甲商人和乙商人双方都诚信，双方皆获益；如果双方都失信，双方皆受损；如果一方诚信、一方失信，则诚信方受损、失信方获益。从理论角度讲，这一博弈矩阵的纳什均衡是双方都选择失信或欺诈，但这并不符合商业诚信的基本原则。毕竟，诸如国际贸易、国际投资等国际商务活动并不是一次性的交易，任何企业也不可能只与客户做一回交易。换言之，在单次博弈中，失信似乎不可怕，但是在重复博弈中，只有诚信能够获益。

在历史上，企业因诚信而兴，因失信而败的例子也是举不胜举。例如，20 世纪 80年代，海尔公司的负责人就当众怒砸了厂里生产的数十台存在质量问题的冰箱，从而赢得了重质量、讲诚信的市场声誉，为企业后来的快速发展奠定了基础。而当年的三鹿集团，就因为利欲熏心，在奶粉中掺加三聚氰胺，失信于消费者，最终落得破产的下场。可见，国际商务谈判的参与方应当坚守诚实守信的道德底线，牢记诚信是企业的立业之本。

乙商人

|  | | 诚信 | | 欺诈 | |
| --- | --- | --- | --- | --- | --- |
| 甲商人 | 诚信 | 100 | 100 | -100 | 300 |
| | 欺诈 | 300 | -100 | -50 | -50 |

图 2-13　坚持诚信的博弈

### （六）吃水果的技巧：谈判者要有在困境中博弈的勇气

有一天，你收到了朋友寄来的一箱水果。由于路途遥远，这些水果中的一部分已经出现变质的情况，但大部分尚可食用。你准备用一周的时间将这箱水果全部吃完，但是面临着两种博弈决策。第一种，先从最新鲜的水果开始吃。这种吃法的优点是天天都可以吃到美味可口的水果，缺点是会浪费掉一部分水果，因为烂水果会越来越烂，直至无法食用。第二种，先从最烂的水果开始吃。这种吃法的优点是能够将全部水果吃完，不产生浪费，缺点是天天都在吃不新鲜的水果，既不可口也不健康。两种决策各有优劣，不同的人会有不同的选择。

这个例子给了我们两点启示。一方面，谈判者要注意对谈判的目标取舍。从经济学角度看，任何选择都对应着一定的机会成本。在吃水果的例子中，选择品质就会损失数量，而选择数量就会牺牲品质。因此，在国际商务谈判中，谈判者应当按照轻重缓急有序合理地完成各个阶段、各个层次的目标任务，对原则性目标要寸步不让，而对非原则性目标则可以让步或交换。另一方面，谈判者要拥有克服困难的勇气和智慧。面对国际商务的复杂环境，相应谈判必然面临众多困难和波折。谈判中的一个个难题就好比例子中的烂水果一样，谈判者需要决策是从最困难的话题入手，还是从最简单的议题开始。如果从困难的开始，就可以选择迎难而上、先难后易的策略。正所谓，"打得一拳开，免得百拳来"。如果从简单的开始，则可以选择先易后难、循序渐进的策略。正如古人云，"不积跬步，无以至千里"。总之，谈判者要正确认识谈判中可能遭遇的困境，并以正确的决策来推动谈判。

### （七）面馆的问话技巧：谈判者要善于引导对手而非强迫对手

繁华的美食街上有相邻而开的甲乙两家牛肉面馆，它们的地理位置、面食口味、装修档次和价格水平等非常相似，每天的客流量也基本相同。然而，乙面馆的营业额却总是比甲面馆的高，主要原因就是两个面馆的服务员在客人点餐时的问话有所区别。当客人点餐后，甲面馆的服务员通常会问道："请问在您的面里还加不加牛肉呢？"而乙面馆的服务员一般会这样问："请问在您的面里是加一份牛肉，还是两份牛肉呢？"看似简单的一句问话，却能产生截然不同的营销效果。对于甲面馆的客人而言，喜欢吃牛肉的客人会选择加牛肉，而不喜欢吃牛肉的客人会选择拒绝。对于乙面馆的客人而言，喜欢吃牛肉的客人会选择加两份，而不喜欢吃牛肉的客人会选择加一份。于是，乙面馆总能多销售一些牛肉，从而扩大了收益。

这个例子能够启发谈判者反思自己的提问技巧，即如何提问能够改善博弈的结果。实际上，这个例子用到了心理学和博弈论中的沉锚效应（Anchoring effect），即人们会在决策时，情不自禁地以最初获得的信息为参照。因此，让客人回答"多"还是"少"要比让客人回答"是"还是"否"要高明得多。而在实践中，人们常常在开启一段商务对话时使用类似"在不在""忙不忙""空不空"等提问语句。按照沉锚效应，这些问话其实都不是最佳的沟通方式。

总之，在国际商务谈判中，谈判者要善于引导对手按照己方的思路开展行动，这种策略的效果要比针锋相对地强迫对手好得多。

### （八）选硬币的小游戏：谈判者要明白糊涂博弈的好处

曾经在美国有个小学生托马斯，他看起来比较木讷，同学们都喜欢和他开玩笑。有一天，有一个同学拿着 1 美元和 5 美分两枚硬币问小托马斯："如果让你选一个拿走，你觉得哪个硬币更值钱呢？"小托马斯思考了好一会儿，说道："我选 5 美分。"这个同学哈哈大笑，认为小托马斯傻乎乎的、真有意思，并到处宣扬他是如何证明了小托马斯的愚笨。于是，很多认识小托马斯的同学纷纷表示难以置信，都拿着硬币跑来测试小托马斯。得到的结果也惊人地一致，每一次小托马斯都会选择拿走 5 美分的硬币。终于，小托马斯的事情传到了老师的耳朵里，老师将小托马斯叫到跟前问道："小托马斯，1和 0.05 谁大谁小你分不清吗？"小托马斯害羞地拿出了一口袋 5 美分硬币，并答道："我当然知道 1 美元更大，但是如果我选择 1 美元的话，就不会有人再愿意找我测试了。"很显然，在这个故事中，小托马斯用自己的假装糊涂换来了一次又一次的小收益，看似愚笨，实则聪明。

人总是愿意和不如自己聪明的人打交道，因为和这样的"老实人"做交易，更容易占便宜。然而，自作聪明又是很多人的一项弱点，他们常常是聪明反被聪明误。因此，谈判者最好能够将自己的智慧隐藏在"糊涂"当中，让对手产生优越感并放松戒备心。就像这个故事中的小托马斯一样，让对手获得表面上的胜利，而自己收获了实实在在的利益。

本章主要讲述了三个方面的内容。

第一，商务谈判中的经济学、管理学理论。在经济学方面，主要涉及市场运行机制、"经济人"与"社会人"假设、国际贸易理论中的绝对优势与比较优势理论等。在管理学方面，主要涉及谈判实力理论、关系营销理论等。这些理论或观点解释了国际商务谈判的动因、原理及一般规律，具有重要的参考价值。

第二，商务谈判中的社会学、心理学理论。谈判需要理论强调了"满足彼此需要"对于国际商务谈判的重要意义。谈判公平理论则强调了"公平心理"对于谈判合作的重要价值。谈判者应当自觉维护公平合理、互利双赢的谈判原则，并将谈判对手转化为合作伙伴。另外，诸如首因效应、近因效应、晕轮效应、定位效应、南风效应、情绪效应、糖果效应等心理效应也会对商务谈判产生一定影响。

第三，商务谈判中的博弈论。博弈的构成要素主要有博弈方、博弈策略、博弈过程、博弈得失及博弈均衡等。按照不同的维度，博弈可以被划分为不同类型。其中，合作博弈被认为是最佳的谈判博弈方式。谈判者需要思考如何扩大合作博弈的市场空间，从而使国际商务谈判能够实现互利与双赢。

总之，本章的学习将有助于同学们巩固国际商务谈判的理论基础，掌握分析谈判现象的方法与工具，并从心理学与博弈论的角度得到一定的启发与创新。

 **作业与习题**

## 一、单项选择题

1. （　　）是调节市场供求关系和缓解供需矛盾的均衡机制。

    A. 供求机制 　　　　　　　　　B. 价格机制

    C. 竞争机制 　　　　　　　　　D. 风险机制

2. （　　）认为在没有绝对优势的情况下依然可以产生国际贸易，而开展国际竞争的条件是"比较优势"、结果是"比较利益"。

    A. 重商主义 　　　　　　　　　B. 绝对优势理论

    C. 比较优势理论 　　　　　　　D. 保护贸易理论

    E. 要素禀赋理论

3. （　　）是指一个人的情绪状态很可能会影响其思维与行动，进而产生更好或者更坏的结果。

    A. 三分之一效应 　　　　　　　B. 情绪效应

    C. 糖果效应 　　　　　　　　　D. 留白效应

4. 按照博弈论，囚徒困境的均衡结果是（　　）。

  A. 二人都抵赖      B. 一人坦白，一人抵赖

  C. 二人都坦白      D. 二人保持沉默

5. 在通常情况下，当一个人获得的"报酬或收益"与付出的"投入或成本"的比值（　　）组织内的其他人的这个比值是，会感到很不公平。

  A. 大于        B. 等于

  C. 小于        D. 约等于

## 二、多项选择题

1. 谈判实力的特征主要包括（　　）。

  A. 综合性       B. 单一性

  C. 相对性       D. 绝对性

  E. 不变性       F. 潜在性

2. 关系营销的对象主要包括（　　）。

  A. 消费者       B. 供应商

  C. 分销商       D. 竞争者

  E. 其他利益相关者    F. 内部员工

3. 马斯洛需求层次理论指出，人类的需求包括（　　）。

  A. 生理需求      B. 安全需求

  C. 社交需求      D. 尊重需求

  E. 自我实现需求

4. 博弈的基本要素包括（　　）。

  A. 博弈方       B. 博弈策略

  C. 博弈过程      D. 博弈得失

  E. 博弈均衡      F. 博弈动因

5. 按照参与博弈的人数不同，可以将博弈分为（　　）。

  A. 单人博弈      B. 双人博弈

  C. 多人博弈      D. 完全信息博弈

  E. 不完全信息博弈

## 三、判断题

1. 谈判心理学指出，谈判者可以通过分析和利用谈判对手的行为与心理，进而施展一定的策略与技巧，从而引导谈判过程与结果向着有利于己方的方向发展。（　　）

2. 按照谈判心理学，当人们与陌生人进行交流时，首因效应相对突出；而当人们与熟人进行合作时，近因效应又比较明显。         （　　）

3. 按照破窗效应，谈判人员不能一遭遇挫折就心灰意冷、消极应对，因为再小的懈怠都可能演变为巨大的溃败。           （　　）

4. 国际商务谈判的当事人只能是高度理性的"经济人"，不可能是充满非理性的"社会人"。 （　　）

5. 合格的谈判者只需要善于"说"，而不需要善于"听"。 （　　）

## 四、简答与论述题

1. 请简述影响谈判实力的因素有哪些。

2. 请简述合作博弈与非合作博弈的含义。

3. 试论述智猪博弈给国际商务谈判带来的启示。

4. 试论述一名合格的谈判人员应当具有的心理素质。

5. 结合一定例子，谈谈博弈论在讨价还价中的应用。

## 五、实训题

1. 请收集相关数据资料，分析中国对外贸易与投资的比较优势。

2. 尝试与他人进行一次谈话，体会在说服对方与倾听对方过程中的心理效应。

3. 请收集 1~2 个谈判案例，分析相应的博弈要素与类型。

参考答案

# 第三章

# 国际商务谈判的准备

---

■**学习目标**

　　知识目标：掌握谈判信息的特点、分类、作用及收集原则，熟悉谈判信息的各项具体内容；掌握谈判主题、谈判目标及谈判对象的内涵，熟悉谈判方案的制定方法；了解谈判团队及人员的各项素质要求，理解谈判团队的人员构成与分工情况。

　　能力目标：能够按照一定的思路与方法收集国际商务谈判信息，并具备分析与处理各类信息的能力；能够撰写国际商务谈判方案，具备策划和模拟一场正式谈判的能力；能够根据实际情况安排谈判人员，并注意成员间的协调与配合。

　　素养目标：具有"未雨绸缪"和"运筹帷幄"的工作思维，具备从事国际商务谈判工作的良好职业素养，包括政治素养、敬业精神及团队意识等。努力成为一名优秀的涉外经济管理人才。

---

■**学习重点**

　　谈判信息的作用；谈判信息的内容；谈判目标的四个层次；谈判对象的两种分类方法；谈判方案的基本要求与主要内容；模拟谈判；国际商务谈判人员的基本素质、人员构成及工作模式。

---

 **开篇阅读资料**
KAIPIAN YUEDU ZILIAO

### 拓展新兴市场 实现互利共赢

　　6月29日至7月2日，以"共谋发展、共享未来"为主题的第三届中非经贸博览会在湖南长沙成功举办。

本届博览会共签约项目 120 个、金额 103 亿美元。发布 99 个对接合作项目、金额 87 亿美元，其中 11 个非洲国家发布 74 个对接项目，数量为历届之最。34 项合作成果集中发布，涵盖研究报告、标准规范、声明倡议等八大类，首次发布中非贸易指数，再次发布中非经贸关系报告。博览会上，供需对接踊跃，合作洽谈火热，从农产品贸易、基础设施建设到电子商务、航空航天、绿色发展等，中非合作不断向全方位、多层次、高质量发展。

习近平总书记指出："我们要开创中非合作新局面，扩大贸易和投资规模，共享减贫脱贫经验，加强数字经济合作，促进非洲青年创业和中小企业发展。"

今年是共建"一带一路"倡议提出 10 周年，也是真实亲诚对非政策理念和正确义利观提出 10 周年。

透过博览会，我们看到，中国坚持高水平对外开放，深度参与全球产业分工和合作，维护多元稳定的国际经济格局和经贸关系。10 年来，中非双方秉持互利共赢、开放包容心态，顺应时代潮流和各自发展需要共商合作大计，推动中非务实合作走深走实，为全球开放合作、共同发展贡献新动能。

从室内展馆走到室外展区，电动正面吊、挖掘机、起重机……来自三一重工的数十款工程机械排列整齐，率先映入眼帘。"我们的摊铺机、铣刨机不仅能适应非洲高温、风沙大等工况，在智能化、电动化等方面同样表现不错，高效节能、安全可靠，已经有不少非洲客商表达了合作意向。"三一重工现场工作人员介绍。

自 2002 年平地机出口摩洛哥以来，三一重工加快进入非洲市场，如今在非洲市场累计实现销售收入近 170 亿元，设备保有量超过 1.8 万台，不仅实现了企业自身发展，也为非洲建设贡献力量，创造了大量就业机会。

展馆内，贸易洽谈有声有色，一旁的长沙国际会议中心里，一场场研讨交流会凝心聚力，促进大项目落地签约。

刚果（布）高架桥延长线项目、摩洛哥丹吉尔科技城绿电农场项目、加纳国 500 万吨/年炼油二期项目……6 月 29 日，在中非基础设施合作论坛上，32 家单位达成 19 项合约，项目合作总金额达 29 亿美元，涵盖交通物流、能源电力、房屋建设、矿业开发、金融合作等多个领域。

置身第三届中非经贸博览会，走过一个个精心装置的展台，见证一场场互利共赢的项目签约，更深切感受到中非经贸合作的澎湃活力。新征程上，中国开放的大门会越来越大，高质量发展的机遇会越来越多，一个开放的、发展的中国，必将以自身发展为非洲国家创造更多机遇，共享新时代繁荣发展新未来。

资料来源：2023 年 7 月 3 日的《人民日报》。

**思考：**

结合中非经贸合作的现状与前景，谈谈中国企业在积极开拓海外市场空间的过程中，应当做好哪几方面的准备工作？

## 一、谈判信息概述

### （一）谈判信息的特点

谈判信息（negotiation information）是指与谈判的内外环境、行业背景、交易条件及各方人员等相关联的各类资料。这些资料是开展国际商务谈判的前提和基础，具有重要的价值和意义。众所周知，信息是决定成败的关键因素之一。人们通过识别、收集、分析和处理不同来源的各类信息，能够从中掌握有利于自身目标与行动的知识、机会、资源和能力，从而达到扩大自身优势和弥补自身劣势的积极效果。

谈判信息不同于普通工作中的一般信息，具有综合性、复杂性、保密性等特征。

首先，谈判信息的内涵比较综合。谈判信息不仅包含与谈判内容直接相关的价格、品质、数量、结算等业务信息，还包括与谈判活动间接相关的会谈时间与地点、各方团队人员、场地布置等非业务信息。可以说，凡是与谈判相关的资料或情报，都可以作为有用的谈判信息。

其次，谈判信息的来源比较复杂。谈判者除了可以通过公开资料收集和处理各类"显在"的谈判信息外，还需要运用一定的策略与技巧挖掘"潜在"的谈判信息。前者来源于网络资料、统计公报、书籍报刊、行业协会等正式途径，后者则多依靠于谈判者的观察、倾听、探询、比较、印证等非正式途径。涉及经济利益的商务谈判尤其需要谈判者能够从一些不起眼的细节中提炼出有价值的信息，从而做到透过现象看本质。

最后，谈判信息具有一定的保密性。商务谈判是各方围绕交易或合作的动态博弈，各方的关键信息通常涉及商业秘密，并不会轻易向对方泄露。为此，如何在谈判中掌握对方的真实目标、具体策略、力量虚实、原则底线等信息就成了一系列难题。而这类涉密信息一旦走漏，就很容易使己方陷入极大的被动。另外，谈判信息也具有一般信息的特征，如时效性、动态性、共享性等，这里不做深入讨论。

总之，在国际商务谈判中，信息的收集和处理工作是一项重要的准备工作。同时，谈判者还需要明白，获取准确有效的谈判信息并非易事，我们既需要具备探测与观察"真实信息"的能力，还需要掌握分辨与识别"虚假信息"的方法。这也将是正式谈判前后各展开的一场"信息博弈"。

### （二）谈判信息的分类

1. 按照谈判信息的内容划分

按照谈判信息的内容属性不同，可以将其分为政策与法规信息、经济与市场信息、社会与文化信息、技术与管理信息、自然与地理信息等不同类型。

其一，政策与法规信息是指谈判各方涉及的国际法规与惯例、各国国内法、各层次管理规定及特殊政策变化等信息。例如，国际惯例的重大修订、东道国颁布的最新立法、海关的临时性管控措施、其他法规方面的不可抗力事件信息等。

其二，经济与市场信息是指与商务谈判相关的宏观市场信息、中观行业信息、微观企业信息等。例如，目标国市场的经济发展水平、人均可支配收入、行业竞争的激烈程度、合作企业的各项经济指标等。

其三，社会与文化信息是指在谈判中需要注意的社会习俗、文化差异、礼仪讲究、观念偏好等信息。例如，各国商人的文化禁忌、宗教信仰、办事风格、习惯爱好、审美特点等能够影响谈判氛围与进程的特殊信息。

其四，技术与管理信息是指能够影响谈判的各类科学生产与科学管理的技术类信息。例如，交易商品的技术标准、质量保障、商标与专利，以及管理过程中的生产效率、运输安全、包装流程等。

其五，自然与地理信息是指与商务谈判举办地点、交易商品生产和运输环境等相关的信息。例如，谈判所在地的气候、交通信息，国际贸易商品运输线路的风险情况等。后文还会深入分析这些谈判信息的具体内容。

2. 按照谈判信息的形式划分

按照谈判信息的表现形式不同，可以将其分为语言类信息、文字类信息、视频录音类信息、实物类信息等不同类型。

其一，语言类信息是指通过电话谈判、当面磋商、座谈交流等方式获得的口头表达类信息。例如，谈判人员的话语、姿态、动作、表情等。

其二，文字类信息是指各类与谈判内容相关的书面文字资料，包括谈判者在谈判前收集的资料和在谈判中记录的资料。例如，各类文献、书籍、报刊、文件、通知、广告、说明、图纸、报告及纪要等。

其三，视频录音类信息是指各类有助于谈判决策的多媒体资料。例如，现场录像、电话录音、展示性幻灯片、专题宣传片等。

其四，实物类信息是指各种以实物形态存在的信息资料。例如，国际贸易中的样品和赠品、抽样检测的样品、实际交付的货物、曾经签订的合同与实际使用的票据等。

3. 按照谈判信息的层次划分

按照谈判信息的深浅层次不同，可以将其分为描述类信息、行为类信息和关联类信息等不同类型。

其一，描述类信息是指那些反映谈判主体、客体及环境背景的基本属性的信息。这类信息一般为静态信息，如谈判各方企业的名称、性质、主营业务、资信状况，谈判人员的姓名、年龄、职位、分工、脾气、工作经历、联系方式等。描述类信息处于各类信息的表层，主要回答"是什么"的问题，通常最容易获得。

其二，行为类信息是指那些反映谈判对手思维与行为特征的信息。这类信息一般为动态信息，如谈判各方的消费偏好、交易习惯、谈判风格等。行为类信息处于各类信息的第二层次，主要回答"做什么"的问题，需要基于一定时间的观察与分析才能得出。

其三，关联类信息是指那些反映谈判者真实心理、潜在意识和核心意图等的信息。这类信息通常比较隐蔽，如谈判对手的交易底线、策略虚实、最后时间等，需要谈判者基于一定的试探、分析、判断和验证才能获得。关联类信息处于各类信息的核心层次，主要回答"想什么"的问题，最难获得，也最有价值。

（三）谈判信息的作用

信息是奠定国际商务活动成败的基础性资源，在谈判的各个环节都发挥着重要的作用。具体而言，谈判信息的主要作用有以下几个方面。

1. 谈判信息是构成谈判决策的重要依据

一方面，谈判战略和战术的制定离不开良好的信息准备。常言道，"知己知彼，百战不殆"。充分调查和了解谈判各方，是保证谈判目标的合理性、谈判计划的可行性以及谈判策略的灵活性的基本前提。谈判者在制定有关谈判的总体战略和局部策略时，必须依托准确、可靠、及时、有效的情报信息，绝不能打无准备之仗，更不能凭经验办事和"拍脑袋"决策。例如，当进口商在制定最优目标价格时，既不能脱离国际市场的基本行情，也不能忽略交易双方的合作前景，对价格的把握要兼顾经济与非经济信息。

另一方面，良好的信息准备能够帮助谈判者正确应对"特殊情况"。由于谈判过程具有一定的不确定性，谈判者就需要根据对方的行动随时调整自己的策略。当谈判者遇到需要快速决策的"特殊情况"时，为了避免因仓促应对而做出错误决策，掌握信息就显得十分关键。在谈判中，诸如"声东击西""调虎离山""以偏概全"等计策就是一类基于信息优势的常见策略，如果谈判者的信息足够全面，就不会被这些计策所困扰，反而可以"将计就计""乘机应变"或实施"连环计"。

2. 谈判信息是促进谈判合作的沟通媒介

一方面，有效的沟通必须以相应的谈判信息为支撑。国际商务谈判是各方传递和交换信息的人际沟通过程，涉及人与人之间在思想、情感、观念、态度和观点等方面的碰撞与融合。而沟通的最终目的是要得到对方的理解和认同，即以合作为导向。如果没有在信息上做好充分的准备，谈判者将很难"有的放矢"或"对症下药"地把握对手的迫切需求、真实意图及心理感受，从而发生无效沟通或错误沟通的情况。例如，面对商业合作者的抱怨和指责，谈判者必须了解其行为背后的真实诉求。有时候，善意的批评并不是为了撕毁合同，而是希望能够有条件地加强合作。

另一方面，正确的谈判信息能够为消除分歧和化解矛盾创造条件。国际商务谈判亦是寻求合作、谋求一致的协商过程，需要谈判各方在行动上相向而行和共同努力。实际上，出现分歧并不可怕，只要谈判者能够做到换位思考和将心比心，掌握谈判对手的感受就并不困难。面对谈判中的困难，谈判者要善于发现有利于形成合作氛围的共同话题或相似观点。只要策略得当，谈判者就能利用这类信息来增进彼此间的好感与信任，进而推动谈判向着形成各方都可接受的条件前进。例如，当需要面对气势汹汹、咄咄逼人的谈判对手时，来自对手家乡的一曲音乐或者一顿美食就很可能成为缓和气氛和打开局面的"秘密武器"。

3. 谈判信息是赢得谈判博弈的竞争优势

一方面，谈判博弈需要大量的信息和情报。按照博弈论的观点，国际商务谈判更加符合不完全信息条件下的动态博弈情形。谈判者对于谈判信息的准备，就是一种弥补信息空白、提升信息质量的过程，其目的就在于降低自身的不完全信息程度。实践中，谈判者之间的每一次交锋就好比棋牌游戏中的叫牌和出牌，己方的信息越充分，博弈的胜算也就越大。例如，在国际贸易谈判中，若进口方掌握了出口方货物积压、资金紧张的信息，则更有机会在与对方的讨价还价中占据主动地位。

另一方面，信息优势又是国际商务企业的一项竞争优势。按照管理学的观点，信息是构成商业企业参与市场竞争的重要资源之一。作为一种无形的资源，信息资源具有价值性、稀缺性、整合性和流动性等特征，完全可以成为企业的某种战略资源或核心资源。例如，国际市场上的一些中间商企业，就是凭借自身在信息渠道方面的独特优势，承接并完成了大量国际保理、国际代理、国际咨询等业务。值得注意的是，信息资源还具有时效性、动态性和共享性等特点，这就要求谈判者除了要具备信息本身的质量优势外，还要掌握洞察、收集、分析和处理谈判信息的能力。这项能力越强，相应的竞争优势也越明显。例如，优秀的谈判人员通常都是审时度势、察言观色的"专家"，能够从各种细节当中预判对手的心思与行为。

4. 谈判信息是保持谈判定力的有力保障

这里的谈判定力包括了在目标与过程两个方面的稳定性。

一方面，谈判信息是谈判目标得以实现的重要保障。谈判目标一旦确定，就不应轻易改变。为了实现预设的谈判目标，谈判者必须收集大量有关各方需求、实力、优劣势等的信息情报，进而制定、实施、反馈和调整相应的谈判策略。在这一过程当中，动态、及时的信息更新与信息补充发挥了关键作用。然而，不少谈判者会迫于对手的压力而不断让步，甚至为了成交而不惜改变原则，从而导致实际的谈判结果大大低于预设的谈判目标。造成这种现象的原因之一就是缺乏准确而全面的谈判信息，从而高估了对手的实力、弱化了自身的能力。

另一方面，谈判信息是控制谈判节奏的有效手段。俗话说："走一步，看三步。"谈判者应当掌握预判谈判进程走向的能力，并能够对谈判过程施加有利于己方的影响。例如，当谈判者了解到对手习惯迟到的信息时，就可以采用"借题发挥""小题大作"等策略制造谈判冲突、延缓谈判进程。同时，在管理谈判过程时，先于对手掌握信息也十分必要。不难想象，若谈判一方已经完全掌控了某项交易条件，则无论谈判对手施展何种计策，都不能改变谈判的方向。例如，在国际贸易谈判中，如果出口商已经掌控了唯一的货源渠道，则不会发愁找不到合适的进口商。

**（四）谈判信息的收集原则**

1. 及时性

收集信息必须及时。一方面，谈判信息具有多变性。由于国际市场瞬息万变，有关商品价格、供需关系、竞争者行动及金融市场等的信息始终处于动态变化之中。如果谈判者获得的信息不够及时，那么没有时效性的信息很可能已经脱离了市场实际，反而会误导决策。另一方面，谈判信息具有竞争性。谈判博弈的关键资源就是信息，哪一方的信息更多，哪一方就更有机会掌握主动。因此，谈判者获得信息的速度越快，越能先于对手掌握信息，越能发挥己方的竞争优势，相应的谈判策略也更能做到攻其不备和出其不意。总之，为了保证信息的价值性，谈判者掌握的信息必须是最新和最及时的。

**2. 准确性**

用于谈判的信息必须准确。一方面，信息的内容必须真实。各类信息要能如实反映市场、对手和己方的客观情况，不能带有成见、偏见及主观臆断。谈判者需要同时保持对信息的敏感和怀疑，能够分辨信息的真伪与优劣，从而能够从繁杂的海量信息中排除虚假和无用的信息。也只有剔除了重复的、冗余的、甚至矛盾的信息，才能保证信息的准确性。另一方面，信息的来源必须可靠。实践中，谈判者获取商业信息的途径有很多，多渠道来源的信息常常表现出零散性与无序性。这就需要谈判者甄别不同的信息渠道，特别要注意来自社会关系、偶然因素、小道消息等非正式渠道的信息。要避免因为"道听途说"或"偏听偏信"而上当受骗。正所谓，"失之毫厘，谬以千里"。

**3. 可用性**

收集信息要注意用途。一方面，收集的信息应当实用。所谓实用，即具有实际用处。由于谈判者的时间精力有限，要面面俱到地掌握所有信息并不现实，也没有必要。应当有重点、有方向、有目的地收集那些具有实际用途、能够满足实际需要的谈判信息。正所谓"纲举目张"，抓住了关键信息，才能发挥相应的作用。另一方面，收集的信息还要适用。所谓适用，是指适合使用。信息的作用会受到其他条件的影响，常常会因人、因事、因时、因势而有所不同。因而"恰好可用"的信息是最有价值的。谈判者应当围绕谈判内容有针对性地收集信息，并注意根据信息的变化动态调整相应的谈判策略。总之，对于信息的使用需要符合客观条件的要求。

**4. 科学性**

收集信息要讲究一定方法。信息的价值既在于"量"，更在于"质"，能否由量变到质变就取决于收集与处理信息的方法。谈判者不能漫无目的地随意收集信息，而要注意信息资料的完整性、系统性和连续性。正确掌握收集与处理信息的方法与工具，能够充分保障信息的正确性和有效性，并避免出现断章取义、以偏概全等错误。实践中，完全孤立的信息是很少见的，大多数信息会彼此联系、相互补充，因而还需要谈判者掌握举一反三、以微知著的信息分析能力，从而最大程度地发挥来自信息层面的谈判优势。

**5. 经济性**

收集信息应做到经济。其一，信息收集要讲效率。企业可以专门设立信息收集机构及其人员，并专门给予经费与资源支持，从而通过工作环节的专业化来提高效率。其二，信息收集要注意节约。谈判者要合理预算信息准备工作的成本与费用，尽量选择手段直接、程序简便、效率较高的信息收集与处理方式。其三，信息收集要保证效益。谈判者应优化信息准备环节的投入产出比，重点突出信息收集的经济效益。谈判者要注意优化信息收集的工作流程，尽量避免程序化、形式化、机械式的工作方式，从而使每一条信息都能在工作中体现其应有的价值。

## 二、谈判信息的内容

在正式进入国际商务谈判之前，谈判各方都要做好谈判信息的收集工作，需要收集的信息主要围绕谈判环境、谈判对手和谈判者自身三个方面。其中，与谈判环境有关的信息最为复杂、与谈判对手有关的信息最为关键、与谈判者自身有关的信息也最容易被忽略。谈判者只有做到了"知己、知彼、知势"，才能在谈判博弈中"百战不殆"。

### （一）与谈判环境有关的信息

#### 1. 政策与法规信息

政策与法规信息反映了一个国家或地区的政治法律环境。谈判者需要收集与国际商务活动相关的国家政策、法律准则、管理规定等，以便保障自身的商业行为能够满足并适应相关国家的要求。政策与法规信息的重要性主要体现在三个方面。第一，政治法律环境对于企业的生产经营活动有着非常直接的影响。例如东道国的外汇、海关、商检、税收等政策就直接关系着国际贸易的便利程度与盈利水平。纵观世界，各国针对涉外商贸活动的立法日益全面和细化，学习相关的经济法与国际商法也已成为现代跨国企业的必修课。第二，政治法律环境的变化很难被企业所预测。例如，随着国际贸易保护主义的抬头，一些国家突然发起的反倾销、反补贴、外汇管制、限制进出口等措施层出不穷，这类不可抗力因素难以被预测，也不容易补救，对相关企业的影响往往是非常严重的。为此，企业需要保持敏锐的风险信息洞察力，并提前准备好可行的预案。第三，政治法律环境对国际商务企业提出了更高的要求。实际上，企业并不是简单被动地适应法律政策环境即可，而是可以通过主动学习相关条款来提升自身的竞争力。简言之，政策法律信息蕴含着有价值的商业机会。例如，企业可以结合东道国的鼓励消费政策实现更有利于己方的出口目标，也可以结合国家间的汇率政策差异来优化己方的进口策略。

对于国际商务谈判而言，需要收集的政策与法律信息主要有四类。

第一，谈判对手所在国家的政治背景。这类信息主要是与国际商务间接相关的背景类信息，包括东道国的国家战略、政治制度、外交政策、国际关系等，以及一些近期发生的有关政治与政策的新事件、新现象、新变化、新趋势等。

第二，谈判各方所在国家的法律信息。这类信息与国际商务活动的开展情况直接相关，主要包括东道国与本国的各项法律、法规、条例和准则等。如公司法、合同法、劳动法、商标法、专利法、广告法、卫生安全法、环境保护法、消费者权益保护法、进出口商品检验条例、海关税则等。谈判者应当了解和遵守国内外的各项法规，做一个"知法、懂法、学法、用法、遵法、守法"的人，从而在谈判过程中远离法律红线、保障经营安全。

第三，国际商务活动涉及的国际惯例信息。国际惯例是国际交往过程中一大类原则性、指导性和规范性的公共约定。虽然国际惯例不是法律，也并不具备强制性，但是违背相关惯例会增加企业的风险与成本，因而也被视为一类特殊的法律因素。例如，国际商务活动中的常见国际惯例类文件就包括了《国际贸易术语解释通则》《托收统一规则》《商业跟单信用证统一惯例》《联合国国际货物销售合同公约》《合同担保统一规则》《仲裁规则》及《联合国跨国公司行动守则（草案）》等。熟悉各类国际惯例，也是对国际商务谈判人员的基本要求。

第四，国际商务和国际贸易政策信息。目前，世界各国还存在程度不等的经济贸易管控政策，由此形成的投资与贸易壁垒仍然十分常见。习惯上，可以将其划分为关税政策与非关税政策两类。其中，非关税政策又包括了许可证制度、配额制度、通关环节壁垒、外汇管制、技术性贸易壁垒等。谈判者需要充分了解这类政策信息，并做好相关的政策风险防范准备。例如，在国际贸易履约期间，贸易企业一旦遭遇诸如反倾销、反补贴等临时性政策措施，将会遭受重大经济损失。

2. 经济与市场信息

经济与市场信息反映了一个国家或地区的经济环境。为保障国际商务活动的顺利开展，谈判者需要收集宏观经济形势、中观行业概况、微观企业特征等各类信息。这些信息将成为帮助企业做出各项商业决策的最直接与最关键信息。具体而言，经济与市场信息主要包括四项内容。

第一，谈判各方所在国家或地区的经济体制。经济体制是指国民经济的管理制度与运行方式，具体包括了资源占有制度、资源配置制度、经济运行机制等内容。常见的分类有计划经济体制和市场经济体制，公有制经济和非公有制经济等。有关经济体制的信息涉及国家与企业、企业与企业、企业与经济部门等各种关系，反映了一个国家或地区在经济方面的根本特征。谈判者应当了解对方的经济体制，以及彼此间的体制差异，这类信息将影响和决定企业的国际市场营销策略。

第二，谈判各方所在国家或地区的宏观经济状况。主要反映为各项宏观经济指标，包括国内生产总值、对外贸易额、国际收支、通货膨胀、投资、消费、金融、财政等指标。宏观经济信息通常可以通过相关国家的政府部门或统计机构等渠道获取。谈判者应当掌握国家间的经济差距，尤其应当收集目标国市场的购买力、储蓄率、消费倾向、汇率、利率、税率等信息。这些信息能够反映国外市场的需求层次、消费潜力及交易便利等情况，与谈判目标的实现和后续合同的履行都密切相关。另外，如果条件允许，谈判者还应了解相关国家的经济史，从中可以解读经济发展的规律与趋势，从而为谈判活动提供战略层面的信息支持。

第三，国际商务谈判涉及行业的市场信息。围绕商务合同的标的物，相关的行业信息能够为谈判者提供专业化的决策支持。谈判者需要掌握谈判客体的行业属性，并有针对性地制定谈判方案。例如，按照国际贸易合同的标的物不同，相应谈判可以归属为农业、工业、家电业、建筑业、服装业、采矿业等不同行业。同时，国际商务又具有明显的综合性特征，相关谈判常常会涉及多种行业，如运输业、保险业、金融业、广告业等。谈判人员需要具备相应的专业知识，并能够收集和分析有关行业的最新信息。行业市场信息的具体内容包括行业现行规则、产品供需现状、行业发展动向、潜在市场空间、市场竞争状况等。可以说，摸清行业市场是一项重要的谈判信息准备工作。

第四，有关本场国际商务谈判内容的经济信息。谈判者应当结合谈判的实际情况，围绕具体交易或合作展开信息收集工作。例如，在国际货物贸易谈判中，应当收集具体的产品信息、价格信息、运输信息、关税信息、消费需求信息、生产供应信息、利率与汇率信息等。这些信息与谈判中的交易条件相联系，谈判双方谁的信息更多、更新、更及时，谁的谈判实力与谈判主动权也就更大。总之，谈判者需要为谈判过程中的每一回合磋商准备好信息，时刻做到"有备而来，心中有数"。

3. 社会与文化信息

社会与文化信息反映了一个国家或地区的社会文化环境。一般认为，社会文化环境是指企业所处的社会结构与文化氛围，主要包括社会习俗、宗教信仰、民族文化、礼仪禁忌、价值观念及生活方式等内容。这些看似与商贸交易无关的信息，却能影响和制约人们的思维和行为，因而常常被视为影响国际商务活动最为复杂和深刻的因素。在正式谈判之前，谈判者需要针对谈判对手的具体背景，了解社会习俗、商业习惯、宗教信仰、礼仪规范、文化差异等信息，从而做好跨文化沟通的工作准备。

第一，社会习俗信息。社会习俗是对社会风俗与习惯的简称，是指社会上为大多数人所推崇和遵守的共同行为方式。纵观世界 200 多个国家或地区，民族数量超过 2 000个，每一个民族都拥有自身所传承的独特社会文化，并表现为具有鲜明特色的交往习俗、生活习俗、婚姻习俗、服饰习俗、饮食习俗、居住习俗、节日习俗和消费习俗等。社会习俗对商业活动有着深刻的影响，谈判对手对于利益、契约、竞争、合作等的态度直接受其社会认知与固有观念的制约。因此，谈判者十分有必要了解和尊重对手的社会习俗背景，并在谈判过程中"知其可为而为之，知其不可为而不为"，从而尽可能在交往和沟通的过程中增进互信、联络情感和改善关系。例如，谈判者可以利用谈判期间的节日契机来改善谈判氛围，中国传统文化中的春节、中秋节、重阳节等都蕴含着良好的寓意。总之，"往"则入乡随俗，"来"则宾至如归。

第二，商业习惯信息。商业习惯是指特定国家或地区针对某一行业所形成的通用业务惯例。商业习惯并不是严苛的法律或明文的规定，而是一种在长期的生产生活实践中约定俗成、习以为常的行为"定式"，代表了地域内和行业内的特有社会规范。谈判者在从事国际商务活动时，必须遵守相应的商业习惯，这既有利于在谈判环节形成共识，也有助于在履约环节产生便利。例如，在国际贸易谈判中，谈判者通常就需要了解一系列商业习惯。在出口备货环节，商品的包装习惯是小包装还是大包装，是否需要印刷当地的文字；在支付环节，佣金与回扣的支付习惯是明佣和明扣，还是暗佣和暗扣，需不需要在价款中直接扣除；在境外销售环节，营销渠道习惯是倾向于经销、直销，还是代理、寄售，当地市场有无特殊的中介。可以说，商业习惯信息是谈判者不能忽略的一类隐性信息。

第三，宗教信仰信息。一个国家或地区的宗教信仰属于一类特殊的社会文化现象，既反映了该国人民的思想行为特征，也体现了该国政府的政策、法律及外交特色。众所周知，基督教、伊斯兰教和佛教并称世界三大宗教。其中，基督教又包括了天主教、新教和东正教，伊斯兰教又分为逊尼派和什叶派，佛教则包括了汉传佛教、藏传佛教和南传佛教。谈判者对于各国的宗教文化应当充分熟知，如美国商人多数信奉基督教、以色列商人一般信奉犹太教、俄罗斯商人大多信奉东正教、阿拉伯商人多数信奉伊斯兰教等。同时，谈判者除了需要了解世界宗教概况，对于谈判对手个人的宗教信仰也应有所掌握，并在谈判过程中注意避免触碰宗教禁忌。例如，谈判日程的安排要注意避开相关宗教的重大节日；谈判中的话题要回避带有宗教偏见的人物或事件；谈判期间的食宿安排也应充分尊重相关的宗教习俗。可以说，宗教信仰是国际商务谈判不能回避的文化因素，需要引起谈判人员的高度重视。

第四，礼仪规范信息。礼仪是对礼节和仪表的合称，是指人际交往过程中需要彼此遵守的特定规范、程序及仪式。常言道，"礼仪无小事"。任何在礼仪方面的"小错误"，都有可能酿成人际交往中的"大事故"。国际商务谈判是讲究礼仪的交际场合，谈判人员务必做到懂礼仪、讲礼仪和会礼仪，并在语言、动作、仪容、仪态及风度等方面体现对彼此的尊重与友善。同时，谈判礼仪的内容也十分丰富，既有国际通行的一般惯例，也有差异化的特殊情况。具体内容包括了形象礼仪、宴会礼仪、馈赠礼仪、致意礼仪、座次礼仪等多个方面，需要谈判者充分了解并灵活应用。例如，谈判会场的布置就充分体现了礼仪的专业性和规范性，针对会谈、签约、宴请、剪彩、合影等不同场合，主宾双方的人员座次也各不相同，细节之中充分体现了诚意与礼数。特别是对主场谈判者而言，更要提前收集有关礼仪的各类信息，以便做好谈判全程的接待和服务准备。

第五，文化差异信息。文化是指人类在长期社会实践过程中所形成的物质与精神总和，表现为一定地域或民族的人们所共同遵守的价值观念、行为准则和心灵故事。世界各国众多的民族文化具有很大差异，谈判者需要掌握不同文化背景下的沟通技巧，采用包容的态度正确认识与本民族文化存在差异或冲突的社会现象。简言之，国际商务谈判属于跨文化沟通（Cross-Cultural Communication）的范畴，对相应文化差异信息的收集与整理十分必要。另外，谈判者还要注意了解对手的企业文化，着重收集企业经营思想、核心价值观念、制度规范等方面的信息。例如，美国企业的制度文化一般较为宽松，而日本企业的制度文化更倾向于严苛，在与不同国家的企业谈判时，它们的行为受制于文化。

总之，社会与文化信息能够反映谈判者的深层次特征，应当引起谈判人员的高度重视。

4. 技术与管理信息

一方面，技术信息反映了国际市场与相关行业的技术环境。技术环境包含了企业开展商务活动的各项科学技术因素，主要包括关键技术的发展水平、技术创新的发展趋势、技术更新换代的周期与速度等内容。近年来，随着科学技术的突飞猛进，传统产业正面临着来自新兴产业的严峻挑战，进而带动国际商务与国际贸易的科技含量不断提升。如今，技术层面的竞争已延伸到商品流通的整个过程，包括了研发环节、生产环节、包装环节、运输环节、营销环节及消费环节等。为此，谈判者必须收集相关技术信息，避免因技术落后而在谈判中陷入被动。另外，在国际贸易领域，技术信息对于技术贸易谈判的意义更为明显，谈判者有必要提前收集作为标的物的专利、商标及专有技术等信息。

另一方面，管理信息反映了跨国企业及其对外联系过程中的管理环境。管理环境由管理工作的内容、手段、方式、方法等要素组成，能够同时影响管理者与被管理者的思维与行动。谈判者需要掌握谈判对手的管理制度、管理风格及管理艺术等信息，以便能够在谈判中制定和实施有针对性和适应性的策略。例如，谈判者在管理时间、管理资料、管理财产、管理人员等方面的情况，就可以作为制定谈判策略的一种依据。

### 5. 自然与地理信息

自然与地理信息反映了一个国家或地区的自然环境与地理条件。

一方面，自然环境主要包括了气候、季节、天气和资源等因素。这些因素会对国际商务活动产生直接影响。例如，企业的国际市场营销策略就常常受限于自然条件，商品的销售会因四季的不同而产生淡季与旺季。同时，对于拥有不同气候条件的目标市场而言，出口商品的种类、品质、用途及价格等也应有所调整。例如，向闷热潮湿地区出口的食品、服装、家用电器等商品就应当与向寒冷干燥地区出口的同类商品有所区别，二者在包装、运输、存储等方面具有截然不同的要求。

另一方面，地理条件主要包括了地理位置、交通路线、基础设施及后勤保障等因素。这些因素对于完成国际商务活动和履行国际贸易合同有着重要影响。在国际贸易谈判中，谈判者就需要收集港口、航线、船舶、费用等航运信息，收集邮政、快递、周转、仓储等物流信息，收集保税区、加工区、金融中心、交通枢纽等服务保障信息。例如，当企业需要在深秋季节从加拿大或北欧国家进口商品时，就必须提前掌握当地的天气情况与装运港位置，以免发生因冬季海面结冰而造成船舶受阻的情况。总之，谈判者应当注意收集有关谈判地点和商贸合同的自然与地理信息，做到"上知天文，下知地理"。

### （二）与谈判对手有关的信息

#### 1. 谈判对手的基础信息

了解谈判对手的基本概况是参与国际商务谈判的必要前提。谈判者必须能够明确地回答"对手是谁"这一关键问题，否则制定的一切谈判目标、方案和计策都将成为"自以为是"和"一厢情愿"的"空中楼阁"。具体而言，有关谈判对手的基础信息可以被划分为企业层面和个人层面两类。首先，在企业层面，谈判者需要收集有关对方法人的基本信息。例如，企业的机构名称、产权性质、主营业务、经营规模、员工数量、核心品牌、市场份额、注册地址、联系方式及法人代表等信息。其次，在个人层面，谈判者需要收集有关对方自然人的基本信息。例如，对方人员的姓名、性别、年龄、职称、岗位、脾气、性格、风格、爱好及电子邮箱等信息。总之，掌握谈判对手的基础信息能够为确定谈判的规格、形式及接待标准等提供帮助。

#### 2. 谈判对手的基本类型

把握谈判对手的类型，将有助于甄别和分辨国际市场中的各类客商，在避免上当受骗的同时，也能够从中找寻到具有真实价值与可靠实力的合作者。具体而言，按照风险等级由高到低，国际商务的客商类型主要有以下八类。

第一，全球性知名跨国公司。例如，世界 500 强企业。这类企业具有世界性的良好声誉，并且一般都是资金实力雄厚、经营业务广泛、管理制度完善、人员素质优秀的大中型国际企业，属于优质的国际商务合作对象。与这类企业展开谈判，优点是程序正规、风险较低，缺点是态度冷淡、过程复杂、要求烦琐。

第二，区域性知名跨国公司。例如，国内外大中型涉外企业，本地的行业内龙头企业。这类企业具有在某一区域内的市场影响力，并在资金实力、生产技术、市场竞争力及人员素质等方面拥有明显的比较优势，亦是较为理想的国际商务合作对象。与这类企业展开谈判，好处是合作意向诚恳、可靠性较高，缺点是交易条件苛刻、成交有一定难度。

第三，知名企业的子公司。作为独立的法人企业，子公司也被视为"借树乘凉"的客商，它们总是倾向于依靠母公司的知名度和信誉度来招揽生意。由于这类企业本身并不具备雄厚的实力，因而不能将其等同于母公司来对待。谈判者要注意区分这类企业的"背景光环成分"和实际业务能力，恰当处理与之开展的各种商务合作关系。与这类企业展开谈判，好处是可以借助其母公司获得一定的市场声誉，缺点是交易中可能存在夸大其实的虚假信息，与之合作需保持谨慎。

第四，知名企业的分公司。与母子公司不同，分公司并不具备独立的法人资格。由于这类企业并不具有对外签约的能力，因而有关谈判的实质性内容必须由其总公司裁决。在实践中，谈判者要注意子公司与分公司的区别，并善于识别那些打着知名品牌或大型企业旗号"狐假虎威"的分支机构。与这类企业谈判，应当在谈判内容与目标上把握恰当的分寸。

第五，中间商公司。在国际商务中存在大量的中间商，例如国际贸易实务中有关运输、保险、金融、咨询等的各种代理人、服务商和中介机构。大多数中间商公司并不在资本、技术、人员等方面占有优势，它们主要凭借来自信息渠道或关系网络的优势来赚取佣金或酬劳。实际上，中间商公司在国际市场上扮演的是"牵线搭桥"或"倒买倒卖"的中间人角色。与这类企业展开谈判，要注意掌握其资信状况，并注意甄别其介绍信息的真实性，避免因上当受骗而遭受钱货两亏的情况。

第六，不知名正规公司。在国际市场上，大多数公司属于不知名公司。这类企业一般都处于企业生命周期的初创期或成长期，规模、人员及市场份额等指标正在发展，因而谈判的积极性较高，各项交易条件相对优惠，中长期合作的可能性也较大。与这类企业展开谈判，谈判者需要确定其身份是否合法与正规，并充分了解其业务水平、市场能力及合作意向等信息。这是一类普通但很有潜力的合作伙伴。

第七，打着企业旗号的个人。在国际市场上，一些来自知名企业的个人会利用自己的身份、职位或经历从事商务活动。如果企业没有经过充分的市场调查，就很容易将这种个人行为等同于企业行为，从而签订一些无效合同或虚假合同。不可否认，依靠个人的关系而促成交易的情况也很常见，但是其中隐藏的风险不能被忽略。与这类客商展开谈判，更要注意相关信息的真实性，不可为了眼前的利益而将交易的结果寄希望于个人，一旦受骗，悔之晚矣。

第八，骗子客商。骗子客商的绝大部分信息都是虚假的，其谈判目的就在于诈骗经济利益。随着国际市场的日益繁荣，骗子的手段与花样也是层出不穷，导致防骗的难度也随之增加。为此，谈判者必须保持清醒的头脑和敏锐的眼光，既要善于分辨各类信息的真伪，也要掌握多渠道收集与对比信息的能力，从而能够及时识破骗子的真实面目。

总之，谈判人员要克服唯利是图、急功近利、投机取巧、不劳而获等心理，不给骗子可乘之机。

### 3. 谈判对手的实力

确定和评估谈判对手的实力可以从四个方面着手。

第一，审核谈判对手的谈判资格。一般而言，国际商务谈判的参与方需要具有独立的法人资格。构成法人的条件包括四项：一是依法成立；二是拥有独立的财产；三是具备明确的名称、组织和场所；四是能够独立承担民事责任。为此，相关信息可以通过查询对方的工商营业执照、从业资格证明、政府认证与评奖等材料来获得。

第二，审查谈判对手的资信状况。所谓资信，是指民事主体在从事民事活动过程中所得到的社会性综合评价。这一评价由财富数量、经济效益、履约能力和商业信誉等因素决定，集中反映为商业机构在社会交往和经济交易中的信用状况。谈判者既需要收集谈判对手的注册资本、收支状况、产销水平、资产负债及品牌价值等"显性"指标，还要留意谈判对手的经营历史、习惯作风、第三方评价等"隐性"指标，尤其要关注谈判对手曾经的失败案例或负面新闻，从而更加准确地把握其实力。另外，谈判者可以借助"6C"分析法来评估与对手合作的信用风险，具体而言，"6C"分别是品德（character）、能力（capacity）、资本（capital）、抵押品（collateral）、经营环境（condition）及事业的连续性（continuity）六项要素的英文单词首字母。这些内容能够较为全面地评估客商的信用。

第三，评估谈判对手的交易能力。谈判者还需要调查对手的支付能力，重点考察对手有无银行借贷、资产抵押或第三方担保等情况。一旦发现对手属于"皮包公司"，就要慎重对待赊销、预付款、定金、保证金等交易条款。

第四，确定谈判对手人员的权限。谈判者需要首先确定对方人员有无决定权，如果对方"事事要请示，件件难拍板"，那么谈判也将失去绝大部分意义。谈判者可以通过了解对方人员的职称级别来判断其权限，级别越高，往往权限越大。

总之，摸清对手的谈判实力既可以避免盲目自大、轻敌冒进，也可以防范妄自菲薄、自叹不如。

### 4. 谈判对手的安排

了解对手在国际商务谈判期间的各项事务性安排，有助于谈判者在行动上获得更大的主动权和自由度。当作为主场谈判的主方时，谈判者需要主动联系对手并询问其行程安排和食宿要求，在与对方接洽的过程中可以掌握各种有价值的信息与情报；当作为客场谈判的客方时，谈判者又需要同谈判的组织者共同协商会谈流程及关键环节等内容，从而能够提前掌握谈判安排并及时调整和优化己方的策略。实践表明，谈判安排中一些不起眼的细节，往往能过透露有关对手的重要信息。例如，对方的谈判期限就是一项重要的情报。谈判时间的就是与否是影响谈判成败的重要因素。谈判者的时间越充分，其谈判实力也越强大，不仅能够施展更为丰富的谈判策略，还能在遭遇僵局时表现出更大的忍耐力和周旋空间。反之，谈判者的时间越紧张，其谈判实力就越弱小，特别是当面对压力时，要么选择放弃谈判，要么会因急于成交而向对手大幅度让步。因此，对手结束谈判的时间就成了一项重要情报。在工作中，谈判对手有时会以预订返程飞机票的名义询问我方人员的回国时间，其实，这就是打探谈判期限的一种最常用方法。另外，通过了解对方人员的食宿安排，也可以了解相关人员的生活习惯、作息时间及性格爱好等，稍加利用就可以成为改善谈判策略效果的"润滑剂"。

总之，谈判者既要善于从对手的安排中找到突破口，也要善于利用巧妙的安排来隐藏自身的真实意图。

### （三）与谈判者自身有关的信息

古人云，"知人者智，自知者明"。谈判者既要了解对手，更要认清自己。只有正确把握了自身在国际商务谈判中的优势与劣势、准确认识了谈判双方的地位与关系，才能确保谈判的目标符合实际、谈判的策略切实可行。具体而言，谈判者需要掌握的自身信息主要有以下几项。

1. 自身的谈判实力

谈判者应当清晰把握自身的整体谈判实力，并详细分解谈判实力的来源与构成，进而明确其中的强项与弱项。需要重点把握的信息主要有三类。第一，经济信息。主要包括产品明细、技术水平、营销现状、财务状况、有形资产及无形资产等。第二，市场信息。主要包括市场份额、营销手段、客户类型、客户满意度与忠诚度等。第三，竞争力信息。主要包括核心资源、核心能力、品牌信誉、关系网络及竞争优势等。

2. 真实的谈判意图

谈判者应当明确自身的谈判意图。整个意图既包含总体谈判目标，也包括可分解的各项交易条件。谈判者需要将各个分项目标按照轻重缓急进行排序，明确哪些是必须寸步不让的主要目标，哪些是可以妥协退让的次要目标。例如，在国际贸易合同中，品名、品质、数量、包装、运输、价格及收付款等条款就是关键条款，而保险、商检、索赔、不可抗力及仲裁等条款就是辅助条款。换言之，谈判者并不需要在每一项条款上占优，而是在明确自身优势与劣势的基础上争取最大程度的总体胜利。

3. 参与的谈判人员

谈判者要对己方的谈判人员十分熟悉，并从团队整体和人员个体两个方面来认识自我。在团队方面，需要掌握的信息包括了整体的人员结构、分工情况、配合情况、凝聚力与士气等。在个体方面，需要掌握的信息包括了每一名人员的知识结构、心理素质、工作经验、性格特点及办事风格等。同时，要注意在谈判中发现和培养谈判人才，特别是对于具有潜力的优质人才更要"不拘一格"。

4. 可行的谈判策略

在正式谈判之前，谈判者还要再次检查预设谈判目标与方案的科学性与可行性。由于国际市场行情常常是瞬息万变，谈判者有必要对谈判中可能会涉及的资金储备、运输渠道、供货来源、担保机构等信息进行最后的核查，以便保证谈判过程能够基本顺利。同时，谈判者还应对各项谈判策略进行模拟，结合最新收集的各类信息评估各项策略的实施过程与实施效果，并再次检查备用策略。

**5. 客观的自我评价**

自我评价是基于整个信息收集工作的最后一步。谈判者可以针对自身的谈判处境进行一次 SWOT 分析，从而详细掌握自身在谈判博弈中的优势（strengths）、劣势（weaknesses）、机会（opportunities）和威胁（threats）。通过对各类信息的整理和分析，谈判者能够更加清晰地掌握谈判格局，从而扬长避短、化危为机地做好各项谈判准备。

## 第二节　国际商务谈判的方案准备

### 一、谈判目标和对象的确定

#### （一）谈判主题

谈判主题是整场谈判的核心内容和基本目的，谈判人员的一切行动都要围绕谈判主题进行。一般可以从三个方面来把握谈判主题的内涵。

首先，谈判主题阐明了谈判的意图。谈判主题一定要明确具体，并能够清晰回答谈判者"为了什么"和"要做什么"两个关键问题。为方便理解与贯彻，谈判团队可以将本次谈判的主题简明扼要地概括为一句话。例如，"与某公司达成合作共识""与某企业签订某种贸易合同""妥善处理有关某种问题的纠纷"等。而有关谈判过程中的可以讨价还价的具体问题，一般不属于谈判主题的范畴。

其次，谈判主题指明了谈判的方向。在工作中，主题必须具有一定高度，其内容要能体现谈判者的战略和期望。谈判人员需要明白，合作与共赢始终是不言而喻的谈判主题，围绕具体交易的一切策略与博弈都不能违背这些内容。实践中，谈判主题应当体现一定的战略意义。例如，"谋求与某供应商的长期合作""与某集团签订战略协议""不惜让步也要打开海外市场"等。

最后，谈判主题反映了谈判的层次。谈判主题可以不止一个，但最好要有先后主次。习惯上，只有一个主题的谈判被称为单一型谈判，而拥有多个主题的谈判被称为统筹型谈判。前者的冲突性较强，而后者的策略性更大。例如，当一场谈判具有占有市场和赚取利润两个主题时，谈判者就可以先占市场而后图利润，或者以牺牲短期利润来换取长期市场，从而体现一定的策略性。总之，谈判主题是谈判方案的总目标和总基调，是策略准备环节需要明确的第一个关键问题。

#### （二）谈判目标

谈判目标（negotiation objectives）是指需要通过谈判达成的各种具体目标，包括了谈判者尚未满足的需要、准备解决的问题以及正在争取的机会等。一般而言，按照交易磋商的内容和立场不同，谈判目标也各有侧重。例如，买方的目标是较低的进口价格、较早的交货日期、较好的运输保险服务以及较为灵活的付款方式，而卖方的目标则恰恰相反。因此，在国际商务谈判中，各方既要合理设定自己的目标，也要适当考虑对方的目标，若能使各方的目标趋于一致，则更有助于形成为各方所接受的共同目标。实践中，谈判目标能否达成，取决于各方在讨价还价过程中的最终博弈结果。谈判者应当分层次设定谈判目标，从而保证在策略上的"进可以攻，据可以守"。

1. 最优目标

最优目标也被称为期望目标、理想目标，是指谈判者预想的能够实现的最高目标。一方面，最优目标是谈判当事方主观设想的"最好情况"。达成这一目标往往需要十分苛刻的条件，通常也只有当谈判者"势如破竹""大获全胜"之时才能实现。另一方面，最优目标很可能是谈判对方的"最差结果"。特别是在竞争性或零和博弈谈判中，一方的完全占优就意味着另一方的彻底失败，而在实践中并没有人会轻易放弃自己的利益。可以说，最优目标是一种只存在于理论层面的、可望而不可即的、单方面的理想结果。

尽管实现最优目标的可能性很低，但是制定最优目标却有着重要的意义。

第一，最优目标能够增加谈判者的筹码。在日常的商业交易中存在这样一种现象，卖方喊价要高，而买方还价要狠。这种谈判策略既能试探对手的底线，也能为自己赢得更大的让步空间。一旦成交，这类人为制造的价格落差就会给对方一种胜利的感觉，其实己方并没有遭受什么损失。

第二，最优目标能够鼓舞谈判团队的士气。较高的目标不仅能够体现谈判者的实力与信心，更能展现谈判人员迎难而上、百折不回的奋进精神。团队成员在把困难看作挑战的同时，也更能够团结一致、协调配合。

第三，最优目标能够扰乱谈判对手的思路。实践中，谈判对手并不清楚我方提出的要求是最优目标还是最低目标，只能根据得到的条件展开分析。当我方的要求高于实际情况时，对方更容易因措手不及而误判我方的意图，无形之中又会增加我方的谈判实力。另外，古语有云，"取法乎上，仅得乎中"。做事的起点很高，但结果往往只是中等，故而商务谈判必须要高标准、严要求，才能真正有所收获。

2. 实际目标

实际目标也被称为实际需求目标，是指谈判者根据自身商业计划的合理安排与生产经营的实际条件，经过客观评估与科学核算后所得出的可行目标。一方面，实际目标具有很大的可行性。对于这一目标的制定是务实的，在排除外部因素干扰的前提下，谈判者完全可以通过已经掌握的资源与能力来实现这一目标。另一方面，达成实际目标也是一种很好的结果。实际目标虽然不及最优目标理想，但是也是对谈判者实际需求的最大满足。换言之，实际目标充分反映了谈判者的全部具体期望，例如合理的价格、满意的品质、周到的运输、便捷的支付等，即使在其他方面有所让步或交换，但是谈判的结果仍然是令人满意的。可以说，实际目标是谈判者动一动脑、努一努力就能实现的次优结果。

为了正确理解和把握实际目标，谈判者需要注意几个问题。

第一，实际目标是谈判各方的商业秘密。谈判者不应主动公开己方的实际需求，否则不仅容易失去回旋的余地，更有可能因过早暴露己方的谈判意图而陷入被动。实践中，精明的商人会在达成实际目标时表现得半推半就、扭扭捏捏，似乎不怎么心甘情愿，实际上却在暗暗窃喜、心满意足。

第二，实际目标与谈判僵局存在关联。当讨价还价的条件低于实际目标时，谈判僵局开始出现。能否放弃实际目标，则取决于谈判对手让步与否，以及谈判者对博弈形势的重新考量，因而大多数谈判者都会将实际目标作为自己的"第一道防线"。

第三，实际目标影响着谈判各方的经济利益。在最终签订的合同中，成交价格、交易数量、交货时间与地点、付款时间与方式等就涉及成本、利润、税收、费用等内容，谈判者必须重视这些实际目标的达成度。例如，假设我方在合资建厂谈判中的实际目标是占股50%以上，但实际结果只有40%，则我方将失去控股权，相应的经济利益和管理能力也会大打折扣。当然，实际目标也不是不可以让步的，只要结果符合整体战略和主要意图，谈判者也可以"点到为止""见好就收"。

3. 可接受目标

可接受目标也被称为可交易目标、可讨论目标，是指谈判者可以容忍的全部可能出现的谈判结果。一方面，可接受目标是一个明确的区间范围。对于务实的谈判者而言，达成的交易条件有优有劣，只要整体结果有利可图或利大于弊，就都属于可接受的范围。于是，可接受目标必须体现一定的弹性，即随着谈判博弈的变化，相应目标始终处于上下浮动的可控可调状态。另一方面，达成可接受目标也是谈判成功的表现。在实践中，谈判结果很少会有"一边倒"的独占情况，更常见的是利益均沾、各显优势的分享结局。因此，让步与互惠总会成为促成一致的最终手段，而各方真正能够实现的还是带有"折扣"的可接受目标。古人云，"聚少成多，积小致巨"。其实，目标无所谓大小，只要能够实现，就可以接受，就能够积小胜为大胜。

关于可接受目标，谈判者需要注意三个问题。

第一，制定可接受目标时要注意坚持原则。在磋商过程中，讨价还价的实质就是围绕各方可接受目标的反复试探，谁能坚持到最后，谁就会取得胜利。为了守住可接受目标这项"第二道防线"，谈判者必须掌握正确合理的让步策略和具备不可动摇的底线思维。

第二，同意可接受目标时要注意讲究策略。由于可接受目标是一个变量，这就要求谈判者的每一次让步都应体现一定的作用或意义。通过降低要求，要么化解了僵局，要么改善了关系，要么促进了合作。切忌随意妥协，并让对方在轻易得手之后更加得寸进尺、变本加厉。

第三，达成可接受目标后要注意反馈。在谈判团队内部，对谈判结果进行及时的分析十分必要，小结博弈中的"得"与"失"将有助于在下一回合中调整策略。对于谈判对手，谈判者可以公开表达让步的诚意，这样既可以改善谈判氛围，也可以通过"示弱"与"吃亏"的方式来换取对方的理解。总之，如何在可接受的范围内达成最佳目标，考验着谈判者的智慧与能力。

4. 最低目标

最低目标也被称为底线目标，是指谈判者在整场谈判活动中必须达到的起码目标。一方面，最低目标关系着谈判的成败。如果谈判对手开出的条件低于己方的最低目标，则不可能达成交易，谈判也会破裂。例如，水运承运人向托运人提出的装运期晚于信用证的最后时间，则托运人不会与之进一步谈判，只能另选航空承运人。另一方面，最低目标没有任何商量的余地。对于谈判各方而言，最低目标是不可改变的"死命令"，宁可放弃谈判，也绝不会有所妥协。从另一个角度讲，最低目标也是各方进行谈判的起点和前提，只有当谈判结果高于这一最低值时才可以盈利，反之只能亏损。例如，当进口商提出的交易价格低于产品的生产成本时，出口商只能终止谈判。可以说，最低目标是谈判者退无可退的"最后一道防线"。

在国际商务谈判中，谈判者应当正确理解最低目标的作用与价值。

第一，最低目标绝对不能被对方所知晓。相比于其他层次的谈判目标，最低目标的保密性要求最高。这一信息如果被对手掌握，谈判者必将陷入极其严重的困境当中。随着"底牌"的暴露，谈判者对于其他任何层次目标的争取都将成为一种不切实际的幻想。

第二，最低目标与最优目标构成了一套完整的体系。按照谈判目标的高低，分别形成了最优目标、实际目标、可接受目标和最低目标四个层次，谈判的最终结果也必然介于最优目标和最低目标之间。而谈判人员的工作就是要使最终的结果尽可能接近最优目标和远离最低目标。

第三，最低目标可以被应用为谈判策略。对于真正的最低目标，谈判人员必须守口如瓶；对于迷惑性的最低目标，谈判人员则可以巧妙地向对手透露。在实践中，谈判者常常会将可接受目标伪装成"最低目标"，以期最大限度地迟滞对方的进攻。一旦成交则获利不少，即使最终守不住，也还留有周旋的空间。总之，谈判者一定要坚守己方的最低目标，并善于判断和分析对方的最低目标。

综上所述，在制定谈判方案的过程中，谈判者应当分层次确定谈判目标（见图 3-1），并注意根据谈判的性质、领域、对象及环境等做出差异化的设定与调整。

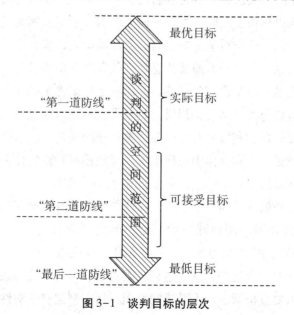

图 3-1　谈判目标的层次

## （三）谈判对象

随着谈判主题和目标的确定，谈判者需要进一步确定和分析谈判对象。除了已掌握的各种有关谈判对象的信息，谈判者还要结合对手的具体特征分类识别，从而为后续实施有针对性的策略做好准备。这里简单介绍两种识别谈判对象特征类型的基本方法。

1. "利益与关系"分类法

按照谈判对象对于利益与关系的重视程度不同，可以将其划分为原则型、消极型、关系型和利益型四种类型（见图 3-2）。

首先，原则型对象是一类既看重利益，又重视关系的谈判对手。一方面，他们具有务实的谈判作风，能够在谈判中坚持原则和讲求效益。为了追求自身利益的最大化，他们常常会表现出头脑清晰、目标明确、手段得力等行为特征。另一方面，他们又懂得合作关系的宝贵价值，能够在接触中增进信任和培养感情。为了实现持久稳定的战略合作，他们懂得换位思考与合理让步，并不会为了眼前的利益而斤斤计较。与原则型对象谈判，最好采用务实合作的基本思路。双方可在坦诚相待、充分沟通的基础上，向着互利双赢的谈判结果共同迈进。

其次，消极型对象是一类既不看重利益，也不关心关系的谈判对手。这类对象在谈判中表现得漫不经心、不以为意，似乎对于经济利益兴趣不大，对于合作共赢也情绪不高。然而，消极型对手并不是不堪一击的软弱者，反而更像是"油盐不进"的"硬骨头"，常常让其对手充满了挫败感。产生这类现象的原因主要有两点，一是谈判前的沟通不足。在没有掌握充分信息之前，对手一般不好过分热情或过多表现。二是对手故意为之。在策略上，以消极的态度开局常常可以达到以退为进、后发制人的效果。与消极型对象谈判，既要加强沟通与信任，也要配合诸如"激将法""诱导法"等策略。这样既可以化解隔阂和活跃氛围，又可以激发对方的积极性与主动性。

再次，关系型对象是一类十分注重与对方建立和维护良好的人际关系，而并不在意利益得失的谈判对手。一般而言，实力较弱的谈判者更有可能成为关系型对象。这类对象在谈判中往往表现得热情、友好，处处替他人着想、事事能周到安排。由于并不片面追求自身利益的最大化，这类对象更愿意为了合作而率先让步，也更懂得彼此关系的战略价值。与关系型对象谈判，一方面要注意顺应其发展关系和管理关系的主动性，另一方面可在策略上适当给予竞争性或危机感，即以一定的压力来扩大利益与深化合作。

最后，利益型对象与关系型对象相反，是一类特别在意利益得失，而不重视彼此关系的谈判对手。一般而言，利益型对象多为实力较强的谈判者。这类对象常常以自我为中心，在交易中锱铢必较，在合作中患得患失，并把输赢看得比什么都重要。在他们看来，关系只是商业活动的"副产品"，只要能够获利，即使与对手撕破脸面也在所不惜，因而常常利用自身的优势向对手施压，在谈判中表现得强硬霸道、盛气凌人。与利益型对象谈判，不宜采用"硬碰硬"的策略，而要注意避其锋芒、待机而动。例如，谈判者可以实施"戴高帽""拖刀计""主动示弱"等策略，待完全掌握其真实需求与主要弱点后，再有针对性地反击，从而达到以柔克刚、以弱胜强的谈判效果。

总之，谈判者需要分析对手的主要谈判意图，从而制定有针对性的谈判方案。

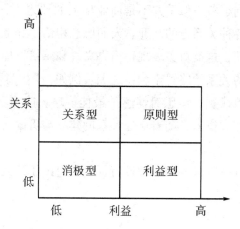

图 3-2 "利益与关系"分类法

2. "智商与情商"分类法

按照谈判对象在"智商"与"情商"方面的表现不同,可以将其划分为全能型、普通型、冷漠型和亲切型四种类型(见图 3-3)。这里的智商主要包含谈判团队的整体智力水平、能力大小、实力强弱和策略优劣等内容;这里的情商主要包括谈判团队在社会关系、人际沟通、心理素质、情感意识等方面的能力与特质。

首先,全能型对象是一类兼具高智商和高情商的谈判对手。在智商方面,这类对象知识广博、经验丰富、能力优秀。他们在逆境中能临危不惧,在顺境中不得意忘形,是一类强悍的对手。在情商方面,这类对象热情友好、包容开放、重情重义。他们善于人际沟通,并愿意在谈判之外发展私人间的信任与友谊,是很受欢迎的一类对手。与全能型对象谈判,具有较高的挑战性,与其持续对抗并非上策,谈判者可侧重于与之建立战略型合作。

其次,普通型对象是一类智商和情商都很一般的谈判对手。在智商方面,这类对象所表现出的谈判能力不高,比较重视技术层面的分析与讨论,而在大局或整体层面缺乏清晰的认识。在情商方面,这类对象也不太善于交往,常常在应当感性的时候表现出理性,又在应当理性的时候表现出感性,容易错过谈判中的关系类机会。与普通型对象谈判,战术考量要多于战略思维,要注意回应其主要关切,满足其迫切需求,并辅以适度的情感联系。可以说,谨言慎行、中规中矩是与这类对象打交道的主要原则。

再次,冷漠型对象是一类智商较高,但情商一般的谈判对手。在智商方面,这类对象表现得兢兢业业、一丝不苟,他们不会和对手有太多的废话与过场,通常会开门见山、直奔主题,并有不达目的誓不罢休的态势。在情商方面,这类对象理性且冷漠,会将一切情感与信任因素都视为特殊的盈利手段,常常表现为不讲情面的"铁石心肠",很少真正在意对手的感受。与冷漠型对象谈判,一方面要抓住其在谈判中的短板或劣势,从而避其锋芒、挫其锐气;另一方面要深挖其情感需求,并以"动之以情、晓之以理"的方式唤起对方的恻隐之心、同情之感。总之,让冷漠的人变得温暖是与这类对象磋商的一种思路。

最后,亲切型对象是一类情商较高,但智商一般的谈判对手。在智商方面,这类对象表现得大大咧咧、不拘小节，似乎并不是商业场上的"老手""专家"。外表忠厚老实的他们，似乎也很受各种关系方的欢迎。人们愿意相信，和他们打交道是无论如何也不会吃亏的。在情商方面，这类对象表现得很讲义气和感情，他们会为了对手的利益而不断让步，并将彼此间的关系始终置于利益之上。例如，"生意不成仁义在"就是他们的口头禅。与亲切型对象谈判，情感对情感是最佳策略。谈判者需要保持一定的耐心，并敢于在情感关系方面加大投入，随着信任关系的建立与巩固，整个谈判进程也将变得顺利起来。

总之，通过分析谈判者的理性与非理性特征，将有助于谈判方案的进一步完善。

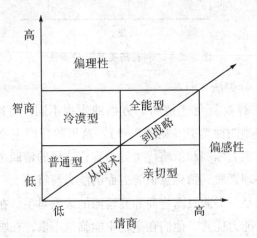

图 3-3 "智商与情商"分类法

## 二、谈判方案的制定和完善

常言道，"凡事预则立，不预则废"。没有充分的准备和计划，很难取得期望的结果。谈判方案是谈判者在正式进入商务谈判之前，根据谈判主题和各类信息所制定的一套周密可行的谈判计划。作为谈判人员的行动纲领和操作指南，谈判方案对谈判目标、谈判议程、谈判保障和谈判策略等做出了详细安排，并为可能发生的变化准备了预案或补救措施。而拟定一份优秀的谈判方案，将对谈判的过程与结果产生积极的影响。正所谓，"良好的开端，是成功的一半"。

### （一）谈判方案的基本要求

在实际工作中，书面的谈判方案最为常见。谈判人员可以采用手册、文件、提纲、备忘录等多种形式，内容与字数则需要根据谈判的具体情况进行安排。总结起来，一份合格的谈判方案需要满足以下几项基本要求。

1. 思路清晰，容易理解

首先，谈判方案在结构与内容上应当体现明确的目标与方向。例如，需要达成的目标有哪几项，相互之间是什么层次关系，重要性、紧迫性及难易程度等要清清楚楚、一目了然。

其次，谈判方案的语言文字应当简明扼要、通俗易懂。对于谈判境况的描述要通俗直白，无须回避与掩饰。例如，要写明在什么样的情况下该用什么样的策略，从而使谈判人员能够迅速把握要点、领会意图。

最后，谈判方案应当便于记忆和掌握。由于谈判人员不大可能在激烈的磋商环节随时翻阅手册，因而能否记住方案的内容就显得十分必要。实践中，方案的要点可以被编成口诀，例如，合同的内容就可以被概括为"货、证、运、款、赔"，从而达到方便记忆的效果。可以说，的确有必要准备一份思路清晰、方向明确、简单明了、并让人印象深刻的谈判方案。

2. 内容具体，便于操作

一方面，谈判方案的内容应当较为具体。国际商务谈判毕竟是一项具体而烦琐的实务性工作。如果是国际贸易类谈判，方案中应当体现具体的商品类别、价格区间、交易时间、结算方式等意向；如果是国际投资类谈判，方案中应当涉及投资项目、大致金额、可接受比例等意见；如果是劳务合作类谈判，方案中则应当写明劳动力情况、工资水平、保险福利等条件。切忌编写长篇累牍、泛泛而谈的无效方案或形式大于内容的空洞方案。

另一方面，谈判方案应当具有较好的可行性和可操作性。实际上，方案的价值就在于其良好的指导性，计划与行动也总是一前一后、相辅相成的。依托一份好的谈判方案，谈判人员能够将更多精力投入具体的磋商环节，即使出现突发状况也能从方案中得到提示或指引。可见，一份合格的谈判方案必须是能够指导谈判人员解决实际问题的有用资料。

3. 考虑周全，灵活应变

一方面，谈判方案的制定过程必须严谨科学。谈判者既不能凭空想象谈判的目标与过程，也不能只做一套方案而在不同谈判中重复使用。成熟的谈判方案必须以充分的信息资料准备为基础，且需要根据谈判的具体情况进行有针对性的拟定或调整。一份好的方案看似简短，却考虑全面，能够反映来自环境、对手和自身的大部分主要特征。例如，正确的谈判目标应该主次分明、有舍有得，并不会出现全线出击、贪大求全等不切实际的要求。

另一方面，谈判方案的执行应当具有一定的灵活性。常言道，"计划没有变化快"。在制定谈判方案时，还应考虑后续的变化与调整因素，以便谈判人员能够在不违背原则与目标的情况下随机应变。例如，谈判方案中的某些策略可以分为上、中、下三策，以便谈判人员分情况执行；对于诸如成交价格、交割时间、折扣佣金、样品赠品等具体条件预留一定的上下浮动空间；对于一些容易发生风险的工作环节或意外事件，如付款期限、交货地点、进出口手续、运输延迟、不可抗力事件等也可在方案中备下预案。总之，谈判方案应当满足后续接触、磋商、签约及履约等环节的工作需要，并在具体内容上体现一定的弹性。

（二）谈判方案的主要内容

1. 阐明谈判目标

明确谈判目标是拟定谈判方案的首要任务。

第一，谈判方案要将谈判目标同谈判策略相结合。按照前文所述，谈判目标应当包括最优目标、实际目标、可接受目标及最低目标四个层次，谈判者应当针对各类目标制定分阶段、分层次、分步骤的策略方案。

第二，谈判方案要把谈判目标与谈判纪律相结合。谈判人员在理解谈判目标之后，对内要牢记在心，对外要守口如瓶。在文字表述上，谈判方案应体现对谈判纪律的强调，重点提醒谈判人员不得随意泄露己方的真实目标和最后底线。

第三，谈判方案还要将谈判目标同实际需要相结合。当谈判的内外情况发生变化时，谈判方案要能阐明谈判目标的修正机制。例如，方案应明确，在什么情况下可以授权谈判团队自行调整谈判目标，在什么情况下又需要谈判团队向公司总部请示调整谈判目标。

总之，谈判目标是整个方案的中心点，后续计划与安排都要围绕这一主题展开。

2. 规定谈判期限

谈判期限一般是指从谈判正式开始到签约结束的起止时间。在目标任务一定的情况下，时间长短的实质是工作效率问题，因而如何合理预计谈判期限就成了拟定谈判方案的一项重要任务。

一方面，确定谈判期限应当结合国际商务的实务性特征。在大多数情况下，国际商务谈判的结果是围绕某项交易签订一份合同，而任何交易都涉及时效性问题。例如，在国际贸易谈判中，商品的进出口行情分为淡季和旺季，相应的价格相差悬殊，若谈判过程久拖不决，则必遭损失。类似的，凡是属于季节性商品、节日性商品或生鲜类商品等，谈判和交易的时间都是不可忽略的重要因素。除了商品层面的时间性要求，在谈判过程中达成的信用证的有效期限、贸易术语的装运期限、发盘还盘的有效期限、汇票本票的承兑期限、保险的期限等也会影响谈判的结束时间。

另一方面，确定谈判期限应当保留一定的弹性。谈判者应当在预计谈判期限时适当考虑意外情况，为谈判人员预留一部分机动时间。即使未能按原计划签约，谈判人员也还有争取或挽回的机会，不至于前功尽弃、功败垂成。当然，除"马拉松式"谈判等特殊情况外，常规谈判的期限也不宜太长，毕竟国际商务谈判的成本相对较高，厉行节约也是必要的。总之，制定谈判期限的目的并不是为了限制谈判人员的行动，而是要让谈判人员把握进度和提高效率。

值得注意的是，谈判各方的谈判期限均是重要的商业情报，谈判人员应当高度重视并善加利用。其一，谈判期限具有一定的保密性。在实践中，针对对方的谈判期限，各方会千方百计地探寻；针对己方的谈判期限，各方又会想方设法地隐藏。其二，谈判期限具有一定的利用价值。在谈判中，一旦得知了对方的谈判期限，谈判者就可以加以利用并向对方施压。显然，当对方的时间紧迫时，就很容易为了尽快签约而做出让步。其三，谈判期限也可被用作一种策略。有时候，谈判者会故意向对手提供虚假的谈判期限信息，从而达到掩盖自身弱点或干扰对方行动的策略性效果。比如，在时间充裕时表现得慌慌张张，而在时间紧迫时表现得镇定自若。优秀的谈判者懂得，即使已到最后期限，也要处变不惊、履险如夷，交易很可能就在最后一刻成交。可以说，制定和把握好谈判期限，将对正式谈判产生积极的作用。

### 3. 拟定谈判议程

谈判议程是指整场商务谈判的议题与程序，体现了谈判者对具体谈判内容的组织与策划。一般而言，国际商务谈判议程的要点包括了基本议题、原则框架、协商顺序及时间分布四项内容。

首先，基本议题是指谈判方为谈判准备的待议之题，并可能成为各方博弈的焦点问题。谈判人员需要将各类目标或话题进行罗列、筛选、整理和分类，并将其中与双方关系最为紧密的问题纳入议题，以便在谈判过程中展开有针对性的讨论。例如，价格问题、质量问题、运输问题等就是国际贸易谈判的基本议题，进出口双方常常会围绕这些问题展开针锋相对的谈判博弈。

其次，原则框架是指谈判方为整个磋商环节定下的总体基调，包括了各种底线与原则，以及处理僵局的思路、维护谈判氛围的态度、保持战略关系的要求等。谈判议程并不是一成不变的严格规定，在一定的原则框架下，也是可以灵活变通、适时调整的。例如，为了体现互利双赢这一国际商务谈判的基本原则，可以在议程中规定，部分交易条件优先考虑对方的利益诉求。

再次，协商顺序是指各个谈判议题的磋商流程或先后顺序。习惯上，协商顺序可以按照逻辑性、层次性和程序性进行安排。例如，在货物贸易谈判中，国际运输议题在前，海运保险议题在后；在加工贸易谈判中，零部件进口议题在前，制成品返销出口议题在后。谈判者也可以将若干个类似议题进行捆绑谈判。例如，先谈与交货有关的议题，再谈与付款有关的议题。另外，谈判者还可以按照先易后难、先难后易或难易交替的顺序安排议程。当己方实力较强时，可以选择先难后易的顺序，这样有助于展现谈判优势，并迅速占据谈判主动；当己方实力较弱时，则适宜选择先易后难的顺序，这样有助于营造良好的谈判氛围，并增加一定的自信心。

最后，时间分布是指每个议题在整场谈判用时中所占的比例。谈判者应合理分配议题时间，尽量做到关键议题不仓促，普通议题不拖沓。在实践中，对于不利于己方的议题，应当尽量控制时间。这样既可以避免不必要的争论，也可以防止因暴露弱点而陷入被动。对于有利于己方的议题，则可以适当放宽时间。这样既有利于扩大谈判成果，也可以为彼此的深入交流创造条件。时间安排也不宜过分紧张。可以在议程当中留出茶歇、休息、娱乐、场外沟通等活动的时间，从而让谈判进程张弛有度、劳逸结合。另外，切入不同议题的时机也很重要。谈判者要善于审时度势，在最为恰当的时间开启或结束某个话题。正所谓，"时则动，不时则静"。

在国际商务谈判中，谈判议程大多由主场谈判方拟定，但是客场谈判方也可主动提出相关议程，以便表达诚意和争取主动。在拟定谈判议程的过程中，谈判者还需要注意几点问题。

其一，议程的内容要充分结合实际。谈判者应当结合自身的优势与劣势，在议程中注意扬长避短、避虚就实。例如，当己方的资金有限，只能开出远期汇票时，就不能主动询问付款期限、票据种类等问题，而要直接阐明只能远期承兑付款这一观点。

其二，安排议程的过程也是谋划策略的过程。谈判者可以在设定议题顺序时，为后续的谈判策略埋下伏笔。例如，可以先行讨论若干不太关键的交易条件，并逐一让步，待到对方放松警惕、得意洋洋之时，再在关键交易条件上反戈一击，就很容易取得实质性的收获。恰似田忌赛马的典故。

其三，拟定谈判议程还应注意统筹兼顾和灵活机动。谈判者应当根据谈判人员的特征、谈判目标的难易、谈判环境的变化等因素做好安排，从而保障谈判议程的适用性和有效性。例如，当谈判团队精干老练时，谈判议程可以相对简洁，适当授予一线人员权限将更加有利于谈判。反之，则应在谈判议程中做好指导与说明。

其四，谈判议程可以分为公开议程和内部议程两种。公开议程也被称为通则议程，需要向谈判各方公开并得到共同认可。内部议程也被称为保密议程，是谈判一方内部使用、自行掌握的带有策略安排的议程。两种议程各有作用，前者重在体现合作，后者主要用于竞争。

### 4. 安排谈判人员

谈判方案应当包括对谈判团队的组织与安排。团队由若干具体人员组成，应根据各个人员的专业背景、技能特长、工作经验、性格特点及办事风格等进行合理搭配，从而既保证团队整体的协调性，又发扬团队成员的创新性。

由于本章第三节会详细阐述人员准备的相关工作，这里就不再展开。总之，谈判工作的实质是人际工作，如何用人将是计划层面的一件要务。

### 5. 选择谈判地点

在谈判方案中，谈判者应当对谈判的举办地点进行安排。谈判地点又包括了地理大环境和场所小环境两项内容。

首先，方案要明确谈判在哪里举行。国际商务谈判的举办地点可以分为三种，分别是己方所在的本国、对方所在的外国、双方约定的第三国。本国谈判有地利之便，外国谈判需客随主便，第三国谈判则要随机应变。可以说，谈判地点的选择直接影响着谈判的成败。同时，具体举办地是哪个城市或港口也很关键，相关的地理位置、气候条件、人文风俗等会间接影响谈判人员的身心状态，对谈判所需的时间、手续及费用等也有一定影响。

其次，方案要对谈判场所及其布置有所安排。正式的商务谈判场所一般可以安排在公司、工厂、酒店等的会议室，会议室的布置应当遵守国际商务的礼仪与规则。具体而言，会议室的大小应根据参会人数进行选择；会议室的环境应满足安静、整洁、明亮、方便等条件；会议桌的形状应根据会谈主题有所区别；茶歇区或休息区的布置应当温馨、舒适，并伴有恰当的背景音乐；会议期间的饮食与住宿等后勤服务也应妥善安排。

最后，方案要确定针对会议桌的形制。这里介绍几种主要类型。第一，方形会议桌。谈判人员面对面就座，人员位置排序严谨。优点是形式正式、庄重严肃；缺点是主宾之间距离感明显，谈判氛围不容易活跃。第二，圆形会议桌。谈判人员围桌而坐，一般不分主次，可以交叉。优点是氛围和谐，利于沟通；缺点是人员关系不够明显，当场决策不太方便。第三，不设桌会议。谈判人员随意落座，在轻松愉快的氛围中协商与沟通。优点是关系友好、行动自由；缺点是话题随意，效率不高，一般多见于非正式谈判或临时性谈判。实践中，对于诸如谈判场所这类细节性事务的安排往往最能体现一份谈判方案的优劣。

### 三、把握国际商务谈判的底线条件

在拟定国际商务谈判方案的过程中，谈判者需要重点掌握几项关键性的交易条件，如国际市场价格的真实情况、国际货款收付的资金安全、后续履行合同的违约风险等。对待这些议题，谈判人员必须具有底线思维和危机意识。绝不能因为在这些议题上无故让步，而有损国家和企业的利益。

#### （一）掌握国际市场价格

价格水平是国际商务谈判的核心议题，谈判双方会围绕成交价格展开激烈磋商，并充分体现各自在讨价还价过程中的实力与策略。一般而言，影响价格的主要因素有以下几项。谈判者应综合考虑价格构成，合理掌握价格底线。

1. 商品质量

商品质量是决定其价格的基础因素。内在质量包括规格、等级、成分及性能等；外在质量则包括款式、品牌、包装及服务等。俗话说，"一分钱，一分货"。质量反映了成本，也直接决定着价格。

2. 成交数量

商品的成交数量会直接影响合同总价。按照国际惯例，成交数量越大，商品的单价越便宜。其中，既有大宗交易中的折扣、减价等价格优惠因素，也有规模优势下的集中运输、合并保险等低成本因素。

3. 运输条件

运输对于价格的影响主要体现在运输方式、运输距离和交货地点三个方面。在运输方式方面，航空运输价格最高，铁路和公路的运输价格次之，而海运价格最低。在运输距离方面，距离越远，相应的运费、保险费、中间环节费等也越高。在交货地点方面，目的地交货的价格通常比起运地交货的价格更高。例如，同一笔贸易，由低到高的报价分别是 E 组、F 组、C 组和 D 组的贸易术语。

4. 外汇汇率

国际商务不可避免地会使用外汇，而外汇的汇率始终处于波动之中。由于外汇的升值与贬值会直接影响涉外企业的利润，因而在谈判价格时必须预防汇率风险。例如，当用于国际贸易支付的货币趋于贬值时，报价应当偏高；而当用于国际贸易支付的货币趋于升值时，则可适当降低报价。

5. 购销意图

企业的购销意图也能影响价格的高低。当市场销售供大于求、商品库存积压滞销时，出口企业就必须降低报价，以求薄利多销、回笼资金；当市场销售供不应求、求购订单源源不断时，出口企业就应当提高报价，以便随行就市、扩大利润。如果再结合淡季与旺季，报价也会有所区别。

总之，谈判者应当制定完善的价格谈判策略，特别是对底线价格的把握要合情合理。与价格条件相类似，国际商务谈判中的其他条款也应合理设定最低条件，从而保障企业能够正常履约和顺利获益。

### （二）保障国际货款收付

采用何种收付款方式亦是国际商务谈判中的焦点问题。以国际贸易为例，进口商需要付款，而出口商需要收款，但是做到"一手交钱、一手交货"又十分困难。于是，诸如汇票、本票及支票等结算票据，汇付、托收及信用证等支付方式，保函、保理及保险等保障措施，就成了谈判双方需要决策的具体选项。

首先，买方先付款还是卖方先发货。买方先付款的方式有定金、诚意金和预付款等；卖方先发货的方式有寄售、赊销等。显然，前者有利于卖方而不利于买方，后者则有利于买方而不利于卖方。大部分风险始终由一方承担。

其次，远期付款还是即期付款。用于国际支付的汇票分为即期汇票和远期汇票，托收方式可以分为付款交单和承兑交单，信用证也可以开立即期信用证和远期信用证。显然，即期付款可谓"吹糠见米"，而远期付款好似"夜长梦多"。当谈判者在只能选择远期方式时，必须充分考虑保障措施，避免遭受信用风险、汇率风险及利率风险等。

最后，具体选用哪种收付款方式。谈判者应当熟悉各类国际货款收付方式的利弊，并结合自身实际合理选用。一般而言，可以将不同收付款方式按照对出口商越来越有利、对进口商越来越不利的顺序排列，依次为未收款赊销、货到后付款、承兑交单、远期付款交单、即期付款交单、远期信用证、即期信用证、预付货款（见图3-4）。其中，信用证是进出口双方都比较接受的常用方式。

总之，国际商务谈判毕竟是带有盈利目标的商务活动，谈判者必须充分保障自身的资金安全，尤其在付款与收款环节要坚持原则、守住底线。在国际贸易实践中，因禁不住利益诱惑而上当受骗、钱货两亏的案例比比皆是，谈判者切勿抱有侥幸心理。

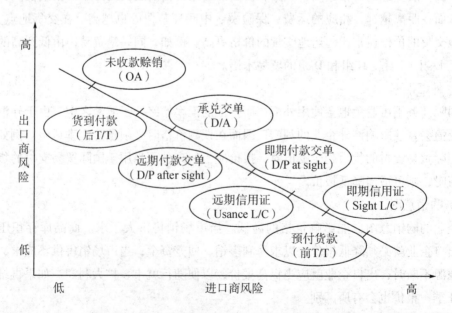

图3-4　各种收付款方式对进出口双方的利弊影响

### （三）规避国际交易风险

经过国际商务谈判，买卖双方完成了交易磋商与签订合同两个商务环节，接下来的工作就是如何履行合同并兑现各方在谈判中的承诺。然而，从谈判签约到实际履约，往往隐藏着违约的风险。为此，谈判者有必要在磋商环节就有所预防，在合同中正确约定违约金、定金、订金等条款，确保对方的后续行为不会违背谈判共识。这些措施也是基于合同角度对谈判各方利益的最后保障。

**1. 违约金**

违约金也被称为罚金，是一种在合同中规定的惩罚违约行为的经济措施。当国际商务中的一方当事人出现违约行为时，就需要向另一方当事人支付一定金额的货币，用以补偿损失。违约金条款能够约束合同当事人的行为，使其不敢轻易违约。

**2. 定金**

定金是一种在合同中约定的预先支付的货币金额。定金与违约金不同，其实质是一种双向约束的金钱担保。如果交纳定金的当事人违约，则定金不能退回；如果收取定金的当事人违约，则需双倍返还定金。

**3. 订金**

订金也被称为预付款或诚意金，是当事人为确定交易而提前支付的部分货款。订金与定金的区别在于前者只具有单方面的约束作用，即只能约束订金的交纳方，而不能约束订金的收取方。但是收取订金依然能够达到降低交易风险的作用。

**4. 保证金**

保证金是指买方或卖方在交易之前所交纳的一定金额货币，类似于一种用来保证履约的特殊押金。保证金制度多用于金融期货交易、证券交易及拍卖交易等，在国际贸易中也有一定应用。如若当事人违约，保证金将被没收并被用于履行承诺。另外，为保证交易，出口商可向进口商收取保证金，进口商也可向出口商收取反保证金。

总之，在国际商务谈判环节，谈判者要善于利用相关措施来规避潜在交易风险，从而保障预设的谈判方案及其目标能够得以顺利实现。

## 四、检验谈判方案：模拟谈判

### （一）模拟谈判的作用

模拟谈判（simulated negotiation）是指在正式进入国际商务谈判之前，谈判人员按照拟定的谈判方案和设想的谈判环境进行的一场"仿真演练"或"提前彩排"。面对谈判对手，团队人员会考虑其立场与观点，模仿其思维与风格，推演其策略与手段，从而提前做好在心理上和行动上的充分准备。

作为谈判准备工作的最后环节，模拟谈判具有重要的实际意义。

首先，督促谈判人员进入实战状态。全员参与的模拟谈判相当于一场"战前动员"，可以让全体谈判人员理解谈判方案、明确岗位职责、熟悉团队成员和认清谈判形势。可以说，从模拟谈判开始，紧张而有序、充实且忙碌的工作就正式拉开了帷幕。

其次，检验谈判方案的可行性。未经实践的谈判方案往往存在漏洞或错误，模拟谈判能够从应用角度发现和反馈方案中的问题，从而为修订和完善方案提供了思路。例如，一些谈判策略的实施过程，往往需要反复演练和不断调整才能达到理想的实际效果。

最后，充分预计谈判中的风险与困难。在实践中，模拟谈判的考虑因素要比实际谈判多得多，相应的复杂程度和困难程度也会更高。这样不仅能够进一步提升谈判方案的灵活性与适用性，而且能够锻炼谈判人员"迎难而上"并"化险为夷"的实际能力。经过一整套的全程模拟谈判，各个人员对谈判流程及其潜在的变数也更加了解。

总之，模拟谈判是开启正式谈判的必要环节，每一支谈判团队都应当认真对待。

### （二）模拟谈判的过程

**1. 提出假设**

模拟谈判的假设主要分为三类。

第一类，对环境条件的假设。主要内容包括谈判时间与过程、谈判地点与场所、国际市场行情、其他竞争者与合作者的情况等。

第二类，对谈判对手的假设。在人员团队方面，需要假设对手的人员组成、个性风格、优势与劣势等；在策略手段方面，需要假设对手的冒险程度、策略类型、目标底线及谈判筹码等；在谈判内容方面，需要假设对手对于品质、数量、价格及收付款等各项合同条款的磋商过程。

第三类，对己方的假设。谈判人员需要对己方的谈判实力、心理素质、优势与劣势等进行评估，并在目标、策略及态度上划定不可逾越的底线。这项假设将成为判定谈判成败的基本依据。

**2. 全程模拟**

模拟谈判的方式比较灵活，如全程模拟法、局部模拟法、实战模拟法、沙盘模拟法、会议模拟法及文字模拟法等。谈判团队可以根据自己的时间、精力及成本等做出合理选择。

以全程模拟法为例，可以将谈判团队分为两组，分别扮演己方与对方进行谈判。一方面，模拟己方应做到"按部就班"。扮演己方的人员需要严格按照拟定的谈判方案进行演练。具体内容包括开局的氛围如何营造、磋商环节的策略如何施展、签约环节的细节如何把握等。另一方面，模拟对方要注意"随机应变"。扮演对方的人员在不违背基本假设的前提下，应当尽量贴近实战地模拟对方。换言之，扮演的对手必须充满进攻性和挑战性，模拟的策略能够变化多端，从而充分反映己方的薄弱环节或短板劣势。谈判双方在针锋相对的模拟过程中，也就逐渐完善了谈判方案与相应策略。

**3. 总结改进**

结束模拟谈判之后，谈判团队需要对谈判过程与结果进行客观分析和评价总结。其中，发现问题、分析成因、提出对策是进一步完善谈判方案的基本思路。需要总结与改进的主要内容包括八项。第一，谈判目标的可行性；第二，谈判情报的完整性；第三，谈判策略的有效性；第四，谈判团队的协调性；第五，谈判僵局的可能性；第六，谈判让步的合理性；第七，谈判结果的达成度；第八，其他错误、遗漏及容易忽略的问题。

常言道，"宜未雨而绸缪，毋临渴而掘井"。严谨的模拟谈判将是提高正式谈判成功率的重要保障。

## 一、国际商务谈判人员的基本素质

人是一切经济管理活动的主体，人也是参与并完成国际商务谈判的核心要素。实践表明，国际商务谈判是人与人之间的博弈与较量，即使是同样一笔国际投资或贸易，选派不同的人员就很可能会谈出不同的结果。可见，确定谈判团队及其人员是一项及其重要的谈判准备工作。概括而言，一名合格的国际商务谈判人员应当具备丰富的知识、过硬的能力、健全的心理及良好的职业素养，这既是对国际商务从业人员的要求与挑战，也是为涉外企业如何选拔与培养谈判人才给出的参考标准。

### （一）国际商务谈判知识

一般认为，一名合格的国际商务谈判人员应当具有"米"字型的知识结构，即横向方面的知识要有宽度，纵向方面的知识要有深度，对交叉融合的知识还要会应用（见图 3-5）。

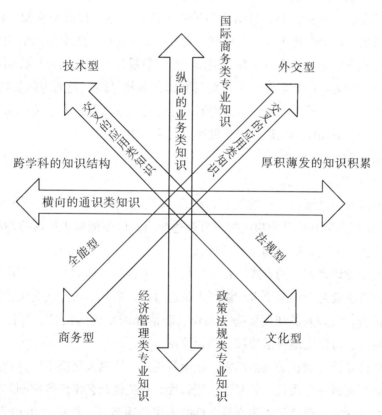

**图 3-5 国际商务谈判人员的"米"字型知识结构**

1. 横向的通识类知识

横向的知识主要是指能够触类旁通、闻一知十的通识类知识，主要包括两个方面的内容。一方面，跨学科的知识结构。谈判人员应当通晓经济学、管理学、社会学、心理学、法学、历史学、地理学、文化学、礼仪学及外国语等多种学科知识，虽不是相关领域的专家，但也能知其要点、懂其大略。另一方面，厚积薄发的知识积累。谈判人员的知识面应当尽可能广博，并注意对于各类知识的学习与了解。例如，熟知世界各地的风土人情、风俗习惯，了解世界各国的奇闻趣事、新闻旧事，关注世界市场的起伏波动、行情变化等。常言道，"书到用时方恨少"。只有不断积累与更新知识，才能满足在关键时刻的应用。

2. 纵向的业务类知识

纵向的知识主要是指能够满足国际商务谈判业务需要的专业类知识，主要包括三个方面的内容。第一，国际商务类专业知识。如国际贸易理论与实务、国际投资学、国际金融学、国际市场营销学及国际税收学等。第二，经济管理类专业知识。如世界经济形势、跨国公司管理、企业经济、客户关系管理及财务管理等。第三，政策法规类专业知识。如 WTO 规则、国内外的相关经济法、国际惯例、技术标准等。掌握纵向知识的意义在于提升谈判人员的专业性，使之能够在理论上具有深度，在应用上具有高度，进而能够时刻在谈判博弈中抓住重点、切中要害。

3. 交叉的应用类知识

交叉的知识主要是指能够根据实际情况具体应用的知识。在谈判过程中，知识的应用往往具有综合性，需要谈判人员结合多种知识辩证处理。按照交叉知识的侧重点不同，谈判人员也可被分为技术型、法规型、商务型、文化型、外交型和全能型等多种类型，分别擅长于不同主题的商务谈判。例如，技术贸易谈判需要结合科技知识与贸易知识，融资租赁谈判需要综合金融知识与贸易知识，即使是最普通的国际货物贸易谈判，也需要考虑市场偏好、管理习惯、语言沟通、运输地理、文化差异及礼仪禁忌等多种因素，谈判人员必须对相应知识做到融会贯通和灵活运用。

（二）国际商务谈判能力

1. 语言表达能力

国际商务谈判亦是语言交流的过程，语言文字是各方展开磋商与交流的主要"桥梁"。为此，谈判人员必须掌握相应的语言表达能力，以便能够正确传达与接收各类观点、意见、主张、判断、疑问和反馈等信息。

首先，要注意语言表达的方式。在谈判场上，语言的表达方式分为有声语言和无声语言两种。前者主要是指口头语言，谈判人员通过说、听、辩等方式交流信息。后者主要是指肢体语言，谈判人员利用姿态、动作、表情等因素传递信息。两种方式各有优劣，需要分场合、分情况地灵活切换、综合使用。

其次，要注意语言表达的基本原则。在谈判桌上，谈判人员决不能口若悬河、信口雌黄，说话做事要遵循客观性、针对性、逻辑性、规范性及艺术性等原则。例如，对于商品质量、交货时间、价格优惠等交易条件的表述必须客观，慎用"100%""纯天然""绝对保证"等不切实际的言辞；对于不便告知或难以回答的问题，语言措辞应当委婉得体，即使是断然拒绝也要巧妙和艺术，少用"无可奉告""严格保密"等刻板生硬的语言。

最后，要熟练掌握一门外语。国际商务谈判毕竟需要和境外人士打交道，对相应外语的听、说、读、写、译能力的要求较高。常用外语包括英语、俄语、日语、德语、法语、西班牙语、意大利语及葡萄牙语等，谈判人员需要具备至少一种外语的应用能力。

2. 社会交往能力

国际商务谈判人员需要具备较强的社会交往能力。所谓社会交往能力，即发现和处理社会关系的能力。由于谈判是人与人之间的社会性互动，因而符合新经济社会学中的社会网络理论。谈判人员正是在协调彼此关系的过程中，一步一步从分歧迈向了一致。具体而言，社会交往能力常常体现在三个方面。

首先，要善于协调各项社会关系。国际商务谈判包含了一系列经济与非经济关系，认知并管理这些关系将有助于实现短期的商业目标和长期的战略价值。例如，常见的关系方就包括了合作者、竞争者、政府机构、中介机构及社会公众等，双方谈判人员之间也可以形成私人间的社会关系。

其次，要熟练掌握人际沟通能力。沟通具有双向性，一是理解他人的表达，二是向他人表达而被理解。在沟通过程中，谈判人员还要注意讲感情和讲信用，也只有在社会关系中融入了情感与信任，彼此间的关系才能真正产生价值和发挥作用。例如，将谈判对手视为朋友并诚信对待，友情因素不仅能够改善谈判氛围，更能为彼此间的合作奠定基础。

最后，要充分熟知国际商务礼仪。良好的谈判礼仪不仅体现了谈判人员的道德行为规范，更表达了对其他谈判人员充分的尊重和友好。礼仪能力的高低也常常体现在细微之处，对于诸如握手、递接名片、自我介绍、着装与仪容等，相应礼仪可谓无处不在。稍有不慎，轻则有损颜面、闹出笑话，重则怠慢客商、陷入困境。

3. 分析思考能力

谈判人员应当具备独立思考与系统分析的能力。

首先，谈判博弈是双方的智慧较量，谁的分析能力更强，谁的竞争优势就越明显。所谓分析，即分解整体和按部分解析的意思。谈判人员要善于在头脑中厘清不同事物的逻辑关系，能够做到透过现象看到本质，从而在谈判进程中始终保持清醒的头脑和沉着的心态。例如，当谈判对手突然提出一项苛刻的交易条件时，谈判人员就应当思考其背后的原因，进而判断对手的意图究竟是什么。对手会不会是要制造僵局、掩饰问题、转移焦点或施展策略等。

其次，对于谈判中的困难与障碍，必须掌握分析与思考的正确方法。在工作实践中，"6W2H"分析法就是一种常用分析模式。在绝大多数情况下，谈判人员可以通过分析和回答是什么（What）、为什么（Why）、在何时（When）、在何地（Where）、关于谁（Who）、哪个对象（Which）、怎么办（How）、代价几何（How much）这八个基本问题，就能清晰掌握事情的来龙去脉和轻重缓急。

再次，成熟的谈判人员需要具备综合性的思维能力。所谓综合能力，具体又包括理解能力、分析能力、比较能力、概括能力、抽象能力、推理能力、论证能力、判断能力、策划能力、学习能力及记忆能力等。随着分析思考能力的全面提升，谈判人员将最终成长为稀缺的"智慧型"或"谋略型"谈判人才。

最后，要注重持续地培养与训练分析思考能力。人的分析能力与思考能力并非与生俱来，既需要谈判人员持续学习和不断积累，也需要企业加强培养和工作锻炼。其中，来自国际商务谈判的实践经验最为宝贵，正所谓，"不闻不若闻之，闻之不若见之，见之不若知之，知之不若行之"。

#### 4. 洞察预测能力

洞察能力即预见能力，是指当观察事物时能够由浅入深、由近及远、由局部到整体的思维推断能力。如果说分析思考能力侧重于事后的回顾和总结，那么洞察预测能力就更注重事前的推断与展望。提高谈判人员的洞察能力，需要做好三项基本工作。

第一，保持敏锐的观察力。在谈判过程中，谈判人员必须具有超乎常人的敏感性，能够从来自对手与环境的细微变化中解读出有价值的信息。如何察言观色更是一项重要的技巧。例如，眼神是心灵的窗户；发型反映了性格；配饰透露着审美；语气表明了态度。正所谓，要善于理解弦外之音、言外之意。

第二，思考问题要有一定深度。谈判人员应当站在一定高度来看待谈判中的问题与现象，分析问题入木三分而不被表象所迷惑。例如，谈判人员在谈判时应当沉着冷静有定力，凡事三思而后行。面对对手在原则底线上的咄咄逼问时，既不能惊慌失措、乱了方寸，更不能听人穿鼻、轻易回答。需谨记，"谋定而后动，知止而有得"。

第三，具备一定的超前思维。谈判人员必须站得高、看得远，并掌握一定的预测能力。预测既是一门科学，也是一门艺术。其中，对于数据与信息的处理属于科学，而对未来变化的直觉与潜意识就更接近艺术。谈判人员需要努力形成提前思维的意识并掌握相应方法，也只有处处先于对手，才能处处强于对手。俗话说，高手下棋是走一步看三步，面对复杂多变的谈判对手，谈判人员必须善于推断对手的意图与行动，从而提前准备应对之策。总之，能够"未雨绸缪"总比做"事后诸葛亮"要好得多。

#### 5. 运筹谋划能力

达成国际商务谈判的目标需要运筹和谋划，并集中表现为谈判人员的谋略能力。所谓谋略，是指为实现既定目标而施展的各种计谋、策略和方法。具体又可分为战略层面的总体性谋略和战术层面的局部性谋略。一般认为，谈判谋略的作用主要体现在五个方面。

其一，审时与造势。谈判人员应当善于审时度势和顺势而为，并能够利用一切资源来改善自身的处境。恰当的谋略可以为谈判营造良好的氛围、为己方创造有利的形势。

其二，鼓气与泄气。士气是影响谈判表现的重要因素，谈判谋略既可以鼓舞己方的士气，也可以瓦解对方的士气。例如，望梅止渴的故事就是扭转低迷士气的典型例子。

其三，攻心与反攻心。古人云："攻心为上，攻城为下。"若能从思想与心理上瓦解对手的意志，则更有利于加快谈判进程和扩大谈判成果。因而谈判也是各方展开心理战的博弈过程。

其四，竞争与合作。谈判双方既有竞争，也有合作，但更多的是合作。施展谋略并非是搞阴谋诡计，其最终目的还是要谋求发展与双赢。

其五，防变与应变。国际市场变化无常，谈判双方需要面对不完全信息下的动态博弈。周密的谋略能够提升谈判人员的随机应变能力，使其提前预测风险并准备好预案。无论对手如何变化，谈判人员都能做到处变不惊、安之若素。

在实践中，谈判谋略包含了各式各样的具体策略。例如，人们常常借鉴兵法上的三十六计来指导商务谈判，提出了诸如以逸待劳、声东击西、笑里藏刀、顺手牵羊、调虎离山、打草惊蛇、欲擒故纵、抛砖引玉、金蝉脱壳等具有丰富历史内涵与现实意义的谈判计策。可以说，谈判人员必须是足智多谋的"智多星"，能够根据不同的对象与情形辩证地施展策略。

### （三）国际商务谈判心理

#### 1. 信心

自信（assertive）是一种良好的心理，它来源于人对自身社会角色或综合表现的积极评价，表现为自我肯定状态下的积极态度、坚定信念及自觉行动等。谈判人员需要具备一定的自信心，相信自己能够胜任谈判这项工作并愿意接受已知与未知的各种挑战。需要注意的是，谈判人员也不能盲目自信。常言道，骄兵必败。过分骄傲或自负，又会导致自以为是和刚愎自用，最终恃勇轻敌、自取其败。

#### 2. 决心

决心（determination）表现为对某件事情拥有坚定不移的意志。人一旦下定决心，则会自觉自愿地向着目标不断前进，纵然要经历千辛万苦也在所不惜。换言之，决心包含着不畏险阻、攻坚克难的勇气，和不达目的誓不罢休的魄力，是影响谈判团队士气和谈判人员斗志的关键心理。值得注意的是，决心一词多针对关键性决策，往往是关乎重大经济利益或战略性抉择时才需要下定决心。为此，谈判人员应当科学评估谈判形势和意向目标的可行性。

#### 3. 耐心

耐心（patience）是指遇事不厌烦、不急躁、不抵触的良好心理状态。国际商务谈判并不总是一帆风顺，常常是曲曲折折、有进有退的。谈判人员必须保持充分的忍耐力和包容心。在面对利益时，要保持冷静与克制，切忌急功近利、涸泽而渔；在面对对手的刁难时，要注意谅解与放宽心态，不能鼠肚鸡肠、负气斗狠。亦有观点认为，谈判人员应当具有长线思维，即立足现状、放眼长远，不计眼前之小利，不争一时之成败。实践也表明，只有充分耐心的人才能在逆境之中最终等到"峰回路转、柳暗花明"。

#### 4. 恒心

恒心（perseverance）也被称为毅力，是指人的持之以恒、难以动摇的不变之心。众所周知，做事贵在坚持，一个人若是朝秦暮楚、见异思迁，则很难有所成就。为此，谈判人员必须讲原则、有立场，不可因为受到对手的诱惑或干扰，就轻易改变自己的目标与计划。同时，恒心也是一种锲而不舍的执着精神。谈判人员必须做好克服困难的心理准备，纵然是"马拉松"式的漫长谈判，也定然能够取得最后的胜利。正所谓，"骐骥一跃，不能十步；驽马十驾，功在不舍"。

#### 5. 诚心

诚心（sincerity）即诚恳的心意，表示待人接物充满了真心实意，并无半点欺诈愚弄之意。诚心包含了真诚和诚信两层含义，前者是指开诚布公、坦诚相待，后者是指心口如一、言而有信。诚心是开展谈判的前提，谈判中的任何一方若用心不诚，再有价值的谈判也必将走向破裂。诚心亦是合作的基础，既反映了积极负责的工作态度，也体现了宽容大度的全局意识。若能在谈判中表达足够的诚意，即使是冷酷无情、油盐不进的谈判对手也会有所触动。正所谓，"真者，精诚之至也，不精不诚，不能动人"。

6. 虚心

虚心（open-minded）是指一个人始终保持谦虚谨慎、开放包容、戒骄戒躁的心理状态。俗话说，"谦虚使人进步，骄傲使人落后"。谈判人员需要明白，对于自身专业知识和业务素养的提升永无止境，无论面对怎样的对手，都不能自鸣得意、骄傲自满。一方面，虚心表现为善于学习。特别是对于刚刚从事国际商务谈判的新手而言，更要抱有不断学习的积极态度，要虚心向同事与对手请教疑惑、汲取经验。另一方面，虚心也表现为听取意见。俗话说，"良药苦口利于病，忠言逆耳利于行"。能够接受批评意见也是一种进步的表现。谈判人员需谨记，"山外青山楼外楼"，善于听取他人的意见或建议，就能够加速自己的进步。而一名优秀的谈判者，也一定会在谈判中虚己受人、从善如流。

7. 专心

专心（attentively）即用心专一、一心一意的意思。国际商务谈判需要保持高度的专注力，从而能在博弈过程中不漏掉任何有用的信息和潜在的机会。然而，做到专心却并非易事，谈判人员既要面对各式各样的外部干扰，也要克服来自自身的各种不利因素。例如，当谈判遭遇僵局时，影响专心程度的因素就包括了对手的压力和自身的焦虑、疲倦、迷茫等。实践证明，三心二意的谈判人员很难在谈判中保持定力，他们在关键时刻所表现出来的犹犹豫豫或瞻前顾后，就很可能给予对手反败为胜的关键机会。因此，专注的思维与习惯是一名合格谈判人员的必备素质。

综上所述，可以将国际商务谈判人员的心理素质概括为"七个心"，分别是信心、决心、耐心、恒心、诚信、虚心和专心。

### （四）国际商务职业素养

1. 政治素养

国际商务谈判是一项涉及对外交往的经济活动，相关人员必须具备高度的政治素质，能够在应对和处理各项商务活动时始终保持坚定的政治立场和浓厚的家国情怀。结合国际商务的工作实际，我国谈判人员的政治素养应着重体现在六个方面。

第一，充分了解中国外贸发展史，对世界经济形势和国别特征较为熟悉，能够立足中国国情分析国际经贸与商务问题。

第二，熟悉中国的对外政策与主张，能够结合国际商务谈判积极参与"一带一路"建设。

第三，拥有良好的中华文化自信心与自豪感，在与国际人士谈判与交流的过程中积极传播中华文化。

第四，具有强烈的爱国主义意识，能够自觉将自身的专业知识应用于祖国的经济建设事业当中，并时刻维护国家的利益。

第五，具有诚实守信、遵纪守法和尽职尽责的良好职业素养，能够胜任工作岗位并经受各种考验。

第六，具有高尚的情操，理想信念坚定，在对外工作过程中时刻践行社会主义核心价值观。

总之，合格的政治素养是我们参与国际商务活动的基本要求，涉外企业应做好相关纪律教育与能力培训，从而提高谈判人员的政治觉悟与综合素养。

### 2. 敬业精神

具备充分的敬业精神是做好国际商务谈判工作的重要前提。所谓敬业精神，是指人们能够全身心地投入某项职业或事业，对正在从事的工作充满了热爱与执着。敬业精神是对人们工作态度的一种综合性道德要求，包含着无私奉献精神、艰苦奋斗精神、恪尽职守精神、精益求精精神和开拓创新精神等具体内涵。对于国际商务谈判人员而言，敬业精神又具体体现在五个方面。

第一，树立远大的职业理想。谈判人员应当具有"立足中国，放眼世界"的视野格局，要为成为一名优秀的国际商务能手而不断学习与进步。

第二，树立正确的职业观。谈判人员应当树立为人民服务的职业观，在工作中时刻以国家利益和企业利益为重。同时，形成正确的职业意识，如平等互利意识、沟通协商意识、合同契约意识、客户服务意识及商品质量意识等。谈判人员还要充分熟悉国际商务的各项业务，对所从事的职业了如指掌。

第三，热爱自己的职业与岗位。谈判人员应当具备对自身职业的荣誉感和自豪感，热爱并愿意投身于国际商务谈判事业。即使是做平凡而普通的工作，也能够获得成就感与满足感。

第四，拥有积极的工作态度。面对复杂的谈判工作，谈判人员能够时刻保持兢兢业业、任劳任怨的工作态度。在困难面前不退缩，在成绩面前不骄傲，在心态与行动上始终保持良好状态。

第五，具备良好的职业道德。国际商务谈判人员必须讲诚信、讲规则、讲礼仪、讲道德，绝不能为了眼前的利益而违背职业道德。职业道德不仅关系着交易的成败，更是谈判人员在整个职业生涯当中的安身立命之根本。

总之，爱岗敬业是国际商务谈判人员的基本职业素养之一。

### 3. 团队意识

团队意识即团队精神，是团队成员所共同认可和遵守的集体意识。团队意识的好坏能够反映团队成员的心理状态与精神面貌，是形成团队整体向心力、凝聚力和战斗力的关键性内部条件。国际商务谈判是团队与团队之间的博弈活动，比拼的还是整体优势与综合能力。为此，团队意识的重要价值可以被概括为三个方面。

首先，聚焦目标导向，形成方向一致的合力。虽然国际商务谈判的人员思维活跃，又各有风格与特长，但是为了共同的谈判目标，必须团结一致、同心并力，进而围绕整体战略分工协作、共同努力。例如，为了营造冷淡的谈判氛围，平日十分健谈的人员就必须收敛自己的言行，保持沉默，从而不让个人表现影响团队利益。

其次，凝聚团队文化，形成步调一致的效率。每一支谈判团队都应当使各成员在价值观、行为规范及共同语言等方面达成共识，从而形成有一定特色的团队文化。这样的团队文化不仅可以提升一个组织对内的凝聚力，更能够提高其对外的工作效率。实践也表明，如果谈判人员之间能够做到沟通顺畅、彼此信任，那么在谈判中的配合也就更加默契和有成效。

最后，优化管理模式，形成积极向上的氛围。团队意识还能影响企业对国际商务活动的管理，发挥诸如激励、控制及创新等具体功能。除了正式的管理规定，良好的团队意识还可以作为一类非正式要求，潜移默化地影响和规范团队成员。例如，优秀的谈判人员能够形成业务典型，从而带动其他人员学习进步；团队中的吃苦耐劳、乐于奉献、一丝不苟等氛围也能成为一种良好的观念深入人心。

总之，国际商务谈判人员应当具有较强的团队意识，切忌因傲慢不逊而单打独斗、孤军奋战。要知道，"人心齐，泰山移"。

### 4. 气质形象

国际商务谈判人员应当注意培养自身的良好气质形象，并主要体现在国际商务礼仪之中。礼仪是谈判的重要组成部分，既能够影响和改善谈判会场的整体氛围，也充分体现了谈判人员的社交知识、个人修养及文化水平。在谈判工作中，需要谈判人员掌握和应用的礼仪有很多，在形象方面，主要包括了仪容礼仪、仪表礼仪、仪态礼仪及语言礼仪。例如，头发与面容属于仪容形象，而服装与配饰就属于仪表形象。在交往方面，主要包括了介绍礼仪、拜访礼仪和接待礼仪等。例如，谈判人员应该掌握如何握手、如何交换联系方式、如何迎来送往等礼仪，正所谓，"在家不会迎宾客，出门方知少主人"。在谈判环节，主要包括了座次礼仪、宴会礼仪和馈赠礼仪等。例如，用餐礼仪就分为宴会、招待会、茶话会、工作餐等不同情形，中餐、西餐及酒会等又各有礼仪。

总之，随着国际商务往来的日益频繁，具有通用性和规范性的国际商务礼仪日益普及，也只有重形象、懂礼仪的专业人才才能胜任国际商务谈判这项工作。

### 5. 身体素质

由于国际商务谈判是一项涉及面广、情况复杂、持续时间长、工作节奏紧张、环境压力大的艰苦工作，因而对相关人员的身体素质提出了更高的要求。一方面，谈判需要消耗相关人员的脑力。从谈判前的准备与策划，到谈判中的交流与磋商，再到谈判后的签约与履约，每一个环节都考验着谈判人员的智慧与计谋。可以说，一步走错，就可能满盘皆输。另一方面，谈判需要耗费相关人员的体力。对于涉外谈判，前往异国他乡出差可谓是家常便饭，遥远的旅途、陌生的环境、千差万别的食宿条件等对谈判人员的身体条件与适应能力提出了更高要求。因此，如果没有健康的身体和充沛的精力，将很难胜任国际商务谈判工作。在实际工作中，谈判团队的组成应当综合考虑各个成员的年龄层次、健康状况及旅行经验等因素，对于谈判骨干更要尽量安排思路敏捷、精力旺盛、热情活跃的中青年人才，尽量避免发生因体力不支或水土不服而影响谈判的情况。

总之，国际商务谈判既是一项脑力劳动，也是一项体力劳动，需要每位人员具备良好的身体素质。

## 二、国际商务谈判团队的人员构成

### （一）合理的人员数量

谈判团队的人员数量看似随意，却隐含着专业性、层次性及经济性等多种限制因素。

一方面，国际商务谈判团队的规模应当与谈判主题相适应。人数的多少与谈判主题的目标大小、内容多少、难度大小、时间长短等密切相关。若规模过大，则会产生不易协调、不利节约、不便管理等问题；若规模太小，又可能出现人手不足、分工不明、讨论不充分等问题。而按照谈判经验，一般性的贸易类谈判单边需要 3~4 人；内容较多的专业类谈判单边需要 6~8 人；分小组或多轮进行的综合类谈判单边需要 10~12 人。

另一方面，己方谈判团队的规模还会受到来自对方因素的影响。按照商业惯例和对等原则，各方谈判团队的规模与质量应当大体相当。若对方的谈判规模较大，则己方派出的人数也要与之相近；若对方派出了类似总经理或总工程师等重要人员，则己方也应派出同等地位的对接人员。否则，若谈判双方的规模不等或地位悬殊，较弱的一方既有失礼仪与尊重，也不便于在各项业务环节开展有效的接洽与协商。因此，科学合理地确定人员规模，将是谈判准备期间的一项重要任务。

### （二）明确的职务分工

由于国际商务谈判通常会涉及不同领域的专业知识，因而对团队成员进行明确分工将有助于谈判整体工作效率的提升和谈判个体人员才干的发挥。一般而言，按照职责任务不同，国际商务谈判团队应至少包括八类工作人员。

1. 商务人员

商务人员是谈判团队中专门处理商业与贸易相关事务的人员。这类人员应当具有丰富的国际商务从业经验，对相关专业知识与市场行情十分熟悉，并且能够在围绕品质、价格、数量及收付款等关键交易条件的谈判中发挥主力作用。例如，谈判团队中的首席谈判专家一般就是最优秀的商务人员。

2. 法律人员

面对国际商务活动中可能遇到的法律风险与陷阱，如何保障谈判企业的合法利益是一项难题。法律人员能够在谈判团队中发挥法律顾问的作用，从而为谈判决策提供必要的法律法规安全保障。在谈判过程中，法律人员主要负责审核拟达成的各类合同条款，并对己方的谈判策略做出合法性评估。这类人员具有专业的法律知识背景，一般为企业的特聘律师，在关键时候还能为企业提供来自律师事务所等机构的专业指导。

3. 技术人员

技术人员是处理谈判中有关技术问题的专业人员。在国际商务活动中，常见的技术问题包括了产品质量、生产流程、行业标准、设备性能及商检要求等。相关人员必须对此十分了解并富有经验，否则就可能上当受骗或交货违约。技术人员必须为专业技术人员，如技术员、工程师、建造师、医师、农牧师及经济师等，以便能够从技术角度提出讨价还价的科学依据。

#### 4. 财务人员

财务人员是为商务谈判提供财务分析与决策的辅助人员。这类人员需要熟悉会计业务和金融知识，能够从事国际货款的收付、进出口成本核算、最优成交价格分析、常规外汇保值与交易等具体业务。在较为正式的国际商务谈判团队中，财务人员可以由企业的财务总监、总会计师等担任，从而体现己方在进口付款或出口定价方面十足的诚意。

#### 5. 翻译人员

翻译人员是国际商务谈判的语言助理，主要从事口头翻译与书面翻译。其一，熟练的翻译人员能够促进谈判双方的沟通与交流。特别是当需要面对来自小语种国家的客商时，翻译的作用就尤为明显。其二，翻译人员还能够为商务谈判提供策略空间。特别是当谈判对手提出尖锐的问题时，翻译的时间也就是其他人员思考对策的时间。其三，翻译人员也是商务礼仪的一种体现。在正式的国际商务谈判中，即使一方能够使用另一方的语言，也应当配备翻译人员，这既是一种尊重，也是一种规范。另外，翻译人员不仅需要具有较强的语言文字能力，还应具备较强的亲和力与适应力，能够积极配合谈判工作的顺利进行。

#### 6. 领导干部

领导干部是谈判团队中负领导责任和下最后决心的人。在一支谈判团队中，必须有一个接受上级委派并得到一定授权的专员，他的职责包括了联系公司内部高层、谈判现场策划与指挥、组织临时性内部会议等，并能够根据特殊情况便宜行事。领导干部通常为谈判团队中职务最高的人员，如法人代表、总经理、部门经理、分厂厂长及销售总监等，既可以专司其职，也可以兼任商务、技术等岗位。

#### 7. 记录人员

记录人员即谈判秘书，主要负责谈判前的资料整理、谈判中的会议记录以及谈判后的合同草拟等文字档案型工作。记录人员还应特别注意对谈判过程文件的收集与保存，从而能够在磋商过程中随时提供查证资料和论据支撑。另外，记录人员一般要选派办事沉稳、用心细致、思路严谨的人员，若能协助完成礼仪类或服务类工作则更好。

#### 8. 后勤人员

后勤人员是为谈判团队提供工作与生活保障的助理人员。这类人员的主要职责包括安排交通工具、安排饮食与住宿、准备办公用品、管理流动资金及一般性对外联系等。后勤人员既可以随团安排，也可以由企业的驻外人员担任。若能找到熟悉外国当地情况的公司职员，则更好。

### 三、国际商务谈判团队的工作模式

随着团队人数与职能分工的明确，下一步的工作就是要形成对外谈判的整体合力。这就需要对全体成员进行有效的组织和协调。

#### （一）谈判团队的组织结构

1. 谈判核心层

谈判团队的核心层由领导与组织谈判工作的人员组成，一般包括首席谈判代表、领导干部等主谈人。核心层人员的主要任务包括九项内容。

第一，充当团队的头脑。首席谈判代表必须保持清醒的头脑和敏锐的眼光，善于抓住机会和预测风险。

第二，保障谈判目标的实现。可以根据实际情况对实现目标的顺序和程度进行调整。

第三，掌控谈判方案的执行。监督谈判进程，并在适当时机引入僵局或做出让步。

第四，研判谈判专家的意见。随时收集各方反馈，综合调整各阶段的攻守策略。

第五，决策谈判中的重要事项。若遇职权范围之内的突发事件，可临时召集内部会议商讨应对办法。

第六，代表企业签订合约。还可作为主要代表出席签字仪式、正式宴会及集体合影等活动。

第七，承担谈判失败的责任。若谈判破裂或发生重大损失，负主要责任。

第八，负责向上级请示与汇报工作。保持与公司上级的密切联系，特别是当出现超越权限的情况时，不能"先斩后奏"。

第九，把握谈判风格。首席谈判代表的个人魅力能够影响整个团队的工作作风，进而影响谈判的氛围。

总之，谈判核心层的人选十分关键，正所谓"兵无将而不动，蛇无头而不行"。

2. 谈判骨干层

谈判团队的骨干层主要由各类专业人员组成。一般包括商务人员、法律人员、技术人员、财务人员及翻译人员等。这些人员凭借自身的专业知识与谈判特长，既能够在谈判中独当一面，也可以配合其他人员打好"组合拳"。骨干层人员的主要任务包括四项内容。

第一，结合各自的专业阐述需要主张或反驳的观点。作为行家里手，谈判骨干最能抓住相关问题的本质，能够从专业角度给出相对权威的阐述与解释。例如，对于产品的技术创新程度，设计师就最有发言权。

第二，在日常谈判中发挥主力作用。国际商务谈判一般需要分组或分阶段进行，骨干人员就是每轮谈判的主要发言人。特别是在讨论相对细节的交易条件时，专业人员始终处在第一线。

第三，作为谈判策略的主要实施者。谈判策略的奏效需要得到不同人员的配合，有的人员是"主角"，而有的人员是"配角"。例如，在车轮战谈判中，就需要各个成员轮番上阵，可谓"八仙过海，各显神通"；在软硬兼施策略中，有的人员唱"红脸"，而有的人员唱"白脸"。

第四，为谈判决策出谋划策。骨干人员还要负责弄清对方的意图与条件，找到双方的分歧与差距，并研究克服困难的对策等。在不断收集和分析各类信息的过程中，骨干人员将以"智囊团"的形式为核心层提供持续的智力支持。例如，每日谈判的小结工作，就需要全体骨干人员共同完成。

总之，谈判骨干层是决定谈判团队整体实力的关键群体，涉外企业应当重视相关人员的选拔、训练、组合及培养工作。同时，国际商务谈判也是一项需要群策群力、集思广益的工作，任何依赖个人而忽视团队的思路都是错误的。正所谓，"滴水不成海，独木难成林"。

3. 谈判外围层

谈判团队的外围层主要由各类配合工作的辅助人员组成，例如谈判秘书、记录员、工作助理、引导员及服务员等。在通常情况下，外围人员并不直接参与磋商与交流，只需完成特定的协助工作即可。例如，文秘类人员的主要职责就是准确、完整、及时地记录谈判内容；助理人员的主要任务就是安排好主谈人员的工作日程、信息资料及食宿交通等；服务人员的主要工作就是布置会场、安排茶歇及现场服务等。在特殊情况下，也可安排个别外围人员从事暗中观察、情报收集及传递信息等工作，从而使相关工作具有一定的隐蔽性。

总之，谈判外围层包括了所有协助谈判工作的其他人员，涉外企业需要根据商务活动的实际需求灵活增减相关人员。谈判团队的组织结构如图3-6所示。

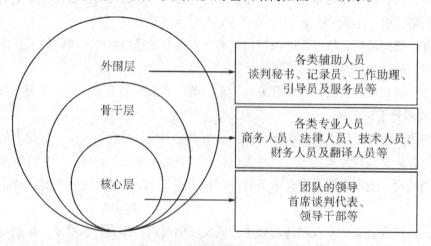

图3-6 谈判团队的组织结构

**（二）谈判人员的协调配合**

1. 知识与经验互补

一方面，谈判团队的人员结构应该体现一定的知识互补性。从个人角度看，每一名谈判人员都在各自领域具有一定特长；但从整体角度看，谈判团队又是一个集体，谈判博弈需要依靠综合实力。为此，团队人员应当在专业知识与应用能力上具有充分的互补性，从而实现取长补短、相得益彰的良好效果。例如，团队中的成员分别精通市场营销、国际贸易、金融投资及技术创新等专业，其综合实力显然就比全部都是某一领域的专业人才要好得多。

另一方面，谈判团队的人员结构应当具有一定的经验互补性。从谈判理论到谈判实践，能够吸取的经验教训最为宝贵。为此，谈判人员的组成应当注重"老、中、青"三结合，从而既能发挥谈判新手奋勇当先、无所畏惧的热情与干劲，又能兼顾谈判老手沉着稳妥、深谋远虑的冷静与智慧。同时，新老搭配的人员组合也更有利于谈判人才的持续培养，进而使企业的谈判文化能够在传帮带中得到延续与创新。

### 2. 个性与风格兼容

不同的人具有不同的个性与风格。所谓个性，是指一个人的整体精神面貌和心理倾向，表现为不同的气质、性格、兴趣及爱好等。所谓风格，是指一个人在思维方式、分析决策及行为偏好等方面的不同特点。基于不同的个性特征和文化积淀，谈判人员会在工作中表现出截然不同的谈判风格。例如，按照性格不同，可以将谈判风格划分为理智型、情绪型和意志型三类。理智型人员遇事冷静、处变不惊；情绪型人员为人坦荡、爱憎分明；意志型人员则强毅果敢、百折不挠。国际商务谈判团队的人员组成应当考虑各个成员在性格与风格上的互补与平衡，从而形成多元化和异质性的竞争优势。正如《西游记》中的团队组成：意志坚定的唐三藏、降妖除魔的孙悟空、幽默风趣的猪八戒、吃苦耐劳的沙悟净以及踏踏实实的白龙马。各个成员风格各异但能力互补，最终形成了一支既有战斗力，又有凝聚力的取经团队。

### 3. 分工与合作皆有

谈判团队中的成员既有分工，也有合作，但合作的成分更大。

一方面，每一名参与谈判的人员都要有明确的岗位职责和工作任务。尽管个人的力量有大有小，但是在整场谈判中的作用必须明确。换言之，谈判用人绝不能投闲置散、人浮于事。同时，对于谈判团队的纪律管理也应严明，在强化考勤与考核的同时，更要保障工作效率和谈判成效，从而使谈判人员各司其职、各尽其责。

另一方面，加强合作也是整合谈判团队力量的重要举措。谈判人员应当在谈判过程中密切配合、互为帮衬，对内齐心协力、对外步调一致。具体又包括了主谈人员与辅谈人员的配合、一线人员与二线人员的配合、专业人员与非专业人员的配合等。例如，优秀的团队成员总是充满了默契，同伴的一个眼神或动作，就能心领神会。

总之，在谈判桌上，谈判人员不能只考虑自己而忽略集体，应当具有"甘当绿叶衬红花"的整体意识。同时，一支优秀的国际商务谈判团队也非一朝一夕所能形成，需要相关人员在长期的实践中不断磨合、不断协调。

 **本章小结**

本章主要讲述了三个方面的内容。

第一，国际商务谈判的信息准备。谈判信息是指与谈判的内外环境、行业背景、交易条件及各方人员等相关联的各类资料。信息是奠定国际商务活动成败的基础性资源，在谈判的各个环节都发挥着重要的作用。谈判信息的收集原则包括及时性、准确性、可用性、科学性及经济性。谈判信息的内容包括与谈判环境有关的信息、与谈判对手有关的信息及与谈判者自身有关的信息。谈判者只有做到了"知己、知彼、知势"，才能在谈判博弈中"百战不殆"。

第二，国际商务谈判的方案准备。谈判主题是整场谈判的核心内容和基本目的，谈判人员的一切行动都要围绕谈判主题进行。谈判目标是指需要通过谈判达成的各种具体目标，包括了谈判者尚未满足的需要、准备解决的问题以及正在争取的机会等。谈判方案的主要内容包括阐明谈判目标、规定谈判期限、拟定谈判议程、安排谈判人员和选择谈判地点，并注意把握国际商务谈判的各项底线条件和进行模拟谈判。

第三，国际商务谈判的人员准备。国际商务谈判人员的基本素质包括国际商务谈判知识、国际商务谈判能力、国际商务谈判心理及国际商务职业素养。组织国际商务谈判团队要注意人员数量的合理性和职务分工的明确性，谈判人员之间也要注意知识与经验互补、个性与风格兼容、分工与合作皆有，从而形成对外谈判的整体合力。

总之，国际商务谈判的准备工作是一项系统性工作，需要做好信息的收集与分析、方案的制定与检验、人员的组织与协调三项预备工作。

 **作业与习题**

## 一、单项选择题

1. （　　）是指谈判者预想的能够实现的最高目标。

    A. 最优目标               B. 实际目标

    C. 可接受目标          D. 最低目标

2. （　　）是指谈判者在整场谈判活动中必须达到的起码目标。

    A. 最优目标               B. 实际目标

    C. 可接受目标          D. 最低目标

3. （　　）是指在正式进入国际商务谈判之前，谈判人员按照拟定的谈判方案和设想的谈判环境进行的一场"仿真演练"或"提前彩排"。

    A. 谈判开局               B. 谈判磋商

    C. 模拟谈判             D. 谈判收尾

4. （　　）是谈判团队中专门处理商业与贸易相关事务的人员。

    A. 商务人员               B. 法律人员

    C. 技术人员              D. 财务人员

    E. 翻译人员

5. （　　）是为商务谈判提供财务分析与决策的辅助人员。

    A. 商务人员               B. 法律人员

    C. 技术人员              D. 财务人员

    E. 翻译人员

## 二、多项选择题

1. 按照谈判信息的内容属性不同，可以将其分为（　　）。

    A. 政策与法规信息         B. 经济与市场信息

    C. 社会与文化信息         D. 技术与管理信息

E. 自然与地理信息

2. 谈判信息的收集原则主要有（　　　）。

    A. 及时性                    B. 准确性

    C. 可用性                    D. 科学性

    E. 经济性                    F. 主观性

3. "6C" 分析法的内容包括（　　　），这种方法可以评估与对手合作的信用风险。

    A. 品德                      B. 能力

    C. 资本                      D. 抵押品

    E. 经营环境                F. 事业的连续性

    G. 成本                      H. 客户

4. 按照谈判对象对于利益与关系的重视程度不同，可以将其划分为（　　　）。

    A. 亲切型                    B. 冷漠型

    C. 普通型                    D. 全能型

    E. 利益型                    F. 关系型

    G. 消极型                    H. 原则型

5. 国际商务谈判议程的要点包括（　　　）。

    A. 基本议题                B. 原则框架

    C. 协商顺序                D. 时间分布

    E. 会场布置                F. 宴席安排

## 三、判断题

1. 谈判各方的谈判期限均是重要的商业情报，谈判人员应当高度重视并善加利用。      （　　）

2. 订金的实质是一种双向约束的金钱担保。      （　　）

3. 一名合格的国际商务谈判人员应当具有 "米" 字型知的识结构，即拥有横向知识、纵向知识以及交叉融合知识。      （　　）

4. 为促成交易，谈判人员可以使用 "100%" "纯天然" "绝对保证" 等不切实际的言辞。      （　　）

5. 国际商务谈判既是一项脑力劳动，也是一项体力劳动，需要每位人员具备良好的身体素质。      （　　）

## 四、简答与论述题

1. 请简述在把握谈判期限时，应当注意哪些问题。

2. 请简述在选择谈判地点时，应当把握的要点。

3. 请简述模拟谈判的含义与作用。

4. 结合工作实际，谈谈一名合格的国际商务谈判人员应当具备哪些素养。

5. 结合一定案例，谈谈如何做好国际商务谈判的各项准备工作。

## 五、实训题

1. 请围绕某项谈判主题，收集和分析来自环境、对手和自身的各类信息。

2. 请以出口本地特产为内容，拟定一份详细的谈判方案。

3. 请根据人员分工与合作的需要，组建一支3~6人的商务谈判团队。

参考答案

# 第四章

# 国际商务谈判的开局

## ■学习目标

知识目标：理解谈判氛围的含义与作用，掌握谈判氛围的各种类型，了解影响谈判氛围的主要因素；理解开场陈述的含义与作用，学习开局阶段的基本模式与探询策略。

能力目标：掌握营造良好开局氛围的基本方法，能够根据谈判情形营造谈判氛围，能够根据谈判氛围进行开场陈述，能够在开局阶段与谈判对手交换意见，能够熟练应用各种开局阶段的模式与策略。

素养目标：具备开启国际商务谈判的全局意识与战略思维，能够在开局阶段阐明己方的基本原则与核心利益，时刻牢记自己的使命与职责。

## ■学习重点

营造良好开局氛围的方法；开场陈述的主要内容与注意事项；五种开局模式的含义、特征与适用情况；三类开局探询策略的含义、用法与注意事项；谈判开局阶段的工作内容、基本思路与策略创新。

## 开篇阅读资料
KAIPIAN YUEDU ZILIAO

### 走出去 拓市场 稳规模

72 天出访 8 个国家和地区，飞行 236 小时——这是无锡市金茂对外贸易有限公司董事长杨南今年以来的出差行程。

记者 10 日联系到杨南时，他刚刚飞抵美国达拉斯。达拉斯是这家企业全球供应链布局中的一站。无锡金茂面向全球出口家居服、宠物纺织品、衬衫面料。美国是其最大销售市场，占公司总销售额的 90% 以上。

"今年订单较去年有所减少，我们正在积极发展新客户，开拓新市场，为明年打基础。"杨南在电话中说，2022 年年底，他就带领团队在 60 天内出访了 12 个国家，落实 2023 年订单近 3 亿美元，占据公司今年全年订单 75% 左右，稳住了业务基本盘。

"需求减弱、成本上涨、供应链调整等多重复杂因素交织叠加，纺织服装出口压力不小。"从事纺织行业 30 多年的杨南坦言。

当前，世界经济复苏乏力，全球贸易投资放缓，单边主义、保护主义和地缘政治等风险上升，外需减弱对我国外贸的直接影响仍在持续，这些在我国纺织服装等传统制造业出口上体现得尤为明显。

上半年，我国劳动密集型产品出口 1.97 万亿元，增长 0.04%；其中，服装及衣着附件出口 5 169.4 亿元，增长 0.7%。

杨南坚信，中国纺织服装业凭借完备的供应链和先进技术优势，不断增强产品创新和可持续发展能力，发展前景仍然可期。

直面挑战，积极走出去、拓市场、稳订单，已成为外贸企业的共识与常态。

"不能在家里吃老本，主动走出去才有市场！"接受记者采访时，四川嘉逸股份有限公司董事长袁志友正在哈萨克斯坦商谈订单。

这家位于四川广安邻水县的中小企业，生产的摩托车及零部件等机电产品远销东南亚、非洲等海外地区。根据市场最新变化，袁志友主动开辟新市场，哈萨克斯坦就是其中之一。

今年，袁志友计划在新疆霍尔果斯口岸新建工厂，节省运输成本，更好辐射中亚五国市场。"预计全年订单量可以回到疫情前水平。"袁志友这样说。

记者调研中了解到，从政府到企业纷纷出实招、想办法，靠前衔接市场，优化产业布局，既巩固传统市场优势，也开辟新兴市场空间，更加注重将产品优势与市场需求相匹配，以稳规模为基础、优结构增后劲。

上半年，我国有进出口实绩的外贸企业 54 万家，同比增加 6.9%，其中民营企业不断扩容，同比增加 8.3%；民营企业进出口 10.59 万亿元，同比增长 8.9%，占进出口总值的 52.7%，同比提升 3.3 个百分点。

资料来源：2023 年 7 月 16 日的《四川日报》。

**思考：**

全球市场需求疲弱，外贸如何稳订单拓市场？"主动走出去才有市场。"请以中小企业为例，谈谈企业家应当如何开启与外国客户的国际商务谈判。

开局阶段是正式进入国际商务谈判的第一个阶段。在这一阶段，见面寒暄和相互介绍是谈判的主题。此时，双方的谈判人员还不熟悉，对于对方的诚意、实力、策略及风格等也还存在疑问，因而彼此都还处于观察与试探的状态。在实践中，开局阶段并不需要讨论实质性问题，这一阶段的主要任务就是顺利开启谈判进程。具体而言，开局阶段的工作重点是营造谈判氛围、各自开场陈述及交换谈判意见。

## 一、营造谈判氛围

### （一）谈判氛围的含义与作用

谈判氛围（negotiation atmosphere）是指基于谈判双方的态度、情绪、风格、观点和行为等要素所形成的环境特征。谈判氛围亦是谈判人员在心理上的主观感受，重在体会，而无需阐述。例如，谈判对手的言行举止、谈判场地的空间气氛、市场行情的波动起伏等都有可能影响谈判氛围，并且这类影响是潜移默化和悄无声息的。为此，谈判人员必须营造有利于己方的谈判氛围，从而在开局阶段抢占一定优势。营造合适的开局氛围，对于推动商务谈判的顺利进行具有重要意义，具体作用可以概括为四项。

第一，确定整场谈判的总体基调。按照心理学中的首因效应，谈判双方的初次接触会给彼此留下深刻的第一印象。通过营造不同的谈判氛围，谈判者可以表现出不同的态度与倾向，从而深刻影响后续的所有谈判环节。例如，轻松愉快的开局氛围将为谈判定下合作与互惠的基调，而严肃紧张的氛围将为谈判确立竞争与博弈的基调。

第二，明确谈判双方的基本关系。按照谈判实力理论，谈判双方的实力强弱影响着谈判关系。实力较强的一方占据主动，而实力较弱的一方相对被动，双方对于谈判氛围的需求也截然不同。例如，当国际市场处于买方市场时，强势的进口方更希望通过冷淡和紧张的氛围来压低价格，而弱势的出口方则更希望利用热情和融洽的氛围来达成交易。

第三，表达交流沟通的真心诚意。既然谈判已经开始，谋求一致就是谈判双方的基本共识。为了表达诚意，谈判双方会主动营造一种和谐、友善、礼貌、互信的良好氛围，谁也没有必要一开始就让谈判破裂。例如，国际商务谈判人员会按照国际商务礼仪组织或参与谈判，而来自服装、仪容、语言及流程等方面的细节无一不体现着对会谈的重视、对对手的尊重和对自己的自信，正式、严谨、有诚意的谈判氛围也得以营造。

第四，拉近与谈判对手的心理距离。面对谈判初期的隔阂与猜疑，良好的谈判氛围更有利于双方打消顾虑、建立信任并增进感情。常言道："良言一句三冬暖，恶语伤人六月寒。"也许就是因为谈判人员在开场阶段的几句"心里话"，冷冰冰的交易也会变得温暖而富有人情味。例如，当远道而来的客商一走进会议室，主场人员的嘘寒问暖、来自客人家乡的背景音乐、适合客人的舒适温度、一杯温暖而可口的咖啡等就很容易给人以宾至如归、亲如一家的良好感觉，从而为顺利开局营造氛围。

（二）谈判氛围的类型

1. 高调的谈判氛围

高调的谈判氛围表现为热情洋溢的情绪、积极主动的态度和和谐友好的环境。在这种氛围下，谈判双方的关系较为和谐融洽，能够轻松愉快地交换意见，并相对顺利地进入谈判主题。高调的谈判氛围适合长期合作的商业伙伴，双方最好拥有一定友谊或信任基础。同时，高调的谈判氛围也适用于谈判实力较弱的一方，因为热情友好的态度更有助于软化对手的强硬态度和打消顾虑、隔阂。

2. 低调的谈判氛围

低调的谈判氛围表现为冷若冰霜的情绪、消极被动的态度和紧张对立的环境。在这种氛围下，谈判双方的关系十分微妙，在相互试探时彼此都高度戒备并有所保留，似乎稍有不慎就有可能陷入僵局。低调的谈判氛围适合存在利益冲突的对抗型或竞争型商务谈判，谈判双方更像是竞技场上的运动员，不分出胜负就不肯罢休。同时，低调的谈判氛围也适用于国际贸易中的违约索赔、纠纷仲裁与司法调解等谈判场景。

3. 紧张的谈判氛围

紧张的谈判氛围表现为严谨规范的安排、严肃认真的态度和疾风骤雨般的博弈。在这种氛围下，谈判人员会明显感到谈判的节奏快、压力大、难度高，双方即将展开高强度、全方位的策略博弈，一旦疏忽就有可能遭受损失或陷入被动。紧张的谈判氛围适合于商业老手之间的谈判，由于彼此都经验丰富并注重实效，因而能够开门见山、直奔主题。

4. 松弛的谈判氛围

松弛的谈判氛围表现为不疾不徐的节奏、漫不经心的态度和难以捉摸的意图。在这种氛围下，谈判人员会有一种松弛、缓慢、没有动力的感觉，即使经历旷日持久的艰难谈判，各项目标依然是遥不可及。虽然谈判氛围令人失望，但谈判过程还在持续，谈判双方都表现出可谈可不谈的"无所谓"态度，却又不会主动退出谈判。松弛的谈判氛围较为适合时间充裕且势均力敌的消耗型谈判，谈判双方都在等待对方先拿出诚意或做出让步。

5. 自然的谈判氛围

自然的谈判氛围是一种没有明显特征的开局氛围，表现为中规中矩的安排、不卑不亢的态度、和按部就班的节奏。在这种氛围下，谈判双方都没有表现出己方的需求、意图和策略，而是以一种中性的态度进入谈判。随着谈判双方的接触与交流，谈判氛围可以被策略性地改变，从而转变为紧张的氛围或松弛的氛围。自然的谈判氛围适合于准备工作不够充分的临时性谈判，谈判人员需要基于一定的观察与试探，才能最终确定有利于己方的谈判氛围。

总体而言，各种谈判氛围并没有严格的优劣之分，谈判人员需要根据实际情况和策略需要合理营造。就谈判实践而言，热情友好、积极主动、和谐愉快及务实高效的谈判氛围更有利于国际商务谈判的顺利开启和圆满结束。

### （三）影响谈判氛围的因素

1. 谈判的主要内容

国际商务谈判的内容是决定谈判氛围的基础性因素。一般而言，交易类谈判的开局氛围比较和谐友好，而索赔类谈判的开局氛围较为严肃紧张。同时，与谈判内容相关的国际市场变化也会影响谈判氛围。例如，国际贸易谈判比较关注航运、保险、汇率及价格等因素，而国际投资谈判较为重视政策、利率、行业及风险等因素，来自国际市场的任何风吹草动都会影响谈判人员的思路、情绪与决策，从而影响谈判氛围。

2. 谈判双方的关系

国际商务谈判双方在历史上的合作经历和对未来合作的愿景会直接影响谈判氛围。一般而言，对于第一次谈判的"新朋友"，适合以友好、真诚、严谨的氛围开局，以便建立良好的第一印象。对于多次交易的"好朋友"，适合以轻松、愉快、务实的氛围开局，以便体现充分的互信与友谊。对于曾经有过交往，但久未联系的"老朋友"，适合以热情、自然、和谐的氛围开局，既回顾过去又展望未来，以期重新恢复合作关系。对于过去是竞争者，将来可能是合作者的"准朋友"，则适合以严肃、认真，但又不失真诚与礼节的氛围开局，从而达到晓之以理、动之以情的效果。

3. 谈判双方的实力

国际商务谈判双方的实力对比也会影响谈判氛围，具体又包括三种情况。第一，当面对实力较强的对手时，适宜采用热情、友好、有诚意的开局氛围。谈判人员既要注意拉近关系，又要注意不卑不亢，态度上要保持沉稳大方，绝不能让对方小看自己。第二，当面对实力较弱的对手时，适合采用轻松、愉快、有信心的开局氛围。谈判人员既要彰显己方胸有成竹、稳操胜券的气势，也要注意平等互利、相互尊重的礼仪。第三，当谈判双方的实力相差不大时，适合采用严肃、规范、有原则的开局氛围。谈判人员可以虚实结合地营造开局氛围，既可以表现得严阵以待、壁垒森严，令对手不敢轻视怠慢，也可以表现得举重若轻、悠然自得，让对手不敢轻举妄动。

4. 谈判人员的表现

国际商务谈判人员的仪容服装与言谈举止是影响谈判氛围的关键性因素。一方面，精神面貌的好坏会影响谈判氛围的好坏。例如，若谈判人员精神饱满、着装整齐，说明其准备工作较为充分，对本次谈判相当重视；若谈判人员蓬头垢面、着装随意，则说明其毫无谈判的诚意。另一方面，语言表达方面的技巧会传递出额外的信息。谈判人员在问答时的词汇、语气、表情、态度及姿态动作等，能够反映其内心的想法或意图，从而产生左右谈判氛围的效果。例如，若谈判人员愁眉不展、沉默不语，则说明谈判氛围已经陷入沉闷、尴尬的境地；若谈判人员笑逐颜开、谈笑风生，则说明谈判氛围正朝着轻松、愉快的方向发展。另外，谈判人员的魅力、气质、性格等也能影响谈判氛围。例如，在谈判场上，有的人言出必行、不怒自威，与之谈判必然会表现得谨小慎微、毕恭毕敬；而有的人夸夸其谈、口若悬河，与之谈判则不会涉及核心内容，反倒是轻松自在。

5. 谈判场所的布置

谈判氛围还取决于谈判场所如何布置。第一，会场的整体风格。色彩单调、陈设简单、物品陈旧、阴冷潮湿的会议场所往往给人压抑、紧张和缺乏诚意的感觉；而色彩丰富、陈设齐备、干净整洁、温暖舒适的会议场所常常给人热情、轻松和充满友善的感觉。前者可以营造冷淡低调的氛围，而后者适合热诚高调的氛围。第二，会场的座位安排。一般而言，方形会议桌体现的是对等竞争的关系，谈判双方相向而坐、交替陈述，营造出一种有距离感的博弈氛围；圆形会议桌体现的是协调合作的关系，谈判双方交叉落座、随意交谈，营造出一种同舟共济的团结氛围。

**（四）营造良好开局氛围的方法**

1. 注意人员的形象气质

谈判人员应当从外到内地展现出良好的形象气质。在着装方面，应当穿着较为正式的服装，并注意保持服装的干净整洁。例如，男士应当着西装、打领带、穿皮鞋；女士应当着套装。在仪表方面，应当精神饱满、神采奕奕，不要给人疲惫或厌倦的感觉。在言行举止方面，应当大方得体、立场坚定。既不要妄自尊大、目中无人，也不要卑躬屈膝、阿谀奉承。可以说，做到外在端庄和内在自信，是创造良好谈判氛围的自我素养。

2. 恰当选择寒暄的话题

在开局阶段的相互寒暄，将有助于营造良好的谈判氛围。在正式进入谈判话题之前，一些看似可有可无的问候、闲谈往往能够发挥缓和情绪、联络感情和活跃互动的作用。一般而言，寒暄的话题要避开婚姻、宗教、收入、财产等个人隐私，而选择天气、旅游、体育、音乐等中性话题。例如，双方人员可以聊聊最近的文体新闻、当地的名胜古迹、旅途中的见闻感受等，待气氛活跃之后再自然而然地引入正题。

3. 做好会场内外的布置

精心布置谈判会场也能达到营造良好氛围的效果。一方面，谈判会场的各项条件应当适合商务谈判。主要包括良好的光线、安静的环境、事宜的温度、恰当的装饰以及合适的桌椅等。例如，开局阶段可以播放一些舒缓的背景音乐和主场企业的介绍短片，以便促进双方人员轻松而自然地进入工作状态。另一方面，谈判主宾的座次安排要符合商务礼仪。无论会议室的大小和谈判桌的形状，"上座"与"下座"的安排都要体现对客人的充分尊重。而人们察觉谈判氛围的好坏往往就是从接待礼仪是否规范开始的。另外，完善谈判会场的内外布置也可以通过排除破坏谈判氛围的影响因素来实现，例如逐一排除噪音来源、外来人员、压抑感元素、问题设备、闲杂物品及禁忌用语等。

4. 适当运用一定的策略

开局氛围的营造可以借助一定的策略技巧。常用策略有以下几种。第一，称赞法。通过夸奖对方的优点或成就，使对方在心理上放松戒备、在思想上产生共鸣，从而积极主动、轻松自然地进入正式谈判。第二，幽默法。适当开展一些风趣幽默、轻松活泼的对话，既可以打破沉闷尴尬的现场气氛，也可以引起对方的谈话兴趣。谈判双方在有说有笑中开启谈判进程。第三，自责法。通过指出己方一些无关紧要的缺点或错误，来达到博取同情、谅解或理解的谈判效果。例如，常见的自责内容就有接待不周、问候不勤、会场简陋等，谈判双方在相互客气的氛围中也能顺利开启正式谈判。第四，感情攻击法。通过指责对方不讲情面、不讲义气，或者通过回顾过去的友谊，达到让对方顾及感情、心生恻隐的效果。例如，赤壁之战后的曹操在经过华容道时，正是通过感情攻击法指责关羽忘了过五关斩六将之恩，才得以逃命。

## 二、各自开场陈述

### （一）开场陈述的含义与作用

开场陈述（opening statement）也被称为开场白，是开局阶段谈判双方各自阐述其根本立场、主要观点、基本原则及目标期望的正式讲话。开场陈述通常重要而简短，相关内容主要是提纲挈领的原则、畅想与建议，并不需要涉及细节性、实质性和对抗性的具体商务内容。同时，开场陈述也是双向的，谈判人员既需要发表自我陈述，也需要倾听对方的陈述，并在交替陈述和提问的过程中开启正式谈判。开场陈述的作用主要体现在四个方面。

第一，向对方说明情况。谈判人员需要清晰阐述己方的原则与立场，表明己方对于本次谈判的基本态度和核心利益。在讲话中，既要为即将开始的正式谈判划出底线，也要表达推动谈判取得成功的诚意与期望。

第二，了解对方的意图。听取对方的开场陈述，是掌握对方谈判意图的早期渠道。谈判人员可以根据对方提出的预期目标、理想条件、合作建议等分析其实力与策略，从而为后续的实质性谈判提供策略支持。

第三，明确共识与分歧。当双方完成各自阐述与相互倾听之后，也就基本明确了本次谈判可能形成的共识点在哪里、即将显现的分歧点又有哪些。这将有利于双方在后续谈判中找到真正需要谈判和磋商的焦点问题，从而提高了工作的效率、节约了人员的精力。

第四，在形式上具有商务礼仪的作用。开场陈述通常由谈判团队中职务较高者或首席谈判人员完成，体现的是整个团队的思想与形象。若开场陈述敷衍了事，不仅有失礼仪风范，也会显得准备不足或重视不够。

总之，开场陈述是谈判双方的首轮较量，亦是关系谈判开局成败的重要环节。

### （二）开场陈述的主要内容

开场陈述的主要内容有五个方面。

第一，己方的根本立场。所谓立场，是指看待问题的角度和处理问题的态度。谈判人员应当阐明己方对于谈判关系的认识和定位，指出己方思维与行动的出发点与逻辑点。例如，在国际贸易谈判中，出口方的立场就是所提供的产品具有充分的市场优势，任何对于质量、价格及包装的质疑都是没有道理的。

第二，己方的基本原则。所谓原则，是指需要遵守的准则与规范。谈判原则既是己方做出的一种承诺，也是对对方提出的要求。值得注意的是，在开局阶段就阐明原则是非常必要的，因为原则问题是不能谈判的。特别是当谈判陷入困难时，己方的原则就是限定让步空间的框架或底线。例如，平等协商是己方的基本原则，若对方试图仗势欺人、强买强卖，那么谈判就必须终止。

第三，己方的核心利益。商务谈判的中心主题是商业利益，谈判双方皆要阐明各自的利益目标，以便能够得到对方的理解与支持。利益并不是不可以谈判，只要核心利益得到尊重，其他利益就可以成为交换的筹码。例如，在国际投资谈判中，拿到控股权是投资方的核心权利，若不能实现，则谈判的意义也将大打折扣。

第四，己方的主要观点。谈判人员需要在开场陈述中阐明己方对于谈判内容的认识、理解、主张及观点，即对谈判所要涉及的话题进行意向性的表态。实践证明，有一些想法还是开宗明义、直抒己见为好，正所谓，"先说断，后不乱"。例如，进口商应当在陈述中表明本次交易的背景与要求，若是进口季节性商品，更要优先强调对交货时间、运输方式及保鲜条件等的严格要求，切勿在陈述时避重就轻、碍口识羞。

第五，己方的意见与建议。若己方为先行陈述的一方，可在讲话的最后提出一些建议或倡议。例如，建议对方适当考虑我方的实际困难、切身利益及真心诚意等。若对方为先行陈述的一方，则可在己方陈述时适当回应对方的提议与看法，并提出一些具有建设性意义的意见。例如，可以先用肯定语气回应对方"坦诚务实"，再用转折语气"但是……，然而……"等补充不同观点。

### （三）开场陈述的注意事项

第一，陈述的内容应当简明扼要。开场陈述是谈判双方的第一次正式交流，言语之间展现着各方人员的综合素质与能力水平。自我陈述的内容应当提纲挈领、言简意赅和通俗易懂，切忌长篇累牍、滔滔不绝地漫谈。

第二，陈述的时间应当大体相当。谈判双方应当合理分配陈述时间，并且用时长度要对等。这既是对平等原则的贯彻，也是对各方工作的尊重。而在实践中，独霸会场的喋喋不休和面面相觑的寥寥数语都不可取。

第三，陈述的状态应当充满自信。人在讲话时的表现往往能够反映其内心的真实状况。为此，谈判人员在进行开场陈述时，应当吐词清晰、语音洪亮、语气诚恳、语速均匀，言语之中要尽显沉着冷静与从容自如。切忌在陈述时吞吞吐吐、慌张失措，一听就令人产生严重的怀疑。

第四，倾听的过程应当注意礼节。当对方进行陈述时，要善于耐心倾听，既要注意抓住对方讲话的要点信息，也要注意给予点头、微笑等积极回应。当听到错误表达或触及己方底线的观点时，应当先进行记录，待对方陈述完毕后再进行反驳。切忌随意打断对方讲话，以及进行不礼貌地插话、抢话等。

## 三、交换谈判意见

在正式进入实质性谈判之前，双方人员还需进行初步的意见交换，从而摸清彼此的计划安排。当然，开局初期的交流是意向性和礼节性的，交流的信息大多是显而易见的公开信息，各项安排也都属于非原则性的常规安排。一般而言，交换的主要意见有三个方面。

第一，各方的人员安排。双方的谈判人员应当在开局初期相互介绍，介绍的内容包括了各个人员的姓名、职务及分工等，也可重点介绍首席谈判人员、团队领导等主要人员。双方人员在相互介绍的过程中，能够增进了解与信任，若有熟人或朋友，则更有利于营造良好的谈判氛围。例如，甲公司介绍："这位是我们公司的 A 总工程师，在本次谈判中负责产品质量方面的问题。"乙公司回应："早就听说 A 总是技术方面的专家，今日相见，十分荣幸，质量问题还望指教。"于是，氛围更显融洽。

第二，各方的工作安排。谈判双方应当对各自的工作安排进行简单的沟通，以便能够在相互协调与配合中提高工作的效率。沟通的内容主要包括：预计的谈判日程与阶段；谈判的主要场所；相互对接的渠道与人员；对宴会、考察及签约仪式等的安排。工作安排一般由主场谈判方具体安排，客场谈判方可以根据自身需要进行调整，但基本原则还是客随主便、入乡随俗。例如，甲公司需告知乙公司："明天下午，我们双方将到生产车间实地观看出口设备的运转情况。"以便乙公司提前准备好对有关设备的技术要求。

第三，各方的初步设想。在开局阶段，谈判双方的开场陈述不能流于形式、各执一词，而是应当有所碰撞、有所交流。在交流意见时，谈判双方应当对各自的初步设想进行强调和重申，以便为确定后续谈判的主要议题和目标共识奠定基础。初步设想的具体内容可以包括谈判的最终结果、己方的主要交易条件、合同的签约与履约时间等。例如，甲公司可以开门见山地向乙公司提出："我们此行的目的，就是希望引进贵公司的最新生产设备，而且年底就要实现投产运行。"于是，乙公司掌握了甲公司对标的物和谈判进程的基本要求。

总之，随着营造谈判氛围、进行开场陈述和交换谈判意见这三项工作的完成，国际商务谈判将从开局阶段进入磋商阶段，随之而来的也将是更为复杂和困难的谈判情形。

## 第二节 开局模式的选择

### 一、一致式开局模式

一致式开局模式表现为在开局阶段，谈判人员采用充分肯定、全面协商的积极态度，处处营造与对方思维或行动相一致的谈判氛围。

首先，一致式开局模式具有一定的心理学理论基础。一方面，找到共同点是建立人际关系的捷径。对于大多数人而言，通常会对赞成自己观点、肯定自己行为、维护自己立场的人充满好感。正所谓，"物以类聚，人以群分"。和自己保持一致的人往往更容易相处。例如，甲公司人员说道："我们的产品不仅物美价廉，而且热销国际市场多年，深受海内外消费者的喜爱。"为保持一致，乙公司人员可以回应："贵公司的产品的确不错，我们正是慕名而来，并希望长期合作。"于是，甲公司在得到认同的同时，也产生了交易的兴趣。另一方面，保持一致能够巧妙地影响对手的行动。按照心理学中的"承诺一致原理"，人们会对自己做出的承诺产生认同感，进出约束其行为必须与承诺保持一致。实际上，大多数人也更愿意和言行一致、说到做到的人打交道，而普遍反感出尔反尔、食言而肥的人。例如，当甲公司人员说道："我们的售后服务是世界一流的，从来没有让客户失望过。"乙公司人员可以顺势接话："我们完全相信贵公司能够在运输、保险、包装等环节提供最好的服务。"于是，后续即使出现问题，对方也不好推卸责任。这个原理也告诉我们，有时候保持一致比尽力反驳更容易产生效果。

其次，一致式开局模式主要适用于高调的谈判氛围和自然的谈判氛围。不难理解，如果谈判双方能够从一开始就保持一致，那么谈判的氛围一定是友好、融洽、轻松、愉快的。例如，甲公司人员连连称赞乙公司人员的态度与诚意，乙公司人员也必然做出类似回应。于是，谈判双方能够在相互肯定和欣赏中开启正式谈判，而无需过多的担心、尴尬与紧张。

最后，采用一致式开局模式也有一些注意事项。一方面，要注意一致的分寸。保持一致并不等同于无原则地迎合。谈判人员应当坚持实事求是、客观公正的基本原则，采用符合国际商务礼仪、对事不对人的立场、不卑不亢的措辞来保持一致。如果刻意讨好、阿谀奉承，反而会弄巧成拙、事与愿违。例如，当甲公司人员说道："我们的价格是最优惠的。"若乙公司人员附和道："我们完全同意。"那么，若乙公司后续想要进一步讨价还价，则可能陷入被动。另一方面，要注意应用时的自然而然。谈判人员不需要表现出对一致氛围的刻意追求，相应的言行举止、安排布置要尽量做到潜移默化、亲切自然。实践证明，太过刻意，则会引起对方的怀疑。疑则心生防备，良好的谈判氛围也会随之改变。例如，若乙公司人员在甲公司的表述基础上继续添油加醋地连连称赞，甲公司人员就会认为乙公司正在实施"将错就错""顺藤摸瓜"或"请君入瓮"等谈判计策，从而使谈判关系更加对立和紧张起来。

总之，一致式开局模式是一种追求友好协商局面的开局模式，在国际商务谈判实践中的应用较为普遍。

## 二、坦诚式开局模式

坦诚式开局模式表现为在开局阶段，谈判人员采用以诚相待、推心置腹的直接态度，在自我陈述或交换意见时"毫无保留"地将己方的安排、意图及条件和盘托出。

首先，坦诚式开局模式的出发点在于"以坦诚换坦诚"。所谓坦诚，"坦"就是直来直去、不拐弯抹角的意思，"诚"即是诚实可信、没有隐瞒的意思。按照心理学的观点，人在交往过程中普遍存在追求平等的心理需求，对于关系的定位也是双向和互惠的。换言之，人与人的交往必须是平衡和对等的，我怎样对待你，你也就应该怎样对待我。正所谓，"投桃报李""礼尚往来"。例如，甲公司人员说道："坦率地讲，我公司是小公司，实力有限、资金不足，能够接受的价格不高。"显然，这句话的潜台词就是想让乙公司如实报价。于是，乙公司人员回答："请贵公司放心，我们的价格与市场价格一致，不会有什么水分。"

其次，坦诚式开局模式较为适用于两种情况的谈判关系。其一，谈判双方具有相互信任的稳定关系。在大多数情况下，坦诚的前提是互信，如果谈判双方有过成功交易的历史，或者本来就是长期合作的商业伙伴，那么完全可以省去开局阶段的虚文缛节，可以坦率而自然地表达意见和建议。例如，在跨国公司集团内部，母公司与子公司或孙公司的谈判就可以选择坦诚式开局模式，彼此虽是不同法人，但又高度关联，并没有太多"尔虞我诈""勾心斗角"的必要。其二，谈判双方存在明显的实力差距。对于谈判实力较弱的一方，主动坦诚既能够彰显谋求合作的意愿，也能表达实事求是的态度。如果再结合"戴高帽"、称赞法等策略，还可博取实力较强一方的理解与照顾，从而为己方争取到更有利的氛围。对于谈判实力较强的一方，也可以选择主动坦诚的方法。由于双方实力悬殊明显，孰强孰弱一目了然，与其遮遮掩掩，不如开诚布公。同时，强者的坦诚能够体现良好的风度，这也更有利于营造和谐友好的谈判氛围。例如，当大中型跨国公司与小微型企业进行谈判时，相互坦诚既能够消除弱者的恐惧心理，也能够克服强者的傲慢姿态。

最后，选择坦诚式开局模式也有一些注意事项。其一，坦诚的背后隐藏着一定风险。谈判人员应当注意，在向对方表达诚意的同时，也就暴露了己方的意图、实力与底线。对手不但可以根据这些关键信息制定不利于我方的策略，而且容易变得得寸进尺、难以满足，最终将坦诚变成了纵容，将礼让变成了退缩，将友善变成了软弱。例如，甲公司人员坦诚地说："贵公司是我方目前唯一能够联系的供货商，希望你们一定按时交货。"乙公司听闻，必然会以交货时间为筹码，在成交价格、付款方式等其他交易条件上提出更苛刻的要求。其二，坦诚之前必须经过调研。哪些人可以以诚相待，什么情况下适合开诚布公，谈判人员必须做到心中有数。谈判人员也不能天真地认为只要坦诚就一定能够打动对方，而是需要充分了解谈判对手的风格与习惯，从而有的放矢地实施坦诚策略。例如，当面对向来狡猾、颇有城府的对手时，当谈判内容涉及商业秘密时，当市场形势悄然变化时，谈判人员就应当慎重选择坦诚式开局模式。其三，坦诚的内容要有分寸。坦诚更多是一种态度和姿态，向对方传递的是一种光明正大的工作作风，谋取的是更加深入的合作关系。而对于具体的谈判目标与策略则应当有所保留，以便为后续的磋商过程留下讨价还价的空间。例如，在谈判场上，有问必答的"老实人"很受欢迎，但是如何坦诚却是一门艺术。精明的谈判者往往大智若愚，总能"吃小亏而占大便宜"。

### 三、保留式开局模式

保留式开局模式表现为在开局阶段，谈判人员采用按兵不动、以逸待劳的保守策略，对于对方提出的关键性问题有所保留地进行回答，从而营造出一种高深莫测、琢磨不定的谈判氛围。

首先，保留式开局模式的基本原理是"以退为进"的策略。当谈判双方见面之后，谈判对手往往急于了解我方的意图与条件，若能在此时有所保留，则必能对其心理产生一定的影响。具体而言，保留式开局模式能够通过营造神秘感来干扰对手。在心理学上，神秘感能够激发人们对于未知问题的猜想与探索。如果谈判人员只是向对手提供了不全面、不完整、不彻底、不具体的己方信息，那么必然引起对手的怀疑和分析，从而达到迷惑和牵制对手的效果。例如，当甲公司的人员问及乙公司的弱项销售渠道时，乙公司可以回答："这个问题不必担忧，我们自有办法。"这种模糊的回答不仅回避了弱点，还会让甲公司不敢轻易在营销层面制造障碍。同时，保留式开局模式还能够通过激发好奇心来吸引对手。在市场营销学中，好奇接近法就是一种通过营造和利用客户的好奇心来达成交易的方法。谈判人员可以采用"话里有话""欲言又止"等策略支吾其词，从而激起对手强烈的好奇心。而对手越是得不到答案，就越想知道答案，渐渐地就会被吸引着按照我方的思路开展行动。例如，若甲公司希望谈判的焦点能够集中在己方的优势领域，就可以这样说："关于品质问题，贵公司不必多问，我们也不便多说，反正我方正在改进和完善当中。"乙公司人员一听，必然产生兴趣，就会进一步追问为什么改进和如何完善等问题。于是，甲公司可乘机"半推半就"地"请君入瓮"，令对手一步步陷入品质磋商的僵局之中。

其次，保留式开局模式适用于沉闷的谈判氛围。众所周知，活跃氛围中的谈判人员往往会表现得知无不言、言无不尽，若是有所保留或含糊其词，则必然使谈判的氛围陷入沉闷。而在低调的谈判氛围中，谈判人员的交流往往是被动的，为了防范对手的进攻，也很少会主动谈及有关自身的实质性问题。例如，面对甲公司首席代表热情洋溢的开场陈述，乙公司的谈判人员保持沉默，既不正面回应对方的期望，也不谈及自身的主张与打算。那么，谈判氛围将立刻由高调转为低调。

最后，应用保留式开局模式需要注意几个问题。其一，不能违背诚实守信的基本原则。谈判人员应当注意，有所保留并不等同于消极应付。当遇到关键性问题时，可以选择沉默寡言，但决不能坑蒙拐骗。诚信是一切谈判策略的前提。例如，当谈判人员不便回答某个问题时，可以先不回答，如果胡乱回答，就很容易被对手抓住把柄并陷入被动。其二，谈判用语要注意分寸。保留式开局是一种策略，其实施过程应当自然而不失礼节。例如，谈判人员应当慎重使用"无可奉告""休要多问""不知道""不要问"以及"不该问"等言词，以免破坏和谐的谈判氛围。其三，应用时要注意避免"副作用"。假如谈判双方都有所保留，那么必然导致谈判难度增加、谈判冲突加剧、谈判时间延长、谈判氛围变差等不利于合作的情况。因而在采用保留式开局模式时，应当同时准备一些缓和谈判氛围的配套措施。例如，谈判人员需要掌握必要的沟通技巧，以便能够轻松自然地拒绝回答或转移话题。

## 四、进攻式开局模式

进攻式开局模式表现为在开局阶段，谈判人员采用先声夺人、主动出击的进击策略，不但主动挑起一个又一个颇具争议的谈判议题，而且在态度上保持十分强硬的姿态，从而是达到在气势上压倒对方和在进程上扰乱对方的效果。

首先，进攻式开局模式利用了心理学中的首因效应。由于谈判氛围的形成过程与谈判双方的"第一印象"有关，因而谁强谁弱的基本格局会在开局阶段"先入为主"地形成。为此，哪一方率先发起进攻，哪一方也就更容易占据谈判主动。正所谓，"先下手为强"。例如，甲公司的人员可以这样开启价格谈判："贵公司的定价策略我们素有耳闻，你们的价格普遍虚高，这次合作可不能再这样。"于是，甲公司通过率先攻击乙公司的价格策略，一开局就给了乙公司一个猝不及防的"下马威"。

其次，进攻式开局模式往往与企业的进攻型战略相配合。所谓进攻型战略，是指国际商务企业以开拓国际市场为目标，在产品、价格、渠道及促销等方面主动挑战竞争对手的营销战略。为此，当面对市场当中的强劲对手时，主动进攻往往比被动防御更能够占据谈判主动。例如，甲公司的人员可以这样告诉乙公司："我们公司的营销渠道是独一无二的，与我们合作将是贵公司的唯一正确选择。"于是，通过这句带有攻击性的陈述，既让对手感受到了压力，也凸显了自身的核心竞争优势。

再次，进攻式开局模式主要适用于一些较为特殊的谈判情况。一方面，适用于实力较弱但胆识过人的谈判者。当谈判对手的实力较强或优势明显时，弱势的一方可以采用"以攻代守"的反向思维，趁对手远道而来之际、立足未稳之时，出其不意、攻其不备，从而达到以弱胜强的谈判效果。例如，当小企业与大企业谈判时，与其唯唯诺诺，不如理直气壮，若再能抓住对方的弱点"穷追猛打"，则更能够取得不错的谈判成果。另一方面，适用于扭转不利于己方的谈判氛围。当谈判人员发现，对手正在营造低调、消极、拖沓等不利于己方的谈判氛围时，就可以使用进攻式策略来避免僵局。例如，面对甲公司人员热情友好的寒暄，乙公司人员表现得无动于衷、麻木不仁，那么甲公司人员就可以这么说："看来贵公司的合作意愿不高嘛，说实话，等着和我们谈判的公司还多着呢，要不我们就到此为止吧?!"为了继续谈判，乙公司人员只能道歉："不好意思，您别生气，我们怎么可能不愿意合作呢，呵呵，那我们就先来商量一下产品的目录吧?"于是，低调的氛围就被扭转为了自然的氛围。这类前后反差较大的策略组合也被称为"变脸"策略，正所谓，"敬酒不吃吃罚酒"。

最后，应用进攻式开局模式一定要慎重。按照国际商务谈判平等互信、合作双赢的基本原则，谈判双方最好能够在亲切友好、真诚礼让的氛围中开局，带有攻击性的语言或观点往往会对谈判关系产生一定的负面影响。另外，谈判攻击也需要讲究一定的方式方法，如果攻击的内容或方向有误，反而会使攻击方陷入被动。例如，若甲公司的谈判人员在未摸清情况的条件下就贸然攻击乙公司存在质量问题，就很可能被乙公司人员加以利用，从而被"将计就计""引入歧途"。因此，谈判人员一定要为攻击式开局模式准备必要的后续策略，从而做到游刃有余、进退自如。

### 五、挑剔式开局模式

挑剔式开局模式表现为在开局阶段，谈判人员采用吹毛求疵、批评指责的主动策略，紧紧抓住对方在商务礼仪、工作状态或言语表达等方面的失误，从而达到使其内疚和让步的谈判效果。

首先，制造内疚心理是挑剔式开局模式发挥作用的关键。在社交情绪中，羞耻与内疚的心理能够反方向地激发人的行动，适当利用这类因素能够将谈判引向更有利于己方的方向。特别是当谈判人员出现迟到、缺席、礼仪失当等情况时，一旦遭到对方的指责，就会为了得到理解和原谅而放低姿态，从而在具体谈判中陷入被动。例如，当甲公司的谈判人员被乙公司人员指责为着装随意、态度傲慢时，为了照顾对方的感受和弥补己方的过失，甲公司人员只能连连道歉："不好意思，的确是我方考虑不周、准备不足，贵方还有什么意见和建议尽管提出，我们都虚心接受。"从而在开局阶段就矮了三分。

其次，挑剔式开局模式主要适用于谈判实力较弱的一方，所营造的也主要是紧张、低调的谈判氛围。实际上，挑剔对手瑕疵是一类不对称的竞争策略，因为在具体的交易条件层面，己方并没有多少优势或胜算。为此，谈判当中的弱势一方就可以通过指责强势一方在细枝末节上的疏忽大意，借助"闹情绪""发感叹"及"表担忧"等策略来实现避其锋芒、挫其锐气的谈判效果。例如，面对财大气粗、志在必得的甲公司，既想达成协议，但又不想吃亏的乙公司人员就可以这样开局："贵公司果然是大企业，让我们在这空空荡荡的会议室里等了足足半个小时，如此待客真是让人大开眼界啊。"甲公司人员自知理亏，必然回答："久等了，久等了，为表歉意，我们将在售后环节给予更加优质的服务。"于是，乙公司实现了"小题大作"和"借题发挥"的策略效果。

最后，在使用挑剔式开局模式时也有一些注意事项。其一，要坚持对事不对人的基本原则。谈判人员在挑剔对方的过失或错误时，应当注意分寸，一定不能进行人身攻击。其二，谈判人员在情绪上不宜过分夸张。不满的情绪应当自然形成，过分刻意则显得装腔作势和有意为之。一旦影响了和谐友好的整体氛围，则会产生舍本逐末、得不偿失的失败效果。其三，谈判人员应当掌握反挑剔的必要技巧。谈判者应当明白，挑剔的主要目的是换取尊重和妥协，因而应对挑剔的基本思路就是淡化冲突和适当回应。当面对对手的挑剔时，谈判人员应当保持冷静，既不能花费太多的时间来解释与纠缠，也不能针锋相对地将谈判引向冲突，更不能因产生愧疚和胆怯而在让步中放弃原则。

综上所述，以上五种开局模式可以被划分为两大类。第一类是一致式开局模式和坦诚式开局模式。前者着眼于迎合对手，而后者注重于展现自己，二者都有利于迅速形成谈判共识。第二类是保留式开局模式、进攻式开局模式和挑剔式开局模式。前者重在防守，而后两者重在进攻，三者都有利于在谈判中谋求主动地位。五种开局模式亦各有适用情形，需结合谈判实际恰当使用。

## 第三节 开局探询的策略

### 一、辅助探询的常用策略

#### （一）见机行事策略

见机行事策略是指谈判人员主动寻找或刻意创造一些有利于谈判开局的良好契机。对于谈判双方而言，如何快速切入谈判议题是开局阶段的一项难题。为此，谈判人员可以从细节入手，将同对方人员的每一次互动都视为增进了解和加强互信的机会。

一方面，谈判人员需要具有识别机会的眼光与能力，能够从看似平常的问答中找到有价值的商业信息。例如，来自主场的谈判人员可以通过主动关心客场人员的食宿感受、行程安排等，了解对方人员的工作准备与谈判经验。

另一方面，谈判人员还需要具备把握机会的方法与技巧，能够将转瞬即逝的机会转化为实实在在的商业绩效。例如，当进口方人员得知出口方企业缺乏办理通关业务的人才时，可以主动提出派人协助，从而更加牢固地掌握其出口业务；当出口方人员了解到进口方企业难以一次性支付全部货款时，可以主动为其联系融资租赁或中长期贷款服务，从而实现对目标国市场的长期经营。

总之，见机行事策略是一种具有高度灵活性、主动性和创造性的探测方法，只要能够迎合对手的需求或意图，后续的深入磋商也就不会困难。

### （二）礼尚往来策略

礼尚往来策略也被称为润滑策略，是指谈判人员在初次见面时通过互表敬意、互赠礼品等方式来改善关系的策略。当谈判开局时，双方人员可以为对方准备一份"见面礼"，并通过交换礼物的形式达到展现诚意、活跃气氛及交流信息的目的。

按照商业习惯，礼品一般又分为三种类型。第一，国际贸易中的交易样品。例如，可供品尝的水果、食品、饮料等交易标的物，这些样品不仅能够给人以直观的感受，更与后续的国际贸易内容密切相关。第二，具有企业特色的纪念品。例如，汽车生产厂家的车模、纺织企业生产的丝巾或手帕、印制有企业商标的文化衫或水杯、企业定制的其他工艺品等。这些礼品不仅具有一定的纪念意义，更表达了相关企业的文化与理念。第三，谈判各方带来的土特产品。例如，谈判方所在国家的知名商品、文创产品、民族特色商品等。这类礼品具有鲜明的民族文化及地域特色，尤其适合主场谈判方向客场谈判方赠送，较能体现热情好客之美意。

需要注意的是，礼尚往来策略看似简单，却不可泛用或滥用。其一，谈判双方互赠礼品是一种商业习惯和礼节，绝不能掺杂任何属于庸俗营销范畴的"拉关系""走后门"等负面色彩。否则，谈判人员所实施的开局探询策略必将事与愿违、得不偿失。其二，谈判一方对于礼品的选择一定要符合对方人员的文化习俗与个人爱好，不要因触犯文化禁忌而破坏了开局氛围。其三，双方互赠礼品的时机要注意恰当，整个过程应当轻松自然并融入人际情感，切勿给人留下"重形式""走过场"的不好印象。

总之，礼尚往来策略是一种有助于打开谈判局面的常用策略，以礼物交换为先导，谈判双方的信息沟通也就变得更加容易。正所谓，"千里送鹅毛，礼轻情意重"。

### （三）赞美夸奖策略

赞美夸奖策略是指谈判人员采用主动称赞、夸奖或表扬对方企业或个人的说话方式，达到降低对方的戒备心理、软化对方的强硬态度、缩小彼此间的心理距离等沟通效果，从而能够更加贴近对手地探测信息。按照心理学的观点，赞美是对一个人从外到内的鼓励和肯定，能够使人获得精神上的极大满足。从人的本性上讲，得到认可与欣赏也是发自内心的重要需求，符合马斯洛需求层次理论中对于尊重和自我价值的追求。换个角度讲，喜欢得到赞美和讨厌受到批评又是人的一项弱点，不少人一旦受到吹捧，就会飘飘然而忘乎其形，从而更容易暴露弱点和出现失误。因此，对于谈判对手的适当赞美既能够较好地提高对方人员的积极性和主动性，也能够令其内心愉悦而自信不疑，从而高效率地推进彼此间深入而务实的谈判交流。

具体而言，赞美夸奖的对象可以分为企业和人员两个层次。如果是赞美企业，甲公司人员可以这么说："贵公司不愧是行业中的龙头企业，处处彰显着优秀的气质，我们公司将以这次谈判为契机，好好向贵公司学习学习，能与你们合作也将让我们感到十分荣幸。"乙公司人员听闻，顿时感到甲公司态度谦虚诚恳，于是毫无保留地提出了己方的诸多看法与意见。如果是赞美人员，甲公司人员又可以这么说："早就听说贵公司人才济济，今日一见果然是名不虚传。各位的到来让我公司蓬荜生辉，各位一定要不吝赐教，多多分享商业经验。"乙公司人员一听，不仅觉得受人尊敬，更体会到宾至如归、旧友重逢的温情。

当然，使用赞美策略也有一些注意事项。其一，赞美的态度一定要真诚。赞美时要注意协调好语言、表情及动作，避免显得庸俗和客套，更勿给人造成虚情假意或嘲讽挖苦的感觉。其二，赞美的内容一定要可信。无论是夸奖企业还是个人，表扬的优点要有根有据，切勿给人杜撰或夸张的印象。其三，赞美的效果一定要自然。经过赞美，双方的关系应当更加亲近，而非更加疏远，切勿给人留下"拍马屁""戴高帽"的不良感受。

总之，善于赞美才能收获赞美，开局赞美也是营造良好第一印象的常用策略。

### （四）幽默风趣策略

幽默风趣策略是指谈判人员运用幽默风趣的语言来营造一种轻松愉快的谈判氛围，从而为双方的深入交谈创造便利。实践证明，谈判的初始氛围往往是严肃而紧张的，若谈判人员一味强调严谨的礼节和固定的流程，反而会加剧谈判双方的对抗或对立情绪。此时，谈判人员若能恰如其分地开个玩笑、讲个笑话，反而能够达到消除隔阂、引出话题的良好效果。

具体而言，幽默风趣既是一种值得学习的艺术性交流技巧，也体现了谈判人员与众不同的魅力与智慧。例如，当需要拒绝对方的条件时，谈判人员可以这么说："贵公司的报价远远高于我们公司所能接受的最高价格，看来我们团队只有自掏腰包才能补齐这段差价了。"对手听闻，在会心一笑的同时，也明白了我方的意图。再比如，当需要催促对方决策时，谈判人员又可以这么说："这点支出对于贵公司来说可谓不值一提，贵方就是拔根毫毛都比腰粗，难道会和我们斤斤计较吗？"对方一听，也就不好意思再讨价还价了。除此之外，做到幽默风趣还可以采用夸大其词、自我调侃、对号入座、制造误会、将错就错等技巧，而一名优秀的谈判人员必然具备谈吐幽默、智慧风趣的潜质。

实施幽默风趣策略也要注意方式方法，一定要选择好恰当的时机、正确的场合、适合的对象以及巧妙的语言。例如，谈判人员不能取笑他人或嘲笑同事，所开玩笑不能涉及外国文化、宗教、礼仪及民俗等内容，否则就会弄巧成拙、适得其反。

总之，幽默风趣是打开谈判局面的"润滑剂"，各方在哈哈一笑中将尴尬与沉默一扫而空。

## 二、打探信息的常用策略

### （一）迂回询问法

所谓迂回，即为环绕、回旋的意思，常常被用作一种避敌锋芒、侧翼出击的战略战术。在谈判初期，双方人员一般都较为拘谨和紧张，若在此时直接提问，既显得不够礼貌，也不容易获取理想的信息。为此，谈判人员可以采用避开正题、旁敲侧击的说话方式，巧妙而隐蔽地探知对方信息。例如，主场谈判人员可以主动为客场谈判人员提供预订往返机票的服务，从而掌握对方的谈判结束期限；谈判人员可以先提问质量、数量及包装等较为常规的交易条件，待对方有所松懈时再询问价格、支付等关键问题，从而让对手不好拒绝和隐瞒；谈判人员还可以"放长线，钓大鱼"，先将敏感、复杂的议题搁置，转而通过考察、参观、宴请、茶歇等方式改善氛围、增进感情，待到对方心情愉悦、饶有兴致之时再来讨论，则可将相应难题迎刃而解。

总之，迂回询问法的关键在于要将探询的问题隐藏起来，即要让对方在不知不觉中自然而然地透露其意图或目标，从而达到"我已知彼，而彼不察"的策略效果。

### （二）火力侦察法

火力侦察原本是一种军事侦察手段，表现为先以小股火力试探，再根据敌人的反应来判断其虚实。在国际商务谈判中，火力侦察法同样能够发挥预判对手动向的作用。具体而言，谈判人员可以利用一些带有挑衅色彩的言语或话题，达到刺激、引诱或迫使对手表达意见的效果。例如，为了探询进口方是否了解国际市场行情，出口方人员可以先报出一个明显偏高的价格，待其质疑后再报实价；为了考验出口方的技术水平是否先进，进口方人员可以先抛出几个专业性很强的技术问题，若对方能够回答，再与其展开深入磋商；为了试探国际买家的购买诚意，卖方人员还可以主动强调诸如在运输、保险、支付等环节的困难，以便观察对方是知难而退还是迎难而上。可以说，在谈判的开局阶段，双方都会相互进行火力侦察，从而快速掌握彼此的虚实、底线和诚意。另外，火力侦察法要求谈判人员掌握一定的提问技巧，所提出的问题既要能够刺激对方表态，也要注意合情合理、不伤和气。例如，甲公司担心乙公司不能按时付款，则可这样提问："贵公司向来财大气粗，此次结算必然是选择即期付款方式吧？"乙公司人员一听，即使想要采用远期付款方式，也不好直接回绝。是否同意即期付款将直接暴露其资金实力。

### （三）示错印证法

所谓示错，即展现错误之意；所谓印证，即对照比较之意。在国际商务谈判中，谈判人员可以先主动暴露一些问题或差错，达到引起对方注意和表态的反馈效果，再将对方的反应与己方的猜测相对比，就能探知对方的强弱与虚实。实践表明，谈判双方在开局阶段都处于一种相对紧张的氛围当中，尤其会对对方的言行保持较高的关注度。此时，谈判的一方一旦说错话或说漏嘴，另一方就会"借题发挥""乘虚而入"。而示错印证法正好利用了谈判人员的这一心理，通过主动示错的方法反其道而为之，从而诱使对手在纠正"错误"的过程中暴露其真实想法。例如，出口方人员可以在连续降低报价的过程中错报一项上涨的价格，从而引诱进口方人员在纠正过程中接受前一次报价。出口方人员还可以故意将 FOB 价格错报为 CIF 价格，进口方人员就会"将错就错"地要求出口方承担运输与保险服务，从而暴露其运输短板和额外需求。类似地，进口方人员也可以有意说错出口方企业的品牌，巧妙地引入其他竞争者，从而达到压低出口商价格的目的。

总之，示错印证法的核心就是凭借人为制造的"假错误"来验证或探寻对手的"真信息"。

### （四）聚焦深入法

聚焦深入法是一种先通过连续提问来试探对手弱点，再针对这些弱点逐一深入探询的谈判策略。在谈判的开局阶段，谈判人员有必要对各个关键议题进行一次"扫描式"提问，从中筛选出己方优势明显或对方含糊其词的"焦点"话题，进而为后续谈判准备好进攻的方向和交换的筹码。例如，进口方人员可向出口方人员逐一询问交易条件，包括产品有哪些型号、包装有什么特点、运输有哪些方式、价格有没有优惠、交货时间如何确定等问题。如果这些问题都无异常，唯独发现出口方坚持要求较大比例的预付款，则说明付款方式是值得深入探究的突破口。此时，进口方人员就可以聚焦付款条件，深入追问其缘由，一旦发现出口方存在资金链紧张或生产材料缺乏等问题，就可以针对性提出风险防控与价格优惠等条件，并做好办理国际保理的工作准备。另外，聚焦深入法也是一种具有隐蔽性的探询方法。有经验的谈判人员常常会将自己最为关心的问题隐藏在一系列各式各样的问题当中，从而令对手难以察觉己方的真实意图，对后续的聚焦追问也是防不胜防。

总之，聚焦深入法的意义就在于能够帮助谈判人员直击要害、洞见症结，并为迅速进入实质性谈判提供了一种可行的思路。

### （五）声东击西法

顾名思义，声东击西法就是指谈判人员在开局时故意释放一些"烟幕弹"议题，从而达到迷惑扰乱对手的效果。为了掩盖真实的探测意图，谈判人员可以尝试分散对手的注意力。具体而言，可以先热烈讨论一些无关紧要的议题，待对手乱了阵脚之后，再出其不意地切入某个关键话题，从而令其首尾不能相顾。例如，进口方人员可以表现得十分关心贸易标的的价格，让出口方误以为进口方贪图便宜而忽视品质，待出口方报出一个较低的交易价格时，进口方再重申品质要求，从而迫使出口方只能"提质不提价"。再比如，买家可以这样询问卖家："贵公司的附加产品和服务真的是物有所值吗，可否一一报价？"卖家为了凸显自身的优势，便会回答："我们附赠了相当于每箱 100 美元的运费、10 美元的保险费以及 5 美元的包装费。"这时买家突然提出："不好意思，我们准备自行安排运输、保险及包装，请贵方在价格中减去这些费用。"卖方顿时感到中了"围魏救赵""顾此失彼"的计策。

总之，声东击西法的关键要点在于"虚张声势"和"杀回马枪"，前者表现为对虚假意图的渲染和强调，而后者着力于要猝不及防地直击要害。同时，作为一种探询策略，声东击西也应注意迎合氛围和构思巧妙，正如历史上的"项庄舞剑，意在沛公"。

#### （六）投石问路法

投石问路法是指在谈判的开局阶段，谈判人员先提出一些较为肤浅的问题或假设性问题，待对方展开回应之后再进行详细询问的策略。按照人际沟通的一般规律，信息交换往往需要经过从无到有、由少到多、先疏后密、先易后难以及由浅到深的过程。为此，谈判人员不宜在谈判初期就深入询问一些关键性问题，而最好采用投石问路或抛砖引玉的试探性提问。例如，为了询问出口方的真实价格，进口方可以这么说："贵方知道，我公司实力有限，难以承受太大的资金压力。"出口方一听，便知进口方是在打听价格，于是回答："请贵方放心，我公司的价格向来公道，参考报价如下……"同样的，为了探询进口方的购买数量，出口方又可以这样问："我方近期有些优惠措施，若贵公司的采购数量超过 300 吨，我方将给予每吨 20 美元的折扣。"若进口方回答："我方本次购买数量不足 300 吨，能否也享受相应优惠呢？"则成交数量在 300 吨以下的情况已探明。

另外，为了防止对方拒绝回答或不便回答，谈判人员需要巧妙选择作为"石"或"砖"的先导性问题，从而真正发挥"探路"或"寻宝"的作用。例如，提出假设就是最常用的探询技巧。进口商可以提问："假如我们能够签订五年期的长期合作协议，贵公司在价格与数量方面是否能有所优惠？"出口商也可以提问："如果我方全权委托贵公司在当地销售产品，那么能够达到的最高营业额是多少？"这些问题中的假设都不是提问方的真实意图，但回答方的答复却反馈了宝贵的信息。

总之，主动暴露的己方弱点、单方面提出的交易方案、善意做出的条件让步、假设性的意见探讨等都可以作为"石"或"砖"，而恰到好处的投石问路将有助于谈判人员掌握对手的真实心理与核心需求。

### 三、防御探寻的常用策略

#### （一）沉默寡言策略

沉默寡言策略是指谈判人员在开局阶段尽量保持沉默或采用多听少说技巧的一类策略。常言道，"言多必失，沉默是金"。当谈判刚开始时，谈判人员与其在滔滔不绝的陈述中暴露关键信息，不如在低调沉默的状态中观望对手的言行举动。简言之，沉默寡言策略的核心就是"待机而动、后发制人"八个字。

实际上，当谈判人员开始阐述己方的意图与主张时，对手都在细心倾听和认真分析，相应的措辞、语气、声调、神态等都透露着或明或暗的不同信息。例如，说话时吞吞吐吐、词不达意，意味着谈话者准备不足或心中胆怯；说话时语音洪亮、语气果断，说明谈话者自信满满和决心坚定；说话时夹杂着咳嗽、颤音、叹息或口头语，则说明谈话者心存焦虑、思路混乱。可以说，在谈判桌上，听其言便可知其人。

当然，沉默寡言策略也并非一言不发，而是要求谈判人员能够在关键时刻"一针见血"地指出问题的关键。为此，谈判人员应当做好三项基本工作。其一，充分掌握对手的谈判意图。谈判人员要能提前预判对手的开场陈述内容，并针对其观点有所准备。其二，沉默的同时要善于倾听和等待。谈判人员必须要沉得住气，切勿迫于对手的追问或引诱而提前暴露关键信息。其三，在沉默过程中也要注意回应对手。谈判人员要注意保持热情的态度和礼貌的言行，当对手陈述时，要注意保持微笑并适当点头，从而鼓励对手"知无不言，言无不尽"。待到基本掌握并验证了对手的各项信息后，再进行有针对性的反驳或建议，则可在以逸待劳、以静制动中完成谈判的探询工作。

总之，沉默寡言策略是开局阶段最简单和最有效的一种防御性策略。

### （二）挡箭牌策略

挡箭牌策略是指谈判人员通过制造各种借口与托词，达到阻止对手提问探询、守住己方原则底线的一种方法。所谓挡箭牌，原是指古代战争当中防御敌方刀砍箭射的盾牌，现被用作指代商业上推脱、婉拒之理由。当谈判开局时，对方难免会发起各种探询策略，为了既保住己方的秘密，又不伤彼此间的和气，巧妙使用挡箭牌就显得非常必要了。

具体而言，常用挡箭牌的类型主要有两种。第一，权力有限。谈判人员可以根据实际情况适当隐瞒手中的权力，从而在对方不断追问时形成"无权处置""无从了解"和"需要请示"等事实结果。例如，当甲公司人员连连逼问可以达成的最低成交价格时，乙公司人员就可以这样回答："实在对不起，我们能够给出的折扣比例非常有限，如果要求更低的价格，我们需要向总公司提出申请，那样恐怕需要很长的等待时间，这将对贵公司产生不利影响。"甲公司听闻，亦不好再行强迫了。第二，找"替罪羊"。谈判人员可以假借他人之口来拒绝对手的提问，从而达到既表达了否定的意思，又不得罪对手的效果。例如，为了否决甲公司人员提出的苛刻的装运期限要求，乙公司人员可以这样说："不好意思，我们刚刚联系了承运人丙公司，得知它们为了避免海面封冻，将无法在冬季完成该批货物的装运。"或者"如果贵公司坚持这一装运时间，可以直接与丙公司联系。"从而既以客观困难做出了拒绝，也将谈判的矛盾转移给了第三方。

在使用挡箭牌策略时，谈判人员也要注意几个问题。其一，寻找的借口要客观真实，切勿随意捏造或信口雌黄，以至于给人留下不讲诚信、不负责任的不好印象。其二，提出借口时要理直气壮，切忌推三阻四、结结巴巴，以至于给人造成有意推脱、恶意阻挠的不好感觉。其三，婉拒之后要注意安抚对手的情绪。防御和拒绝的目的并不是为了终止谈判，因而要给对手留下继续谈判的希望和余地。在这个问题上有所保留，但在另一个问题上又可以让步，切勿给人板上钉钉、没得商量的感觉。

总之，挡箭牌策略是一种防御对手探测了常用策略，巧妙运用将使谈判人员可攻可守、进退自如。

### （三）打太极拳策略

打太极拳策略是指谈判人员并不寻求正面回应对方的提问，而是采用迂回、避让、消磨、化解等方式来侧面应对。众所周知，太极拳以阴阳辨证为思想，主张以柔克刚、借力打力。国际商务谈判亦可借鉴太极思维，并将其运用在防御对手的探测与进攻当中。

具体而言，打太极拳策略包含三个基本步骤。首先，面对谈判对手的探询，反应的速度要缓慢。谈判人员可以保持一定时间的沉默，再请求对方人员将所提问题重复一遍，从而为己方争取到更多思考与分析的时间。常言道，"事缓则圆，欲速则不达"。有时，慢比快更有优势。例如，当甲公司人员一再逼问乙公司的货源渠道时，乙公司人员就可以这样回答："这个问题只有我方副总清楚，很遗憾他今天没有到场，只能下次谈判时再做回复。"于是，这一问题很可能就在搁置中被化解了。其次，回答谈判对手的问题，可以避重就轻。特别是对于难以回答或不便透露的问题，谈判人员可以采取顾左右而言他的迂回策略，即运用巧妙而不失礼节的语言既回答了对方的提问，又保守了己方的秘密。例如，当甲公司人员问及乙公司在本轮交易中的利润水平时，乙公司人员就可以这样回复："我公司向来货真价实、物美价廉，一定会以价格公道、质量可靠为前提，永远只赚良心钱。"于是，甲公司看出了乙公司的回避意图，也就不好再进一步多问。最后，不等对手反应，可立即反问其类似问题。通过"踢皮球策略"反问对手，谈判人员又可以反向探询对手的虚实。例如，当甲公司人员正在思考乙公司究竟可以赚多少钱时，就被乙公司人员反问道："在贵公司看来，本次交易的利润率应该设定为多少才合适呢？"于是，给对手设下的难题反而难住了自己，正所谓，"己所不欲勿施于人。"此时，双方会心一笑，答与不答都不重要了。另外，在实施打太极拳策略时，谈判人员也要注意保持真诚友好的态度，切勿给对手留下漠不关心或居心叵测的不良印象。

总之，打太极拳策略体现了谈判人员协调灵活的应变能力，合理应用则可成为缓和冲突和化解僵局的好办法。

 **本章小结**

本章主要讲述了三个方面的内容。

第一，开局氛围的把握。一方面，谈判氛围是指基于谈判双方的态度、情绪、风格、观点和行为等要素所形成的环境特征。谈判氛围的类型包括高调的、低调的、紧张的、松弛的和自然的五种情况，影响谈判氛围的因素主要有谈判的内容、双方的关系、双方的实力、人员的表现及场所的布置等。另一方面，开场陈述也被称为开场白，是开局阶段谈判双方各自阐述其根本立场、主要观点、基本原则及目标期望的正式讲话。开场陈述的主要内容包括了己方的根本立场、己方的基本原则、己方的核心利益、己方的主要观点、己方的意见与建议等。

第二，开局模式的选择。可选模式包括一致式开局模式、坦诚式开局模式、保留式开局模式、进攻式开局模式及挑剔式开局模式。五种开局模式各有特点、作用各异，谈判人员需结合谈判的实际情况恰当地使用。

第三，开局探询的策略。首先，辅助探询的常用策略主要有见机行事策略、礼尚往来策略、赞美夸奖策略及幽默风趣策略等。这些策略主要用于谈判氛围的营造与把握，是探询消息的"润滑剂"策略。其次，打探信息的常用策略主要有迂回询问法、火力侦察法、示错印证法、聚焦深入法、声东击西法及投石问路法等，这些策略有助于主动获取谈判信息，并具有较高的技巧性和艺术性。最后，防御探询的常用策略主要有沉默寡言策略、挡箭牌策略和打太极拳策略等，这些策略主要用于阻止对方的探询，但要注意使用的情形与分寸。

总之，在国际商务谈判的开局阶段，谈判人员应当做好营造良好的氛围、选择合适的对话模式、巧用恰当的探询策略三项具体工作。正所谓，"良好的开端是成功的一半"。

 **作业与习题**

### 一、单项选择题

1. （　　）表现为热情洋溢的情绪、积极主动的态度和和谐友好的环境。

    A. 高调的谈判氛围               B. 低调的谈判氛围

    C. 紧张的谈判氛围               D. 松弛的谈判氛围

    E. 自然的谈判氛围

2. （　　）表现为冷若冰霜的情绪、消极被动的态度和紧张对立的环境。

    A. 高调的谈判氛围               B. 低调的谈判氛围

    C. 紧张的谈判氛围               D. 松弛的谈判氛围

    E. 自然的谈判氛围

3. （　　）表现为在开局阶段，谈判人员采用充分肯定、全面协商的积极态度，处处营造与对方思维或行动相一致的谈判氛围。

    A. 坦诚式开局模式               B. 一致式开局模式

    C. 保留式开局模式               D. 进攻式开局模式

    E. 挑剔式开局模式

4. （　　）表现为在开局阶段，谈判人员采用先声夺人、主动出击的进击策略。

    A. 坦诚式开局模式               B. 一致式开局模式

    C. 保留式开局模式               D. 进攻式开局模式

    E. 挑剔式开局模式

5. （　　）的关键在于要将探询的问题隐藏起来，即要让对方在不知不觉中自然而然地透露其意图或目标。

    A. 声东击西法                B. 聚焦深入法

    C. 示错印证法                D. 火力侦察法

    E. 迂回询问法

### 二、多项选择题

1. 影响谈判氛围的因素主要包括（　　）。

    A. 谈判的主要内容               B. 谈判双方的关系

C. 谈判双方的实力　　　　　　　　D. 谈判人员的表现

E. 谈判场所的布置

2. 开场陈述的作用主要体现为（　　）。

A. 向对方说明情况　　　　　　　　B. 了解对方的意图

C. 明确共识与分歧　　　　　　　　D. 具有商务礼仪的作用

E. 打探对方的商业秘密　　　　　　F. 实施讨价还价策略

3. 在进行开场陈述时，要注意（　　）问题。

A. 陈述的内容应当简明扼要　　　　B. 陈述的时间应当大体相当

C. 陈述的状态应当充满自信　　　　D. 倾听的过程应当注意礼节

E. 陈述过程中要与对方积极讨论　　F. 团队中每一名成员都要发言

4. 辅助探询的常用策略包括（　　）。

A. 见机行事策略　　　　　　　　　B. 礼尚往来策略

C. 赞美夸奖策略　　　　　　　　　D. 幽默风趣策略

E. 迂回询问策略　　　　　　　　　F. 火力侦察策略

5. 防御探询的常用策略包括（　　）。

A. 见机行事策略　　　　　　　　　B. 打太极拳策略

C. 赞美夸奖策略　　　　　　　　　D. 挡箭牌策略

E. 聚焦深入策略　　　　　　　　　F. 沉默寡言策略

## 三、判断题

1. 若谈判人员精神饱满、着装整齐，说明其准备工作较为充分，对本次谈判相当重视。　　　　　　　　　　　　　　　　　　　　　　　　　　　　（　　）

2. 谈判开局的寒暄话题不用避开婚姻、宗教、收入、财产等个人隐私。　（　　）

3. 幽默风趣是打开谈判局面的"润滑剂"，各方在哈哈一笑中将尴尬与沉默一扫而空。　　　　　　　　　　　　　　　　　　　　　　　　　　　　　　（　　）

4. 示错印证法的核心就是凭借人为制造的"假错误"来验证或探询对手的"真信息"。　　　　　　　　　　　　　　　　　　　　　　　　　　　　　　　（　　）

5. 当对方进行陈述时，若听到错误表达或触及己方底线的观点时，应当立即打断对方的讲话，进行反驳或辩论。　　　　　　　　　　　　　　　　　　　（　　）

## 四、简答与论述题

1. 请简述如何营造良好的开局氛围。

2. 请简述开场陈述的主要内容有哪些。

3. 请谈谈在开局阶段，谈判双方应当交换哪些意见。

4. 试论述保留式开局模式、进攻式开局模式与挑剔式开局模式的含义与用法。

5. 请结合一定案例，谈谈如何在谈判中应用赞美夸奖策略。

## 五、实训题

1. 请围绕一定主题模拟一场商务谈判，并试着营造不同的开局氛围。

2. 请在一场沟通或对话中应用赞美夸奖策略和幽默风趣策略。

3. 当面对不好回答的问题时，尝试一次大胆"说不"，并用到一定的防御探测策略。

参考答案

# 国际商务谈判的磋商

## 开篇阅读资料
KAIPIAN YUEDU ZILIAO

### 中国企业"走出去"更要"走进去"

随着"一带一路"倡议从谋篇布局的"大写意",转向精谨细腻的"工笔画",中国企业"走出去"的道路越来越宽广。揆诸全球,从华为、小米等智能手机品牌在国外成功"圈粉",到快递产业、移动支付等"中国服务"阔步迎风出海,再到大型基础设施建设工程在世界各地落地生根,中国企业"走出去"的成绩单可圈可点。但"墙外开花"还需"两头香"。企业要开拓海外市场、实现长远发展,简单的"走出去"远远不够,必须"走进去""融进去"。

完成这一跨越,既要有"打铁还需自身硬"的实力支撑,更要有合作共赢、造福当地的情怀与担当。实践中,"走得快""走得稳"的企业无不顺应互利互惠、共同繁荣的发展潮流。在孟加拉国,中铁大桥局创造"烂泥坑"上建桥的奇迹,结束了帕德玛河两岸居民千百年摆渡往来的历史;在阿拉伯联合酋长国,"阿布扎比之光"项目满足了逾9万人的用电需求,每年减排二氧化碳100万吨;在塔吉克斯坦,新疆中泰集团中塔农业纺织项目为当地创造固定就业岗位1 600个、提供年临时用工30万人次……这些合作共赢的故事,不但将中国人民的友谊播撒向世界,而且提示我们:只有真正惠及当地,企业才能获得支持,实现长远发展。

从"走出去"到"走进去",企业需要将"功夫下在诗外"。不同国家由于在历史发展、文化习俗等方面存在较大差异,在合作中难免出现"水土不服"的情况。这就要求企业与海外公众多交往、多沟通,形成情感共振。拿美丽山二期项目的建设来说,国家电网在工程建设的同时,还在线路沿途新建、修复了超过1 970千米的道路和350座桥梁,向亚马孙地区沿线居民捐献了760批防治疟疾专用物资,帮助亚马孙地区贫困居民建设现代化工厂……这些实实在在的举动造福着巴西人民,让该工程成为闻名巴西全境、受当地民众尊敬的项目。

资料来源:2020年4月3日的《人民日报海外版》。

**思考:**

中国企业在"走出去"过程中,应当如何看待短期利益与长期价值?为实现与外国合作者的长期共赢,又当如何把握国际商务谈判的磋商环节?

## 第一节　交易磋商中的讨价还价

### 一、讨价还价概述

交易磋商是国际商务谈判双方当事人签订国际贸易合同、达成国际商务合作、交涉与解决商务问题的必要过程，亦是国际商务谈判的核心环节。就具体内容而言，交易磋商表现为双方围绕各项交易条件或关键议题的反复沟通，需要完成询盘、发盘、还盘和接受四个步骤。着眼于国际商务谈判的实际操作，交易磋商又可视为双方讨价还价的具体过程，大致需要经历报价、讨价和还价三个主要步骤。需要注意的是，讨价还价并不仅仅是围绕价格的磋商，这里的"价"泛指一切可以谈判的议题或条件，包括品质、数量、包装、运输、保险、货款、商检及仲裁等各项内容。为方便举例与解释，本章主要探讨有关价格的磋商问题。

### （一）谈判报价

谈判报价是指谈判中的一方当事人向另一方当事人提出某项具体的交易条件的行为，并表示愿意按照这一条件订立合同。谈判报价接近于交易磋商中的发盘，既可以是明确表达交易条件的实盘，也可以只是阐明态度和意向的虚盘。

1. 报价的基本原则

第一，"低买高卖"原则。站在不同的立场，报高价与报低价各有利弊。对于进口方而言，进口商品的"买价"要尽可能地低，因而报价的顺序应当是从低到高依次增加；对于出口方而言，出口商品的"卖价"要尽可能地高，因而报价的顺序应该是从高到低依次减少。交易双方也只有在这一高一低的报价差额中，才能最终达成双方都能接受的成交价格。实际上，"低买高卖"原则给买卖双方都带来了好处。以卖方为例，偏高的报价不仅可以拉高对手的心理预期，也可以为后续谈判争取到更大的回旋余地。以买方为例，偏低的报价不仅可以挫败对手的士气、探测对手的虚实，更有利于在后续谈判中进一步掌握标的物的成本、利润及费用等价格构成。可以说，"低买高卖"式报价也是一种能够扩大谈判优势的常用策略。

第二，"货真价实"原则。尽管买卖双方会结合自身利益带有倾向性地偏高或偏低报价，但是报价的总体水平应当合情合理。俗话说，"一分钱，一分货"。按照价值规律，商品的价格也总是围绕其价值上下波动的。在国际商务谈判的报价环节，谈判人员的报价应当基于一定的市场调查和科学分析，决不能信口开河、漫天要价，除了必要的策略性目的之外，一般不要给人留下"狮子大开口"或"人心不足蛇吞象"的不好感觉。以卖方为例，出口报价要有根有据，不能完全脱离国际市场的平均水平。即使被认为所报价格偏高，卖方也能从成本、质量及服务等方面给予合理解释。以买方为例，进口报价也要体现出诚意，不能为了压低价格而不顾及出口方的生产经营实际。否则，过低的报价反而会使出口方失去交易的兴趣和积极性。可以说，谈判人员要合理控制报价当中的"水分"，而相对务实的报价方式也更有利于达成交易。

第三，"虑周藻密"原则。谈判报价是一项周密而严谨的工作，谈判人员在报价前要做到准备充分、思路清晰，在报价时要做到沉着冷静、言辞准确，在报价后要做到问心无愧、进退有余。切勿在报价前表现得慌慌张张、犹豫不决，在报价后又表现得顾此失彼、后悔不已。在实践中，当谈判一方在报价时，另一方也在仔细观察，任何"蛛丝马迹"都可能成为对手讨价还价的突破口。为此，谈判人员既不能表现得含糊其词、模棱两可，从而让对手失去耐心和产生不满，也不能表现得吞吞吐吐、前后矛盾，以至于引起对手的怀疑和误解。简言之，谈判人员在态度上要坚定和自信，在情绪上要理智和稳重，在语言上要明确和清晰，从而保证每一轮报价都能取得对己方有利的效果。

第四，"言简意赅"原则。在大部分情况下，报价的目的在于引发对手还价，因而"投石问路"亦是报价的一项重要作用。实际上，谈判人员并不指望在一次报价中就达成交易，而是需要在反反复复的讨价还价过程中，才能最终找到真正的成交价格。为此，报价的目标意图必须明确，语言文字必须简洁，一般也不做太多的解释和说明。例如，"峨眉一级毛峰绿茶，500千克，每千克FOB宜宾60美元，6月装运。有效期5天"。这便是一项交易条件十分明确的报价表述，相应语言简洁清晰，其中的品名、品质、单价、数量等信息一目了然。

第五，"随行就市"原则。谈判报价应当紧密联系市场行情，相应的价格基准、内容构成及意图表达等应当具备实时性和专业性。换言之，谈判人员必须准确掌握市场上的最新动态，而不是仅仅凭借历史经验或主观臆断来随意报价。一般而言，为了使己方的报价更加具有说服力，谈判人员会先列举若干历史价格作为参照，再找出本区域同类交易的当前价格进行比较，从而基于时间与空间两个维度来报价。例如，从事国际贸易的中小企业，常常会以行业中的大型企业为参照，在报价跟随其"水涨船高"的同时，以相对略低的报价来招揽业务。

综上所述，谈判人员必须形成一套周密而有效的报价策略，从而做到心中有数和有的放矢。

2. 报价的影响因素

国际商务谈判的报价水平通常会受到多重因素的制约与影响，因而如何合理报价也就成了谈判人员需要面对的一项难题。

首先，成本与费用。众所周知，商品的成本是决定其价格的基础。在经济学中，商品的售价由成本与利润组成，在成本一定的情况下，报价越高，利润也就越高。例如，在国际贸易谈判中，利润可变，而成本不可变。谈判人员一般也只有通过调整折扣的比例来实现差异化的报价策略。在营销学中，成本又包括了货币成本、时间成本与精力成本等，因而谈判人员在报价的同时，还要考虑到对手除了支付货款以外的其他付出或耗费。例如，在国际贸易谈判中，按照FOB术语的报价通常会低于按照CIF术语的报价，前者看似比后者更为便宜，但是进口方会在运输、保险等环节花费额外的费用和付出不小的精力。可以说，谈判报价并不能脱离商品交易的成本与费用，一旦谈判标的物的成本发生变动，相应的报价也会随之变动。

其次，品质与数量。一方面，商品的品质与其价格密切相关，其品质的内涵、规格或等级越高，相应的报价也就越高。实际上，商品的品质也是一项综合性概念，狭义的品质主要是指商品本身的质量，如材质、功能、技术含量等，广义的品质则包括各种附加价值，如品牌、服务、社会声誉等。在国际商务实践中，按质论价也是行业惯例，鱼目混珠、以次充好的做法历来为商界所不齿。另一方面，交易的数量也会影响报价的水平，成交的数量越大，商品的单价就越低。在实践中，谈判人员在报价的同时，必须综合考虑交易数量的大小。例如，为了鼓励进口方扩大进口规模，出口方可以给予进口方适当的折扣优惠，从而达到利用价格来影响销量的效果。

再次，供需与竞争。一方面，国市场行情中的供需变化会影响报价。众所周知，当商品在市场上供不应求时，价格趋于上涨；当商品在市场上供大于求时，价格又趋于下跌。加之国际市场上的商品价格瞬息万变，利率、汇率等也时刻处于波动之中，因而谈判人员的报价绝不能脱离市场供需这一大背景。另一方面，谈判桌背后的竞争因素也很突出。按照谈判实力理论，谈判一方的同类竞争者越多，对手的可选择对象也越多，其谈判实力也就越弱。面对竞争，实力较弱的谈判者只能降低报价水平，以便达到吸引和稳住对手的目的。例如，精明的谈判人员十分善于在谈判中引入比较或竞争，在使对手感到紧张的同时，也能迫使其主动降价。正所谓，"货比三家不吃亏"。

最后，条件与策略。一方面，报价需要考虑交易条件的优劣。其一，按照交货方式的不同，合同可以分为到达性质与装运性质两类，由于进出口双方所要承担的风险不同，因而前者的报价一般要高于后者。其二，按照货款支付方式的不同，国际贸易可以分为远期付款和即期付款两类，由于进出口双方承担的资金压力不同，因而后者的报价一般要低于前者。其三，按照使用外汇种类的不同，作价方式可以分为硬币作价和软币作价两类，由于硬币趋于升值，软币区于贬值，因而进出口方的作价方式各有侧重。另一方面，报价还需要结合一定的谈判策略。例如，当出口方需要开拓新的市场时，报价会偏低；当进口方需要发展合作伙伴时，报价会偏高。另外，当谈判人员需要实施"巧布迷阵""中途变价"等报价策略时，也会改变报价的幅度。

总之，影响报价的因素有很多，报价环节需要谈判人员结合谈判实际灵活处理。

3. 报价的主要方式

第一，西欧式报价。西欧式报价也被称为顺向报价，这是一种卖方首先报出最高价格或买方首先报出最低价格，然后再逐步降低要求，直至达成交易的报价方式。实际上，西欧式报价具有较大的"水分"，最初报出的价格看似可怕，却会随着一系列折扣、减免及优惠措施的推出而逐渐回归正常。虚报的价格正好为谈判留下了空间，而最终能否以合理的价格成交，就完全取决于买卖双方的谈判效果。西欧式报价的优点是比较符合价格谈判的心理感受，因为人们习惯于从高到低地谈成价格，并将"砍下的价格"视为讨价还价的成果。西欧式报价的缺点是容易开价偏高，这既不利于吸引交易对象，也容易削弱企业的市场竞争力。

第二，日本式报价。日本式报价也被称为逆向报价，这是一类卖方首先报出最低价格或买方首先报出最高价格，然后再逐渐提高要求，直到达成双方满意的报价。不同于西欧式报价从高到低的砍价模式，日本式报价是一种从低到高的加码模式。这类报价一般都是"裸价"，在看似诱人的价格背后，还隐藏着一系列苛刻或烦琐的附加条件，因而几乎不可能直接按照最优惠的价格成交。例如，最初的报价仅仅是贸易商品本身的价格，随着谈判的深入，诸如包装、运输、保险、商检、仲裁等其他费用会产生，从而大大拉高了最终的成交价格。日本式报价的优点是其优惠的价格水平能够快速吸引国际市场上的潜在交易对象，缺点是其不断加价的过程容易引起谈判对手的反感。

第三，抢先式报价。抢先式报价是指谈判中的一方先于对手进行报价。在谈判桌上，报价的先后顺序会对谈判双方产生一定的影响，就大多数情况而言，先报价要比后报价更容易获得优势。具体而言，抢先式报价的优点主要体现在三个方面。其一，先报价的影响力更大。谈判中的一方一旦报价，实际上就为谈判双方定下了一个参照价格，后续的讨价还价也就被限定在了一定范围之内。其二，先报价有利于掌握谈判主动权。通过主动报价，谈判人员既可以表达己方的主张与意图，也可以探测对方的态度与反应。特别是对于谈判实力较弱的一方，抢先报价更有利于规避风险和突出优势，从而达到主动出击、以弱胜强的谈判效果。其三，先报价也能体现谈判诚意。为了活跃谈判氛围，谈判人员应当积极报价，如果在报价环节过于保持沉默或碍口识羞，反而会让对手误认为缺乏诚意或另有缘故。当然，抢先式报价也存在一定缺点。其一，容易暴露己方的弱点。由于报价的合理与否能够体现谈判人员的水平高低，因而先报价比后报价难度更大。一旦己方报价与对方预期存在差距，对方就会分析原因并制定对策，从而专挑软肋讨价还价。其二，容易招致对手的反击。最先报出的价格犹如一个靶子，必然会招来对手的讨价还价、软磨硬泡，因而很难成为最终的成交价格。总之，抢先式报价是国际商务谈判中的一种常用报价方式，适用于信息全面、准备充分及合作意愿强烈的情况。

第四，延后式报价。延后式报价是指谈判人员在与对手进行充分交流之后，再进行报价。采用这种报价方式时，谈判人员并不急于公开己方的交易条件或谈判主张，而是围绕交易内容相互试探和交换意见，待时机成熟之时，水到渠成地报出价格。具体而言，延后式报价的优点主要体现在两个方面。其一，报价水平更加合理。传统的交易磋商模式为先报价，后议价，而延后式报价为先议价，后报价。如此报价，不但将讨价还价环节前置，更将其置于一种缓和而友好的氛围当中，从而使谈判的效果更好。其二，报价方的行动更加灵活。由于报价环节的延后，报价方可以根据谈判情形随时调整报价策略，从而避免抢先报价的诸多问题。在讨论过程中，如果出现了对方先行报价的情况，延后报价策略也可立即转变为还价策略，亦不影响谈判流程的顺利进行。当然，延后式报价也有一定缺点。如果谈判方迟迟不报价，很容易引起对手的怀疑或不满，从而给人留下卖关子、吊胃口、故弄玄虚的不好印象。总之，延后式报价是一种策略性报价方式，适用于商业往来不多、相互了解不足的谈判对手之间。

**（二）谈判讨价**

谈判讨价是指当谈判一方完成报价之后，另一方不同意或不满意其报价，进而要求其按照一定的条件重新报价的行为。例如，当出口方报出的价格远远高于进口方的预期时，进口方就可以提出价格昂贵、难以接受的意见，并要求出口方重新报出一个没有"水分"的实价。谈判讨价类似于交易磋商中的拒绝前一发盘后的邀请发盘，并带有一定的主动询盘含义。

1. 讨价的基本思路

如果将报价视为谈判磋商的第一回合，那么讨价就是第二回合。在国际商务谈判中，报价具有显著的综合性特征，常常是包含品质、单价、数量、运输、保险及支付方式等众多交易条件的系列报价。因此，讨价的思路就可以被概括为两种主要类型。

第一，全面讨价。全面讨价也被称为笼统讨价，是指谈判人员可以先从整体上否定对方的报价，然后要求对方在通盘考虑的基础上重新报价。全面讨价的目的在于彰显己方的谈判实力或扭转不利的开局形势，当谈判中的一方遭遇对手的全面讨价时，也就不得不重新审视彼此间的优势与劣势，并尝试站在对手的角度重新提出交易主张。同时，全面讨价也是具有一定风险的，如果对手不愿意让步，那么谈判也将陷入僵局。全面讨价一般适用于谈判磋商的初始阶段，而当谈判磋商接近成交阶段时，一定要慎用。

第二，具体讨价。具体讨价也被称为分别讨价，是指谈判人员先从方向上肯定对方的报价，然后再筛选出不能接受的具体条件，逐一要求重新报价。具体讨价的好处在于既能改善报价当中的不利交易条件，又能维持谈判双方合作共赢的良好氛围，讨价的针对性也更加突出。同时，谈判人员也可以只针对对方报价中诸如付款方式、装运时间、交货地点等关键条件进行讨价，从而达到抓大放小、切中要害的效果。具体讨价亦是谈判讨价的最常用方式，谈判双方也正是在围绕各个具体交易条件的讨价还价过程中，一步步地迈向了合作共识。

2. 讨价的主要方法

第一，求证举证法。如果不满意对方给出的报价，谈判人员可以通过列举一系列证据，以事实为依据来反驳对方。例如，可以引用的资料就包括当前的市场行情、近期的成交记录、客观的成本分析、公认的折扣惯例及对方做出的承诺等。可以说，求证举证法是一种比较客观理性的讨价方法，只要讨价方的论据真实、态度诚恳，报价方也不好过分敷衍搪塞。

第二，吹毛求疵法。讨价方一旦发现报价方的陈述内容存在错误、漏洞或瑕疵，就可以采用挑剔、指责的方式来迫使对方重新报价。常言道，"言多必失"。有时候，谈判人员在报价时难免考虑不周或用词不当，如果被对方揪住不放，就很容易陷入被动。例如，出口方错将较高的 CIF 价格报成了较低的 FOB 价格，若要直接改正，必然遭到进口方的反对，也只能在适当降价之后重新报价。

第三，假设条件法。当听完报价方的陈述后，讨价方可以提出类似"如果……那么……""假设……怎样……""倘若……又会……"等句式的问题，从而既可以试探对方的报价虚实，也可以引诱对方进一步优化交易条件。例如，进口方可以这样问出口方："假设我方的进口数量增加 20%，贵方的报价条件能不能更加优惠？"出口方听闻，便会回答："如果进口数量足够大，我们的确可以按照另一套方案进行合作。"假设条件法的好处是不受约束、进退自如，报价方即使拒绝让步，也不影响讨价方继续实施其他讨价还价策略。

第四，多次要求法。为了实现最佳的讨价效果，讨价方可以向报价方多次提出重新报价的请求。实际上，一步到位的讨价效果是极其罕见的，商业上也并没有限定讨价次数的规定或惯例。只要条件允许，讨价方就可以采用诸如"色拉米"香肠或谈判法、步步为营法、疲劳战术法等讨价策略，从而逐渐剔除交易条件中的"水分"。

第五，借故生气法。如果报价方具有强烈的交易热情，对签订合同抱有很大期望，那么讨价方就可以假借生气、遗憾、灰心及失望等情绪，迫使对方重新报价。俗话说："三十六计，走为上计。"讨价方一旦摆出不行就走的架势，就很容易引起报价方的挽留与让步，从而达到优化报价的效果。当然，讨价者也要注意生气的分寸，不可变成"假戏真做"而让谈判陷入困境。

第六，货比三家法。当市场上存在同类竞争者时，讨价方就可以通过引入竞争者价格的方式，迫使报价方重新报价。例如，进口方可以向出口方罗列其他同类厂商的交易条件，如果出口方无法解释其报价偏高的原因，则只能选择降价。同时，比较又包括了在空间上的横向比较和在时间上的纵向比较，讨价方可以从不同维度进行综合比较，从而达到更好的讨价效果。

总之，讨价的方法还有很多，并且具有较强的艺术性、灵活性和针对性。在实践中，谈判人员可以综合使用多种讨价方法，分项目、分层次、分阶段地系统性讨价。

### （三）谈判还价

谈判还价是指当谈判一方完成报价后，另一方不完全同意其报价，在原报价基础上进行修改或补充后，重新向原报价方进行的报价。谈判还价就是交易磋商中的还盘，其实质既是对原发盘的拒绝，也是一项反方向的新发盘。在谈判实践中，还价兼具防御与进攻两重作用，是一种具有后发制人效果的磋商行为。

1. 还价的注意事项

第一，要注意还价与报价的关系。在法律上，还价被视为一项新的报价，还价一旦生效，原报价也就自动失效。如果还价后悔还价，还想接受原报价中的交易条件，则完全取决于报价方的意愿。

第二，要注意发挥还价的灵活性。在实践中，还价具有很强的灵活性，选择什么时候、估计多大程度、针对哪些条件、附加何种要求、进行多少回合等，完全取决于还价方的信息、意图与策略。谈判人员还可以根据对方的反应情况进行多次双向还价，从而一步步消除分歧、达成共识。

第三，要注意还价前的准备工作。在大多数国际商务谈判中，谈判人员并不需要立即还价，而是可以在分析原报价之后，再进行有准备、有根据、有把握的还价。一方面，还价方需要结合来自市场、企业、产品及人员等的信息展开对比，从而找到还价的最佳突破口。另一方面，还价方需要预测原报价方的后续反应，适当准备多套还价方案，从而保证还价的周密性和有效性。

第四，要注意还价时的思路清晰。一方面，还价要有抓大放小的全局意识。谈判人员要看清报价中的得与失，对于关键条件要力争做到寸步不让，对于次要条件则可以适当让步或放弃。另一方面，还价要能一针见血地切中要害。谈判人员要能掌握关系双方利益的主要分歧点，并围绕这类实质性问题展开磋商。切勿中了对手的"障眼法"或"烟幕弹"，避免陷入对细枝末节的反复争论中。

第五，要注意还价后的风险问题。还价的本意仍然是继续交易，如果还价的方式方法不妥，就容易产生打压对手、破坏氛围、加剧分歧等"后遗症"。为此，谈判人员要注意把握还价时的态度与语言，务必坚持对事不对人的基本原则，切勿在还价环节给人留下固执己见、斤斤计较的不好印象。同时，谈判人员尤其需要注意还价的时机与幅度，既不能因盲目还价而错失交易机会，也不能因还价不够而落入对手的陷阱。

## 2. 还价的主要方式

第一，按比例还价法。按比例还价法是指还价方在原报价基础上，以扣除一定百分比后的条件进行还价。例如，出口方报价为："每公吨 100 美元 CFR 西雅图。"进口方按照九折还价为："每公吨 90 美元 CFR 西雅图。"按比例还价法的优点是计算简单，还价效率较高；缺点是还价依据不够明显，且容易落入对手先提价后打折的营销策略陷阱中。

第二，按事实还价法。按事实还价法是指还价方通过详细分析原报价的结构与比例，再扣除不必要开支或虚报成分后进行还价。例如，出口方报价为："每箱 100 欧元 CIF 上海。"进口方通过调查发现，对方的运费与保险费偏贵，于是决定自行派船接货和购买保险，于是还价："每箱 85 欧元 FOB 安特卫普港。"这种还价方法较为注重成本、费用及利润等因素，其优点是还价过程有根有据，对手一般不好拒绝，缺点是还价前的准备工作较为复杂，不适用于急于签约或没有耐心的交易对象。

## 二、讨价还价的常用策略

### （一）报价的常用策略

#### 1. 高起点报价策略

高起点报价策略是指报价方通过刻意抬高初次报价的水平，以期达到改变对手心理期望、人为增加议价空间及实质性影响最终成交价格等谈判效果的一种策略。高起点报价策略遵循"喊价要高，还价要低"的原则，通常表现为卖方开出最高价和买方开出最低价。例如，出口方报出一项明显高于市场一般水平的商品价格，自然就会引来进口方的质疑与反驳。双方在围绕这一"高价"展开磋商的同时，谈判实力也会悄然变化。对于出口方而言，其不但获得了额外的谈判筹码，还间接影响了谈判的议题方向；对于进口方而言，其即使在价格上获得了让步，也只是挤出了本就不应该存在的"水分"，为此还耗费了不少时间与精力。可见，高起点报价策略有利于增强报价方的谈判实力。同时，谈判人员也要注意，改变报价起点的次数不宜频繁，涉及的交易条件也不能太多，否则就会给对方造成缺乏诚意、漫天要价的不良印象。

#### 2. 差异化报价策略

差异化报价策略是指报价方要根据谈判对手的具体情况有针对性地报价，以期达成最佳的成交价格和实现更高效率的谈判过程。谈判人员可以根据对方不同的购买数量、品质要求、付款方式、运输方式、交货期限及彼此关系等因素，制定差异化的交易价格或条件，从而既满足不同客户的需求，又最大化企业的利润。例如，出口方可以根据进口方的合同期限或数量，给予不同程度的折扣优惠，对大客户或老客户的折扣比例更大，从而鼓励进口方扩大购买规模或延长合作周期。再比如，出口方也可以结合商品销售的淡季旺季进行差异化报价，淡季的单价较低，而旺季的单价较高，从而实现淡季去库存、旺季增收益的市场营销目标。同时，谈判人员也要避免因前后报价差异太大而引起的负面效应，特别是在报优惠价格时，不要让对手产生原价虚高、有价无市的感觉。

### 3. 分割式报价策略

分割式报价策略是指报价方为了迎合对手的交易心理，将大单位分割为小单位进行报价的一种策略。分割式报价策略有时也被称为做除法报价策略，报价方可以以商品的总价为被除数，以数量、时间等为除数，两项一除就得出一个相对很小的价格，从而给买方造成一种价格便宜的错觉。对于国际商务与贸易而言，大宗交易十分常见，出口方如果直接报价，难免会让进口方产生心理压力。为此，改大为小、化整为零的报价方式更能激发买主的兴趣和打消买主的顾虑。

在实践中，常见的分割思路有三种，分别是分割计量单位、分割商品或服务的构成、分割付款或使用周期。其一，报价方可以使用较小的计量单位进行报价。例如，在报茶叶的价格时，"每克1元"就要比"每千克1 000元"更有吸引力，似乎前者比后者要更便宜。其二，报价方可以对商品或服务的构成成本、服务项目、交易环节等分项报价。例如，在报出口商品价格时，可以按照E、F、C、D四组贸易术语从低到高依次报价，包含的服务内容越丰富，价格也越贵。其三，报价方还可以结合时间的长短来报价。例如，当通过贷款来购买设备时，可以告诉进口方"每月的贷款成本是3 000美元"或"每天的还款金额只有100美元"。显然，后者将有助于减轻对方的心理压力。另外，分割式报价要注意保持客观和诚信，不可为了吸引对方而不切实际地报虚价、报错价。

### 4. 中途变价策略

中途变价策略是指报价方在连续报价过程中，突然改变原有的报价趋势，从而迅速结束讨价还价过程的一种策略。例如，出口方连续报出几个依次下降的价格，进口方都无动于衷；这时，如果突然报出一个提高的价格，反而容易引起进口方的重视，双方很可能就在这个提高的价格附近达成交易。

中途变价策略迎合了人的试探心理，当报价发生反方向变化时，对方就会认为谈判已经触及底线，此时成交也将最为有利。中途变价策略特别适合于应对得寸进尺、贪得无厌的谈判对手，当无论己方如何让步，对手还是一再要求降价时，就可以采用失去耐心、收回优惠、恢复原价等中途变价策略，从而向对方传递出见好就收、适可而止的明确信息。同时，谈判人员也要注意中途变价的时机，一般变价的位置应当是可以成交的位置。常言道，"一言既出，驷马难追"。要想完全否定已经报出的价格，还是比较困难的。

### 5. 心理价格策略

心理价格策略是指报价方要善于利用各种心理效应来制定报价策略。其一，适当运用心理折扣原理。报价方可以先报一个偏高的原价，然后再大幅度地打折或优惠，从而给对手留下机会难得、优惠丰厚的感觉。例如，报价表述为："原价为每箱100美元，现价为每箱90美元，全部打九折。"其二，巧妙利用价格陷阱原理。由于人们通常具有买涨不买跌的消费心理，因而报价方可以在报价的同时适当透露可能涨价、货源紧俏、市场畅销等信息，通过制造紧张氛围，达到促成交易的目的。例如，报价时补充说："本批次产品的现货即将告罄，下一批产品将重新定价。"其三，综合运用各种心理定价技巧。影响价格心理感受的定价技巧还有很多，诸如尾数定价法、整数定价法、品牌定价法及习惯定价法等，合理使用这些方法能够增强报价的专业性、吸引力和提高成交率。例如，单价"每瓶 0.99 元"就比"每瓶 1.00 元"显得便宜得多，其实在数量不大的情况下，两种价格几乎没有差异。可以说，揣摩对方的心理亦是有助于报价的一种策略。

6. 三明治报价策略

三明治报价策略是指报价方不要急于报出具体价格或条件，而是通过在报价前适当铺垫、在报价后继续宣传，从而使报价更容易被接受的一种策略。具体而言，三明治报价策略将报价环节分为三个步骤。第一步，宣传介绍。报价方先向对手阐述交易标的物的用途与特色，让对方认可标的物的价值并产生购买的意愿。第二步，正式报价。报价方向对手报价，并说明报价的依据，从而消除对方的顾虑与怀疑。第三步，适当承诺。报价方可以继续介绍交易完成后的持续价值，并就价格优惠、保持服务、长期合作等向对手做出一定的承诺或保证。不难看出，三明治报价策略采用了先说好处、再报价、再说好处的表达顺序，是一种委婉含蓄的报价策略。这种报价策略适用于交易条件比较复杂、成交价格偏高的谈判标的，交易的最终达成离不开报价前后的耐心解释。

（二）还价的常用策略

1. 防范报假价策略

所谓报假价策略，是指谈判方为了掌控谈判节奏或缓和谈判氛围，先进行模糊报价或虚假报价，待对方信以为真并被完全引向被动之时，再推翻或大幅修改原报价的一种策略。实际上，报假价是一种不道德、不诚信的谈判行为，谈判人员应当警惕和防范这类报价策略。为此，当谈判人员得知对方报价时，不应立即接受或还价，而要首先辨别对方报价的真实意图和合理程度，防止对方报假价。例如，在一次围绕设备进出口的国际商务谈判中，出口方甲公司发现进口方乙公司求购心切，便向其报出极其优惠的交易价格，待乙公司回绝了其他所有意向性卖家之后，甲公司又重新报出高价，于是让乙公司陷入进退两难的困境。可见，谈判人员不应轻易相信对方的价格承诺，在还价的同时，还要注意配合使用保理、担保及押金等手段。

2. 挤牙膏策略

挤牙膏策略也被称为积少成多策略，是指谈判人员在讨价还价过程中，不厌其烦地要求对方让利、优惠或打折，从而一点一滴地积累起相当可观的有利条件的一种策略。常言道，"不积小流，无以成江海"。挤牙膏策略实质上是一种从量变到质变的博弈过程。这一策略的关键要点在于"挤"的力度与频率，而不在于每次挤出"牙膏"的多少。换言之，谈判人员就是要通过不断向对手施压，迫使其一次又一次让步。例如，进口企业在还价过程中，可以向出口企业先提出降价要求，再提出增加运输与保险要求，进而继续提出远期付款要求，最后还要提出包装要求，从而一步一步为己方增加权利与保障，减少责任与成本。

在使用挤牙膏策略时，谈判人员要注意对手的感受与反应，为了避免给对手造成过度的挫败感，也可以适当交换一些谈判筹码。总之，谈判人员既要掌握好施压的方法与技巧，也要保持坚持不懈的耐心与定力。

### 3. 步步为营策略

步步为营策略是指谈判人员在讨价还价过程中，采取只进不退的思路，一步一个脚印地稳步前进，以期实实在在获利的一种策略。步步为营策略与挤牙膏策略十分相似，都属于积小胜为大胜的渐进式讨价还价策略，所不同的是，挤牙膏策略更强调在进攻中反复试探对手的底线，而步步为营策略更注重在防御中一次次巩固己方的获利。

步步为营策略适用于谈判人员时间充沛、谈判议题层次分明的谈判情形，谈判人员可以按照先易后难、从外到内、由小到大的顺序逐步完成谈判磋商。例如，在国际贸易谈判中，进出口双方可以先谈品质与数量，再谈运输与服务，最后谈价格与结算，对于合同中的条款，不谈成前一项，绝不开启后一项。另外，步步为营策略能够帮助谈判人员克服急功近利、大胆冒进的心理，因而有助于谈判人员形成小心谨慎、稳扎稳打的谈判风格。

### 4. 小气鬼策略

小气鬼策略是指谈判人员在讨价还价过程中，表现得精打细算、锱铢必较，绝不放过任何微小的利益或条件的一种策略。在使用小气鬼策略时，谈判人员需要故意向对方展示自己的小气和财迷，让对方觉得自己似乎是一毛不拔的铁公鸡，从而让对方在讨价还价时知难而退。例如，卖方的谈判人员可以向买方人员详细解释其报价构成，对成本、费用、利润及折扣等进行逐项验算和仔细推敲，从而使买方逐渐理解和接受卖方报价，待到买方认同卖方已"无利可图"时，成交也就顺理成章了。可以说，小气情绪的背后，其实是对利益的计算。需要注意的是，小气鬼策略与挤牙膏策略的方向正好相反，挤牙膏策略多用于让对方让步，而小气鬼策略多用于让对方止步。

### 5. 得寸进尺策略

得寸进尺策略是指谈判人员在讨价还价的过程中不断提出新要求的一种策略。按照一般心理，人的获得感越强烈，满足感也就越充分。然而，得寸进尺策略要求谈判人员要具备永不满足的心理，只要对方做出了第一次让步，就要想方设法地迫使其做出第二次、第三次，乃至更多次的让步。例如，在进行商业合作类谈判时，对方刚刚在产品方面做出了让步，又被要求提供流动资金，后续还会被要求派驻人员、提供技术服务等，最终因越陷越深而处于被动。

需要注意的是，得寸进尺策略常常会给人一种贪得无厌、不思感激、得理不饶人的感觉，这并不利于实现互利双赢的总体目标。因此，这一策略主要针对报价"水分"太多、合作诚意不佳及谈判态度傲慢的谈判对手，而并不适用于合作关系良好的谈判伙伴之间。另外，得寸进尺策略还有突破僵局的含义，谈判人员虽只得小"寸"，却要讨要大"尺"，从而使僵局的口子也越撕越大。

### （三）谈判进攻的策略

#### 1. 增兵减灶策略

增兵减灶策略是指谈判人员在讨价还价时，表面上不断降低价格或条件，实质上引诱对手步步前进，最后实现一网打尽的一种策略。增兵减灶本是古代兵法中的一种迷惑敌人的战术：煮饭的灶看似在不断减少，但作战的兵却在暗中增加，从而达到迷惑敌军和诱敌深入的效果。在谈判中，我们可以将谈判实力比喻为"兵"，将价格条件比喻为"灶"。谈判人员可以通过放弃那些不那么重要的交易条件来引起对方的交易兴趣，待对方自以为节节胜利之时，再在关键性交易条件上实现占优和盈利。

实施增兵减灶策略需要做好两个方面的准备。其一，要挖好"灶"。谈判人员可以将报价的内容细分为若干名目，且这些条件要虚虚实实、可增可减，从而为还价者提供砍价或议价的对象。其二，要伏好"兵"。谈判人员要找准最有利于己方的还价焦点，并将其巧妙隐藏至磋商的最后环节，从而为出其不意、攻其不备地完成还价创造条件。可以说，讨价还价亦是兵不厌诈的博弈过程，谈判双方所较量的既是实力，也是谋略。

2. 以退为进策略

以退为进策略是指谈判人员在讨价还价时，以退让为表现，以进取为目标，以期达到暂避锋芒、反败为胜的效果的一种策略。常言道，"退一步海阔天空"。有时候，后退比前进更有价值。在实施以退为进策略时，主动忍让与退却只是一种手段，待到对手自觉满意并放松戒备时，其实很可能已经进入了预设的陷阱当中。简言之，这一策略的核心思想就在于以主动让步来换取谈判优势。例如，在国际贸易谈判中，当进口方犹豫不决、举棋不定时，出口方可以主动降低价格，从而既能展现合作的诚意，也让对方不好意思再讨价还价。

在实践中，以退为进策略主要适用于谈判实力相对较弱的一方，特别是当正面对抗毫无胜算时，与其继续僵持，不如主动让步。这样既能使双方摆脱在细节上的纠缠，也能给后续磋商创造一定的回旋余地。值得注意的是，退让的时机、次数和幅度一定要恰当，谈判人员要避免陷入一退再退、退无可退的不利局面。总之，现在的"退"是在为将来的"进"做准备。

3. 放线钓鱼策略

放线钓鱼策略是指在谈判过程中，以某项条件为诱饵，先让对手得到好处或甜头，待到其产生兴趣或欲望时，再将其引入提前设定的"包围圈"中。这一策略有两个关键要点，一是"诱饵"，二是"长线"。具体而言，"诱饵"是指各种具有吸引力的谈判条件。例如，谈判人员主动给出的优惠价格、免费提供的附加服务、额外赠送的样品或礼品等。这些看似不起眼的利益，往往能够取得以小博大、抛砖引玉的良好效果。"长线"则是指对整场谈判走向的预判与预设。例如，为了让对手扩大进口数量，谈判人员就需要提前思考几个问题：己方需要如何引导对手？分几次引导对手？"诱饵"究竟是放在产品的单价上，还是放在包装、运输、保险等其他环节？可以说，谈判者的进攻思路就是这条长线。

相比于被动应付对手，放线钓鱼策略是一种主动引导对手按照己方意图开展行动的高明策略。这一策略能够不拘泥于眼前利益而放眼全局，看似处处退让，实则步步得逞，因而具有很强的迷惑性和进攻性。在实践中，谈判人员需要注意两点：第一，对于"诱饵"的选择要合理，要避免出现诱饵不香或诱饵太大等情况；第二，对于谈判进程的把握要具有灵活性，要能够根据对手的反应进行动态调整，并要避免出现放线太长或收线太快等情况。

#### 4. 针对主将策略

谈判进攻的对象可以选择对方的谈判人员，尤其可以针对对方的首席谈判人员施展一系列策略。针对主将的常用策略包括了激将法、宠将法、告将法、感将法及导将法等。

第一，激将法原本是指利用刺激性或挑战性言语，引诱敌方将领出战的一种方法。在谈判中，面对对方人员的消极状态，施策方人员就可以讲一些能够激发对手逆反心理的话语，使其为了维护自尊心和面子，或为了不轻易服输而主动参与到讨价还价中来。

第二，宠将法是指在谈判过程中，时不时地称赞对方、馈赠对方，以便使其放松警惕、软化立场，进而在自鸣得意中节节败退。这一策略类似于"戴高帽策略"，主要针对能力不够但虚荣心很强的对手。而对于经验丰富、干练沉稳的对手，实施宠将法则会令对手反感，效果适得其反。

第三，告将法是指在谈判过程中，一方向另一方的上级或领导反映情况，从而达到向对方主谈人员施加压力的效果。告将法既可以是实际发生的投诉或抱怨，也可以只是一种口头威胁，其目的还是在于扰乱对手的阵脚、制造紧张的氛围、引起更高层次人员的重视等。

第四，感将法是指在谈判时，一方人员刻意展现真心诚意的友好、毫无保留的信任、兢兢业业的态度、舍己为人的精神等，从而让对方人员因感动而自觉让步。感将法重在坦率、实在、以情动人。常言道，"精诚所至，金石为开"。当对手看到我方的诚心、决心及耐心时，合作将成为最佳的选择。

第五，导将法是指在谈判时，一方将另一方引导到预先设定的逻辑、思路、规则或格局当中，从而达到减少对抗、增进合作的效果。在军事上，优秀的将领不仅善于指挥己方的军队，而且还能有效调动敌方的军队。在谈判中，优秀的谈判人员也应考虑如何影响对手的思维与行动，并在传递信息、制造机会、编排议题等方面做好策划。

#### 5. 故布疑阵策略

故布疑阵策略也被称为烟幕弹策略，是指谈判中的一方故意向另一方透露一些虚假信息，从而达到误导、干扰、迷惑及引诱对方的效果。例如，在激烈的讨价还价过程中，谈判人员可以采用"说漏嘴"、遗失资料、接听重要电话等方式，将所谓的底线、成本、期限等重要信息泄露给对手，然后再矢口否认或遮遮掩掩，令对手对所获得的信息深信不疑。故布疑阵策略巧妙利用了一些人爱打听秘密、喜欢小道消息的心理。正所谓，"虚则实之，实则虚之"。虚虚实实之间，谈判策略正好发挥作用。

#### （四）谈判防御的策略

#### 1. 预算有限策略

预算有限策略也被称为最大预算策略，是指谈判人员在表示出成交意愿的同时，又给出预算有限的困难，从而将成交价格限定在有利于己方的范围之内的一种策略。例如，当交易价格从100元讨论至70元时，买方甲公司的谈判代表表示，"贵公司的报价的确诱人，但是65元已是我方能够支付的最高价格，再高就只能我自掏腰包了"，卖方乙公司的人员一听，不禁哈哈一笑，于是同意以65元成交。

预算有限策略是一种常用的还价策略，其优点是能够直接向对方透露己方的交易"底线"，因而会显得坦诚而实在；其缺点是容易弱化后续还价的灵活性，特别是当对方突破了这一预算限制时，反而显得己方不够诚实。因此，在使用预算有限策略时，谈判人员要注意三个问题。其一，不要轻易透露己方的真实预算。策略中的"最大预算"一般带有"水分"，这也为后续磋商提供了回旋的空间。其二，要恰当掌握运用策略的时机。预算有限策略一般用在几轮讨价还价之后，作为最后一轮还价的方式。此时成交，能够给人瓜熟蒂落、水到渠成的感觉。其三，要给己方留有退路。谈判人员应当做两手准备，如果预算有限策略无效，要能自圆其说并备有其他还价策略。

### 2. 不开先例策略

不开先例策略是指在谈判中处于优势地位的一方，为了拒绝对手不断提出的让步要求，以没有先例可循为借口，将双方的讨价还价空间进行人为限定的一种策略。没有先例本来并没有什么说服力，但是防御方由于具有实力上的优势，掌握着谈判中的话语权，于是就可以将对方的要求划定为超出讨论范围的特殊情况，从而提前终止了这部分争论。在实施不开先例策略时，要注意对先例的界定。即使确实是从未发生过的情况，也要有根有据，令对方信服，切勿滥用先例、随口拒绝。一旦被对方举出证据、揭穿谎言，则反而会使施策方陷入被动。

### 3. 连环马策略

连环马策略是指在讨价还价环节，谈判人员坚持以让步换让步的做法，绝不单方面降低价格的一种策略。所谓连环马，本是中国象棋中的"二马互保"布局。在谈判中，则被用来比喻相互配合的交易条件，如在国际贸易中，价格与品质对应，数量与折扣对应，保险与运输对应，付款期限与利息水平对应等。连环马策略指出，对方在一个条件上的加价或减价，我方就应当在另一个条件上加价或减价，否则就是单方面的让步或妥协。例如，若进口方要求出口方增加折扣，则出口方要求进口方增加数量；若出口方要求进口方即期付款，则进口方要求出口方优先发货。可见，连环马策略是一种有条件的讨价还价策略，任何一方的让步都应该是有回报的。这一策略有利于增强谈判双方的合作共识，双向的"连环"让步也显得更加公平合理。当然，若能在连环马策略中，用己方的一次较小让步，换取对方的一次较大让步，则谈判效果也将更为理想。

### 4. 疲劳战策略

疲劳战策略也被称为疲惫策略，是指通过反复拉锯和持续僵持，使对手身心疲惫、厌倦不已，最终不得不妥协的一种策略。疲劳战策略适用于谈判实力较弱的一方，当面对气势汹汹、锋芒毕露的强大对手时，多个回合的疲劳战必能避其锋芒、挫其锐气。着眼于实际操作，疲劳战策略一般有两种思路，分别是劳心和劳力。劳心是指消耗对手的脑力和心情，让其心烦意乱、焦躁不安。例如，一方有意频频制造僵局，就会令急于求成的另一方头疼不已。劳力则是指消耗对手的体力和时间，令其应接不暇、精疲力竭。例如，一方有意增加谈判强度，连续多轮夜以继日地马拉松式谈判，很容易让另一方陷入人困马乏的不利境地。

除此之外，疲劳战策略的具体表现形式还有很多，常见形式就有五种。第一，拖延时间型，即连续举行长时间的无效谈判，让对手苦恼不已。第二，纠缠细节型，即反复纠结于某些并不重要的交易细节，令谈判停滞不前。第三，拒绝妥协型，即在谈判中始终保持强硬态度，令对手无计可施。第四，场外消耗型，即通过安排各种参观、拜访、宴席、游览等场外活动，消耗对手的精力。第五，严谨工作型，即以饱满的热情和负责的态度，高强度地安排谈判进程，让对方既无法休息，又没有理由拒绝。不难想象，随着对方人员的越发疲劳，势必出现头脑发昏、行动混乱等现象，施策方若能在此时大举进攻，则很容易取得理想的谈判结果。

5. 休会策略

休会策略是指当谈判陷入僵局或发生不利于己方的情况时，谈判人员可以主动提出暂停会谈，待双方人员适当休息、调整和准备之后，再恢复会谈的一种策略。休会策略是谈判场上常用的"缓兵之计"，其意义远远超过了名义上的休息，而是可以为更换谈判人员、缓和谈判氛围、改变谈判思路等提供时间与空间。

休会策略主要适用于三种具体情况。第一，谈判双方争执不下，对抗程度愈演愈烈时。此时休会可以使谈判双方暂时脱离接触，待各方都冷静下来后，再以场外沟通等非正式谈判方式谋求一致。第二，谈判双方僵持不下，谈判氛围愈发冷淡时。此时休会可以为谈判双方提供新的思路，双方完全可以通过回顾合作历程和展望未来发展，重新找到打破僵局的好办法。第三，谈判一方步步紧逼，另一方节节败退时。此时休会，可以帮助弱势方及时止损，并为进一步实施策略做好准备。

另外，实施休会策略也有一些要注意的地方。第一，休会需要得到谈判双方的同意。单方面的休会属于擅自脱离谈判，很可能会造成谈判破裂的不良后果。第二，恢复谈判的时间要明确。一般而言，休会时间可长可短，短至十分钟，长至几天都可以。若是无限期地中止谈判，那么反而会扩大分歧和加重僵局。第三，休会前后要有一定陈述或解释。休会前，双方应当回顾已经取得的共识和成果；恢复谈判时，双方又应当简单陈述休会期间的心得与对未来谈判的期待。若无缘无故地休会，很可能引发对方的怀疑与反对。第四，休会期间要积极行动。休会后，谈判人员应当积极开展内部会议、场外沟通、寻求第三方调解等行动，并做好归纳总结工作，从而真正发挥休会策略的实际价值。切勿因消极回避。陷入更加一筹莫展的不利境地。

总之，讨价还价是谈判博弈的重要环节，谈判双方应当了解其基本原理并选用恰当的策略（见图5-1）。

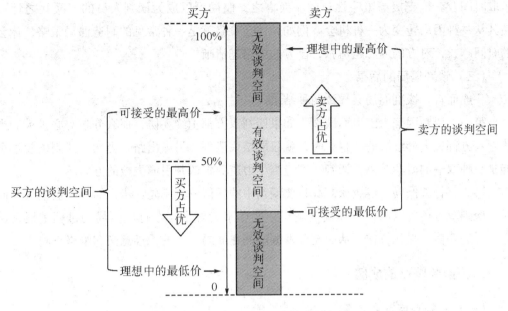

图 5-1　讨价还价过程中的谈判空间

## 第二节　国际商务谈判中的僵局

### 一、谈判僵局概述

#### （一）谈判僵局的概念

谈判僵局是指在商务谈判过程中，双方当事人在未能达成一致意见的情况下，各执己见、互不相让，从而形成进退两难的僵持局面。实际上，国际商务谈判的过程充满了不确定性因素，谈判双方的每一轮较量几乎都要经历从分歧到一致、从坚持到妥协、从反对到同意的变化过程，其中的任何冲突或矛盾都会导致僵局的出现。特别是当双方出现利益分歧且无法调和时，谈判就会陷入停滞，此时也唯有让步能够打破僵局。

#### （二）谈判僵局的类型

按照谈判僵局的成因，我们可以将其划分为三种类型。

第一，实质型僵局。这类僵局主要由利益冲突造成。只要存在不同意见，谈判双方就可能在任何议题上形成僵局。例如，进口方坚持先发货后付款的赊销方式，而出口方坚持先付款后发货的预付货款方式，双方即在交易方式上形成了实质型僵局。

第二，情绪型僵局。这类僵局主要由双方人员间的过失、误会、言语冲撞等引起。谈判双方会进行面对面的交流磋商，难免带有情绪和感情，若再因文化差异而产生误会，势必导致相互指责的不利局面。例如，一方谈判人员在寒暄时谈及对方人员的隐私，对方心中不悦，就会使谈判氛围陷入紧张，从而产生情绪型僵局。

第三，策略型僵局。谈判一方可以故意制造僵局，从而达到敲打对手、延缓进程、争取时间及获得支援等策略性目的。换言之，僵局可以成为谈判人员的"缓兵之计"，使其从一种困局转变为一种机会。例如，休会策略就是一种常见的制造僵局策略，休会的时间越长，对方的内心越慌张，己方的思路越清晰。

### （三）谈判僵局的后果

一般而言，谈判僵局会导致两种结果。

第一，谈判因陷入困境而破裂。如果谈判双方都拒绝妥协，那么分歧势必扩大。当谈判双方都失去继续协商的耐心时，就只能结束谈判、另谋出路。当然，谈判破裂很可能是一种双输的博弈结果，谈判双方应当尽力避免将谈判引向失败的方向。

第二，打破僵局后继续谈判。只要谈判中的任何一方率先让步，僵局便会消失。同时，谈判双方还可以以化解僵局为契机，变坏事为好事，在打破僵局的过程中展现诚意、增进互信、强化合作，从而充分发掘蕴藏在僵局当中的积极意义和策略空间。

## 二、谈判僵局的成因

### （一）立场观点发生冲突

所谓的谈判立场，即站在己方角度来考虑的目标任务、利益得失及观点表述等，双方一旦在立场观点上形成对立或对抗，谈判僵局即会发生。国际商务谈判双方一般具有不同的立场，有时甚至完全对立。例如，进口方追求"消费者剩余"的最大化，出口方则强调"生产者剩余"的最大化，双方的谈判立场截然不同。理解这类僵局产生的原因，需要把握三个要点。

第一，立场观点发生冲突是一种正常的谈判现象。由于立场观点不同而产生的僵局并没有对错方，谈判双方都在维护自身的利益与主张，难免发生利益分配不均、协商意见不一致的情况。

第二，缓和立场观点类分歧需要极大的诚意。立场与观点冲突多见于零和博弈类商务谈判，且打破这类僵局一般比较困难。谈判双方会专注于彼此间的利益争夺，并将妥协让步视为蒙受损失或伤害面子的失败表现。为此，谈判者对自身立场的改变需要极大的勇气与诚意。

第三，来自立场观点的对立容易破坏谈判氛围。双方谈判人员在固守己方立场的同时，也会针锋相对地攻击对方，从而大大增加谈判场上的"火药味"。这既伤害双方的感情，也不利于合作氛围的形成。

### （二）信息沟通存在障碍

如果谈判双方未能实现准确、清晰、顺畅、全面的信息沟通，就会形成交流障碍，进而将谈判引入僵局。常言道，"失之毫厘，谬之千里"。一些看似不起眼的错误信息，往往会将谈判引向南辕北辙的不利局面。例如，出口方将计量单位长吨误报为了短吨，自己却浑然不知，这直接导致进口方的成本大幅上升，并使得原本可以盈利的交易变成了亏本的买卖。双方在陷入僵局很久之后才发现是沟通引起的问题。信息沟通障碍一般又可细分为三类具体成因。

第一，文化障碍。国际商务谈判涉及不同国家或地区的文化习俗、宗教信仰及价值观念等，稍有不慎就会触犯文化禁忌，形成跨文化沟通的障碍。同样的信息，很可能在不同文化背景中具有截然相反的含义。例如，在大多数国家，点头表示同意、摇头表示不同意，但在斯里兰卡、阿尔巴尼亚及尼泊尔等国家，却是点头表示不同意、摇头表示同意。

第二，语言障碍。国际商务谈判涉及不同语言文字的翻译工作，而要做到准确无误、一字不差却十分困难。一般认为，翻译有三难，分别是"信""达""雅"。谈判双方若不能完全理解彼此讲话的语境、语态及语气，不能结合前言后语与话外之音来全面分析，则很容易形成误解与疑惑。

第三，行动误解。谈判人员所表现出的行动也可能引起误解。例如，谈判人员缓慢拖沓的行事风格会让对方感觉敷衍怠慢，从而引发对立情绪；谈判人员过分热情地忙前忙后，又会让对方产生防备心理，并对其所作承诺的真实性产生怀疑。

### （三）谈判人员出现失误

来自谈判团队中"人"的因素，也是引起谈判僵局的重要原因。参与国际商务谈判的人员，必须具备良好的道德素质、充分的专业知识、丰富的商务经验以及综合的业务能力，并且要时刻保持清醒的头脑和敏锐的观察力。谈判人员一旦出现礼仪错误、麻痹大意或误判失策等情况，就很可能使谈判陷入停滞不前的困局。具体而言，造成僵局的人为原因主要有三项。

第一，在商务礼仪方面出错。国际商务谈判既需要遵循国际礼仪的统一规范，也要重视跨文化礼仪的具体差异。严谨的礼仪往往体现了诚意与尊重，而如果在礼仪方面发生失误，则很可能给对手留下指责的借口，从而令谈判陷入僵局。

第二，在工作态度方面出错。国际商务谈判是一项工作强度很大的工作，谈判人员稍有懈怠或马虎大意，就很可能忽略一些重要的商业信息或交易环节，进而发生说错话、表错态、做出错误承诺等情况，从而给己方企业带来经济损失或潜在风险。加之在谈判桌上说话行事可谓是"一言既出，驷马难追"。错误一旦铸成，任何试图挽回的言行都可能造成谈判僵局。

第三，在谈判策略方面出错。优秀的谈判人员能够根据谈判形势的变化实施最为恰当的谈判策略，但如果发生误判形势和策略失当的情况，也会将谈判引向僵局。例如，当己方的"以退为进"策略遭遇对手的"反客为主"策略时，当己方的"先发制人"策略遭遇对手的"请君入瓮"策略时，当己方的"沉默寡言"策略遭遇对手的"后发制人"策略时，当己方的"反间计"策略遭遇对手的"将计就计"策略时，谈判要么陷入僵局，要么走向失败。

### （四）战术上的策略需要

谈判僵局并不是一无是处，而是可以作为一种谈判策略被刻意制造出来。一般而言，当出现以下三种情形时，我们可以适当制造谈判僵局。

第一，需要试探对方的诚意与底线时。谈判人员可以通过给对方出难题、增压力、设困难等方式，试探对方的忍耐力与让步空间。只要对手主动妥协，僵局策略则取得成功。

第二，己方处于劣势，需要延缓谈判节奏时。面对对手咄咄逼人的连环攻势，仓促应战毫无胜算。此时，谈判人员可以通过保持沉默、退避三舍等策略人为制造僵局，待找到应对之策以后，再继续推进谈判。

第三，对方人员自以为是，毫不考虑我方感受时。有时，过分顺利的谈判进程会给对方胜券在握的错觉，从而导致我方利益被忽视的不利情形。为此，适当的谈判僵局能够给对方以警醒，提醒其注意双赢，勿要以自我为中心。

值得注意的是，制造僵局是一种具有冒险性和危险性的谈判策略，如果预判有误或运用不当，则很可能反受其害，从而使原本真诚友好的谈判变得紧张对立或濒临破裂。另外，谈判僵局还可能由一些偶发因素造成，如市场行情的突然变化、不可抗力事件发生、商务计划被更改等。

总之，谈判人员应当做好应对僵局的充分准备，并尽力在破解僵局的过程中将谈判推向成功。

### 三、处理僵局的原则

#### （一）保持正确的态度

面对僵局，谈判人员需要保持沉着冷静的应对态度，以从容的心态和积极的行动来化解分歧。正确的态度主要包括三个方面。

首先，要做到不怕僵局。谈判人员需要认识到，僵局是国际商务谈判过程中的正常现象，对于可能出现的僵局要做好充分的思想准备。按照心理学上的墨菲定律，如果事情有变坏的可能，那么不管其可能性有多小，它都会发生。与其"怕什么来什么"，不如做最好的准备、做最坏的打算。

其次，要辩证地看待僵局。无论僵局由哪一方造成，僵局所影响的都是谈判双方。面对暂时的困难，谈判双方都会思考打破僵局的途径。从这一角度看，出现僵局也不一定是坏事，僵局能够为谈判双方重新走向合作带来了契机。

最后，要坚持务实的态度。在大多数情况下，谈判双方都不希望出现僵局。即使发生争执，也主要围绕交易条件与经济利益等问题。为此，谈判人员应当坚持对事不对人的处理原则，避免与对手发生争吵、指责等情况，从而将主要精力用于打破僵局和寻求合作的工作中。

总之，保持正确的态度对于化解僵局具有重要的主观意义。

#### （二）运用恰当的方法

谈判人员需要掌握化解僵局的各种方法与策略，并能够根据僵局的不同成因灵活运用。概括而言，破解谈判僵局的思路有四项要点。

第一，实事求是，注重双赢。谈判双方尽管立场不同、各有主张，但是在看待僵局背后的是非曲直与利益分配时，应当保持客观性和合理性。为了双方的长期合作，谈判人员应当尊重对方的利益关切。为了化解僵局，谈判双方可以采用换位思考的方式来谋求共同利益的最大化。当着眼全局与长远利益时，打破眼前的僵局也就不再是一项难题。

第二，低调应对，暂时休会。处理僵局宜缓不宜急，谈判人员可以采用冷静低调的态度和平缓稳妥的策略，从而为己方赢得充分思考和周密策划的时间。短暂休会就是一种常用的"缓兵之计"，能够有效地缓和紧张气氛、避免持续争吵和实现场外沟通。

第三，适度博弈，有效退让。僵局亦是双方经历激烈对抗之后的暂时停歇现象，虽然此时胜负未分，但是双方之间的博弈一刻也没有停止。各方人员会在僵局期间进行反思与分析，并就如何破解僵局准备策略。而实践表明，为了谋求合作，僵局之后的博弈强度会适度降低，妥协和让步会成为开启后续谈判的前提。

第四，多套方案，灵活转换。如何打破僵局并没有唯一的正确答案，这需要谈判人员因势利导、随机应变地恰当处理。在实践中，谈判人员可以准备多套谈判方案，当一套方案出现僵局时，还有第二套、第三套的替代方案，从而将谈判的主动权始终掌握在己方手中。例如，对于具有争议的交易条件，谈判双方都会准备上、中、下三策，从而为化解僵局"留一手"。

总之，处理僵局必须遵循一定的思路和方法。另外，有关化解谈判僵局的具体策略，本书将在后文中详细介绍。

### （三）避免负面的影响

谈判人员既要善于发挥僵局的积极意义，又要避免由僵局所引发的负面影响。僵局的负面影响主要来自两个方面，一是僵局本身，二是处理僵局的过程。

一方面，要减少僵局本身的不利影响。僵局是谈判陷入困境的一种表现，此时的谈判双方，可谓是分歧大于一致、对抗多于合作、压力超过动力。于是，谈判氛围趋于紧张，谈判进程被迫中止，谈判前景受到挑战。如果任由僵局持续发展，谈判势必走向破裂，而如何消除或减轻这些不利影响，将是对谈判双方的一种考验。

另一方面，要减少因处理僵局不当而产生的负面影响。处理僵局应当具有一定的艺术性和策略性，既不能自始至终"以硬碰硬"，也不能步步退让"溃不成军"。而是应当在充分了解对方需求与感受的前提下，巧妙而灵活地实施策略，从而做到"软硬兼施""进退自如"。

总之，谈判人员应当具备将坏事变成好事的能力，从而把打破僵局作为迈向合作的新起点。另外，也可将应对僵局的思路概括为三个层次，从低到高分别是事后化解僵局、事前预防僵局和巧妙利用僵局。如何在僵局中趋利避害，是一项值得研究的课题。

## 四、破解僵局的常用策略

### （一）横向谈判策略

一方面，横向谈判是指双方谈判人员同时讨论多个议题，先谈能够达成一致的议题，而后谈存在争议的议题。例如，在国际贸易谈判中，内容涉及多项合同条款，谈判双方可以采用先易后难的横向策略，先就保险、仲裁、不可抗力等次要交易条件达成一致，稍后再谈品质、价格、数量、运输等关键交易条件，从而在求同存异中，扩大共识、减少分歧。

另一方面，纵向谈判与横向谈判相反，谈判人员会对全部议题进行逐个讨论，只要有一个议题产生争议，后续议题就不能展开。例如，在融资租赁谈判中，内容涉及货币、金额、利率、期限及担保等，谈判双方都要拿出迎难而上的态度，逐一盯住每个议题，若不谈成誓不罢休。

很显然，横向谈判具有较强的灵活性，能够通盘考虑、搁置争议，有利于谈判人员施展更多的沟通技巧；而纵向谈判的议程较为死板，更加强调问题导向和原则性，容易加剧双方的对立情绪和使谈判陷入僵局。总之，横向谈判策略是扩大交流、避免产生僵局和促进合作的一种常用策略。

### （二）硬碰硬策略

硬碰硬策略是指当谈判人员面对僵局时，坚持据理力争、寸步不让的强硬态度，从而迫使对方率先妥协的一种冒险型策略。当谈判进入僵局后，如果符合以下四种情况，谈判人员就可以采用硬碰硬策略来摆脱困境。

第一，被识破的策略型僵局。当对方提出的条件明显不合理，而己方提出的条件相对合理时，就说明对方在有意制造僵局。例如，面对"胡搅蛮缠"的谈判对手，唯有坚持己见方能退敌，而任何妥协都意味着投降。

第二，无法协调的实质型僵局。当来自对方的压力过大，而己方已无回旋余地时，破解僵局的难度就会非常大。此时，谈判人员就只能"背水一战"地固守底线。例如，若对手在交易条件上"狮子大开口"，不仅要价高，态度还很强势，那么以硬碰硬的方式回绝更能有力地回击对手的进攻。

第三，己方在僵局中完全掌握谈判主动。当谈判人员具有影响谈判走向的绝对优势，对方人员毫无讨价还价的实力时，就可以坚持硬碰硬的谈判策略。例如，谈判的一方已经掌握了定价权，则无论对方是否同意，都不会影响最终的成交价格。

第四，对方在僵局中毫无诚意。当谈判对手毫无缓和争执和消除分歧的诚意与行动时，就会任由谈判陷入僵局。此时，与其单方面地尽力挽留对方，不如以硬碰硬，进而摆出终止谈判的架势来。例如，面对拖拖拉拉、漫不经心的谈判对手，僵局随时都会产生，己方的态度必须要强硬，若再辅以最后通牒和突然休会等策略，则硬碰硬的效果会更好。

当然，硬碰硬策略也有加剧对立、制造紧张及伤害感情等诸多缺点，如果使用不当，则很可能将谈判推向破裂，因而属于不得已而用之的特殊策略。

### （三）换位思考策略

换位思考策略是指当谈判陷入僵局时，谈判人员应当懂得站在对方的角度看待问题，能够设身处地地为对方着想，从而以真诚和行动来消除分歧。在人际沟通领域，换位思考也是一种化解矛盾的常用方法，其主要优点体现在两个方面。

一方面，换位思考更容易触及人的心理。在沟通中处处替对方考虑，不但可以缓和紧张对立的情绪，也更能够赢得对方的好感和信任。例如，当买卖双方围绕价格争执不下时，若买方能够主动说："我们充分理解贵公司的报价依据，近期的原材料价格和人工成本的确有所提高。考虑到贵公司的难处，我们绝不会过分压低价格，只是希望能够双赢。"卖方听闻，即使不同意降低报价，也会在其他方面给予买方适当照顾。

另一方面，换位思考更能够看清谈判形势。常言道，"旁观者清，当局者迷"。深陷僵局的谈判人员，往往容易一叶障目、固执己见。如果能够换位思考，则可从正反两面来看待问题，从而更加全面和清晰地掌握分歧的本质。例如，出口方可以站在进口方的立场来分析其真实需求、谈判动机及交易感受等，从而对己方提出的各项交易条件进行客观务实的评价和改进。正所谓，"己所不欲，勿施于人"。

总之，换位思考是一种颇有诚意、较为有效的僵局破解策略。有时候，当谈判中的一方开始替对方考虑时，双方的关系就已经开始改变。

### （四）"五换"策略

"五换"策略是指当谈判陷入僵局时，谈判人员可以采取换时间、换地点、换人员、换方案及换话题五种方式中的任意一种或几种，达到打破僵局效果的一类策略。实际上，僵局本身也只是一种暂时状态，谈判双方只要有所改变，就能重新发现合作的契机。

第一，换时间是指暂时休会，而另选时间重开谈判。换时间策略适用于难以在短时间内被打破的僵局，谈判双方可重新约定再次磋商的时间，待各方恢复冷静与清醒后，再来解决分歧。例如，面对剧烈波动的国际市场行情，买卖双方与其僵持不下，还不如暂缓谈判，待市场稳定之后再作商议。

第二，换地点是指调整会谈的场地或环境。换地点策略能够很好地缓和谈判氛围，有利于促进双方人员的沟通与交流。例如，在客场访问与交流之后又增加一轮在主场的参观和讨论；将原本在室内会议厅举行的谈判改在户外花园进行；将正式场合谈不下来的议题放到宴会、茶歇等非正式场合讨论。

第三，换人员是指调整和更换谈判团队中的主要人员。换人员能够给对手耳目一新的感觉，能够很好地缓解因分歧而产生的人际冲突，较为适用于化解情绪型僵局。例如，当己方谈判人员因过于强势而频频遭遇僵局时，就可以换上一些温文尔雅且富有亲和力的人员，从而通过改变谈判风格来促进谈判进程。

第四，换方案是指启用替代方案。谈判人员应当在谈判的准备阶段制定多套备用方案，一旦遭遇僵局，则可通过更换方案来避免争执。例如，当外贸企业发现向当地市场直接出口困难重重时，就可以考虑在当地寻找经销商、代理商、寄售商等替代方案，正所谓，"办法总比困难多"。

第五，换话题是指回避争议、改谈其他话题。转移话题是避免僵局冷场的最常用方法。谈判人员既可以横向讨论其他议题，也可以谈论一些有助于活跃氛围的"题外话"。例如，当谈判双方未能就某项条件达成一致时，一方可以邀请另一方观看样品、品尝茶饮、欣赏风景等，从而让双方头脑中"紧绷的弦"都能放松放松。

总之，"五换"策略就是通过变化谈判活动中的五种要素，达到打破僵局的良好效果。

### （五）外人调解策略

外人调解策略是指当谈判双方陷入僵局时，可以通过引入第三方进行调解，达到主持公道和缓解矛盾效果的一种策略。外人调解策略适用于严重对峙的谈判僵局，若无外力介入，谈判不仅会破裂，双方也会落得两败俱伤的双输结果。由彼此信任的第三方出面斡旋，不仅可以营造公平合理的氛围，还可保全争议双方的颜面，对于促进信息交流和观点表达也很有益处。中间人在充分听取双方主张、解释和申辩的基础上，能够较为客观地抓住矛盾焦点，从而为重新协调利益分配找到更为实际的路径。例如，当两家子公司发生谈判僵局时，就可以请母公司派人协调，其调解结果也更有权威性和说服力。

当然，在国际商务中，常见的调解方可以是仲裁机构或司法单位，但将争议诉诸仲裁或司法，并不利于双方建立和保持良好的关系。总之，调解也是打破僵局的一种常用思路。

## 第三节　国际商务谈判中的让步

### 一、让步的基本原则

常言道，"舍得，舍得，有舍才有得"。谈判正是在不断前进与后退之中才找到最终的平衡点。让步亦是国际商务谈判中的常见现象，它体现了谈判双方在博弈过程中的妥协或交换，尤其对于消除分歧和打破僵局具有重要意义。主动让步是一种促成合作与形成共识的常见策略，为保证让步策略的有效性和可控性，谈判人员应当遵循一系列基本原则。

**（一）让步的意图要明确**

"为什么让步"是谈判人员需要明确的首要问题。通过让步来实现一定的谈判目的，常见的让步动机就包括了营造和谐的谈判氛围、表达一定的谈判诚意、引起对方的交易兴趣及破解争执不下的僵局等。如果让步没有经过充分的准备和周密的筹划，势必仓促且有失稳妥，如果盲目让步，更会给相关当事人带来极大的风险或隐患。同时，谈判人员还应注重让步的结果，及时评价让步策略对谈判双方的影响，以及让步前后谈判形势的变化情况。总之，让步本身并不是目的，而是一种能够产生谈判效果的策略手段。

**（二）让步的时机要恰当**

让步的时机要恰到好处，早一时收效甚微，晚一时则多此一举。谈判人员必须精确掌握谈判磋商的关键节点，能够在最需要让步的时候果断让步。习惯上，主要的、实质性的让步应该安排在谈判的前半段，从而发挥促成交易的积极作用；次要的、象征性的让步则可以安排在谈判的后半段，从而为最终的成交营造"合作愉快""皆大欢喜"的良好氛围。同时，让步的时机还要给人水到渠成、顺理成章的感觉，这既能给对方带来成就感，又不易暴露己方的策略意图。

**（三）让步的方法要适用**

让步应当讲究一定的方法和策略，并力争用己方较小的让步来赢得对方较大的让步。第一，注意让步的先后顺序。在相对重要的问题上，要力争对方先让步；在相对次要的问题上，则己方可以先让步。第二，注意让步的幅度和次数。当让步空间一定时，谈判人员应当根据谈判实际，分若干次完成幅度不等的让步。让步的节奏应当合适，太快容易因自乱阵脚而陷入被动，太慢则容易延误合作的最佳时机。第三，注意不要过分纠结细节。实际上，让步的本质是以牺牲局部利益来保全整体利益。只要谈判的原则与底线不变，一切枝节问题都可以做让步讨论。为此，谈判人员要站在一定高度来看待让步，充分认识让与不让的利弊，切勿在大局面前因小失大、舍本逐末。

### （四）让步的心态要良好

谈判人员应当正确认识让步行为，不要片面地将让步理解为失败或投降。客观地讲，让步具有两面性，既可以被视为一种后退，也可以被理解为一种前进。为此，保持正确的心态将是从容应对让与不让的重要前提。具体而言，良好的心态又体现在两个方面。

一方面，要乐于接受让步。当对方做出让步时，要保持心安理得和欣然接受的心态。谈判人员要努力克服负债感和愧疚感，也不要立即给予对方回报。否则，就很可能因接受让步而丧失进一步讨价还价的能力。

另一方面，要善于拒绝让步。当对方要求让步时，要保持不慌不忙和理直气壮的心态。面对对方人员的步步紧逼，要保持镇定，绝不能因为"不好意思"或"碍于情面"而轻易妥协。谈判人员要善于说"不"，绝不拿原则问题开玩笑。对于一切不合理的要求都要直接拒绝，不留任何商量的余地。

### （五）避免五种不合理的让步

不合理的让步不但不能改善己方的处境，反而会将谈判引向更为糟糕的情形。谈判人员应当在让步时做到"五不"，方能以屈求伸、以柔克刚。

第一，不做无谓的让步。如果让步未能取得任何有益的效果，则可认为"无谓"。无谓的让步实际上是一种单纯的损失，它既减少了本可以保全的经济利益，也浪费了谈判双方的时间与精力，还容易给对手留下懦弱无能的不好印象。

第二，不做轻易的让步。即使让步的内容无关轻重，谈判人员也不能轻易放弃，否则容易助长对手得陇望蜀的贪心。反过来，艰难的让步也可以给对方留下"险胜"的感觉，从而令其感到庆幸和珍惜。

第三，不做亏本的让步。平等协商的双方，博弈过程应当有来有往、保持平衡。换言之，获利需要付出代价，妥协也需要有所回报。如果谈判双方能够在让步环节"投桃报李"，则更能促成合作与达成共识。

第四，不做后悔的让步。对于如何让步，谈判人员需要深思熟虑、三思而行，但是让步一旦产生，就不能反悔。尽管在谈判中也存在收回让步的情况，但更多是出于策略考量，而非单纯的后悔。毕竟，出尔反尔常常被视为不诚信、不负责的表现。即使让步有误，也应另想挽回补救之法。

第五，不预先承诺让步。谈判人员不应承诺对方一定让步或对等让步，一旦对方产生期望，后续谈判势必陷入被动。精明的谈判者会尽力让对方先开口提出条件，然后再明推暗就地做出让步，从而给对手以成就感。

## 二、让步的主要类型

### （一）按照让步的姿态分类

#### 1. 积极让步

积极让步是一种带有策略意图的主动让步。谈判人员能够以尊重、友善、理解和包容的姿态对待分歧，并愿意以己方的率先退让来促成合约的签订。积极让步适用于在谈判中具有明显优势的一方，这类谈判人员掌握着大量的谈判筹码，因而可以凭借灵活多变的让步策略来影响谈判进程。例如，当母公司与子公司进行国际商务谈判时，财大气粗的母公司就可以通过积极让步实现对相对弱小的子公司的优惠与照顾。

#### 2. 消极让步

消极让步是一种在无可奈何情况下的被动让步。消极让步往往是迫于对手或环境的压力，并非出自谈判人员的主观意愿。可以想象，面对一筹莫展的僵局，谈判人员已是江郎才尽、无计可施，此时，唯有让步能够使谈判继续进行。消极让步也是一类损失大于收益的亏本行动，多见于谈判一方的实力较弱时、急于签约时、有求于人时、误判形势及过错在先时等情形。例如，当出口方人员的报高价策略被揭穿时，进口方人员势必严厉指责，自知理亏的出口方也只能消极让步。

### （二）按照让步的效果分类

#### 1. 实质让步

实质让步是一类涉及经济利益的真正让步。在实践中，实质让步的内容往往表现为实实在在的经济利益。例如，真实价格下的折扣优惠、交易数量的大幅调整、包装或运输等条件的明显改善等。实质让步也是一种具有诚意的让步，让步方试图通过放弃一部分自身利益，以期达到令对手满意和实现合作的谈判效果。而面对让出的"真金白银"，谈判僵局一般也很难继续维持。

#### 2. 非实质让步

非实质让步与实质让步相反，是一类不涉及经济利益的虚假让步。非实质让步又可被细分为两种，一是策略性让步，二是象征性让步。策略性让步是谈判人员为了实现某种目的而采取的暂时行动。例如，当谈判形势不利时，就可以实施"以退为进""诱敌深入""请君入瓮"等策略。暂时的让步，是在为将来的进攻做准备。象征性让步是谈判人员出于整体考虑而做出的一种姿态。象征性让步只是一种形式上的让步，多发生于临近签约之前。这种类似最后"甜头"的让步，有利于平衡关系和维护颜面，其礼节性作用远远大于经济性作用。

## 三、让步的选择方式

在多次让步的情况下，谈判人员可以通过选择不同的让步节奏与幅度，传递不同的意图和信息。这里以卖方让步为例，假设让步总额为100元，分5次完成让步，于是产生八种各有优劣的让步方式，分别适用于不同的谈判情形（见表5-1）。

表 5-1　常见让步方式　　　　　　　　　　　　　　　　　　单位：元

| 序号 | 让步方式 | 第一次让步 | 第二次让步 | 第三次让步 | 第四次让步 | 第五次让步 | 让步总额 |
|---|---|---|---|---|---|---|---|
| 1 | 最后冒险型 | 0 | 0 | 0 | 0 | 100 | 100 |
| 2 | 最先冒险型 | 100 | 0 | 0 | 0 | 0 | 100 |
| 3 | 等额均匀型 | 20 | 20 | 20 | 20 | 20 | 100 |
| 4 | 小幅递减型 | 30 | 24 | 19 | 15 | 12 | 100 |
| 5 | 大幅递减型 | 50 | 25 | 15 | 8 | 2 | 100 |
| 6 | 随机增减型 | 60 | 10 | 0 | 5 | 25 | 100 |
| 7 | 越让越多型 | 5 | 10 | 15 | 30 | 40 | 100 |
| 8 | 犹豫反悔型 | 40 | 35 | 25 | −25 | 25 | 100 |

**（一）最后冒险型**

最后冒险型是指谈判人员先坚持寸步不让的强硬态度，直到谈判的最后环节才将全部利益一次性让出。这是一种十分冒险的让步方式，僵局在前，而让步在后。如果买方的意志不够坚定，则会不等卖方让步就提前终止谈判。

最后冒险型的优点包括：第一，以强势开局，能够迫使软弱的对手率先让步；第二，谈判氛围前紧后松，能够给对手营造险胜感，使之对让步倍感珍惜；第三，最后恩威并施，能够使对手见好就收、不再纠缠；第四，再三以困难做考验，更容易找到最有诚意的合作伙伴。

最后冒险型的缺点包括：第一，在僵局中谋合作，显得缺乏诚意和友善；第二，前期寸步不让，容易使谈判走向破裂。

最后冒险型适用于在谈判中占据绝对优势的一方，特别是在谈判筹码丰富、备用方案较多、不惧谈判失败的情况下。

**（二）最先冒险型**

最先冒险型与最后冒险型相反，是指谈判人员一开始就毫无保留地让出全部利益，而在后续谈判中无利可让。这也是一种相当冒险的让步方式，直截了当、开门见山地亮出底牌。如果买方未能满足，则会使卖方陷入极大的被动。

最先冒险型的优点包括：第一，以最优条件开局，能够产生极大的诱惑力；第二，以最大诚意谋合作，更容易获得对手的信任感；第三，让利一步到位，能够提高谈判效率，也避免了策略上的久拖不决；第四，若能一举打动对方，可以获得更为丰厚的回报。

最先冒险型的缺点包括：第一，让步幅度太大，在后续谈判中失去回旋余地；第二，让步起点偏高，容易抬高对手的期望；第三，如果不能一举成交，后续谈判必将陷入僵局。

最先冒险型适用于两种情况：其一，谈判关系友好的双方，彼此相互信任或长期合作，选择这种开诚布公的谈判方式将更加有利；其二，谈判实力较弱的一方，通过率先

第五章　国际商务谈判的磋商

表达诚意来争取谈判主动，即使交易最终未能达成，也不用浪费太多的时间与精力。

### （三）等额均匀型

等额均匀型是指谈判人员将让步总额按照让步次数进行平均，每次让步的幅度都相等。这是一种很有规律的让步方式，只要对手施压，就立即做出让步，直到让出全部利润。如果遇到急于求成或缺乏时间的对手，则可提前结束磋商并保存大量经济利益。

等额均匀型的优点包括：第一，每次让步幅度均等，每轮妥协损失可控，容易形成稳扎稳打的防守格局；第二，谈判节奏可慢可快，既有利于在谈判形势不利时拖延时间，也有利于在对方麻痹大意时突然变化策略；第三，实际操作较为简便且不容易暴露让步底线，可以达到以不变应万变的效果。

等额均匀型的缺点包括：第一，每次让步缺乏新意，可能导致谈判氛围平淡无奇、谈判节奏拖拖拉拉、谈判人员无精打采；第二，每轮交涉收益不大，谈判效率低而成本高；第三，让步规律过于明显，若遇到偏爱使用"挤牙膏""切香肠"策略的有耐心的对手，则很难应对。

等额均匀型适用于初次相遇或相对陌生的谈判对手之间。由于双方缺乏足够的了解与信任，因而冒进与保守都不妥当，最好先以几次等额让步为试探，再根据对手的反应实施策略。另外，等额均匀型也适合谈判经验尚不丰富的人员，可以在相对稳妥的前提下，配合步步为营、以逸待劳等具体策略。

### （四）小幅递减型

小幅递减型是指谈判人员采用依次减少让步幅度的连续让步方式，后一次让步幅度总是略小于前一次让步幅度。这是一种越让越少的让步方式，能够向对手传递三项谈判信息，分别是开门见山的诚意、越发坚定的态度、逐渐缩小的让利空间。

小幅递减型的优点包括：第一，让步幅度先大后小，能够给人合乎常理、顺其自然的感觉，有益于将争议引向一致；第二，让步态度趋于谨慎，能够有效避免因冲动、愤怒等引起的情绪性让步；第三，可以传递成交意向等信息，能够暗示对手见好就收、适可而止。

小幅递减型的缺点包括：第一，后期让步幅度较小，容易给人越发小气抠门的感觉，从而引发对手的指责和不满；第二，其作为最常用的让步方式，容易使双方在谈判后期的积极性不高，对谈判结果也没有新鲜感。

小幅递减型适用于大部分谈判情形，也适合谈判的发起方使用。发起方可以先通过较大的让利来吸引潜在交易者，待与其深入交流时，再逐步使价格等交易条件回归正常。

### （五）大幅递减型

大幅递减型与小幅递减型相类似，也是一种越让越少的让步方式，但是后一次让步总是大大少于前一次让步。相比而言，大幅递减型的冲击力更强，暗示效果也更为明显。这一方法是在告诉对手，己方已经拿出了最大诚意，不能再指望有任何突破底线的让步。而精明的对手一般不会再纠结于后续让步，两三个回合就足以达成共识。

大幅递减型的优点包括：第一，让步节奏前松后紧，既能吸引和打动对手，也能保留进一步交涉的空间；第二，让步态度较为坦诚，成交效率一般较高；第三，后续让步多为象征意义，并且暗示对手已接近底线，有利于谈判的顺利结束。

大幅递减型的缺点包括：第一，对方感觉先易后难，难免产生失望或不满情绪；第二，谈判筹码快速减少，容易使后续让步缺乏灵活性。

大幅递减型一般适用于谈判高手，且需要在充分评估首次让步的风险和效益之后才能采用。

### （六）随机增减型

随机增减型是指谈判人员的让步过程并没有明显的规律，每一次让步都具有较强的随机性和不确定性。这是一种可大可小的让步方式，大幅让步可以化解僵局，小幅让步则能够暗示成交。随机增减型也是一种较难应对的让步方式，如果没有经过充分的调研与准备，谈判者就很容易丧失讨价还价的主动性。

随机增减型的优点包括：第一，让步思路不明显，能够达到扰乱对手进攻策略的效果；第二，让步幅度时大时小，让步方可以牢牢掌握主动权；第三，能够传递价格波动、行情反复的信息，提醒对方尽快抓住机遇和防控风险。

随机增减型的缺点包括：第一，容易给对手留下立场不坚定、准备不充分的印象；第二，容易给对手留下敷衍怠慢、缺乏诚意的印象；第三，让步不够慎重，容易被谈判氛围所左右，进而给己方带来损失。

随机增减型适用于谈判实力较弱的一方，这一方法既能给对手以"小利"为诱饵，又能保持一定的神秘感，从而使己方在磋商中进退自如。

### （七）越让越多型

越让越多型与递减型相反，是指谈判人员采用依次增大让步幅度的连续让步方式，后一次让步幅度总是大于前一次让步幅度。这是一种不断制造惊喜的让步方式，能够引诱对手一直索要让步，进而一步一步陷入预先设计的谈判"套路"或"陷阱"当中。

越让越多型的优点包括：第一，策略意图明显，能够配合"请君入瓮""调虎离山""诱敌深入"及"以退为进"等策略；第二，在让步空间可控的前提下，越让越多能够营造友好合作的谈判氛围，进而督促对手做出同等让步。

越让越多型的缺点包括：第一，逐步提高对手的期望，容易使后续让步渐渐失控；第二，让步幅度先小而后大，讨价还价处处"留一手"，容易给对手留下不诚信、不实在的印象；第三，对于挑剔的对手而言，即使最终成交，也会产生意犹未尽的不满足感。

越让越多型适用于配合其他谈判策略使用，单独使用多见于在化解僵局时。另外，越让越多型也是一种较为冒险的让步方式，稍有不慎，即满盘皆输，谈判人员需要保持谨慎使用的态度。

### （八）犹豫反悔型

犹豫反悔型是指谈判人员既可以做出让步，也可以收回让步，随时都可以提出反悔意见。这是一种可以出尔反尔的让步方式，如果买方不接受现在的价格，那么卖方只能恢复原价。在实践中，适当表露后悔，反而有利于谈判一致的达成。对方会认为谈判底线已到，此时成交最为划算。

犹豫反悔型的优点包括：第一，对方获利得而复失，一旦利益失而复得，就能够增强获得感和险胜感；第二，人为制造让步转折，暗示对方应该就此成交；第三，"后悔"实为假后悔，能够更好地实现策略意图。

犹豫反悔型的缺点包括：第一，在让步时自食其言，容易给人留下不负责任、言而无信的印象；第二，若后悔次数过多，容易使谈判陷入僵局或破裂。

犹豫反悔型适用于在非正式场合的商务谈判，谈判双方无拘无束，后悔与否都不影响谈判氛围与合作关系。另外，适当后悔也是探测对手虚实的一种有效策略。

### 四、让步的常用策略

#### （一）己方主动让步的策略

1. 互惠互利的让步策略

互惠互利的让步策略是指以己方的让步来换取对方的让步的一种策略。换言之，谈判双方都应当从让步中获益，而不能将让步看成一方前进另一方后退的零和博弈。当一方做出让步时，另一方也应该有所补偿，也许双方各让一步，谈判中的分歧也就自然消除了。在实践中，互惠互利的让步策略适用于横向谈判。当谈判双方在同时磋商多个议题时，就可以进行交换式让步，从而实现各有所让，各有所得。

另外，为了争取互惠互利的让步，谈判人员也可以采取一些必要的技巧。其一，明确索要回报。谈判人员可以直接提醒对方，来而无往非礼也，既然己方已经让步，那么对方也应该有所回报。其二，将回报设为让步的条件。谈判人员可以用假设法告诉对方，如果对方在某些交易条件上让步，则己方可以做出某些让步，从而实现以让步换让步。其三，强调己方为让步付出的代价。谈判人员可以在让步时向对方表明，本次让步已超出己方权限或有损于己方利益，希望对方在其他交易条件上给予优惠。

总之，互惠互利的让步策略较为注重对等、交换与双赢，是一种常用的让步策略。

2. 以虚换实的让步策略

以虚换实的让步策略是指谈判人员通过主动放弃一些次要主张或象征性利益，达到换取对方在实质性问题上让步的一种策略。具体又分为三种让步思路。

第一，以小利换大利的让步。谈判人员可以将谈判议题按照轻重缓急依次排序，并尝试用那些影响较小、关系不大的利益去解决谈判中的关键问题。当然，谈判人员并不能告诉对方让步的虚实，即使是再小的利益，也不要让对方轻易获得。

第二，予远利谋近惠的让步。谈判人员可以向对手描绘未来的合作前景，用将来的利益来换取现在的利益。毕竟将来的情况尚未确定，眼下的交易却是实实在在的。

第三，以姿态换行动的让步。有时候，让步是一种姿态，表现的是谈判人员的诚意与希望。谈判人员可以高调展现己方的让步姿态，并配合一些象征性让步，来达到带动或迫使对方让步的效果。

总之，主动让步也是一种谈判策略，而如何使让步的效果更好，很值得谈判人员思考。

### （二）迫使对方让步的策略

**1. 最后通牒策略**

最后通牒策略是指当谈判双方陷入争执或僵局时，一方向另一方提出最后交易条件的一种策略。接到最后通牒的一方，要么完全接受交易条件，要么彻底退出本轮谈判，一般没有其他选择。最后通牒策略是一种迫使对方让步的常用策略，施策方希望通过最后一次还价，达到就此结束争执的谈判效果。

一方面，实施最后通牒策略需要满足一定的条件。第一，施策方具有明显的谈判优势，能够有胆量、有实力、有效果、有退路地发出最后通牒。第二，谈判僵局早已形成，施策方在尝试各种策略与方法无效的情况下，不得已发出最后通牒。第三，施策方步步退让，已退至最后底线仍然不能成交时，只能发出最后通牒。第四，谈判对手有意拖延谈判进程，或对关键问题避而不谈时，可以用最后通牒来刺激对方。第五，继续谈判已没有多大价值时，为了尽早结束谈判，也可以施展最后通牒策略。

另一方面，实施最后通牒策略还需要注意一些问题。第一，发出最后通牒的时机要恰当。一般为磋商环节的后期，通牒的内容也经过了反复的讨价还价。反之，很少有在开局阶段就发出最后通牒的情况。第二，最后通牒的言辞要有分寸。为了维持合作共赢的友好氛围，谈判人员的用语应当委婉含蓄、外柔内刚。简言之，说话的态度要好，但分量要重。第三，最后通牒也要保留一定的余地，既要给予对方思考和决策的时间，也要给予对方在让步中调整和接受的空间。第四，最后通牒需要得到其他行动的配合。施策方在发出最后通牒的同时，还可采取收拾行装、预订机票、酒店退房等行动，从而让对方相信再不让步，谈判破裂将不可挽回。另外，最后通牒策略也是一种冒险策略，若对方不以为意或也发出最后通牒，则谈判争执将更加激烈。

**2. 车轮战策略**

车轮战策略是指当谈判双方陷入争执或僵局时，一方不断寻找各种借口，连续换人重新谈判的一种策略。车轮战本是军事上的一种消耗战，被借鉴于商务谈判时，可以消磨对手的耐性、消耗对手的精力、耗尽对手的时间，进而迫使其不得不让步。车轮战策略适合于谈判实力相对较弱但谈判时间充足的一方，面对难以突破的僵局，"消耗战"往往比"阵地战"更有胜算。

一方面，车轮战的优点主要有三项。第一，不断更换主谈人员，能够达到在连续让步中"出尔反尔"的效果。若谈判对手希望保住现有条件，就只能尽快成交。第二，不断更换主谈人员，能够纠正或改善施策方的用人策略。若前任人员的表现过于软弱，则可替换个性鲜明、态度强硬的后任人员。第三，不断更换主谈人员，可以扰乱对手的谈判思路和消耗对手的时间精力。双方人员很容易在谈判过程中变得相互熟悉，己方人员的性格、喜好、优点、弱点等就很容易被对方掌握。随着谈判人员的更换，对方将不得不重新进行接触和阐述观点，从而陷入士气低落、疲惫不堪的被动局面。

另一方面，实施车轮战策略也有一些注意事项。第一，换人的借口一定要巧妙。例如，权力不够就是一种很好的借口，必须更换上级领导前来谈判。切勿在换人时，让对方感到怠慢、随意或没有诚意。第二，车轮战的过程一定要自然。作为一种较为隐蔽的消耗战，车轮战要尽量使对手既感受到压力，又无可奈何。切勿因激怒对手而使谈判更加困难。第三，一定要见好就收。对于施策方而言，车轮战本身也是一项成本很高的策略，只要对手愿意让步，施策方就应当转变态度、及时成交。第四，还要注意防范对手的反车轮战策略。例如，如果对方也同步换人，那么车轮战就可能产生双输的结果。

3. 软硬兼施策略

软硬兼施策略是指当谈判双方陷入争执或僵局时，一方谈判人员时而态度强硬、步步紧逼，时而通情达理、善解人意，从而令对手不断让步的一种策略。有时，软硬兼施策略也被称为"红白脸"策略，唱红脸的说软话，唱白脸的说硬话，两者交替着诱导对方步步妥协。

在实施软硬兼施策略时，要注意几个问题。第一，要注意红白脸的顺序。一般是"白脸"在前，而"红脸"在后。不难理解，先硬而后软，更有利于对手认清形势、顺势让步。反之，先软而后硬，则会给人造成不讲诚信、临时变卦的感觉。第二，要注意红白脸的反差。"白脸"要有力度，"红脸"要有温度。前者要让对手倍感压力，似乎即将陷入僵局，而后者要让对手得到安抚，只要让步就没有克服不了的困难。第三，要注意红脸出现的时机。施策方要善于把握软硬兼施策略的火候，先让"白脸"效应充分发酵，待到对方态度有所动摇之时，再以"红脸"推波助澜，则效果最好。第四，要注意红白脸的人员分工。如果团队中有多人分别扮演红白脸，则一般由技术或商务骨干唱白脸，领导干部唱红脸。这样的安排有利于最后拍板，并给对手以安抚感。如果团队中只有一人同时扮演红白脸，则要注意从白脸到红脸的自然切换。一般可以采取休会研究、场外接听电话、等待请示上级等"暂停"争论的方式，将谈判态度由硬转软。

总之，软硬兼施策略是一种能够迫使对手让步的有效策略，特别适用于针对能够让步却不愿意让步的谈判对手。

## 阅读资料 5-1：

### 古代兵法"三十六计"

在中国古代兵法中，有三十六种兵法策略，被合称为"三十六计"。具体而言，三十六计又按照每六计为一套，分为胜战计、敌战计、攻战计、混战计、并战计和败战计六套。其一，胜战计适用于占据优势时，包括瞒天过海、围魏救赵、借刀杀人、以逸待劳、趁火打劫、声东击西六种计策。其二，敌战计适用于势均力敌时，包括无中生有、暗度陈仓、隔岸观火、笑里藏刀、李代桃僵、顺手牵羊六种计策。其三，攻战计适用于准备发动进攻时，包括打草惊蛇、借尸还魂、调虎离山、欲擒故纵、抛砖引玉、擒贼擒王六种计策。其四，混战计适用于胜负不明、变化不定时，包括釜底抽薪、浑水摸鱼、金蝉脱壳、关门捉贼、远交近攻、假道伐虢六种计策。其五，并战计适用于扭转形势、改善环境时，包括偷梁换柱、指桑骂槐、假痴不癫、上屋抽梯、树上开花、反客为主六种计策。其六，败战计适用于败局将成、力挽狂澜时，包括美人计、空城计、反间计、苦肉计、连环计、走为上计六种计策。总体而言，前三套计策多用于我强敌弱之时，后三套计策则多用于敌强我弱之时。

资料来源：作者根据互联网资料整理。

**思考：**

请结合"三十六计"，谈谈古代兵法策略带给我们的启示，以及如何在国际商务谈判中恰当应用"三十六计"。

 **本章小结**

本章主要讲述了三个方面的内容。

第一，交易磋商中的讨价还价。讨价还价与交易磋商相类似，包括了报价、讨价和还价三个主要步骤。首先，谈判报价是指谈判中的一方当事人向另一方当事人提出某项具体的交易条件的行为，并表示愿意按照这一条件订立合同。其次，谈判讨价是指当谈判一方完成报价之后，另一方不同意或不满意其报价，进而要求其按照一定的条件重新报价的行为。最后，谈判还价是指当谈判一方完成报价后，另一方不完全同意其报价，在原报价基础上进行修改或补充后，重新向原报价方进行的报价。在讨价还价过程中，常用的策略包括了高起点报价策略、差异化报价策略、防范报假价策略、挤牙膏策略、增兵减灶策略、以退为进策略、预算有限策略及不开先例策略等。

第二，国际商务谈判僵局。谈判僵局是指在商务谈判过程中，双方当事人在未能达成一致意见的情况下，各执己见、互不相让，从而形成进退两难的僵持局面。谈判僵局的成因包括立场观点发生冲突、信息沟通存在障碍、谈判人员出现失误及战术上的策略需要等。处理僵局的原则包括保持正确的态度、运用恰当的方法和避免负面的影响。破解僵局的常用策略有横向谈判策略、硬碰硬策略、换位思考策略及"五换"策略等。

第三，国际商务谈判让步。让步是国际商务谈判中的常见现象，它体现了谈判双方在博弈过程中的妥协或交换，尤其对消除分歧和破解僵局具有重要意义。在进行让步时，让步的意图要明确、让步的时机要恰当、让步的方法要适用、让步的心态要良好，还要避免出现五种不合理的让步。在多次让步的情况下，谈判人员可以通过选择不同的让步节奏与幅度，传递不同的意图和信息。主动让步的策略包括互惠互利的让步策略、以虚换实的让步策略等，迫使对方让步的策略包括最后通牒策略、车轮战策略、软硬兼施策略等。

总之，讨价还价是国际商务谈判的实质性环节，谈判双方会围绕各项议题展开交易磋商。只要策略得当、让步合理，即使出现僵局也不会影响谈判的效果。

## 作业与习题

### 一、单项选择题

1. 在报茶叶的价格时，"每两10元"就要比"每千克200元"更有吸引力，似乎前者比后者要更便宜。这属于（　　）。

    A. 高起点报价策略 　　　　　　　　B. 差异化报价策略

    C. 分割式报价策略 　　　　　　　　D. 中途变价策略

2. （　　）是指在谈判过程中，时不时地称赞对方、馈赠对方，以便使其放松警惕、软化立场。

    A. 激将法 　　　　　　　　　　　　B. 宠将法

    C. 告将法 　　　　　　　　　　　　D. 感将法

3. （　　）是指在谈判过程中，一方向另一方的上级或领导反映情况，从而达到向对方主谈人员施加压力的效果。

    A. 激将法 　　　　　　　　　　　　B. 宠将法

    C. 告将法 　　　　　　　　　　　　D. 感将法

4. 如果讨价方提出"如果……那么……""假设……怎样……""倘若……又会……"等句式的问题，属于（　　）策略。

    A. 求证举证法 　　　　　　　　　　B. 吹毛求疵法

    C. 假设条件法 　　　　　　　　　　D. 多次要求法

5. （　　）是一类不涉及经济利益的虚假让步。

    A. 积极让步 　　　　　　　　　　　B. 消极让步

    C. 实质让步 　　　　　　　　　　　D. 非实质让步

### 二、多项选择题

1. 报价的基本原则包括（　　）。

    A. "低买高卖"原则 　　　　　　　　B. "货真价实"原则

    C. "虑周藻密"原则 　　　　　　　　D. "言简意赅"原则

    E. "随行就市"原则

2. 影响报价高低的主要因素有（　　）。

    A. 成本与费用 　　　　　　　　　　B. 品质与数量

    C. 供需与竞争 　　　　　　　　　　D. 人员与场地

    E. 条件与策略

3. （　　）属于防御性的谈判策略。

    A. 预算有限策略 　　　　　　　　　B. 不开先例策略

    C. 连环马策略 　　　　　　　　　　D. 疲劳战策略

    E. 休会策略

4. 谈判僵局的常见类型包括（　　）。

  A. 实质型僵局              B. 情绪型僵局

  C. 策略型僵局              D. 象征性僵局

  E. 利益型僵局

5. "五换"策略是指当谈判陷入僵局时，谈判人员可以采取（　　）措施。

  A. 换时间                   B. 换地点

  C. 换人员                   D. 换方案

  E. 换话题                   F. 换立场

## 三、判断题

1. 日本式报价也被称为顺向报价，这是一种卖方首先报出最高价格或买方首先报出最低价格，然后再逐步降低要求，直至达成交易的报价方式。　　　　（　　）

2. 延后式报价是一种策略性报价方式，适用于商业往来不多、相互了解不足的谈判对手之间。　　　　（　　）

3. 按比例还价法是指还价方在原报价基础上，以扣除一定百分比后的条件进行还价。

（　　）

4. 挤牙膏策略强调在进攻中反复试探对手的底线，而步步为营策略更注重在防御中一次次巩固己方的获利。　　　　（　　）

5. 僵局是谈判失败的表现，成功的谈判不能出现僵局。　　　　（　　）

## 四、简答与论述题

1. 请简述最后通牒策略的实施条件。

2. 请简述有哪五种不合理的让步。

3. 试论述在国际商务谈判中，形成僵局的原因和突破僵局的策略。

4. 试论述在国际商务谈判中，让步的原则是什么，以及如何选择让步的节奏和幅度。

5. 请结合一定策略，谈谈如何在谈判中迫使对方让步。

## 五、实训题

1. 请模拟国际商务谈判中的讨价还价场景，并尝试使用一些谈判进攻和谈判防守的策略。

2. 请模拟国际商务谈判中的僵局场景，并体验让步与不让步的不同效果。

3. 收集 1~2 个国际商务谈判案例，分析其中的僵局与让步情况。

参考答案

# 第六章

# 国际商务谈判的结束

知识目标：理解谈判成交阶段的重要意义，掌握识别成交时机的基本方法，具备完成商务谈判收尾工作的相关知识；掌握国际商务合同的概念、特点及类型，理解合同成立的基本条件；了解并熟悉谈判结束阶段的各种策略与技巧。

能力目标：能够在国际商务谈判的成交阶段完成表达成交意愿、总结谈判过程、确认谈判结果等实务性工作；熟悉国际商务合同的各项内容，能够草拟各类商务合同及其条款；能够在国际商务谈判的结束阶段应用一定的策略与技巧。

素养目标：具备善始善终、持之以恒的工作态度，具备重合同、守信用的业务素养，树立依法守法、公平正义的法治精神，能够在涉外经济管理工作中自觉践行社会主义核心价值观。

■学习重点

把握成交时机的四个具体条件；如何回顾与总结谈判；如何确认谈判的结果；谈判成交与谈判破裂的不同收尾方式；国际商务合同的特点；国际商务合同的成立条件；常见的书面合同形式；国际商务合同的主要条款；结束阶段策略的适用情况。

### 第五届进博会按年计意向成交 735.2 亿美元

第五届中国国际进口博览会 10 日在上海闭幕。中国国际进口博览局副局长孙成海在当天举行的新闻发布会上宣布，截至当日 12 时，累计进场 46.1 万人次。本届进博会按一年计意向成交金额 735.2 亿美元，比上届增长 3.9%。在各方共同努力下，第五届进博会实现了成功、精彩、富有成效的预期目标。

本届进博会共有 145 个国家、地区和国际组织参展，24 场虹桥论坛活动顺利举办。来自 127 个国家和地区的 2 800 多家企业参加企业商业展；展示 438 项代表性首发新产品、新技术、新服务，超过上届水平。首次搭建的数字进博平台吸引 368 家技术装备企业线上参展，组织直播或转播活动 64 场，浏览量达 60 万次。坚持"政府+市场"发展方向，组建 39 个交易团、近 600 个交易分团，新增 4 个行业交易团、近百个行业交易分团。69 个国家和国际组织亮相线上国家展，较上届增长 13%。"中国这十年——对外开放成就展"综合展示区全方位、立体化展示新时代我国对外开放辉煌成就。进博文化展示中心全景展现 5 年来进博会的发展历程和举办成效。专业配套活动和人文交流活动内容丰富，精彩纷呈。

资料来源：2022 年 11 月 11 日的《人民日报》。

### "签约大量新客户"

在进博会哈萨克斯坦展台上，各种饮料、乳制品、蜂蜜、调料琳琅满目，其中一罐罐骆驼奶粉十分抢眼。"对哈萨克斯坦乳品企业而言，中国市场具有巨大商机。"展台负责人阿力别克·斯马伊洛夫用熟练的中文告诉记者，骆驼奶粉的营养价值正得到越来越多中国消费者认可，市场规模不断扩大，目前他们已和不少客户达成采购协议。

哈萨克斯坦拥有优质骆驼奶源。近年来，当地企业强化了骆驼奶商业化理念，不断增加资金和技术投入，努力提升产品附加值。哈萨克斯坦一家骆驼奶粉企业的负责人介绍，他们公司已经建立了产业园，拥有 20 家标准化奶站，实现了全自动生产，"对于我们来说，中国的市场广阔。"

哈萨克斯坦企业家梅拉姆别科夫创立的"卡兹波特"品牌骆驼奶粉 2018 年亮相首届进博会，此后知名度不断提升。得益于进博会这一平台，"卡兹波特"在中国找到了合作代理商，今年上半年还在中国几大电商平台开了旗舰店，月销量节节上升。

斯马伊洛夫表示，他连续 5 年参加进博会，深切感受到哈中双方企业加强合作的意愿和热情，期待双方贸易额继续增长。"哈萨克斯坦的不少企业负责人告诉我，每年都在进博会上签约大量新客户，希望进博会'朋友圈'不断壮大，为全球企业创造更多发展机遇。"斯马伊洛夫说。

资料来源：2022 年 11 月 10 日的《人民日报》。

思考：

结合历届进博会的成交情况，谈谈国际展会对于促进外贸企业成功签约的积极意义，以及影响国际商务谈判成交的主要因素有哪些。

## 第一节　国际商务谈判的成交

成交阶段是国际商务谈判的最后阶段，包含把握成交时机、表达成交意愿、总结谈判过程及确认谈判结果等具体工作。最为理想的情况是，谈判双方已经完成全部议题讨论，并对所有交易条件达成一致，只待正式签订合同和完成最后的收尾工作，本轮国际商务谈判就能圆满结束。回顾整场谈判，谈判人员经历了从分歧走向共识的艰难过程，付出了大量智慧与辛劳。然而，即使在大功告成、胜利在望之际，谈判人员也绝不能掉以轻心、松弛懈怠。正所谓，"行百里者半九十"，最后的工作往往至关重要。

### 一、成交时机的把握

国际商务谈判的成交时机是否成熟，一般可以通过以下四个具体条件来判断。

#### （一）谈判期限

观察谈判期限是把握成交时机的最直接方法。

一方面，可以按照谈判的议程把握谈判期限。如果谈判双方约定了确切的谈判期限，那么谈判在何时结束就非常明确。例如，若双方约定的谈判时间为三天，那么就可以在第一天进行开局与热身，在第二天进行实质性磋商，在第三天进行签约与总结，整个安排简单明了。

另一方面，可以根据谈判的进展判断谈判期限。如果谈判双方没有明确约定谈判期限，那么结束谈判的时间就需要得到其他信息的印证。可以通过分析和探测两种具体方式来印证。例如，谈判人员可以分析谈判的持续时间、议题的完成比例、氛围的总体趋势等，从而推断谈判结束的大致时间。再比如，谈判人员也可以通过打探对方人员的回程时间、购销意图、淡旺季情况等，从而掌握成交签约的最后时间。

总之，谈判期限是一项重要的谈判信息，而按照日程表或工作进度结束谈判，也可避免很多不必要的争论和纠缠。

#### （二）谈判条件

梳理谈判条件是把握成交时机的最实际方法。对照国际商务合同的各项具体条款，谈判人员可以结合谈判目标逐一检查其是否达成一致，并对其效果进行评价。

一方面，要重点关注存在分歧的交易条件。随着谈判进程接近尾声，尚未达成一致的交易条件会越来越少，当分歧的数量远远小于共识的数量时，或者当分歧的重要性远远低于共识的重要性时，就意味着谈判即将结束。例如，当从事国际贸易谈判的双方已就价格、数量、品质、运输等大量关键交易条件达成共识时，尽管还有保险、仲裁、商检等少量次要交易条件未能谈妥，也不会影响合同的顺利签约，因为合作已经成为必然。

另一方面，要善于观察对方的谈判底线。双方在经过反复磋商之后，各自会对预设的谈判目标进行修正，并表现为多次让步后的"最后底线"。谈判人员要善于识别这类底线的真实性，若对方真的是退无可退了，那么此时成交也就恰到好处。反之，若未能在最佳条件上达成一致，则谈判很可能进入僵局，甚至破裂。

总之，谈判人员可以通过比较有关交易条件的谈判目标与结果，找到结束谈判的最佳时机与利益平衡点。

### （三）谈判策略

识别谈判策略亦是把握成交时机的一种重要方法。众所周知，为了达成有利于己方的目标，谈判双方会实施一系列或明或暗的谈判策略。谈判人员可以从谈判策略的角度，洞察和掌握谈判进程的具体走向。

一方面，可以分析对方策略的阶段性特征。按照作用或意图的不同，可以将谈判策略划分为前期策略、中期策略和后期策略。在实践中，谈判后期的策略有很多，较为典型的策略包括未来激励策略、顺手牵羊策略、争取承诺策略及最后通牒策略等。这些策略要么着眼于吸引对手签约，要么注重于争取最后的利益，要么看重于未来的合作，它们都是围绕着谈判结束前后的收尾工作。谈判人员只要发现对方在使用后期策略，就可推断围绕相关议题的磋商已经进入了成交阶段。

另一方面，可以评估己方策略的实施效果。按照预先拟定的内部谈判方案，谈判人员已经分阶段先后实施了各种谈判策略。当大部分策略实施完毕并取得相应的效果时，谈判人员就可以考虑及时结束谈判。这样既能保障各项利益，又能消除因继续谈判而产生的不确定性。

总之，无论是对方还是己方，只要谈判策略进入收尾环节，成交时机也就自然成熟。同时，谈判人员也要注意防范最后阶段的各种风险，避免出现诸如合同错误、礼仪失误、突然毁约等干扰成交的"意外事件"。

### （四）成交信号

识别和接收成交信号是掌握成交时机的一种基本技能。所谓成交信号，是指由对方人员所表达或透露的愿意成交的各种明示或暗示。这类信息既可以是开诚布公的直接表达，也可以是来自语言、表情及行动等的间接信号，但很多信息都需要谈判人员仔细观察和认真分析。

首先，在语言信号方面，要关注对方人员提问的特点。一般而言，对方的提问越细致，对细节越挑剔，成交的希望也越大。正所谓，"嫌货才是买货人"。例如，当对方开始询问签约后的运输、安装及维修等后续服务时，说明其已在进行最后的可行性分析。随着对最后疑问的解答，谈判也将结束。

其次，在表情信号方面，要注意对方人员的神色与姿态。表情上的细微变化，往往能够透露内心的想法。例如，当对方人员面带微笑、频频点头时，说明其对讨论的条件较为满意；当对方人员开始收拾桌面、频频低头看表时，说明其已无心继续讨论，并准备离开；当对方人员紧锁的眉头逐渐放松、眼神之中流露出理解与赞同时，说明其心中的疑惑已经消除。只要能够抓住这些敏感的细节，就能迅速确定交易条件。

最后，在行动信号方面，要观察对方人员在行为和动作上的特殊表现。相较于语言和表情，人的动作往往是下意识的，且更加难以伪装或掩饰。例如，当对方人员反复翻看草拟的合同时，仔细观看项目规划或设计图纸时，要求召开团队内部的讨论会议时，主动要求实地参观或到仓库验货时，这些行为都不同程度地反映其交易兴趣和成交意愿。

在实践中，为了取得更有利于己方的谈判地位，很多商人并不愿意主动提出成交，这就需要谈判人员捕捉各类成交信号，从而及时把握成交机会。

## 二、成交意愿的表达

当成交时机成熟，谈判人员就需要及时向对方表达成交意愿，以便顺利实现签约与履约。成交意愿的表达要注意三个问题。

第一，表达要及时。成交信号一旦显现，谈判人员就应当趁热打铁地抓住时机，一鼓作气地完成成交与签约。如果任由成交的氛围慢慢淡去，谈判又会陷入新一轮的讨价还价当中。

第二，态度要诚恳。成交是一项十分严肃且认真的事务，谈判双方一旦签约，各自的责、权、利也就明确了，各方也将承担相应的商业与法律责任。为此，成交的提议方应当十分真诚和负责任，能够值得信任和合作。切勿在成交环节出尔反尔，随意变更已经达成一致的交易条件。

第三，语言要简练。对于成交意愿的表达，谈判人员要开门见山、言简意赅。若对方并未反对，则可进一步阐述己方的主张或条件，并适当畅想未来的合作；若对方提出质疑，也不必过多解释或否认己方的观点，而是可以适当提出象征性让步。可以说，在判断是否成交的关键环节，态度比语言更重要。

## 三、回顾与总结谈判

随着整场国际商务谈判接近尾声，谈判人员有必要对本轮谈判进行回顾与总结，从而为最终的签约做好准备。具体而言，谈判人员需要做好以下几个方面的总结工作。

第一，对交易条件进行最后的核对。交易条件是总结阶段最为重要的内容。谈判人员需要围绕合同整理全部交易条件，并将其与谈判方案中的各项目标进行对比，从而掌握谈判目标的达成情况。例如，作为进口方，其应当检查进口价格是否合理，进口数量是否正确，进口方式是否满意等；作为出口方，其应当核对出口价格是否盈利，出口意图是否达成，买卖关系是否巩固等。

第二，对谈判中的遗留问题进行最后的梳理。谈判人员需要逐一罗列尚未谈妥的各类问题，并考虑解决这些问题的时间与方式。例如，合同履行期间的具体细节问题、后续衔接工作中的困难或障碍等，这些问题并不一定能够在谈判中解决。在实践中，留下一些问题既是一种正常现象，也为谈判双方留下了进一步交流与合作的空间。只要不是根本性或原则性问题，谈判人员就可以在签约前做出适当让步。

第三，对谈判资料进行最后的整理。谈判资料既包括公开的谈判方案、谈判议程及会议记录等，也包括不公开的谈判策略、信息情报及内部底线与筹码等。例如，谈判人员需要对谈判过程进行书面总结并形成文字报告，尤其要对各个阶段的策略技巧、思路变化、语言艺术等进行总结，从而形成自身的谈判风格与竞争优势。对这些资料进行必要的归纳整理，有助于谈判人员总结经验、吸取教训，进而提升谈判团队的整体能力。

第四，对谈判人员的表现进行评价。有必要对谈判团队的人员组成、岗位职责、分工与合作情况等进行总结评价，从而进一步提升团队的战斗力与凝聚力。例如，在每一轮谈判之后，都需要优化团队成员结构，减少不必要的人员，增设更加适合的职位等。

第五，对谈判对手与谈判环境进行分析。经过谈判，谈判人员会对谈判对手产生新的认识，彼此的关系也会取得新的发展，因而很有必要分析和总结有关对手的资料信息。例如，谈判人员可以对合作关系进行评价，并就对方的诚意、实力、需求和意图等进行总结，从而为后续的客户关系管理提供支撑。同时，谈判人员也应对谈判环境进行分析，重点概括市场行情、政策变化及第三方关系等影响谈判结果的环境因素。

第六，形成总结报告并提出改进措施。回顾与总结是为了取得更好的谈判效果，谈判人员应当完成一篇总结报告、报告的具体内容一般包括以下几点：其一，谈判的目标与结果；其二，谈判的过程与策略；其三，谈判中遇到的问题、障碍与应对措施；其四，谈判的主要成果及后续工作；其五，对谈判的反思与建议。总结报告的内容应包含必要的数据图表、照片、图纸等附件资料，从而使总结报告成为一项重要的档案资料。

## 四、谈判结果的确认

在正式签约之前，谈判人员需要确认谈判的最终结果，并将其以合同或协议的草案形式固定下来。实际上，谈判双方在经过之前的反复磋商之后，彼此的分歧越来越少、共识越来越多，正式签约的时机与条件都已成熟。此时，谈判人员有必要以书面形式表达全部交易条件，并再次核对与确认，从而确保最终的合同能够与谈判成果保持一致。在实际工作中，确认谈判结果也是一项十分重要的工作。常言道，"为山九仞，功亏一篑"。谈判越是接近胜利，谈判人员越要保持审慎。例如，由于最后环节的疏忽大意，商务合同中很容易出现日期、金额、数量、规格及计量单位等方面的错误。这些未经检查或确认的文字，就很可能给签约方造成不可挽回的经济损失，而这样的案例在实践中屡见不鲜。

具体而言，谈判人员需要确认的内容包括五个方面。其一，合法性审核，主要审核合同或协议的标的、内容、程序等是否合法合规。例如，国际贸易合同所涉及的海关、商检等手续是否完备，有无违反国际法、国际惯例及国内法的条款等。其二，可行性审核，重点审核后续履约事项的可行性、有效性及可操作性等。例如，买卖合同中的交货日期是否可行，货源、船源等能否满足合同要求，预付款或定金是否合理等。其三，一致性审核，着重审核合同或协议文本与谈判记录的一致性，特别要注意容易遗漏的问题和容易出错的内容。例如，谈判人员要仔细核对每一项交易条件，避免出现人为的删减或添加。其四，文字性审核。即对合同或协议的语言文字进行审核，避免出现病句、错别字及印刷错误等。例如，谈判人员应当通读合同文本，确保语句通顺明了，并修改那些容易产生歧义的语句。其五，经济性审核，主要对合同产生的经济效益进行评估与核对，确保自身的合法经济利益。例如，谈判人员可再次审核有关汇率、利率及金融工具等的条款，核对合同中的风险防范措施。如有必要，可进行适当的补充与更新。

总之，确认谈判结果是正式签约前的必要工作，每一名谈判人员都应结合自身的具体职责与分工，认真对待、严谨完成。

### 五、商务谈判的收尾

国际商务谈判的收尾包括两种情况，一是谈判成交之后的收尾，二是谈判破裂之后的收尾。谈判人员需要掌握不同谈判结果的收尾方式与技巧，从而能够顺利完成全部谈判工作。

#### （一）谈判成交的收尾

如果谈判双方达成了交易，签订了合同或达成了共识，则意味着谈判取得了成功。对于这类取得了一定成果的谈判，其收尾过程相对比较顺利，但是谈判人员也不能掉以轻心。具体而言，需要重视五个方面的具体工作。

首先，营造庆贺谈判成功的良好氛围。当谈判成功之后，双方人员都会沉浸在轻松而喜悦的氛围之中。此时，谈判人员要善于延续这种有益的氛围，并在相互庆贺中进一步扩大合作与双赢。谈判双方要对彼此的付出表示感谢，对即将签约的成果表示祝贺，对未来的进一步合作表示期待。例如，主方谈判人员可以采用主动握手、邀请合影、举杯敬茶或敬酒等方式，将谈判氛围推向高潮。另外，谈判会场也可以播放轻松愉快的背景音乐或展望未来的宣传片，舒缓双方人员的心情。

其次，完成正式合同的签订。签约是谈判收尾阶段的一项重要工作。双方谈判人员需要完成核对合同文本、明确签字人、举行签约仪式、交换正式合同文本等具体工作。同时，签约仪式礼仪亦是国际商务礼仪的组成部分，谈判双方都应认真对待和严格遵守。在实践中，礼仪方面的工作就包括了布置签字会场、安排签字座次、完成签字程序等。整个签约环节应当做到严谨、正式、流畅及愉快。

再次，为顺利履约做好准备工作。随着正式合同的签订，后续的合同履行工作也将随之展开。例如，出口贸易合同的履行过程就包括货、证、运、款、赔五个环节，分别是落实国际贸易货物、取得国际贸易信用证、安排国际贸易运输、收取国际贸易货款、发生违约后的索赔与理赔等。这些工作都需要按照合同的规定按时、按质、按量完成，稍有延误就会涉及违约与赔偿。另外，谈判人员还应当注意签约与履约的衔接配合，在合同中要对诸如交货时间、信用证有效期、品质与数量条款等留有余地，对于运输过程、潜在风险、市场波动及政策变化等因素也要有所考虑，从而保证所签合同的可行性。

然后，做好客户关系管理的相关工作。客户关系管理是贯穿国际商务活动的一项重要工作。按照客户价值理论与客户生命周期理论，长期合作是最有利于谈判双方的一种关系模式。为此，双方人员应当在谈判结束之后继续保持沟通与互动，并继续了解对方的利益与需求，进而为建立相互信赖、充分满意及彼此忠诚的优质关系创造条件。换言之，一份合同的签订只意味着彼此关系的确立，谈判双方还应以此为起点，不断巩固和发展彼此的合作共赢关系。

最后，始终保持谨言慎行的工作态度。虽然谈判取得了成功，但这并不意味着后续工作就会一帆风顺。谈判人员应当充分估计潜在的困难与挑战，不可被眼前的胜利冲昏了头脑，以致得意忘形而言行失当。同时，对待最后阶段的工作也要严肃认真，不可给人虎头蛇尾的不良感受。例如，按照商务礼仪，谈判双方一般会在签约后举办商务宴会，主方还会为客方安排送行，而这些环节并不会因为合同已经签订而被忽略。

### （二）谈判破裂的收尾

谈判破裂也是国际商务活动中的常见现象，并不是所有商务谈判都能达成一致的意见。谈判一旦破裂，就意味着双边协商的失败和本轮谈判的结束，相应的收尾工作随即展开。为此，如何正确面对和处理破裂后的谈判，也是需要谈判人员掌握的一项工作技能。

首先，谈判人员应当掌握拒绝的艺术。在人际沟通中，"说不"也是一门说话的艺术。作为一种否定意见，拒绝往往会给对方造成心理上的失望与难受，因而如何让对方接受拒绝，并将拒绝的负面影响降至最低，就成了摆在谈判人员面前的一道难题。一般而言，巧妙的拒绝可以有四种思路。其一，将拒绝的"皮球"踢给对方。在实践中，谈判人员可以将拒绝的原因归咎于对方，或者让对方率先提出拒绝。例如，可以这样提问："由于贵公司坚决不同意我方提出的交易方案，我方认为，接下来还谈不谈、怎么谈，将完全取决于贵方。"其二，半推半就地默认对方的拒绝。当对方暗示谈判失败或拒绝成交时，谈判人员就可以顺水推舟地表示同意。例如，谈判人员可以这么回复对方："既然我们双方未能达成一致，我方深表遗憾，那这次我们就谈到这里，希望今后还有合作的机会。"于是自然而然地结束谈判。其三，采用临阵换将的方式暗示拒绝。如果谈判成功无望，谈判人员就可以采用更换主要谈判人员的方式，降低谈判等级，向对方暗示谈判即将破裂。例如，可以将总经理、总工程师等高级别的谈判人员更换为基层干部、一般职员等低级别的谈判人员，并降低相关人员的权限范围，从而使对方感知我方无心谈判，并知难而退。其四，在语言上委婉拒绝对方。为了维持良好的关系和氛围，谈判人员一般不能直接拒绝对方，而应在语言与语气方面给予充分的体谅与照顾。例如，谈判人员可以采用诸如"贵公司的建议很好，但是……然而……可惜……"等先肯定、后转折的表达方式，从而使对方更容易接受谈判的破裂。

其次，谈判人员需要抓住赢得谈判的最后转机。一方面，不要轻易放弃谈判。古人云，"山重水复疑无路，柳暗花明又一村"。当面对困难的局面时，也许换一种思路或方法就能找到新的出路。因此，不到最后一刻，谈判人员不要轻易承认失败。即使对手已经明确了立场，谈判人员也要抓住最后的机会，尽力挽回彼此的合作关系。例如，为了避免谈判破裂，谈判人员可以这样说："今天的共识来之不易，轻易放弃实在可惜。我们充分理解贵方的考虑，我们也愿意继续探讨有关问题。"或者这样说："谈判的目的就是解决问题，我方也不相信会有谈不拢的问题。只要贵方愿意，谈判的大门将始终敞开。"类似的表述不仅可以让对方放下顾虑，也可以继续保持谈判的进程。另一方面，要注意辨别谈判破裂的真假。在实践中，谈判者常常会以终止谈判来迫使对手让步，但其本意是施展的一种策略，而非真的要使谈判破裂。例如，对手实施"最后通牒""吹毛求疵""暂时休会"及"制造僵局"等策略时，就会将谈判引入困境。若我方应对不当，轻则无原则地妥协退让，重则承担谈判破裂的大部分后果。因此，谈判人员需要保持清醒的头脑，善于识别对手的策略意图，并始终保持诚恳的态度和谈判到底的决心，从而避免将谈判由"假破裂"发展为"真破裂"。

再次，谈判人员要善于把控谈判破裂后的气氛与节奏。如果谈判破裂已无法避免，那么谈判人员就要做好最后的安抚与分手工作。由于谈判双方均感觉劳而无功、空手而归，破裂的谈判氛围势必十分低迷。为此，谈判人员有必要适当平复心情、转移话题和缓和关系，从而使双方都能在自然且轻松的氛围中结束谈判。在实践中，谈判人员可以借鉴"两谈两不谈"的方法来完成收尾。具体而言，"两谈"是指谈感情和谈感谢。谈判人员可以谈及彼此在朝夕相处过程中的友谊，突出"买卖不成仁义在"的和气。谈判人员还可以谈谈对对方辛劳工作的感谢，客方应当感谢主方的精心接待与周到服务，主方则应当感谢客方的真心诚意和远道而来。"两不谈"是指不谈谈判失败的原因和责任。既然谈判已经失败，再去公开分析原因和归咎责任已无太大必要。若再过分指责对方，既伤面子，也伤感情，还会造成彼此的关系紧张，从而不利于双方长远的商务往来。另外，谈判人员还要注意最后的礼节，做到善始善终，切勿因谈判破裂而怠慢对方。

最后，谈判人员要妥善处理暂时的分歧，并为将来的合作做好铺垫。虽然本轮谈判已经破裂，但是双方的关系还可以维持。谈判人员应当具备战略管理的思维与能力，先消除因谈判分歧而产生的负面影响，再为双方的下一次合作创造条件。例如，谈判人员可以做这样的最后陈述："通过与贵方的谈判，我们感受到了贵方的实力。虽然这次的合同没有谈成，但是我们相信今后一定还有合作的机会，我们也期待着与贵方的再次见面。"对方一听，不仅心情好转，也会重新考虑再度谈判的可能性与可行性。

总之，谈判人员要努力让对手明白，谈判破裂只是一种暂时的情况，从长远来看，双方终究会有携手合作的那一天。

## 第二节　国际商务谈判的签约

签约即签订合同的意思。其中，"签"代表了合同成立的具体行为，主要涉及签约仪式及相关礼仪，这部分内容将在后续的国际商务礼仪章节中进行介绍；"约"则代表了合同本身，主要包括合同的概念、特点、类型及内容等知识，本节将进行详细阐述。随着正式合同的形成和生效，国际商务谈判的实质性过程也就结束了。作为一场谈判的最终成果，合同的重要性不言而喻，而如何签订和履行合同，则是需要国际商务从业人员掌握的重要知识。

## 一、国际商务合同概述

合同（contract）也被称为契约，一般被定义为具有法律意义的许诺、合意、关系或协议等。《中华人民共和国民法典》（简称《民法典》）第四百六十四条规定："合同是民事主体之间设立、变更、终止民事法律关系的协议。"而在商业活动中，合同可以被概括为由各方当事人围绕特定商业活动，在协商一致的前提下，自愿签订的、依法成立的、受法律保护的合作协议。

在社会经济活动中，合同具有十分重要的实际意义。第一，合同宣告一项法律关系的成立，并明确规定了各方当事人的权利、责任和义务。第二，合同开启了一系列履约工作，并明确规定了各方当事人需要完成的具体事务。第三，合同为当事人设置了一种保障，并为解决后续工作中的争议提供了规则和依据。因此，合同也被广泛应用于商务活动的各个领域。

国际商务合同属于涉外经济合同的范畴，一般由中国企业、组织或个人同外国企业、组织或个人签订，各方当事人会围绕特定的商务活动与经济利益，明确各自的权利与义务。达成国际商务合同的过程亦是谈判双方反复协商的过程，谈判双方通常需要经过询盘、发盘、还盘和接受等关键性磋商环节，彼此在谈判中的博弈情况也会最终体现在合同的各项条款当中。

## 二、国际商务合同的特点

1. 各项要素的涉外性

涉外性是国际商务合同区别于国内商务合同的主要特点，并主要体现在当事人、标的物、履行过程和利益关系四个方面。

第一，国际商务合同的相关当事人具有涉外性。签订合同的一方当事人为国外或境外法人或自然人，并由此带来了跨文化、跨语言、跨地域的困难与挑战。

第二，国际商务合同的标的物具有涉外性。例如，国际贸易合同涉及商品的进口和出口，国际投资合同涉及资金的跨国流动，国际劳务合同会促进人员的国际交流。合同的标的物及其载体通常会在国际上转移，并由此产生国际运输、国际金融等需求。

第三，国际商务合同的履行过程具有涉外性。这类跨国合同的履行一般会涉及两个以上的国家或地区，会在后续业务中与各国的政府海关、商检机构、航运公司、保险公司、商业银行及仲裁机构等打交道。

第四，国际商务合同的利益关系具有涉外性。这类合同会涉及跨国性的利益分配与关系协调，兼具经济性与政策性。例如，存在国际税收问题。在签订和履行国际商务合同时，既要考虑企业层面的微观经济活动规律，也要符合国家之间的宏观经济政策背景。

2. 政策法律的复杂性

国际商务合同不仅涉及不同国家或地区的政策、制度、法律及法规，还会受到国际法与国际惯例的约束，需要考虑的政策法律因素较为复杂。谈判人员需要明白，合同关系即法律关系，任何时候也不能脱离法律来讨论合同。

一方面，就国内法而言，世界上绝大多数国家都制定了相应的合同法，并以此来管理与规范以合同为依据的社会经济活动。例如，在我国《民法典》的第三编"合同"中，就对合同的订立、合同的效力、合同的履行、合同的保全、合同的变更和转让、合同的权利义务终止、违约责任等内容进行了明确。

另一方面，就国际惯例而言，很多国际商贸领域的公约或协定也会对国际商务合同产生影响。例如，关于国际货物贸易，其内容涉及《联合国国际货物销售合同公约》；关于国家或地区间的征税和纳税问题，其内容会涉及国际税收协定与海关规则等；关于如何处理与解决各类经贸争端，其内容会涉及国际商事仲裁法、国际投资争端公约等。可以说，充分合法合规是签订和履行国际商务合同的基本前提。

3. 涉及内容的多样性

相较于国内商务合同，国际商务合同的涉及面更广，内容更加丰富。

其一，国际商务合同的类型十分丰富。例如，按照合同标的或内容的不同，可以将国际商务合同细分为国际贸易合同、国际投资合同、国际劳务合同、国际租赁合同、国际运输合同、国际保险合同、国际信贷合同、国际技术合同及国际工程承包合同等。每一类合同都具有鲜明的特征和具体的作用，并共同支撑了国际商务活动的顺利开展。

其二，国际商务合同的条款更加全面。例如，相比于国内贸易合同，国际贸易合同不仅会对包装条款、价格条款、运输条款、支付条款等进行详细约定，还会特别留意保险条款、商检条款、仲裁条款等，从而保障合同的严谨性与可行性。

其三，国际商务合同的关系方更多。以国际贸易合同为例，除了参与交易的进出口双方，还会涉及承运人、保险人、商业银行、担保机构等其他关系人。相关当事人会围绕国际商务主合同产生一系列分支合同，从而保障后续的履约过程更加顺利。

## 三、国际商务合同的成立

### （一）合同成立的条件

1. 当事人必须具有签约资格

国际商务合同的当事人必须具备签订合同的法定资格与能力，否则，即使签约，其所签合同也无效。

一方面，当合同的当事人为法人时，相关法人应当是依法成立的，拥有独立财产或经费的，拥有名称、组织机构及场所的，能够独立承担民事责任的法律实体。正如我国《民法典》第五十七条的规定："法人是具有民事权利能力和民事行为能力，依法独立享有民事权利和承担民事义务的组织。"值得注意的是，由于法人也是由自然人组成的，因而由谁来代表法人签订合同就是一个重要问题。我国《民法典》第六十一条有相应规定，"依照法律或者法人章程的规定，代表法人从事民事活动的负责人，为法人的法定代表人"，"法定代表人以法人名义从事的民事活动，其法律后果由法人承受"。可见，不具备法人代表资格或未获得相应授权的人员并不具有签约的资格。

另一方面，当合同的当事人为自然人时，相关自然人应当是精神正常的成年人，而患有精神疾病的人、未成年人等需要监护人的个体是不能独立签订合同的。根据我国《民法典》第一百四十三条的规定，民事法律行为有效的第一个条件就是"行为人具有相应的民事行为能力"。同时，我国《民法典》还将自然人的民事能力划分为三种：其一，成年人为完全民事行为能力人，可以独立实施民事法律行为；其二，八周岁以上的未成年人为限制民事行为能力人，实施民事法律行为由其法定代理人代理或者经其法定代理人同意、追认；其三，不满八周岁的未成年人和不能辨认自己行为的成年人为无民事行为能力人，由其法定代理人代理实施民事法律行为。可见，并不是所有自然人都具有签订合同的资格与能力。

2. 合同的内容或标的必须合法

由于合同具有很强的法律属性，因而在国际商务合同中所涉及的商品、服务、资金、技术及工程项目等必须合法依规，并且不能含有违反国际社会及相关国家公序良俗的内容。我国《民法典》第一百五十三条规定，"违反法律、行政法规的强制性规定的民事法律行为无效"。同时，"违背公序良俗的民事法律行为无效"。在签订国际商务合同时，相关当事人应当从三个方面审查合同的合法性与合理性。

第一，合同的标的物必须合法。例如，要审查国际贸易合同中的商品是否被相关国家禁止或限制进出口，涉及文物、野生动植物、枪支、毒品等的买卖合同不仅属于无效合同，而且相关当事人还要被追究法律责任。

第二，合同的相关条款应当合法。具体而言，合同中的品质条款应当符合相关国家的品质标准类法规。我国的进出口商品需符合《中华人民共和国标准化法》（简称《标准化法》）《中华人民共和国产品质量法》《中华人民共和国进出口商品检验法》及《中华人民共和国消费者权益保护法》等法律的规定。例如，我国《标准化法》第三十六条规定，"生产、销售、进口产品或者提供服务不符合强制性标准，或者企业生产的产品、提供的服务不符合其公开标准的技术要求的，依法承担民事责任"。合同中的价格条款应当符合相关国家的价格类法律。我国商品的定价要符合《中华人民共和国价格法》（简称《价格法》）。我国《价格法》第十四条就列举了八类不正当价格行为，包括"以低于成本的价格倾销，扰乱正常的生产经营秩序，损害国家利益或者其他经营者的合法权益""违反法律、法规的规定牟取暴利"等。国际投资合同中的资金条款要符合相关国家的金融投资类法规。例如，在我国投资需遵守《中华人民共和国外汇管理条例》，其中第十六条规定，"境外机构、境外个人在境内直接投资，经有关主管部门批准后，应当到外汇管理机关办理登记"。对非法结汇、倒买倒卖外汇、擅自改变外汇或者结汇资金用途等违规行为，也将进行相应处罚。需要注意的是，合同中的关键性条款违法，会导致整个合同无效，而一般性条款违法，则只会使合同部分无效。

第三，合同的内容不能违背公序良俗。我国《民法典》第八条规定，"民事主体从事民事活动，不得违反法律，不得违背公序良俗"。所谓公序良俗，公序是指公共秩序，良俗是指善良风俗。一般而言，违背公序良俗的行为包括危害国家公共秩序、危害家庭关系、违反基本道德、不正当竞争及追逐暴利等。合格的企业决不能出现这类行为。着眼于合同本身，一方面，合同的订立必须讲道德、负责任，相关当事人不能为了一己之私而恣意妄为。另一方面，国际商务合同属于涉外经济合同，常常会面临跨文化差异，合同的当事人必须认知和了解各国的社会文化环境差异与风土人情特点，避免在订立合同时违反相关禁忌。

3. 合同当事人的意思表示必须真实

合同必须由各方当事人协商一致，且意思表示一定要真实。按照我国《民法典》第一百四十三条，"意思表示真实"是民事法律行为有效的条件之一。

首先，平等与自愿是订立合同的基本前提。在国际商务谈判过程中，一方自愿发出要约，另一方自愿做出承诺，双方自始至终都应做到相互尊重与理解。我国《民法典》第五条规定，"民事主体从事民事活动，应当遵循自愿原则，按照自己的意思设立、变更、终止民事法律关系"。同时，合同当事人还应在订立和履行合同的过程中坚持诚实守信的基本原则。我国《民法典》第七条规定，"民事主体从事民事活动，应当遵循诚信原则，秉持诚实，恪守承诺"。

其次，订立合同的手段与方法必须正当合理。相关当事人绝不能以欺诈、胁迫的手段订立合同。一方面，以不正当方式订立的合同无效。我国《民法典》第一百四十六条规定，"行为人与相对人以虚假的意思表示实施的民事法律行为无效"。另一方面，违背真实意思的合同可以撤销。我国《民法典》第一百四十七条规定，"基于重大误解实施的民事法律行为，行为人有权请求人民法院或者仲裁机构予以撤销"。第一百四十八条规定，"一方以欺诈手段，使对方在违背真实意思的情况下实施的民事法律行为，受欺诈方有权请求人民法院或者仲裁机构予以撤销"。第一百五十一条规定，"一方利用对方处于危困状态、缺乏判断能力等情形，致使民事法律行为成立时显失公平的，受损害方有权请求人民法院或者仲裁机构予以撤销"。可见，违背当事人意愿所签订的合同要么无效，要么可以撤销。

最后，订立合同的目的或意图应当正当合理。相关当事人不能在履行合同过程中损害国家、集体或第三人的利益，更不能以合同为幌子掩盖违法的、不道德的、有害于社会公众的其他目的。我国《民法典》第一百五十四条规定，"行为人与相对人恶意串通，损害他人合法权益的民事法律行为无效"。同时，在合同的履行过程中，还应当注意节约与环保。我国《民法典》第九条规定，"民事主体从事民事活动，应当有利于节约资源、保护生态环境"。

4. 合同的形式必须符合法律的规定

一方面，按照国际惯例，国际商务合同的形式既存在一定的规范性，也拥有很强的灵活性。例如，《联合国国际货物销售合同公约》（简称《公约》）对合同的形式就没有加以严格限制。《公约》第十一条规定，"销售合同无须以书面订立或书面证明，在形式方面也不受任何其他条件的限制。销售合同可以用包括人证在内的任何方法证明"。

另一方面，结合各国的国内法规，相关人员在签订国际商务合同时，还应当注意合同的结构与形式要符合相关国家的法律规定。例如，我国《民法典》第四百六十九条规定，"当事人订立合同，可以采用书面形式、口头形式或者其他形式"。常用的书面形式包括合同书、信件、电报、电传、传真等可以有形地表现所载内容的形式。同时，

《民法典》第四百七十条还对如何制定合同条款给出了意见，一般应当包括八项内容，分别是当事人的姓名或者名称和住所，标的，数量，质量，价款或者报酬，履行期限、地点和方式，违约责任，解决争议的方法。可见，合同作为一种重要的文件，如何正确编写合同将是谈判人员必须掌握的一项技能。

5. 合同关系中必须具有一定的对价

国际商务合同必须体现充分的公平性，即具有合理的对价。我国《民法典》第六条规定，"民事主体从事民事活动，应当遵循公平原则，合理确定各方的权利和义务"。所谓对价（consideration），也被称为约因（cause），是指合同的一方为了获得另一方的承诺而付出的代价，很多法律都对对价提出了明确的要求。例如，《中华人民共和国票据法》第十条规定，"票据的取得，必须给付对价，即应当给付票据双方当事人认可的相对应的代价"。而在英美法系中，对价亦是合同有效的基本条件之一。

国际商务合同的当事人应当以有偿交换的形式，在获得某种权利、利益、好处或利润的同时，也承担相应的义务、损失、弊端或成本。例如，在国际货物贸易合同中，进口方在取得货物物权的同时，必须向出口方支付相应的货款；在国际服务贸易合同中，进口方在享受商业、通信、金融、教育等服务的同时，必须向出口方支付相应的酬劳；在国际技术贸易合同中，进口方在使用专利、商标与专有技术时，必须向出口方支付相应的费用。可以说，交易双方互有权利与义务，并且任何一方违约都将承担相应的法律责任。

### （二）合同成立的时间与地点

国际商务合同的成立时间与国际商务谈判的进程密切相关。回顾交易磋商的主要环节，发盘与接受属于法律意义上的"要约"和"承诺"，二者对合同的成立具有重要意义。按照《公约》第二十三条的规定，"合同于按照本公约规定对发盘的接受生效时订立"。我国《民法典》第四百八十三条规定，"承诺生效时合同成立，但是法律另有规定或者当事人另有约定的除外"。可见，接受生效的时间就是合同成立的时间。值得注意的是，关于接受在何时生效，不同的法律体系给出了不同的规定。按照英美法系，接受的生效需要满足"投邮原则"，即在发盘的有效期内，只要受盘人将"接受通知"以邮件或电报等形式发出，无论发盘人最终是否收到这一邮件或信息，该项接受都已生效。按照大陆法系，接受的生效需要满足"达到原则"，即在发盘的有效期内，受盘人必须将"接受通知"送达发盘人，该项接受才能生效。而《公约》采用了到达原则，其中第十八条第二款规定，"接受发盘于表示同意的通知送达发盘人时生效"。当然，在实践中，合同成立的时间也可以是双方正式签约的时间。我国《民法典》第四百九十条规定，"当事人采用合同书形式订立合同的，自当事人均签名、盖章或者按指印时合同成立。在签名、盖章或者按指印之前，当事人一方已经履行主要义务，对方接受时，该合同成立"。

关于国际商务合同成立的地点，可以参考我国《民法典》第四百九十三条的规定，"当事人采用合同书形式订立合同的，最后签名、盖章或者按指印的地点为合同成立的地点，但是当事人另有约定的除外"。

### 四、国际商务合同的类型

#### （一）国际商务合同的分类

1. 双务合同与单务合同

首先，双务合同是指双方当事人同时享有权利和承担义务的合同。例如，买卖合同、借贷合同、租赁合同、投资合同及服务合同等就属于典型的双务合同。双务合同具有明显的对等性，即合同的双方都需要履行义务、承担责任或付出代价，以换取相应的权益、好处或利益。

其次，单务合同是指一方当事人只享有权利而无需承担义务，另一方当事人只承担义务而不享有权利的合同。例如，单方面的赠予合同、无偿性的委托代理合同、无偿性的担保合同、无息借贷合同及损害赔偿协议等就属于典型的单务合同。单务合同的履行过程是单方面的，获得好处的一方不需要补偿另一方，双方的交换关系也不明显。在实践中，大部分国际商务合同都属于双务合同。

2. 要式合同与不要式合同

第一，要式合同是指具有特定形式的合同。要式合同又分为法定要式合同和约定要式合同两类，前者需要满足某些法律的规定才能成立，后者需要经双方协商一致方能签订。我国《民法典》第一百三十五条规定，"法律、行政法规规定或者当事人约定采用特定形式的，应当采用特定形式"。在实践中，书面合同多为要式合同。例如，我国《民法典》第四百条规定，"设立抵押权，当事人应当采用书面形式订立抵押合同"。第七百三十六条规定，"融资租赁合同应当采用书面形式"。而涉及贸易、投资、租赁、借贷、劳务等内容的国际商务合同也主要以书面合同的形式签订。

第二，不要式合同是指没有特定形式的合同。这类合同的形式一般不受法律法规的严格限制，当事人可以根据商务活动的实际情况灵活选择。在实践中，口头合同就是典型的不要式合同。所谓口头合同，是指双方当事人以面对面协商或电话沟通等方式在口头上达成一致，在没有纸质或文字资料的情况下，即可构成的有效合同。例如，在国际商品展销会上，或是在相互信赖的长期合作伙伴之间，买卖双方就常常使用口头合同。需要注意的是，当出现违约或争议时，要式合同比不要式合同更容易划分和追究责任，因而更加正规和安全。

3. 格式合同与非格式合同

第一，格式合同也被称为标准合同，是指由一方当事人预先拟定内容条款，另一方当事人不得随意更改的合同。我国《民法典》第四百九十六条规定，"格式条款是当事人为了重复使用而预先拟定，并在订立合同时未与对方协商的条款"。不难看出，格式合同带有一定的"不对等性"，预设格式的一方大多处于垄断地位或拥有较强实力。例如，在办理商业保险、交通运输、能源供应、电信网络等业务时，就经常使用格式合同。为保障合同的公平性，法律也做出了明确规定，我国《民法典》第四百九十八条规定，"对格式条款的理解发生争议的，应当按照通常理解予以解释。对格式条款有两种以上解释的，应当作出不利于提供格式条款一方的解释。格式条款和非格式条款不一致的，应当采用非格式条款"。

第二，非格式合同是指除了格式合同之外的其他合同。相关当事人可以根据谈判或协商的具体情况，共同拟定各项条款内容。在国际商务活动中，由于交易或合作的内容纷繁复杂、千差万别，因而更多的合同属于非格式合同。

### （二）常见的书面合同形式

#### 1. 正式合同

正式合同是以"合同"命名的、经各方当事人正式签订的书面协议。正式合同不仅是合同关系成立的重要证据，更是相关当事人履行合同义务和行使合同权利的重要依据。以国际贸易合同为例，正式合同又包括了出口合同和进口合同两类，前者侧重于销售商品，后者侧重于购买商品。正式合同由于具有结构完整、内容丰富、可操作性强等特点，能够较为详细地规定各种交易条件，因而特别适用于大宗货物或较大金额的跨国商务活动。

#### 2. 成交确认书

成交确认书是指交易双方在达成交易意向之后，为证明合同关系已经成立而制作的简化版合同。相比于正式合同，成交确认书的内容较为简单，一般只需载明最核心、最关键的交易条件即可。例如，在进出口成交确认书中，只需列明品名、品质、数量、包装、价格、运输及支付方式等主要交易条件，而无需阐述违约、索赔、不可抗力及仲裁等次要交易条件。成交确认书适用于成交金额较小、数量不多、批次频繁的国际贸易活动，常用于经销、代理、补偿贸易等贸易方式。

#### 3. 意向书

意向书是交易双方在初步达成合同意愿时，简要记录和临时签署的意向性协议。以签署意向书而暂告一段落的商务谈判，也被称为意向性谈判。在实践中，意向书的主要作用在于"敲定"买卖，即先达成合作的意愿，再来细化具体的交易条件。例如，在谈判对外投资项目时，合作双方就可以先签订意向性投资协议，之后再继续商讨具体事宜。在各种博览会、展销会期间，交易双方也常常先签订意向书，再签订正式合同，因而意向性成交额与实际成交额也会有所差异。另外，意向书可以具有合同的形式与内容，但并不具备合同的法律效力。换言之，意向书更多的是在表达积极的态度和充分的诚意，一般只能作为草拟性质的准合同来使用。

#### 4. 备忘录

备忘录是对谈判过程中的重要问题、意见、观点及结论等的记录性文档。备忘录的主要作用在于记录会谈要点，以作查询、参考、提示和证明之用。记录的内容必须客观真实，记录的重点主要包括谈判的流程、各方的主张与承诺、主要的共识与分歧等。当谈判结束时，备忘录就可以作为拟定正式合同的重要依据。在通常情况下，备忘录并不是合同，也没有约束相关当事人的法律效力。但是，如果谈判各方在备忘录中明确达成了各项具体交易条件，并最终签字确认，那么此时的备忘录就成了合同。例如，商务谈判纪要就是一种签字生效的备忘录式书面合同。

5. 订单

订单也被称为订货单，是国际贸易中的进口方在向出口方订购商品时填写的单据。订单是否构成合同，需分情况而定。一方面，如果相关当事人已经达成了确认书、会谈纪要或正式合同，此时的订单即为基于合同的交易凭证，买卖双方都应按照订单履行各自的义务。另一方面，如果相关当事人还在磋商过程当中，尚未达成合同，此时的订单则不能视为合同，而只能当作一项发盘，需要待卖方接受之后方能生效。在实践中，订单又分为预约订货单、现货订货单、委托订货单等具体种类，需要载明的主要内容包括品名、品质、数量、包装、价格、交货期、交货地点、唛头、检验检疫及付款方式等，各项信息须与正式合同、信用证等保持一致。

6. 协议书

协议书是以"协议"命名的、经过相关当事人充分协商的、达成一致后签订的契约。协议书与合同的相似之处在于都约定了当事人的权利与义务，并具有法律效力。协议书与合同的不同之处在于形式更加灵活，适用范围也更为广泛。协议书的签订主体包括一切具有民事行为能力的组织与个人，在内容上也可繁可简。协议书不仅适用于经济与商务活动，还适用于其他民事活动。例如，不动产转让协议、使用权转让协议、抵押和担保协议、遗赠扶养协议、婚姻家庭类协议等。在国际商务活动中，交易双方也可以先签订只有部分法律效力的初步协议，待所有争议或疑问谈妥后，再签订正式合同。

7. 信用证

信用证（letter of credit）是一种由银行开立的在一定条件下承诺付款的书面文件。信用证载明了对标的物、当事人、运输条件及业务单据的具体要求，商业银行将严格按照"单证一致、单单相符"的原则进行审核与付款。在国际贸易中，信用证是一种独立于商品买卖合同的特别契约，其交易内容与买卖条件既要以正式合同为基准，又在法律上不受正式合同约束，因而是一种伴随合同而产生的"第二合同"。国际贸易从业人员应当按照对待合同的态度，认真完成催证、开证、审证及改证等信用证工作。

### 五、国际商务合同的内容

#### （一）合同的结构

1. 约首

约首也被称为首部，是整份合同的开头部分。约首的内容应当包括：合同的具体名称、合同的号码；签约当事人的名称或姓名、签约的目的或性质、签约的时间和地点（也可置于约尾）、联系方式等。需要注意的是，由于国际商务合同的特殊性，当事人的名称要使用全称，所列地址要尽量详细，对合同的目的描述应当简洁而没有歧义。

2. 正文

正文由各项具体条款构成，是整份合同的主体部分。正文中将明确规定各方当事人的权利与义务，并以条款形式固定下来。在国际商务合同中，正文部分主要包括：标的物条款、数量条款、价格条款、支付方式条款、运输与保险条款、违约责任条款、不可抗力条款、仲裁条款及其他条款等。当事人可根据国际商务活动的具体情况，修改和增减相应的正文条款。需要注意的是，正文的内容必须做到准确无误，尤其要重视专业术语、规格型号、计量单位、货币名称、履约时间与地点及中外文翻译等细节。在正式签约前，签约人员一定要字斟句酌、全文贯通地检查合同内容。

3. 约尾

约尾也被称为尾部，是整份合同的结尾部分。在约尾中，应当载明合同的份数、签订的时间与地点、有无附件或其他说明等信息，并带有各个签约方的签字与盖章。约尾看似简短，却是合同不可缺失的重要组成，相应签章更是证明合同成立的最直观依据。

（二）合同的条款

第一，合同的名称。严格地讲，合同名称并不是一项条款，但是为了使合同的内容更加明确，标注合同合称十分有必要，例如，某产品销售合同、某设备采购合同、某服务合同、某项目投资协议等。

第二，合同当事人的基本信息。法人信息包括：企业或组织全称，所在国家或地区，具体地址，联系方式等。自然人信息包括：姓名，国籍，具体地址，电话号码等。

第三，合同签订的时间与地点。签约时间一般为具体到"年月日"的日期表示，代表了合同成立并产生效力的时间。签约地点一般为签订合同的实际地点。由于国际商务合同可能会涉及不同国家或地区的法律差异或管辖权问题，因而我国企业可以尽量争取在我国境内签约。

第四，关于合同的简短说明。商务合同可以以序言的形式对合同的类型、标的物种类、合同的意义与目的等进行表述，从而保障后面的交易条款能够被正确理解和执行。

第五，合同履行的期限、地点及方式。合同应当规定各方当事人享有权利和履行义务的起止时间，即合同的履约期或有效期。合同履行期间的重要城市、港口及场所等，也应明确规定。

第六，合同的标的物条款。如果是国际货物贸易合同，应当列明品名与品质条款、数量条款、包装条款、运输与保险条款等。如果是国际技术合同，应当列明技术名称、规格、技术资料交付、人员培训、交付与验收等技术性条款。如果是国际劳务合作合同，应当列明工种、人数、工作条件、工资待遇、业主与派遣人员的责任与义务等条款。如果是国际工程承包合同，应当列明工程质量条款、施工人员条款、验收条款、工期条款等。如果是组建合资企业类合同，应当列明投资总额及比例、董事会组成及名额分配、外汇资金的收支安排、合资经营期限等条款。

第七，价格条款与支付条款。价格条款一般应包括单价和总价两项内容，且需要保持与数量条款、支付条款等的一致性。支付条款主要包括支付货币、支付工具及支付方式等内容。常用支付方式包括了汇付、托收及信用证结算等。国际商务合同通常会涉及外汇与本币的换算，因而在拟定价格条款与支付条款时要注意规避风险。另外，一些国际商务合同还会涉及工资、报酬、佣金、折扣及使用费等内容，需要拟定相应的条款。

第八，应对违约责任的条款。合同应当规定当发生违约时的处理办法，一般可以规定索赔条款、罚金条款、定金条款等。为了预防和处理因不可抗力而造成的违约，合同还应规定不可抗力条款。

第九，关于如何解决争议的条款。众所周知，解决争议的途径主要有四种，分别是协商、调解、仲裁和诉讼。合同中应当约定解决争议的方法，如规定仲裁条款。

第十，其他需要规定的条款。当事人可以根据实际需要，在合同中就相关事项的变更、解除和解释等做出规定，对合同的副本、附件等进行说明。例如，可在合同的最后写明："本合同为中文与法文两种文本，两种文本具有同等效力。"以及"本合同一式三份，自双方签字（盖章）之日起生效。"

第十一，各方当事人的签章处及日期。当每份合同都完成签章时，合同成立。

## 第三节 结束阶段的常用策略

### 一、表达成交意愿的常用策略

#### （一）未来激励法

未来激励法是指谈判一方以展望未来的方式，向另一方畅想合作前景、长远利益及深远影响等，以期达到求同存异、尽快签约的谈判效果。

一方面，着眼未来可以突破眼前的障碍与局限。实际上，谈判的结束并不是双方关系的终结，而是双方合作的开始。双方的合作一旦开始，就很可能产生源源不断的利益，进而实现合作双赢。例如，谈判中的一方对某些交易条件并不满意，但是从发展的眼光来看，随着商贸活动的深入开展，交易条件终究会得到改善。另一方只要善于沟通，彼此的顾虑与分歧就能得到很好的化解。

另一方面，着眼未来还可以促成更高层次的沟通与达成共识。从战略角度看，谈判人员不能只看到眼前的利益，还要充分认识未来的价值。而任何问题只要被加入了时间这一维度，就很容易发现新的规律与结果。换言之，今天看似不利的交易条件，也许正是未来难得的有利条件。在实践中，谈判人员就可以给对手以心理压力，现在若不成交，将来很可能会后悔。

另外，未来激励法也有助于谈判实力较弱的一方达成合同。例如，当中小企业与大型企业进行谈判时，来自中小企业的谈判人员就可以向对手表明长期合作的真心诚意、持续保持的低成本优势、自身成长的良好前景等，通过将自身的当前劣势转化为长期优势，促使对手下决心签约和放心签约。

总之，畅想未来能够产生搁置争议和淡化分歧的效果，从而使双方都能从全局和长远的角度，尽快抓住签约的机会，实现合作。

#### （二）主动暗示法

主动暗示法是指谈判一方通过一定的语言或行为委婉地向对方传递出成交意愿，暗示谈判即将结束。与明示相比，暗示的优势十分明显：具体而言，明示带有一定的强迫性，容易给人造成心理压力，从而形成抗拒情绪；暗示则相对委婉，传递信息也更加隐蔽，暗示还能够将行动的主动权交给对方，从而更容易让人接受。为此，当谈判人员不确定谈判是否能够顺利结束时，就可以采用主动暗示的方法来试探对手的想法，一旦对方也有成交之意，成功签约也就顺理成章了。

在实践中，暗示的方法多种多样，只要方法、分寸和时机得当，就能取得良好的签约效果。例如，在语言方面，谈判人员可以这样提问："我们双方已经完成了对所有合同条款的商议，除了签约，我们已经不知道还能谈什么了。"从而暗示对方，该签合同了。谈判人员还可以这样说道："我们的船舶今天正好在港，如果现在签约，我们可以附赠运输服务。"从而暗示对方尽早签约。在行动方面，谈判人员可以通过赠送礼物、安排宴请、草拟合同、支付定金等方式，营造签约氛围，加速谈判结束。

总之，主动暗示法是一种表达成交意愿的常用方法，暗示既能够传递有效的信息，又不会使谈判者陷入被动，因而是一种进退自如的谈判策略。

### （三）选择成交法

选择成交法是指谈判一方向另一方提供两种或两种以上的备选方案，从而引导对方能够在一定的条件范围之内达成交易。从沟通的效果看，与其苦口婆心地说服对手，不如将选择权交给对手，这既能调动对手的积极性，又能打消对手的顾虑。只要预设的成交方案能够兼顾双方的利益与要求，无论对手如何选择，谈判都能取得令人满意的结果。

选择成交法既可以针对单一条款的商议，也适用于包含多项条款的综合方案。例如，针对单一条款，谈判人员可以这样提问："我们的讨论已接近尾声，但就付款方式而言，贵公司是希望选择即期信用证，还是远期信用证呢？"从而将付款方式限定在了信用证的范畴中。再比如，针对综合方案，谈判人员又可以提供如下选择："我们现在有两套成交方案，第一种是单价相对便宜的、即期付款的、FOB 术语的方式，第二种是单价相对昂贵的、远期付款的、CIF 术语的方式，不知贵公司如何选择？"两套方案各有优势，可以任由对方自主选择。另外，谈判人员提供的备选方案也可以体现一定的优劣差别，从而引导对方自主排除"劣质"方案，主动选择"优质"方案。

总之，选择成交法的特点在于可以选择，其目的还是促进成交，这也是一种具有良好沟通效果的成交策略。

### （四）比较成交法

比较成交法是指谈判一方通过列举和比较不同时间、不同场合、不同方式及不同条件下的成交结果，向另一方证明现在成交的显著优势，从而促成交易的一种策略。在实践中，成交时机是否成熟其实是一个相对概念，签约的成就感也来源于心理比较。换言之，只要谈判双方都能感受到成交的好处，尽快签约就是最佳选择。

当谈判接近尾声时，谈判人员可以主动分析签约与不签约的利害得失，并凸显"机不可失，时不再来"的成交时机，只要能做到立场公正、分析合理、语言诚恳，就能说服对方及时签约。例如，当对方在价格上犹豫不决时，可以这么说："按照市场行情，这款产品的国际售价在上个月还是 200 美元，而本月只需要 180 美元，现在不成交，更待何时？"从而以比较历史价格的方式，衬托现在成交的好处。当对方在运输方式上举棋不定时，又可以这么说："海洋运输看似价格便宜，但运输速度慢、周期长、不确定风险和额外费用也较高；航空运输看似价格偏高，但运输速度较快，可以节约大量时间成本、保险费及仓储费。本次交易的货物又是急需用品，空运的优势更加明显。"从而以比较优劣的方式，引导对方做出决策。

另外，在很多时候，适当的比较能够对人的心理产生微妙的影响。例如，谈判人员可以先抛出一些"较差"的方案或条件，待对方产生兴趣但又不太满意时，再提出经过"优化"或"升级"的新方案或新条件，从而让对方更加容易地认可和接受。

总之，比较成交法能够较为直接地传递出成交信号，有利于谈判双方尽快确定成交条件。

### （五）利益诱导法

利益诱导法是指谈判一方通过给予对方一定的经济利益许诺，来吸引对方尽快签约。在实践中，结束谈判需要一定的催化剂，而采用利益诱导的方式最为常见。谈判人员可以给予对方价格折扣、佣金酬劳、利息减免、附赠样品、运输与保险优惠等实实在在的经济利益，并将这些实惠作为尽快签约的"特别奖励"，从而令对手心动不已。例如，当谈判即将结束时，谈判人员可以这样说："贵公司如果现在签约，我公司将额外提供三年的产品质保服务，这项优惠服务将在今天截止。"从而刺激对方立即签约。

采用利益诱导法也有一些注意事项。其一，要突出利益与成交的直接关系。谈判人员应当将各种利益回馈置于成交签约之后，否则，就会将利益变成又一次无效的让步。其二，要注意让出的利益不能太大。谈判人员要以尽量小的利益，来促成对方的签约行动。若利益太大，就会再次开启讨价还价的过程，反而使己方陷入被动。其三，让利的时机要巧妙。一般而言，应当在对方高级别代表在场时抛出利益，整个过程不宜太过刻意。让利应当给人以"惊喜"感，从而使谈判能够在皆大欢喜的氛围中自然结束。

总之，抛出利益亦是表达成交意愿的一种方式，值得谈判人员在工作中不断思考和应用。

## 二、保障按时成交的常用策略

### （一）明确表态策略

明确表态策略是指当谈判双方陷入反复的争论或沉默的僵局时，其中一方向另一方明确提出结束谈判的要求，并最后一次阐述交易条件。这一策略类似于"最后通牒策略"，也会强调要么成交签约，要么退出谈判的意思；所不同的是，这一策略意在尽快结束谈判，而不拘泥于对方是否让步。由于结束谈判的要求通常只能说一次，因而明确表态策略也被称为最后报价策略。例如，谈判人员可以这么说，"我们认为，谈判已经到了该结束的时候了"，"这已经是我方的最后出价"，"如果贵方还不满意，我方只能另寻伙伴了"，"我方再做最后一次让步，成交与否悉听尊便"。

明确表态策略主要适用于以下几种情况。第一，适用于谈判实力更强的一方。当谈判一方处于垄断地位或具有绝对优势时，与其与对方争执不休，不如直接开出交易条件，迫使对方被动接受。第二，适用于不在乎谈判破裂的一方。当谈判者能够承受因谈判失败而造成的损失时，或发现谈判对手更加期待成交、盼望签约时，就可以以最后价格为"威胁"，催促对方尽快成交。第三，适用于谈判筹码已经耗尽的一方。当谈判者已经让无可让、退无可退时，就只能以提出最后价格的方式，强硬地中止让步。此时，对方已经获利，一般也不会使谈判破裂。

实施明确表态策略，也有几点注意事项。第一，要注意控制表达的语言与态度。谈判人员应当避免加剧冲突或恶化僵局，表达签约要求时，应做到强硬而不失风度、坚决而饱含诚意，从而让对方既感到紧张，又无可奈何。第二，要做好施策后的两手准备。若对方接受最后条件，则进入签约环节；若对方不接受最后条件，则会使己方陷入被动。为此，谈判人员应认清此类策略的"双刃剑"特征，并为最坏的情况做好预案。可以说，明确表态策略也是一种较为直接的策略，乃迫不得已之策，应当慎重使用。

### （二）给台阶策略

给台阶策略也被称为人置梯策略，是指谈判中的一方主动为对方提供化解僵局的"台阶"或"出路"，使其在不伤自尊、不丢面子、不损利益的前提下，主动放弃原有意见或观点，进而达成一致的策略。在实践中，谈判者应当常常以对手的视角来看待问题，讨价还价要顾及对手的心理感受与情感需求。有时候，对手的固执与坚持是基于策略或迫于无奈，将谈判引向破裂也并非其真实意图。只要我方给出合理的"台阶"，对方就很可能会"借坡下驴"，从而接受意见。

在实践中，实施给台阶策略有两点注意。其一，注意对手是否真的下不了台。只有当对手陷入进退两难的境地时，及时的"置梯"才会发挥作用。若对手是在故意制造策略性僵局，那么此时让步只会被当作示弱的举动。其二，注意给出的台阶是否巧妙。对手常常会因为自己的错误而陷入僵局，但承认错误又恐更加被动。为此，给出的台阶应当顾及对手的颜面，最好以客观原因替代主观过错，或以强调共识、畅想合作、回顾成绩等转移话题的方式缓解尴尬的氛围。俗话说，"与人方便，与己方便"。在谈判时，给对方留面子也就是给己方留出路，试想谁又会轻易拒绝一个通情达理、善解人意的合作者呢？可以说，恰当的台阶也可以成为促成签约的催化剂。

### （三）时间期限策略

时间期限策略是指人为设定结束谈判的最后时间，从而达到压缩谈判空间或增加谈判压力的效果。随着谈判结束时间的临近，对手将不得不降低要求或做出让步，从而达成按时签约的目的。具体而言，产生"最后期限"的方式主要有四种。

第一，谈判双方共同约定结束时间。在国际商务谈判议程中，双方已经预估了谈判的总体时间。当谈判进入最后阶段时，实施时间期限策略可以提升谈判效率。此时，双方都已做好了结束谈判的思想准备，施策方只要稍加提示，对手就会产生紧迫感和被催促感，从而自觉地结束争论、准备签约。

第二，谈判一方限定结束时间。为了尽快结束谈判，谈判中的一方可以单方面宣布结束时间。特别是当谈判形势越发不利于自己时，这一做法还可以发挥保全利益、掩盖劣势等作用，并迫使对手做出调整。例如，谈判人员可以以回程机票已订、工作安排需要等理由，建议提前签约。

第三，不得不结束谈判的时间。谈判中的一些来自外部环境的突发情况可能会影响谈判的进程，若能合理利用，也能达到促成签约的目的。例如，当市场行情发生波动时，预期的价格、汇率、利率及佣金等就很可能发生变化，从而形成越早签约越有利的局面。

第四，替对方考虑的结束时间。谈判人员若能站在对手的角度给出签约建议，则更容易被对手接受。同时，施策方再配合使用签约优惠、订单奖励等手段，则促成交易的效果会更好。例如，常用言语有"存货有限，欲购从速""本月成交，本月发货""优惠活动将于本周结束"等。

### （四）最后陈述策略

最后陈述策略是指当大部分谈判目标均已达成时，一方率先进行总结发言的结束策略。例如，谈判人员可以这样陈述："今天的谈判真是成果丰硕，请允许我进行简单的总结。"从而提示对方，谈判已经进入尾声，可以开始准备签约。

在施展最后陈述策略时，施策方可以做好几项"最后"工作。其一，做最后一次让步。谈判人员可以向对方表明，为了体现签约的诚意，可以再做一次让步，但是这也将是最后的让步，并不存在任何讨价还价的余地。其二，提最后一次请求。谈判人员可以抓住总结陈述的机会，向对方再次提出一些有利于达成交易或合作的请求。这些请求大多是象征性的，体现的是对彼此关系的重视与期待。其三，做最后一次梳理。谈判人员应当在总结陈述中明确表述双方的权利、义务及责任，对潜在的风险或争议也要有所概括，从而为最终的签约做好准备。随着最后陈述的完成，双方都会调整态度、思路与行为，整场谈判也从磋商阶段自然过渡到了成交阶段。

## 三、正式签约之前的最后策略

### （一）场外交易策略

场外交易策略是指双方人员在谈判会场之外，以非正式谈判的方式解决问题、化解分歧和达成一致。当谈判进入最后阶段时，一来绝大多数议题已经谈妥，何时签约已是迟早的事情；二来双方人员已十分疲惫，适当休息显得十分必要。此时，若能换个轻松惬意的环境来讨论最后的问题，则更有利于达成皆大欢喜的结果。

在实践中，主方人员可以主动邀请客方人员参加一些观光、游览、娱乐、宴请及茶歇等活动，这既能改善双方人员的心情与关系，也能为探讨某些敏感议题提供非正式的场合。场外磋商的最大好处在于可以弥补正式谈判的诸多不足。双方人员可以围绕感兴趣的话题畅所欲言，而不需要像在谈判桌上那样拘束和谨慎。特别是一些平时不好说、不好听、不好问、不好答的话题，都可以在谈判桌外完成。同时，一方人员还可以借场外磋商之际，联络双方人员的私人感情。可以通过向对方传递所谓的"真心话""大实话"，陈述己方的困难与无奈，从而获得对方的理解与体谅。

需要注意的是，在国际商务谈判中安排场外交易应当结合对方人员的文化背景与风俗习惯，切勿触犯相关禁忌。同时，活动的氛围也应当坦诚友好、轻松自然，切勿使对方误认为是"鸿门宴"而感到更加紧张。

总之，场外交易策略犹如谈判结束前的"一杯热茶"，可以使双方在温暖中走向合作。

## （二）不遗余"利"策略

不遗余"利"策略是指当谈判双方在主要问题上达成一致意见后，一方继续围绕次要问题争取好处的策略。当谈判接近尾声时，双方人员已经围绕主要议题进行了艰难而持久的谈判。此时，虽然大局已定、胜利在望，但是仍然存在一些细枝末节的小问题，若能妥善把握，亦可获得一笔可观的利益。

在实践中，谈判人员可以抓住签约前的最后时间，再就某些枝节问题向对方提出让步请求，若对方同意，则可获利，若对方拒绝，也不影响签约。不遗余"利"策略正是抓住了对方人员"抓大放小""网开一面"的思维和心理，相信其并不会为了一点点小利而撕破脸面。例如，谈判人员可以这样提出要求："我方对签订合同充满信心，但是确实资金有限，还是希望贵方能够增加一个点的折扣。"或者这样说："既然贵方已经同意负责运输事宜，若能一并办理保险业务，我方将立即签约。"诸如此类说辞，其实都是在为己方争取最后的利益。当然，实施不遗余"利"策略也要注意时机与分寸，讨要小利要顺水推舟，对方让步要高高兴兴，切勿给对手留下斤斤计较、贪得无厌、不识大体、言而无信等不良印象。

## （三）相互庆贺策略

相互庆贺策略是指当谈判达成一致、即将签约之时，谈判人员互相表示祝贺、共同庆祝合作的策略。按照心理学的观点，人们在感到大功告成、胜利在望之时，很可能会表现出得意洋洋、沾沾自喜的状态。但在谈判桌上，单方面的喜笑颜开既会让对方感到不适，也不符合正和博弈、合作双赢的谈判原则。因此，谈判越是接近胜利，谈判人员越要保持沉着冷静，更不能因被胜利冲昏头脑而伤害与合作者的关系。

为此，实施相互庆贺策略就需要注意两个要点。其一，率先向对手表示祝贺。谈判人员应当首先祝贺对手的成功，并适度淡化自己的成绩。这一做法既能活跃签约阶段的会场氛围，也能增加对手的获得感与成就感，从而使对手心理平衡。其二，强调彼此合作的来之不易。谈判人员应当将庆贺的焦点放在双方的关系上，包括短期的合同关系、中期的伙伴关系及长期的战略关系等。相互庆贺既在于对过去努力的肯定，也在于对未来目标的展望。可以说，站在对方立场、着眼共同结晶、放眼长远未来的庆贺，才是适合国际商务谈判收尾的庆贺方式。

## （四）抢先拟定合同策略

抢先拟定合同策略是指在谈判的成交阶段，一方争取获得率先起草合同机会的策略。实践证明，由己方拟定合同具有诸多好处。

第一，可以获得主动权。很显然，谁负责起草合同，谁就掌握了正式签约的主动权。制定合同的一方可以在语言措辞、法规惯例、条款解释等方面进行有利于自己的表述，从而在不伤害对方权益的前提下，尽可能使合同偏向于己方。

第二，可以保证谈判与合同的一致性。由己方来草拟合同，能够在形式与内容上保证谈判成果得以落实。谈判人员制定合同的过程，也就相当于完成了一次对谈判的回顾、梳理与检查工作。

第三，可以试探与对手的关系。当一方主动请求制定合同时，对方的态度能够反映其内心意图。若对方同意，则可见其真诚与信任；若对方拒绝，则知晓其谨慎与怀疑。另外，由己方拟定合同还可防范国际市场上的骗子客商，使其难以利用预先设计的合同陷阱从事诈骗活动。

总之，主动承担草拟合同的工作，不但不是一种额外的工作负担，反而是一项格外有价值的工作机遇，谈判人员切勿轻易放弃这项最后的权利。当然，若最终由对方负责起草合同，或双方约定使用格式合同，谈判人员也应重视对合同的审核、修改与补充等工作。谈判人员尤其要对合同中的核心条款、关键指标、重大责任与义务等进行检查，尽量变被动为主动。

 **本章小结**

本章主要讲述了三个方面的内容。

第一，国际商务谈判的成交。成交阶段是国际商务谈判的最后阶段，主要工作内容包括把握成交时机、表达成交意愿、总结谈判过程及确认谈判结果等。无论谈判的最终结果如何，谈判人员都要做好最后的收尾工作。

第二，国际商务谈判的签约。签约即签订合同的意思。国际商务合同属于涉外经济合同的范畴，一般由中国企业、组织或个人同外国企业、组织或个人签订，各方当事人会围绕特定的商务活动与经济利益，明确各自的权利与义务。国际商务合同是一类特殊的合同，具有涉外性、复杂性及多样性特征，其主要类型包括双务合同与单务合同、要式合同与不要式合同、格式合同与非格式合同等，在结构上一般分为约首、正文及约尾三个部分。

第三，结束阶段的常用策略。表达成交意愿的常用策略包括未来激励法、主动暗示法、选择成交法、比较成交法及利益诱导法等；保障按时成交的常用策略包括了明确表态策略、给台阶策略、时间期限策略及最后陈述策略等；正式签约之前的最后策略还有场外交易策略、不遗余"利"策略、相互庆贺策略及抢先拟定合同策略等。

回顾国际商务谈判的整个过程，先后经历了谈判准备、谈判开局、谈判磋商和谈判结束四个主要阶段，每一阶段都有着相应的作用与意义。谈判人员在此期间付出了辛劳与智慧，并最终获得了来之不易的谈判成果。然而，当国际商务谈判即将结束之时，谈判人员仍然不能疏忽大意、松弛懈怠。随着成交与签约环节的完成，谈判工作又将迎来新的机遇与挑战。

 **作业与习题**

**一、单项选择题**

1. 国际商务合同的成立条件不包括（　　　）。

    A. 当事人必须具有签约资格　　　　B. 合同的内容或标的必须合法

C. 合同当事人的意思表示必须真实　　D. 合同的形式必须符合法律的规定

E. 合同关系中必须具有一定的对价　　F. 合同的签订地点必须在我国境内

2. （　　）也被称为标准合同，是指由一方当事人预先拟定内容条款，另一方当事人不得随意更改的合同。

A. 双务合同　　　　　　　　　　B. 单务合同

C. 格式合同　　　　　　　　　　D. 非格式合同

3. （　　）是指交易双方在达成交易意向之后，为证明合同关系已经成立而制作的简化版合同。

A. 正式合同　　　　　　　　　　B. 成交确认书

C. 意向书　　　　　　　　　　　D. 备忘录

4. （　　）由各项具体条款构成，是整份合同的主体部分。

A. 约首　　　　　　　　　　　　B. 正文

C. 约尾　　　　　　　　　　　　D. 附录

5. （　　）是指谈判一方通过给予对方一定的经济利益许诺，来吸引对方尽快签约。

A. 未来激励法　　　　　　　　　B. 主动暗示法

C. 选择成交法　　　　　　　　　D. 比较成交法

E. 利益诱导法

## 二、多项选择题

1. 国际商务谈判的成交时机是否成熟，一般可以通过观察（　　）条件。

A. 谈判期限　　　　　　　　　　B. 谈判条件

C. 谈判策略　　　　　　　　　　D. 成交信号

E. 谈判地点　　　　　　　　　　F. 谈判人员

2. 回顾与总结谈判的具体工作包括（　　）。

A. 核对交易条件　　　　　　　　B. 梳理遗留问题

C. 整理谈判资料　　　　　　　　D. 评价谈判人员

E. 分析谈判对手　　　　　　　　F. 形成总结报告

3. 确认谈判结果时的工作要点包括（　　）。

A. 合法性审核　　　　　　　　　B. 可行性审核

C. 一致性审核　　　　　　　　　D. 文字性审核

E. 经济性审核

4. 国际商务合同的特点包括（　　）。

A. 涉外性　　　　　　　　　　　B. 复杂性

C. 多样性　　　　　　　　　　　D. 强制性

E. 非经济性

5. 常见的书面合同形式包括（　　）。

A. 正式合同      B. 成交确认书

C. 意向书      D. 备忘录

E. 订单      F. 协议书

G. 信用证

## 三、判断题

1. 谈判破裂是国际商务活动中的常见现象，并不是所有商务谈判都能取得一致的结果。 （　　）

2. 所有自然人都具有签订合同的资格与能力。 （　　）

3. 民事主体从事民事活动，不得违反法律，不得违背公序良俗。 （　　）

4. 签约是谈判的最后环节，这时的谈判人员可以放松警惕，无需注意谈判中的工作细节。 （　　）

5. 场外交易策略犹如谈判结束前的"一杯热茶"，可以使双方在温暖中走向合作。 （　　）

## 四、简答与论述题

1. 请简述如何正确表达成交的意愿。

2. 请简述谈判成交时的收尾工作内容。

3. 请简述场外交易策略的基本原理。

4. 请选择一种国际商务合同，拟定合同的主要条款。

5. 试论述在国际商务谈判即将结束时，可以运用哪些促成成交的策略。

## 五、实训题

1. 请收集有关国际商务谈判的国际惯例、国内外法律法规，并比较其异同。

2. 请拟定一份完整的国际商务或国际贸易合同，并概括拟定合同过程中的关键问题与注意事项。

3. 请模拟国际商务谈判的收尾场景，讨论其中有哪些容易被忽略的环节。

参考答案

第七章

# 国际商务谈判文化

■**学习目标**

知识目标：理解文化的含义、特征、层次及内容，掌握文化差异与跨文化谈判的概念；了解美洲商人、欧洲商人、亚洲商人、大洋洲商人与非洲商人的文化背景与谈判风格。

能力目标：理解东西方文化差异对国际商务谈判的影响，能够熟练运用跨文化沟通与谈判的方法、策略与技巧。能够与美洲商人、欧洲商人、亚洲商人、大洋洲商人与非洲商人进行国际商务谈判，并注意相应的风俗习惯与文化禁忌。

素养目标：建立在国际商务活动中的文化自信，形成努力传播中华文化的自豪感；具备立足中国、放眼世界的胸襟与眼界，能够在国际商务活动中理解与包容世界各国的文化差异。

■**学习重点**

文化的层次与内容；跨文化谈判；东西方文化的差异；美洲商人的谈判风格；欧洲商人的谈判风格；亚洲商人的谈判风格。

## 开篇阅读资料
KAIPIAN YUEDU ZILIAO

### 中国传统文化，原来很"潮"

来自摩尔多瓦的留学生爱琳非常喜爱中国书法。爱琳说："大学毕业后，我的梦想就是来中国继续学习，所以我来中国读硕士研究生，我和父母都非常开心。到国外留学首先就是要学好当地的语言和文化传统，我要学好中文，多感受中国文化。我超喜欢中国书法，我感觉书法不只是写字，而是一种艺术。"

安娜是一名来自罗马尼亚的留学生，她对中国传统服装旗袍充满兴趣。安娜说："中国是有着5 000多年悠久文化的文明古国，很多传统文化都被保护和传承得特别好。我觉得旗袍不只是一种服饰，它背后有厚重的历史。希望以后有机会参加旗袍文化节的活动，可以多了解一下旗袍的历史。我希望尝试各种旗袍，穿上旗袍让我变得更加自信。"

也门留学生马森非常喜欢中国茶，每天都要喝中国茶。马森说："有客人来，就要请客人喝茶，一边喝茶一边聊天，这样的生活我很喜欢。我喝过很多中国茶，最喜欢龙井茶。我会把中国茶寄回家里让家人和朋友品尝。我觉得中国茶叶质量很好，种类也很多，将来我想把中国茶卖到阿拉伯国家。"

澳大利亚小伙达西是四川成都某培训机构的英语外教。他2014年第一次来中国旅游就喜欢上了中国文化。后来到成都工作，他了解到川剧并喜欢上川剧变脸。达西说："我非常愿意把川剧介绍到国外。澳大利亚大部分人不知道川剧是什么，也没有看过川剧。川剧很有意思，如果能让更多外国人看到川剧的视频，相信会有很多人想去现场看一看。"

喀麦隆小伙刘汴京是河南大学留学生，也是开封豫剧院的豫剧老师。他2017年来到中国，第一次接触豫剧就喜欢上了豫剧。刘汴京说："豫剧很美，它的含义、规则、手眼身法步等都很美。中国戏曲应该得到更广泛的传播。"

留学生小龙来自乌兹别克斯坦，因为喜欢电影明星成龙和李小龙，所以取中文名为小龙。小龙说："来到中国后，我觉得太极拳很有意思，也想来学习一下。太极拳的动作看起来简单，但其实并不简单，做这些动作的时候要学会控制自己的身体。中国的太极拳很酷，希望更多的朋友学习太极拳，让中国的太极拳走向世界。"

资料来源：2023年2月27日的《人民日报》。

**思考：**

中华文化博大精深，世界文化丰富多彩，请结合案例材料谈谈如何在国际商务谈判的过程中讲好中国故事，以及如何促进中外文化的相互交流。

## 第一节　文化与跨文化谈判

### 一、文化的含义与特征

#### （一）文化的含义

文化是一项具有悠久历史和丰富内涵的综合性概念。从字面上讲，拉丁文中的"文化（culture）"含有耕种、居住、敬神等多重含义，而中文中的"文化"最早是指"以文教化"和"以文成化"，既是一个名词，也是一个动词。多年以来，文化及其现象得到了大量学者的关注与研究，并成为文化学、社会学、历史学、人类学、管理学及哲学等学科领域的基础性概念。回顾文化的概念，不同学者给出了差异化的定义。英国学者爱德华·泰勒在其著作《原始文化》中将文化定义为一类包含知识、信仰、艺术、道德、法律、风俗以及人们所掌握和获取的各种能力和习惯的复合体。法国学者列维·施特劳斯将文化定义为在一定时期、一定人群中产生的区别于其他人群的行为模式。美国学者戴维·波普诺将文化定义为人类群体或社会的共享成果，包括了价值观、语言、知识及物质对象等。中国学者梁漱溟则将文化定义为"吾人生活所依靠之一切"，包括经济、政治乃至一切。发展至今，文化已形成广义与狭义两种概念。广义的文化是指人类在社会实践过程中所获得的一切物质与精神财富，包括了族群的历史、风土人情、传统习俗、生活方式、宗教信仰、艺术审美、伦理道德、法律理念、价值观念及图腾符号等；而狭义的文化则是指人们所共同拥有的价值观念、行为方式及历史背景。而来自文化的作用力，总会在有形与无形之中影响着人们的生产与生活。

关于文化的结构，一般可以将其划分为三个层次，分别是物质层、制度层和精神层（见图7-1）。首先，物质层也被称为物质文化，是看得见、摸得着的物化文化。物质层是文化的最外层，表现为一个民族的外在形象和劳动产品。例如，一个地域的建筑风格、服装配饰、交通工具、生活器皿等。其次，制度层即制度文化，发挥着控制、管理和约束的作用。制度层是文化的中间层，包含着一个民族在生产生活过程中所建立起来的法律法规、道德伦理及行为规范等。最后，精神层常常被称为精神文化，是深深扎根于人们思想的观念和意识。精神层也是文化的最内层，包括了一个民族的人生哲学、理想信念、价值观念、思维方式及原则底线等，也是一切文化的最核心内容。

关于文化的内容，美国学者克莱德·克拉克洪将文化概括为11个方面，分别是：第一，一个民族的生活方式的总和；第二，个人从群体中得到的社会遗产；第三，一种思维、情感和信仰的方式；第四，一种对行为的抽象；第五，人类学家眼中的群体行为方式理论；第六，一个关于知识的宝库；第七，一类看待问题的标准化认知取向；第八，人们后天习得的行为；第九，一种调控和规范人的行为的机制；第十，一套处理与外部关系的技术方法；第十一，来自历史的沉淀。可见，无论文化的表现形态如何变化，其内容都是一种群体性的历史习惯。而凡是与人类有关的现象、活动及事物，都会受到文化传承的影响，并最终成为文化的积淀。

由于国际商务谈判涉及不同国家或地区的当事人，因而会随时面临在不同文化之间的沟通与碰撞。在谈判中，谈判人员必须充分认知文化元素的重要性，并将了解世界各国文化及其差异作为谈判前的一项必要准备。

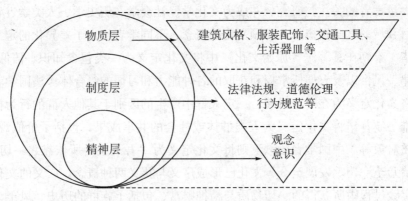

物质层 → 建筑风格、服装配饰、交通工具、生活器皿等

制度层 → 法律法规、道德伦理、行为规范等

精神层 → 观念意识

图 7-1　文化的层次与内容

### （二）文化的特征

#### 1. 精神性

精神性是指文化的根源来自人的精神、思想及相关的意识活动。同时，文化也能够对人的思维方式、思维取向和思维结论产生作用，从而产生文化背景下的思维定式。具体而言，特定的思维又会带来不一样的精神状态。

第一，文化会帮助人们建立信仰，从而使人明确前进的目标与获得持续的动力。例如，不同文化环境中会存在不同的宗教信仰。在历史上，西方人大多信仰基督教、天主教，中东人大多信仰伊斯兰教，而东方人一般信仰佛教、道教。

第二，文化能够促使人们遵守道德，从而使人能够自我约束和自我完善。例如，中国历史上的晋商就曾提出"诚信仁义，利从义出，先予后取"的为商之道，在唯利是逐的商业文化中融入了对道德的要求。

第三，文化能够满足人们的心理需求，从而使人能够在疲惫、厌倦或困难时进行自我安慰和自我督促。例如，中国传统文化常以松、竹、梅、兰来比喻君子的品格，人们也常常用"咬定青山不放松""梅花香自苦寒来"等诗句来激励自己。

第四，文化具有明显的教育意义，能够在传承中教化人的思想、启迪人的心灵。例如，在东西方传统文化中，都拥有很多类似的传说与典故，不断启示和教育着后来的人们。古代中国的"刻舟求剑"就与古代印度的"画水觅盂"十分相似，二者都蕴含着教人不拘泥成法、要灵活变通的寓意。

总之，精神性是文化的最根本特征，文化一旦形成，人在精神层面的观念与意识也是最难被否定或改变的。

#### 2. 符号性

文化是一种符号的集合，而符号是信息的物化形态。文化的符号性特征有助于文化的传播和彰显，并主要表现在以下几个方面。

其一，语言与文字。例如，依托书籍、文学、戏剧、音乐、书法、绘画及电影等媒介所展现的文化特色。

其二，规制与礼仪。例如，有关婚丧嫁娶、祭祀祈福、农业节气、重大庆典及谈判签约等事务的各种仪式、习俗及规矩。

其三，建筑、风景与器物。例如，中国的长城、埃及的金字塔、法国的凯旋门等体现了建筑文化，日本的富士山、美国的大瀑布、俄罗斯的原始森林等体现了风景文化，而中国的瓷器、瑞士的钟表、塞舌尔的纸币等体现了器物文化。

### 3. 习得性

对于个体而言，文化并不是与生俱来的先天属性，而是在后天的耳濡目染中逐渐习得的。作为社会群体中的一员，每个人都会受到社会文化环境的熏陶和影响，身边人的一举一动、一言一行都会带来文化的规范与约束，而任何违背文化的言行举动都会给自身带来麻烦。例如，一个民族的特有服饰会一代代传承下去，一定地域的思想观念也会在人际间传播。可以说，文化的各个方面，包括语言、习俗、道德和礼仪等都是通过后天的学习来获得的。

另外，在不同的文化与文化之间，体现的是每种文化的特殊性；而在某种文化的内部，体现的则是人与人的一致性。人们总是先习得自身文化中的共性，再在其他文化的影响下形成一定的个性，因而文化的传承也是一个不断学习、补充和调整的动态过程。从这个角度讲，文化也具有动态性。

### 4. 社会性

文化并不是孤立现象，而是带有群体性特征的社会化现象。文化来源于人与人之间的联系与互动，是人们在长期的生产生活过程中逐渐磨合与碰撞的产物，经历了共同认识、共同生产、相互评价及相互承认的具体过程。可以说，没有社会关系与社会资本的作用，任何孤立的个人或事件都无法影响文化的形成。同时，由人们共同创造的社会文化，又会对群体成员产生共同的规范与制约，从而保持文化的稳定性与传承性。例如，中国传统文化注重"道法自然""天人合一"的思想，使得今天的人们会特别注意人与环境的和谐发展，任何为了眼前利益而破坏生态、污染环境的商业行为都会受到来自社会的谴责。

### 5. 多样性

由于世界各地的自然地理、历史渊源、经济条件、社会制度、人文精神及生产生活方式等存在差异，使得世界文化具有了多样性特征。纵观世界各国，不同国家或民族都形成了独具特色的自身文化，进而成为影响这些地区人们的处事风格的重要背景。例如，在如何表达意见方面，东方文化相对柔和，讲话委婉而含蓄，较为注意对方的感受与方式方法；西方文化则相对强硬，说话坦率而直接，更加在意己方的利益与目标结果。再比如，在对颜色的偏好方面，东方文化喜欢红色而不喜欢白色，认为红色象征着成功、欢乐与喜庆，白色象征着奸诈、寒冷和伤感；西方文化则不喜欢红色而喜欢白色，认为红色代表着危险、生气及紧张，白色代表着幸运、纯洁和美好。除此之外，不同民族的人们还会在称呼、手势、馈赠、迎送及宴请等礼仪方面表现出差异，而这种差异并没有优劣对错之分，唯有相互的尊重与理解。以肢体语言为例，在阿尔巴尼亚、保加利亚、印度等国就存在以点头表示否定、以摇头表示肯定的习惯；在中东地区竖大拇指则是一种不礼貌的行为；甚至分别用拇指、食指和手掌示意对方过来的动作也会在不同国家表达出不同的含义。

## 二、文化差异与跨文化谈判

### （一）文化差异概述

文化差异也被称为跨文化差异，是指世界上不同国家、地区及民族间的各种文化差别。由于世界各地的人们生活在不同的环境背景当中，各自文化的地域性特征与历史传承过程就会存在明显的差异。这必然导致不同地域的人们会在语言、行为、思维、观念、风俗及习惯等方面不尽相同或截然相反，从而在国际商务活动中产生跨文化冲突、跨文化障碍及跨文化风险等特殊现象。

一般而言，跨文化差异会对国际商务产生明显的影响。一方面，忽视跨文化差异会给涉外企业带来严重的后果。例如，国际贸易商品的广告用语就必须考虑外国消费者的文化心理，相应的翻译也要做到表达正确和易于接受。日本理光集团（Ricoh）的广告语"We lead, others copy"，可直接翻译为"我们领先，他人仿效"，这显然就没有含蓄地翻译为"引领前沿，开拓创新"更容易得到市场的肯定。另一方面，重视跨文化差异又会给涉外商务活动带来积极的影响。实际上，各种跨文化差异也是世界文化千姿百态的具体体现。例如，人们完全可以在国际商务谈判的过程中领略世界风情、饱览各国风光、遍交各地朋友。从这一角度看，对于不同文化的认知、理解与适应，既是谈判工作中的基本要求，也是从事国际商务的一种乐趣。

### （二）跨文化谈判

跨文化谈判（negotiating across cultures）是指在存在文化差异的关系或环境中进行的谈判。一方面，在单一的文化环境中，人际沟通是比较顺畅和自然的。例如，两个欧洲商人之间的谈话，就不需要再专门安排一名翻译。而拥有相同或相似文化背景的谈判双方，彼此间的心理距离更近、共同语言更多、行动配合也更加默契。另一方面，在多元的文化氛围中，人际沟通会面临诸多挑战与障碍。例如，当一名欧洲商人来到亚洲时，就会面临来自衣、食、住、行、用的各种"水土不服"。面对来自陌生环境的人和事，谈判人员必须保持高度谨慎的态度，一言一行都不能触犯对方文化中的厌恶与禁忌。

在多元化的世界文化中，东西方文化差异是国际商务谈判者需要认知和应对的一类典型跨文化现象。习惯上，东方文化以亚洲文化为主，包括中国、日本、印度、新加坡、越南、韩国及朝鲜等国家的文化。西方文化则以欧美文化为主，包括美国、加拿大、英国、法国、德国、意大利及希腊等国家的文化。总体而言，东方文化重关系而轻利益，表达方式相对含蓄、委婉；西方文化则重规则而轻人情，传递信息直接、坦率。

### （三）东西方文化的差异

1. 东西方对于集体和个人的理解不同

一方面，东方文化凸显集体主义，社会结构呈现出关系网络特征。例如，在中国谚语中，诸如"众人拾柴火焰高""大河有水小河满"等，就体现了团结与合作的意义。同时，东方文化崇尚儒家思想，重集体而轻个人。东方人做生意讲的是"仁、义、礼、智、信"，反对唯利是图、损人利己等"奸商"行为。

另一方面，西方文化则强调个人主义，在社会发展过程中比较看重个人的力量。例如，在西方近代史中，诸如哥伦布、麦哲伦、达伽马等冒险家、探险家、航海家不胜枚举。时至今日，西方人的冒险精神和探索精神依然突出。另外，起源于西方的古典经济学也以"自私"为假设前提，强调个人利益的最大化。西方人做生意讲的是竞争、占优与获利，较为尊崇弱肉强食的丛林法则。

2. 东西方处理社会关系的侧重点不同

一方面，东方文化强调"道德"在社会中的关键作用，社会的运行与规范具有伦理型关系特征。在东方人的思想中，"人"历来是社会经济活动的核心，诸如"民为邦本""经世济民"等观念比比皆是，处处体现着以人为本的思想。同时，东方文化又是更看重人际关系的"人情社会"。东方人会在商业活动中"重情重义""礼尚往来"，常常尝试用信任与情感来解决利益冲突。例如，东方人一般认为"熟人好办事"，诸如"在家靠父母，出门靠朋友"的人际关系理念较为普遍。

另一方面，西方文化强调"法规"在社会中的重要作用，社会的运行与规范具有契约型关系特征。以古希腊为代表，其法律制度的历史悠久，这使得今天的西方人也习惯于用法律来维护自身的权利，很多事情都希望借助契约或合同来约束他人。例如，当西方人遭遇经济损失时，诉诸法律是其首要选择，他们会依据合同划分责任，有时候即使是在熟人之间也没得商量的余地。

3. 东西方的人际沟通方式各有特点

第一，沟通方式截然不同。东方人普遍更重礼仪、爱面子，沟通方式委婉含蓄。例如，在进入谈话主题之前，中国人一般会经过充分的寒暄或铺垫，从而相对自然地向对方提出要求。同时，东方人比较看重谈话对象的身份、年龄、职务等背景，善于察言观色和看人说话。例如，在日语中存在大量自谦语与尊敬语；在汉语中，也有诸如令、拜、惠、恭、垂、贵、高、屈、光等敬辞。比如会面被称为拜访，接受被称为惠存，等候被称为恭候等。西方人的沟通方式更加坦率直接。例如，西方人多是直线思维，相对缺乏折中、调和与善变的思路。

第二，语言艺术各有千秋。东方人与西方人都很强调能言善辩的重要性，因而在语言上都具有很强的感染力与说服力。例如，巧舌如簧、伶牙俐齿、巧言令色、摇唇鼓舌等成语，都在描述人的说话能力。所不同的是，东方人还十分强调倾听与沉默的价值，认为良好的沟通不一定要说话。例如，沉默是金、三缄其口、惜字如金、闭口藏舌、以静制动等成语，就凸显了谨慎说话的意义。

第三，谈判效果各有优势。在沟通过程中，东方人更加看重和谐的关系和融洽的氛围，遇到分歧也会尽力寻求最佳的平衡点。例如，中国商人常常以"买卖不成仁义在"为口头禅，为人处世以和为贵。西方人则更看重在实力上压倒对方、战胜对方，竞争与博弈的思想较为突出。在谈判中，西方文化更善于"攻城"，具有突出的目的性优势，而东方文化则更善于"攻心"，具有较好的策略性优势。

总之，跨文化是国际商务谈判的难点之一，谈判的过程与结果会受到语言与非语言因素、价值观念、风俗习惯、思维方式、社会伦理、法律观念等内容的影响。为顺利开展跨文化谈判，团队人员一定要注意做好文化学习与认知、了解敏感禁忌、消除主观成见、应用沟通技巧等具体工作。

## 第二节　美洲部分国家商人的谈判风格

### 一、美国商人

#### （一）美国概况

美国，全称美利坚合众国（The United States of America），首都华盛顿。美国地处北美洲中部，北接加拿大，南靠墨西哥，西面为太平洋，东面是大西洋。美国的大部分地区属于大陆性气候，自然资源十分丰富。美国的国土面积约936.3万平方千米，位列世界第四。美国的人口约3.3亿，位居世界第三。美国的通用语言为英语，货币为美元（United States dollar），法律体系为英美法系，居民的主要宗教信仰为基督教与天主教。

美国是发达资本主义国家，科技水平与经济规模世界领先。2021年，美国的GDP为23万亿美元，人均GDP为6.9万美元。美国的主要城市包括纽约、洛杉矶、旧金山、芝加哥、休斯敦、费城、波士顿、底特律、匹兹堡及迈阿密等，其中不乏世界级的金融中心、航运枢纽、商贸都会及工业重镇。

#### （二）美国商人的性格特质

美国人普遍具有热情、外向、幽默、风趣、豪爽、随意的性格特征，在工作与交往过程中既重视实际利益，也在乎个人感受。就民族性格而言，一般具有以下几个特点。

首先，拥有独立的个性。美国人比较讲究个人主义，主张人格独立和自我奋斗，在生活与工作中也较为强调个人的自主性。例如，美国电影常常以个人英雄主义为题材，塑造了诸如超人、蜘蛛侠、钢铁侠等个体角色。

其次，具有竞争的意识。相比于谦让，美国人更看重强势和竞争。加之美国人的生活节奏普遍较快，因而为人处世都比较直接，且总是希望能和对手在公开的"决斗"中快速分出胜负。

再次，带有较强的优越感。作为世界上的大国和强国，美国人天生就具有强烈的民族自信心、自豪感和优越感。这一性格特征常常导致美国人骄傲自大，使其在商务活动中只知批评别人，而不善检讨自己。

最后，充满与人交往的热情。美国人具有典型的外向性格特征，会将自己的想法与感受毫无忌讳地直接表达出来，从而表现得喜形于色。同时，美国人遇事也较为乐观，可以不分场合地开玩笑、讲笑话，这也使其能够轻松化解商务工作中的尴尬情形。

#### （三）美国商人的谈判风格

1. 求胜心切，自信心强

众所周知，美国是世界上经济、科技最为发达的国家之一，经济总量长年位居世界首位。加之美元又是国际货币，更助长了美国商人在谈判中的强势心理。于是，美国商人常常自我感觉良好，会不自觉地放大自身的谈判优势，处处表现得志在必得、稳操胜券。例如，美国商人会对本国商品或服务赞不绝口，而对他国商品或服务十分挑剔，一旦在质量、技术或价格上输给对手，就会表现得暴躁不安、难以接受。同时，美国商人的过分自信还会表现为一定的傲慢，他们常常以自我为中心，希望别人能够按照他们的意愿开展行动，而一旦在商贸活动中遭遇挫折，就会采用批评和抱怨的态度，将责任归咎于对手或他人。

2. 热情坦率，直截了当

美国是典型的移民国家，具有多元文化特征。这使得美国人具有开放包容的民族性格。在商务活动中，美国商人常常给人精力充沛、感情洋溢的印象，口头语言与肢体语言都十分丰富。从谈判氛围角度看，美国商人待人热情、遇事豪爽，习惯于在轻松、愉快的氛围中完成磋商。为此，美国商人不太喜欢压抑、拘束的会议室环境，更善于在咖啡厅、私人住所等非正式场合达成交易。从谈判策略角度看，美国商人喜欢直言不讳地表达立场与观点，较少使用迂回婉转的策略。例如，美国商人十分善于说"不"，对于不满意的交易条件会毫不客气地拒绝，很少会主动顾忌对手的面子与感受。同时，对于来自对手的暗示，美国商人一般反应较慢；而对于来自对手的谦让，美国商人一般又会心安理得地接受。

3. 强调法律，重视合同

美国是一个高度法制的国家，美国人也普遍具有较强的法律法规意识。在美国商人看来，任何经济利益的获取都必须得到法律的保护，也只有法律能够约束对手的行为。为此，美国商人在商务活动中十分注重契约精神，主张在"自愿、对等、守信"的前提条件下达成交易。例如，在同美国商人进行谈判时，最终的合同常常成为整场谈判的焦点。谈判双方会围绕各项条款逐一磋商，并对违约、索赔、仲裁等争议的预防与处理工作做好安排。从另一个角度看，美国商人又具有"就事论事"的行事风格，会在发生特殊情况或意外事件时严格按法律、规则及合同办事。例如，美国商人很少会"讲情面""走关系""开后门"，一般不会将商务活动同私人感情等混为一谈。

4. 讲求效率，珍惜时间

美国人在工作中比较注重效率与效益，具有较强的时间观念和目标意识。一方面，美国商人较为珍惜时间。在商务谈判中，美国商人会自觉控制己方的陈述时间，并十分反感废话连篇、行为拖沓的谈判对手。例如，当谈判对手过多谈论与交易无关的话题时，美国商人会表现出不耐烦的情绪或直接打断对方，从而给人留下缺乏耐心的印象。另一方面，美国商人善于安排时间。美国商人会制定详细的谈判方案，对各阶段的目标、任务及用时进行详细的计划，从而保证谈判过程的务实高效。例如，美国商人一般会在充分调研和准备的情况下，开门见山地抛出"无水分"价格，从而最大程度地压缩讨价还价时间。因此，美国商人具有较强的计划性，任何改变计划的约会、拜访、参观等活动都需要提前预约。

### 5. 注重实利，灵活善变

美国商人比较注重实际利益，对客套的虚礼并不在意。一方面，美国商人的逐利性十分突出。在商务活动中，美国商人常常表现得"唯利是图""斤斤计较"，即使受到谈判对手的热情款待也不会轻易做出让步，因而给人一种"不近人情""软硬不吃"的印象。同时，相比于长远的虚利，美国商人更看重眼前的实利。因而在和美国商人谈判时，就可以通过分析美国商人的得失来说服其成交。另一方面，美国商人也是十分善变的。在美国商人的眼里，只要能够获利，则一切皆可谈判。为此，美国商人一般会通盘考虑整场谈判，重视原则框架，而不在乎细枝末节。例如，美国商人常常使用"一揽子交易"的谈判策略，将产品、技术、价格、运输、资金等一起谈判，只要总体利益可控，则可灵活调整各个条款。

## 二、加拿大商人

### （一）加拿大概况

加拿大（Canada），首都渥太华。加拿大地处北美洲北部，北临北冰洋，南部、西北部与美国接壤，西面为太平洋，东面为大西洋。加拿大整体纬度较高，北部地区深入极地，大部分地区气候较为寒冷。加拿大的国土面积为998万平方千米，位列世界第二，仅次于俄罗斯。加拿大的人口3 892万，人口密度仅为3.89人/平方千米，地广人稀。加拿大的官方语言有两种，分别是英语和法语，货币为加元（Canadian Dollar），法律体系主要为英美法系，居民的主要宗教信仰为天主教与基督教。

加拿大属于发达资本主义国家，在农业、制造业及服务业等领域具有较明显优势。2021年，加拿大的GDP约为2万亿加元，人均GDP为5.4万加元。加拿大的主要城市包括多伦多、温哥华、蒙特利尔、埃德蒙顿、卡尔加里及魁北克等，其中，多伦多是加拿大第一大城市和经济中心，蒙特利尔是加拿大第二大城市、金融中心和法语城市，温哥华是加拿大第三大城市、航运枢纽和文化科技中心。

### （二）加拿大商人的谈判风格

加拿大是一个具有多元文化的、多民族构成的移民国家，人口主要由英国后裔与法国后裔组成。大多数加拿大人具有外向的性格和良好的交际能力，待人随和而不失礼节，兼具法国人的开朗、英国人的含蓄和美国人的自信。

一方面，对于英国裔商人而言，一般具有英国式的谈判风格。这类加拿大商人会在国际商务谈判中表现出谨慎、保守的特征，遇事有条不紊、不慌不忙，绝不轻易"冒险"或"承诺"。例如，英国裔商人会十分注重草拟合同中的各项条款细节，只有当充分了解合同内容和排除全部疑问之后，才会表明自己的态度。同时，英国裔商人也较为看重契约精神，能够做到重合同、讲诚信。例如，虽然合同的签订过程可能较为缓慢，但加拿大商人一旦签字，则一般不会主动违约，合同的执行情况较好。另外，英国裔商人也比较注重商务礼仪，时间观念较强，既看重谈判中的经济效益，也在意谈判对手的背景与实力。

另一方面，对于法国裔商人而言，一般具有法国式的谈判风格。这类加拿大商人会以热情开放的态度参加国际商务谈判，对待谈判对手较为亲切和友好。例如，法国裔商人一般对人比较重视，但对事情却较为马虎。相比于繁杂而具体的事务性工作，他们似乎更在意彼此间的关系与情感，认为只要"谈得好"，就能"做得好"。为此，与这类商人谈判，开局一般很顺利，但过程却很艰难，即使最终签约，也会留下许多等待落实的细节或问题。另外，法国裔商人也比较讲究礼仪，但时间观念不强，若能获利，也绝不会轻易放弃。

综上，在与英国裔商人谈判时，要注意谈判工作的严谨性与周密性，相关的准备工作一定要充分，从而赢得其足够的信任与好感。在与法国裔商人谈判时，则要注意粗中有细、思路清晰，切勿受其影响而陷入大而化之、不拘小节的陷阱。另外，加拿大商人比较忌讳百合花，喜欢枫叶；忌讳数字"13"和"星期五"；忌讳黑色，喜欢白色、蓝色等。

### 三、拉丁美洲商人

#### （一）拉丁美洲概况

拉丁美洲是指南北美洲中，位于美国以南的广袤地区，包括中美洲、南美洲和西印度群岛等，总面积约 2 070 万平方千米。拉丁美洲西靠太平洋、东临大西洋，北部是墨西哥湾与加勒比海，南望南极洲，主要国家有墨西哥、危地马拉、洪都拉斯、尼加拉瓜、哥斯达黎加、巴拿马、古巴、海地、巴哈马、圭亚那、委内瑞拉、哥伦比亚、巴西、秘鲁、玻利维亚、智利、阿根廷、乌拉圭等，共计 33 个国家和若干地区。拉丁美洲的总人口约为 6.5 亿人，人口构成为白人、印第安人及混血种人等，居民多信仰天主教。拉丁美洲国家使用的语言较为丰富，主要包括西班牙语、葡萄牙语、英语、法语、荷兰语及印第安语等，其中西班牙语和葡萄牙语的使用范围最广。

巴西联邦共和国（The Federative Republic of Brazil），简称"巴西"，首都巴西利亚。巴西是拉丁美洲面积最大、经济实力最强的国家，人口约 2.15 亿人。2021 年巴西的 GDP 为 1.61 万亿美元，人均 GDP 约为 0.75 万美元。农牧业和工业都较为发达。阿根廷共和国（Republic of Argentina），简称阿根廷，首都布宜诺斯艾利斯。阿根廷是拉丁美洲第二大国，总人口约为 4 732 万人，阿根廷的综合国力也较强。2021 年，阿根廷的 GDP 为 4 872 亿美元，人均 GDP 约为 1.06 万美元。墨西哥合众国（The United Mexican States），简称墨西哥，首都墨西哥城。墨西哥是拉丁美洲第三大国，总人口约为 1.28 亿人，经济开放、贸易繁荣。2021 年，墨西哥的 GDP 为 1.27 万亿美元，人均 GDP 约为 1 万美元。

#### （二）拉丁美洲商人的谈判风格

首先，拉丁美洲商人重人际关系，而轻物质利益。热情好客是拉美商人的一大特点，他们会在国际商务谈判过程中与商业伙伴建立私人关系，并试图以"交朋友"的方式获得商业上的更大便利。例如，拉丁美洲商人会优先考虑与"熟人"谈生意，因而不要在谈判过程中轻易更换团队人员。

第二，拉丁美洲商人做事较为悠闲，谈判效率具有不确定性。他们的时间观念较为薄弱，常常会在谈判过程中加入休闲娱乐活动，从而表现出漫不经心、松松垮垮的谈判风格。例如，拉丁美洲商人习惯于睡懒觉，且午休时间也较长，一般为中午 12 点至下午 3 点。不仅如此，拉丁美洲商人还较为反感被催促，对其施加压力似乎没有多大效果。因此，与拉丁美洲商人谈判，一般耗时较长、效率不高。

第三，拉丁美洲商人的性格较为张扬，遇到感兴趣的话题会变得兴奋不已，说话滔滔不绝。例如，很多拉丁美洲商人都酷爱体育，有关足球比赛的话题常常被用于营造开局氛围或化解暂时性僵局。另外，拉丁美洲商人有时又表现得既豪爽又固执，谈得高兴可以大举让步，谈得不高兴则会寸步不让。

第四，拉丁美洲商人还是讨价还价的高手。尤其是巴西商人和墨西哥商人，他们不仅敢于拒绝对方的报价，还善于拖延时间和连续"砍价"。因而在与他们谈判时，一定要预留足够的讨价还价空间。

最后，拉丁美洲的各国商人也在谈判中呈现出不同的特征。总体而言，巴西商人热情豪放；阿根廷商人保守谨慎；墨西哥商人自信心强烈；委内瑞拉商人直截了当；智利商人彬彬有礼；哥伦比亚商人严肃拘谨；秘鲁商人慷慨大方等。

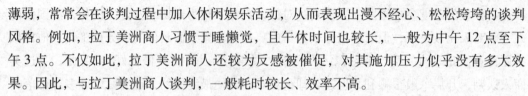

## 第三节 欧洲部分国家商人的谈判风格

### 一、英国商人

#### （一）英国概况

英国的全称是大不列颠及北爱尔兰联合王国（The United Kingdom of Great Britain and Northern Ireland），首都伦敦。英国位于欧洲西北角，地处不列颠群岛，是一个岛屿型国家。英国由英格兰、苏格兰、威尔士和北爱尔兰四个部分组成，总面积约为 24.41 万平方千米，气候为温带海洋性气候。英国的人口约为 6 708.1 万，人口密度约为 280 人/平方千米。英国的官方语言为英语，货币为英镑（Great Britain Pound），法律体系为英美法系，居民的主要宗教信仰为基督新教、天主教等。

英国是一个老牌资本主义国家，工业、服务业实力雄厚，与德国、法国和意大利并称欧洲四大经济体。2021 年，英国的 GDP 为 3.13 万亿美元，人均 GDP 达到 4.65 万美元。英国的主要城市包括伦敦、伯明翰、利兹、格拉斯哥、谢菲尔德、曼彻斯特、爱丁堡、利物浦等。其中，伯明翰为英国第二大城市，制造业十分发达，是全英国最集中的工业区，素有"英国底特律"之称；曼彻斯特为新兴工业基地，电子与化工行业十分繁荣；利物浦是英国著名商业中心，第二大港口，对外贸易占全国的近 1/4。另外，英国的著名企业有汇丰集团、渣打银行、联合利华公司、普华永道会计师事务所等。

#### （二）英国商人的谈判风格

首先，英国商人崇尚商务礼仪，颇有绅士风度。众所周知，英国人向来以绅士自居，在人际交往中十分注意自己的言行举止，因而常常给人留下谈吐讲究、气质优雅的良好印象。例如，英国商人会在争论中保持相当的克制，既不会咄咄逼人，也不会惊慌失措，总能得体应对。同时，英国商人也比较注重自身的仪表和服装，并试图通过严谨的商务礼仪来体现其修养与品格。例如，英国商人总会着正装参加商务谈判，习惯于在正式场合进行谈判，而在轻松自由的非正式谈判环境中反而会比较拘谨。

其次，英国商人遇事冷静，思路严谨，说话做事有条不紊。在谈判中，英国商人喜欢提前制定谈判方案，并按照计划规规矩矩地开展行动。这种风格的优点是逻辑性和条理性很强，缺点是缺乏灵活性。例如，英国商人常常在谈判中表现得很固执，只要对方没有按照他们的思路做出让步，他们就不会进入下一个议题。同时，英国商人也是比较守时和讲诚信的，对于经常迟到和轻易承诺的谈判对手没有好感。

第三，英国商人的思维方式属于"直线思维"，说服他们比较困难。不同于东方人跳跃式的"曲线思维"，英国商人在分析和判断问题时常常陷入非此即彼、非黑即白的两种极端，难以有弹性、有进退地折中考虑。例如，英国商人会专注于一场谈判的胜负，会直奔主题地较量实力，而对"以退为进""委曲求全""诱敌深入"等东方策略不感兴趣。

第四，英国商人存在一定的傲慢心理，民族自尊心较强。英国是一个老牌资本主义国家，曾经的"日不落帝国"，文化中还保留着对过去历史的自豪感与自尊心。为此，英国商人会在谈判中表现出一定的等级观念，对谈判对手的身份、地位比较敏感。另外，英国商人的工作效率不一定高效，他们常常比较自我，不善于礼让，抱有"皇帝的女儿不愁嫁"的优越感。

最后，英国商人相对保守，商业行为倾向于稳中求进。英国商人的保守表现在思维和行为两个方面。在思维上，他们注重传统，遵循惯例，对待商业上的创新或冒险比较谨慎。在行为上，英国商人比较克制，注意把握人际交往的"安全距离"。他们会将工作与生活严格区分，不会轻易与他人建立亲密的私人关系。另外，英国商人会首选英语作为谈判语言，而不擅长其他语言。

另外，和英国商人谈判还要避开政治、王室、民族等敏感话题，更适宜从天气、运动等话题开始。

## 二、法国商人

### （一）法国概况

法国的全称是法兰西共和国（The French Republic），首都巴黎。法国位于欧洲西部，与德国、意大利、西班牙等国接壤，与英国隔海相望。法国的面积约为 55 万平方千米，气候类型包含大陆型和海洋型等多种类型。法国的人口约为 6 563 万人，人口密度约为 120 人/平方千米。法国的官方语言为法语，货币为欧元（Euro），法律体系为大陆法系，居民的主要宗教信仰为天主教。

法国是一个发达的工业化国家，在核电、航空、造船、汽车等领域拥有较强优势。2021 年，法国的 GDP 为 2.96 万亿美元，人均 GDP 达到 4.37 万美元。法国的主要城市包括巴黎、马赛、里昂、蒙彼利埃、斯特拉斯堡、里尔、图克兹等，其中，马赛为法国第三大城市和最大海港，年货运量达 1 亿吨；里昂是法国重要的工业城市和科教中心，拥有大量高等院校和科研机构；图克兹为空中客车公司的总部。另外，法国的著名企业或品牌有标致、雪铁龙、雷诺、香奈儿、爱马仕、路易威登等。

### （二）法国商人的谈判风格

首先，法国商人善于交际，重人情、有温度。在工作中，法国商人比较喜欢通过宴请、拜访、出游等方式来拉近人际关系，也十分注重照顾他人的感受、需求和面子，因而常常给人留下富有人情味的良好印象。例如，法国商人会以"交朋友"来定义"谈生意"，会先培养彼此间的信任与感情，再讨论合作与利益。法国商人还十分擅长演讲，说起话来声情并茂，极富感染力。因而与法国商人交谈，其独特的说话方式与个人魅力也常常给人留下深刻的印象。

其次，法国商人博学多才，很有民族自豪感。法国具有悠久的历史和灿烂的文化，这使得法国商人具有较高的个人素养，并能在工作中体现出不俗的才华。例如，法国商人一般很有艺术修养，擅长谈论艺术、建筑、服装、美食及文学等话题，并拥有较高的鉴赏能力。同时，法国商人也充满了自豪感，认为法语是世界上最优美的语言、法国大餐是世界上最美味的宴席、法国人也拥有世界上最有档次的品位与格调等。

第三，法国商人幽默开朗，重原则而轻细节。法国商人的性格十分开朗，在谈判中总是滔滔不绝、十分健谈。他们善于将各种话题引入谈判，从而让谈判氛围能够始终保持在轻松活跃、愉快自然的状态中。同时，法国商人的思路也很清晰，他们会在谈判中"抓大放小"，即对核心问题寸步不让，而对细节问题灵活处理。例如，法国商人十分喜爱横向谈判，他们会先确定谈判框架和基本共识，再讨论每项议题的具体内容。只有当"大方向一致"了，才可以进行实质性讨论。

最后，法国商人作风松垮，时间观念不强烈。法国人向来以浪漫著称，在生活中热情奔放，在工作中主观自我。为此，法国商人的谈判节奏不强，不会因工作压力而改变自己的生活习惯。例如，法国商人很注意保障自己的休闲时间，当每年 8 月进入度假季节时，与其开展商务谈判将会变得十分困难。同时，法国商人还习惯于单方面改变会谈时间，且身份地位越高的人，越容易迟到。

另外，法国商人忌讳在宴会上谈论工作，不喜欢核桃、仙鹤等图案，与其谈判还要注意商务活动中的饮酒文化、馈赠礼仪及称呼礼仪等。

## 三、德国商人

### （一）德国概况

德国的全称是德意志联邦共和国（Federal Republic of Germany），首都为柏林。德国位于欧洲西部，北接丹麦，南邻奥地利、瑞士，东邻波兰、捷克，西接荷兰、比利时、卢森堡和法国。德国的面积约为 35.8 万平方千米，气候类型包括了大陆型气候与海洋型气候。德国的人口约为 8 430 万人，人口密度约为 240 人/平方千米。德国的官方语言为德语，货币为欧元，法律体系为大陆法系，居民的主要宗教信仰为基督新教、天主教等。

德国是一个十分发达的资本主义国家，不仅拥有现代化的制造业，更拥有先进的科技与创新的活力，被誉为"欧洲经济的火车头"。德国是欧洲最大的经济体，经济总量排名欧洲第一，2021年，德国的GDP为4.26万亿美元，人均GDP达到5.12万美元。德国的主要城市包括柏林、汉堡、慕尼黑、科隆、法兰克福、波恩、德累斯顿及不来梅等，其中，汉堡是德国最重要的海港和最大的外贸中心；法兰克福是德国最大的航空枢纽和铁路枢纽，拥有繁荣的工商业和金融业；波恩是德国的文化名城，音乐家贝多芬的家乡；不来梅是德国的第二大港口城市和西北部中心城市。德国的著名企业或品牌有保时捷、奔驰、宝马、奥迪、大众、西门子、阿迪达斯等。

**（二）德国商人的谈判风格**

首先，德国商人的工作作风严谨，十分讲究谈判的效率与效益。德国是世界上的制造业强国，科学技术十分发达，这使得德国商人养成了注重生产效率、强化质量管理和重视创新思维的习惯，工作起来兢兢业业、一丝不苟。在商务谈判中，德国商人常常表现出很强的目的性，讨价还价时意图较为明确，不喜欢遮遮掩掩、拖泥带水。在谈判中，德国商人比较反感"考虑考虑""慢慢来，不要着急"等回复，他们总希望和对手达成确切的交易条件，且一旦达成共识就不可轻易更改或反悔。同时，德国商人也比较守时，会自觉地准时出席会谈、按时结束会谈，比较反感松松垮垮的谈判氛围和马拉松式的谈判。

其次，德国商人的准备工作充分，注重谈判工作的逻辑性与系统性。德国商人向来以思维缜密、计划周详而著称。他们会在谈判之前，充分调研谈判环境与谈判对手，所制定的谈判方案与实施计策也会以足够的信息资料为支撑。为此，德国商人常常在谈判中表现出充分的底气与自信，既能够从容应对来自对手的进攻，也能"一针见血"地指出问题的本质。另外，德国商人的逻辑思维能力也很突出，他们不会轻易被对手的"花言巧语"所干扰，能够始终保持相对独立与清醒的思考与判断。当然，德国商人也具有长远眼光，注重与商业伙伴达成长期稳定的合作关系。

再次，德国商人审慎而稳重，崇尚契约精神和诚信意识。德国商人的法律意识较强，在商务活动中也特别注重对合同的使用。为了防范风险和避免纠纷，他们会仔细推敲所签合同的各项条款，从而明确合同各方的权利、义务与责任。同时，德国商人也比较遵守信用。他们一旦签订合同，就会严格规范地履行约定，很少出现恶意毁约、突然变卦等现象。当然，德国商人对于合作伙伴也有同等要求，十分反感有过违法或失信行为的商人。

最后，德国商人办事果断而固执，注重对谈判团队的约束与管理。对于谈判目标，德国商人是十分坚定和执着的。他们常常在谈判中据理力争和寸步不让，似乎缺乏弹性思维和变通策略。对于约束自己，德国商人的要求也十分苛刻。在谈判中他们会整齐着装、礼貌待人和谨慎发言，常常使得谈判氛围严肃拘谨，给人以距离感。例如，德国商人很少会开玩笑，幽默感不及其他欧洲人。

另外，德国商人比较忌讳在商务活动中使用蔷薇、百合等花卉，重视节俭、反对浪费，一般不会在商务活动中接受过于贵重的礼物，也不喜欢在工作中闲谈。

## 四、意大利商人

### （一）意大利概况

意大利共和国（The Republic of Italy），简称"意大利"，首都罗马。意大利位于欧洲南部，由亚平宁半岛、西西里岛及撒丁岛等组成，国土面积约30.1万平方千米，属于亚热带地中海式气候。意大利的人口约5 898万人，人口密度约为195.7人/平方千米。官方语言为意大利语，货币为欧元，法律体系为大陆法系，居民的主要宗教信仰为天主教。

意大利是发达的工业化国家，拥有先进的制造业和生物医药行业，是欧洲第四大经济体。2021年，意大利的GDP为2.11万亿美元，人均GDP约为3.57万美元。意大利的主要城市包括罗马、米兰、都林、那不勒斯、热那亚、佛罗伦萨、威尼斯等，其中，米兰是世界时尚艺术中心，诞生了诸如阿玛尼（Armani）、范思哲（Versace）、芬迪（Fendi）、普拉达（Prada）、古驰（Gucci）、华伦天奴（Valentino）等大量奢侈品牌；热那亚是意大利最大的商港和重要的工业中心；威尼斯是世界著名"水上都市"，工业与贸易也十分繁荣。

### （二）意大利商人的谈判风格

首先，意大利商人热情好客、注重礼节。在意大利，人们会十分注意在正式场合的着装与言行，会见客人会准备鲜花或礼物，称呼他人会使用"先生""女士"等尊称，崇尚女士优先的绅士作风。

其次，意大利商人性格外向、情绪多变，善于在谈判中直接表达观点并说服对手。意大利是一个历史悠久且充满艺术气息的国度，这使得意大利商人自信而健谈，似乎碰到任何话题都能聊上几句，并能够从容应对谈判中的尴尬情形。同时，意大利商人喜欢和人争辩，经常为了一些小问题而与对手争论不休。

第三，意大利商人比较在意交易条件是否优惠，尤其关注成交价格。意大利商人有节约开支的习惯，喜欢"物美价廉"的划算交易。为此，当谈判进口时，他们会为了价格实惠而牺牲质量、包装、交货时间等其他条件；当谈判出口时，他们又会为了维持高价而尽量满足客户的各种其他要求。另外，意大利商人较为强调个人在商业活动中的作用，每个团队中都有一个真正的决策者。

最后，意大利商人的时间观念较为淡薄，谈判效率不高。意大利向来以旅游业发达而闻名于世，人们注重休闲娱乐，崇尚自由自在的生活，而不喜欢紧张压迫的工作节奏。在这样的文化氛围中，意大利商人早已习惯于慵懒散漫的生活，从而经常在商务活动中迟到、告假甚至爽约。同时，意大利商人的决策过程也较为缓慢，一般不会给自己设定"最后完成时间"，即使遭到催促，也不会轻易表明自己的真实意图或最后底线。

另外，宴请意大利商人一般应安排午餐，不宜安排晚餐，赠送礼物比较忌讳手帕，因为手帕象征着离别时的眼泪。

### 五、西班牙商人与葡萄牙商人

#### （一）西班牙概况

西班牙王国（The Kingdom of Spain），简称西班牙，首都马德里。西班牙位于欧洲西南端的伊比利亚半岛，南部的直布罗陀海峡连接着太平洋与地中海，地理位置得天独厚。西班牙的国土面积约为50.6万平方千米，气候属于温带海洋性气候与地中海气候。西班牙的人口约为4 740万人，人口密度约为93.7人/平方千米。官方语言为西班牙语，货币为欧元，法律体系为大陆法系，居民的主要宗教信仰为天主教。

西班牙的经济较为发达，为欧洲第五大经济体。2021年，西班牙的GDP为1.43万亿美元，人均GDP约为3.01万美元。西班牙的主要城市包括马德里、巴塞罗那、瓦伦西亚、马拉加等，其中，巴塞罗那是西班牙最大的综合性港口，贸易、工业和金融都很发达。另外，西班牙的著名品牌有芒果服饰（MANGO）、飒拉（ZARA）、罗意威（LOEWE）等。

#### （二）葡萄牙概况

葡萄牙共和国（The Portuguese Republic），简称"葡萄牙"，首都里斯本。葡萄牙位于欧洲伊比利亚半岛的西南部，与西班牙相邻，国土面积约9.2万平方千米，属于地中海气候。葡萄牙的人口约为1 034.5万人，人口密度约为112人/平方千米。官方语言为葡萄牙语，货币为欧元，法律体系为大陆法系，居民的主要宗教信仰为天主教。

葡萄牙是欧洲中等发达国家，有一定矿产资源，但工业基础相对薄弱。2021年，葡萄牙的GDP约为2 537亿美元，人均GDP约为2.46万美元。葡萄牙的主要城市有里斯本、科英布拉、波尔图等，其中，波尔图为葡萄牙第二大城市和重要海港，发挥着交通枢纽和国际贸易中心的作用。

#### （三）西班牙商人与葡萄牙商人的谈判风格

一方面，西班牙商人具有鲜明的个性与风格。首先，西班牙商人在谈判时表现得自信、高调，很有优越感。在历史上，西班牙曾是海上强国，这使得今天的西班牙商人对此依然津津乐道，似乎念念不忘过去的辉煌。为此，西班牙商人会在谈判中展现骄傲、自负的一面，喜欢以居高临下的姿态来讨价还价。其次，西班牙商人比较强调个人的信誉，对待合同的态度也较为严谨守约。除了来自合同的约束，西班牙商人也很重视人际关系的作用，他们会主动发展与客户的友谊，会为了长远的合作而适当牺牲眼前的利益。第三，西班牙商人不喜欢过分拘束的谈判氛围，更愿意在非正式场合谈生意。例如，西班牙商人常常在宴会上达成交易，尤其以晚餐为主。有时，一场晚餐会持续至午夜，似乎和客人有说不完的话、叙不完的情。最后，西班牙商人热情奔放，待人较为真诚。众所周知，西班牙人喜爱斗牛，酷爱弗拉明戈舞，这使得西班牙商人性格外向、情感丰富，很善于社会交际。有时，西班牙商人也很容易激动，在谈判时与之发生争吵也属正常。

另一方面，葡萄牙商人的谈判风格与西班牙商人接近，但也有所区别。首先，葡萄牙商人更善于社交，能够在初次见面时就给人以热忱、亲密、值得信赖的好印象。其次，葡萄牙商人还十分好客，常常主动设宴款待客人。葡萄牙的饮食文化十分丰富，以海鲜、米饭、面点及葡萄酒为代表的美食闻名于世，这也常常成为改善人际沟通的"催化剂"。最后，葡萄牙商人很讲礼节，传统礼节也较多。例如，人们见面时，会根据亲密程度行亲吻礼、贴面礼、拥抱礼及握手礼等；用餐时，对刀叉的摆放位置、餐巾的使用方式等也很有讲究。

## 六、俄罗斯商人

### （一）俄罗斯概况

俄罗斯的全称是俄罗斯联邦（Russian Federation），首都莫斯科。俄罗斯是世界上国土面积最大的国家，总面积 1 709.82 万平方千米，横跨欧亚两个大洲。俄罗斯幅员辽阔，气候类型十分丰富，但由于整体纬度较高，总体属于温带和寒带的大陆型气候。俄罗斯的人口约为 1.46 亿人，人口密度仅为 8.8 人/平方千米，地广人稀。俄罗斯的官方语言为俄语，货币为俄罗斯卢布（Russian ruble），法律体系为大陆法系，居民的主要宗教信仰为东正教。

俄罗斯拥有较强的工业基础和科技实力，2021 年，俄罗斯的 GDP 为 1.78 万亿美元，人均 GDP 约为 1.22 万美元。俄罗斯的主要城市包括莫斯科、圣彼得堡、加里宁格勒、伏尔加格勒、新西伯利亚、符拉迪沃斯托克及索契等，其中，圣彼得堡是俄罗斯第二大城市，拥有综合性的工业体系；伏尔加格勒是俄罗斯连接欧亚大陆的水陆交通枢纽；新西伯利亚是俄罗斯第三大城市，机器制造业和食品工业十分发达；符拉迪沃斯托克是俄罗斯在太平洋的最大港口城市。

### （二）俄罗斯商人的谈判风格

第一，俄罗斯商人固守传统，习惯于按照自己的方式开展商务活动。俄罗斯民族具有自身的独特历史与灿烂文化，这使得在今天的俄罗斯商人身上依然保留着大量传统习惯。加之受苏联时期的计划经济体制影响，俄罗斯商人会比较注重政策监管、行政审批、办事流程等因素，对待市场波动、把握先机、开拓创新等情形的反应较慢。有时，俄罗斯商人会给人一种墨守成规、缺乏变通的感觉，但是他们却常常利用程序上的障碍来获得谈判中的利益。

第二，俄罗斯商人的时间观念不强，习惯于慢节奏的工作方式。也许是受到地理位置或气候状况的影响，俄罗斯商人在谈判中并不十分守时。他们会在工作中表现出慢条斯理、拖拖拉拉的风格，也很少会因为对手的催促而做出改变。因此，与俄罗斯商人谈判要保持充分的耐心，若遇到程序性事务，则最好提前预留充足的时间。

第三，俄罗斯商人注重礼仪，民族文化特色十分鲜明。俄罗斯商人很讲礼仪，在商务活动中比较注重自身的仪表仪态、服装打扮，迎来送往、待人接物也有严格的礼仪规范。例如，与欧洲其他地区的握手礼和吻手礼不同，俄罗斯人在与亲密的朋友见面时，习惯使用拥抱礼或接吻礼。同时，俄罗斯商人也比较在意谈判对手的身份和等级，对待老者和妇女也比较尊重。

第四，俄罗斯商人精明老练，善于在谈判中讨价还价。很早以前，俄罗斯商人就在波罗的海的商贸交易中崭露头角，并以精于谈判而著称。今天的俄罗斯商人亦十分善于砍价与压价，并且能够在商贸活动中不露声色地达成目标。为此，在与俄罗斯商人谈判时，最好使用一定的报价策略，且不要指望一次性成交。另外，由于俄罗斯商人曾经十分缺乏外汇，因而较为流行易货贸易。

第五，俄罗斯商人性情豪爽，对待朋友较为友好和真诚。在谈判中，俄罗斯商人表现得十分热情和慷慨，他们既可以把朋友的手握疼，也可以把朋友拥抱得喘不过气来。在宴请与聚会中，俄罗斯商人的豪爽会表现得更加淋漓尽致。伴随着音乐，他们可以唱歌跳舞，一旦举杯共饮，他们又可以一醉方休。为此，与俄罗斯商人合作，一定要重视人际关系的建立与维护，而任何激怒对手、伤害感情的言行都会遭到其加倍的回应。

另外，俄罗斯商人忌讳数字 13，喜欢数字 7，不喜欢黄色，不喜欢黑猫，偏爱伏特加等烈酒，看似大大咧咧，实则注重细节。

## 七、北欧商人

### （一）北欧概况

北欧（North Europe）是指欧洲北部地区，主要由丹麦、挪威、瑞典、芬兰和冰岛五个国家及其附属领土组成。北欧地区总体纬度较高，气候相对寒冷，加之波罗的海出入口狭窄，冰封期较长，开展国际贸易需要注意货物运输的时间、船舶与装卸港口的条件等。

丹麦，全称为丹麦王国（The Kingdom of Denmark），首都哥本哈根。丹麦本土的面积约为 4.3 万平方千米，总人口约为 591.1 万人，人口密度约为 146.4 人/平方千米。官方语言为丹麦语，货币为丹麦克朗（Danish Krona），居民的主要宗教信仰为基督教。2021 年，丹麦的 GDP 为 3 983 亿美元，人均 GDP 约为 6.8 万美元。奥胡斯为丹麦第二大城市和主要港口。

挪威，全称为挪威王国（The Kingdom of Norway），首都奥斯陆。挪威的面积约为 38.5 万平方千米，总人口约为 545.6 万人，人口密度约为 14.1 人/平方千米。官方语言为挪威语，货币为挪威克朗（Norwegian Krone），居民的主要宗教信仰为基督教。2021 年，挪威的 GDP 为 4 822 亿美元，人均 GDP 约为 8.92 万美元。卑尔根、特隆赫姆分别为挪威第二、第三大城市。

瑞典（Sweden），首都斯德哥尔摩。瑞典的面积约为 45 万平方千米，总人口约为 1 038 万人，人口密度约为 24.6 人/平方千米。官方语言为瑞典语，货币为瑞典克朗（Swedish krona），居民的主要宗教信仰为基督教。2021 年，瑞典的 GDP 为 6 357 亿美元，人均 GDP 约为 6.1 万美元。哥德堡是瑞典第二大城市，著名海港。

芬兰，全称为芬兰共和国（The Republic of Finland），首都赫尔辛基。芬兰的面积约为 33.8 万平方千米，总人口约为 554.9 万人，人口密度约为 18.2 人/平方千米。官方语言为芬兰语和瑞典语，货币为欧元，居民的主要宗教信仰为基督教。2021 年，芬兰的 GDP 为 2 992 亿美元，人均 GDP 约为 5.4 万美元。埃斯波是芬兰第二大城市，诺基亚的总部所在地。

冰岛，全称为冰岛共和国（The Republic of Iceland），首都雷克雅未克。冰岛的面积约为 10.3 万平方千米，总人口约为 37.6 万人，人口密度约为 3.6 人/平方千米。官方语言为冰岛语，货币为冰岛克朗（Icelandic krona），居民的主要宗教信仰为基督教。2021 年，冰岛的 GDP 为 256 亿美元，人均 GDP 约为 6.87 万美元。雷克雅未克是冰岛第一大城市和第一大港口。

### （二）北欧商人的谈判风格

首先，北欧商人淳朴善良、和蔼可亲，是一类很好打交道的商业伙伴。特殊的地理与自然条件养成了北欧商人简单、质朴的行事风格，他们会在谈判中直接表达内心的想法，并希望用自己的真诚来赢得对方的真诚。同时，北欧商人会以不卑不亢的态度参加谈判，坦诚而不懦弱，坚定而不失礼节。

其次，北欧商人认真务实，不喜欢冒风险。他们会为谈判准备周密的计划，然后按部就班地推进工作。对于超出计划的"商机""优惠"及"赠送"等，北欧商人会保持冷静与克制，不会轻易被利益所诱惑。同时，北欧商人还十分注意合同中的细节，风险意识较强，以至于给人以胆小保守的感觉。但是一旦签订合同，也会自觉地严格履行合同，很少失信。

再次，北欧商人比较注重谈判对手的职位或官衔，也喜欢对手称呼自己的职衔。为此，与北欧商人谈判要注意团队人员的组织安排，尽量做到身份对等、人数相当，从而体现充分的尊重与礼仪。

最后，北欧商人不喜欢过多的讨价还价，希望谈判能够在和谐一致的氛围中结束。北欧诸国经济富足、生活闲适，这使得北欧商人不太适应商业上的你争我夺、尔虞我诈，因而更愿意干脆直接地达成交易。同时，在瑞典、挪威、丹麦等国的对外贸易中，中间商的作用十分突出。商人们更愿意向中间商支付佣金，来避免交易过程中的繁杂业务。

## 第四节　亚洲部分国家商人的谈判风格

### 一、日本商人

#### （一）日本国概况

日本国（Japan），简称"日本"，首都东京。日本位于太平洋西部，是一个由岛屿组成的国家，主要包括本州、四国、九州及北海道等数千个岛屿，总面积约 37.8 万平方千米。日本的气候属于温带海洋性季风气候。日本的人口约为 1.25 亿，人口密度约 344.8 人/平方千米，是一个人口稠密的国度。日本的官方语言为日语，货币为日元（yen，符号￥），法律体系为大陆法系，居民的主要宗教信仰为神道教与佛教。

日本是高度发达的现代化国家，科技水平先进、经济实力雄厚。2021 年，日本的 GDP 为 4.94 万亿美元，人均 GDP 达到 3.93 万美元。日本的主要城市包括东京、横滨、大阪、名古屋、神户、福冈、京都、广岛等，其中，东京为日本第一大城市，而神户、横滨等都是世界级的海运大港。另外，日本还拥有许多世界知名企业，例如丰田、本田、索尼、三菱、东芝等，日本跨国公司的生产与管理经验亦很丰富。

### （二）日本商人的谈判风格

首先，日本商人特别注重发挥人际关系在商务活动中的作用。日本文化得益于对东西方文化的吸收和融合，这使得今天的日本商人既注重西方文化中的规则与效率，又具备东方文化中的人情与世故。同中国商人类似，日本商人深知社会关系的重要性。有时，值得信赖的人际关系甚至要比合同条款中的利益还要重要。例如，日本商人比较相信生意场上的"熟人"，这个熟人即使是对方谈判团队中的普通人员，也会让其放心不少。在商务谈判中，日本商人常常表现得礼貌而亲和，他们会以宴请、品茗、馈赠礼物等方式拉近与合作伙伴的私人关系，并将情感与信任作为交易的前提。

第二，日本商人的集体意识很强，善于在谈判中开展团队合作。日本文化强调个人要服务于集体，并常常以严格的纪律来约束个体的行为。长期的商业实践表明，一个日本商人并不厉害，但几个日本商人就十分"全能"。例如，在日本谈判团队中，每名成员的职责和任务都会被详细记录在工作手册之中，分工一目了然，执行十分简便。在商务谈判中，日本团队常常是集体讨论、共同决策，他们的谈判领导通常也比较注重调研与请示，因而很少会当众拍板或当面承诺。

第三，日本商人对谈判礼仪的要求较高，他们讲究工作生活中的礼仪与礼节。例如，在日本礼仪中，相见要行鞠躬礼，拜访要行馈赠礼，品茶要行茶道礼仪。同时，日本商人会在商务活动中表现得十分"爱面子"和"顾面子"，任何有失礼仪的行为都会被视为破坏关系的某种"挑衅"。例如，日本商人比较忌讳被当面指责或直接拒绝，当谈判形势尚不明确时，不会轻易表态或做出决定。

第四，日本商人的等级观念较强，对谈判对手的身份、地位和个人资历等较为敏感。日本文化强调一定的对等性，在谈判中表现为双方团队人员的级别、待遇、行动等要对等。例如，如果日本团队的首席谈判人员是总经理，那么对方团队也应当派出与此相当的"重量级人物"。为此，人本商人常常有"看人说话"的习惯，对比自己地位高的人较为恭敬和客气，而对比自己地位低的人较为冷淡和严肃。

第五，日本商人的工作态度严谨，注重事前准备和事后总结。日本商人向来以认真仔细著称，尤其善于制订工作计划、落实工作要求和评价工作效果。例如，日本商人喜欢使用"P-D-C-A"管理模式，习惯于从计划（Plan）、执行（Do）、检查（Check）和处理（Act）四个环节的循环过程中不断总结和改善。同时，日本商人还具有东方人吃苦耐劳、小心谨慎、心思缜密等特质，不似某些西方人那般大胆冒进、急于求成。

第六，日本商人处事较为圆滑，看重结果而不拘泥过程。为了不引起对手的反感或怀疑，日本商人常常在表达意见时表现得十分含蓄和委婉。例如，日本商人会将自己的真实想法隐藏在好几个观点中，希望借对手之口来选出"最佳答案"，从而避免费时的说服和反复的争论。然而，日本商人的"客气"只是表面现象，他们的头脑十分清醒，商业目的十分明确，方法手段也十分得力。他们的一切行动都服务于目标和结果，似乎只要能够取得理想的交易条件，一切客套虚礼和妥协退让都无关紧要。

最后，日本商人的时间观念很强，具有强烈的危机意识与竞争意识。日本是一个群岛国家，远离大陆且地震频繁，这使得日本人具有与生俱来的危机意识，对待风险较为敏感。在谈判中，日本商人外表彬彬有礼，内心则深藏不露，他们会时刻保持警惕，并会针对各种突发情况制定预案。同时，日本商人已经适应了快节奏的工作氛围，在谈判中比较强调效率与效益。他们常常将对手看作竞争伙伴，明里暗里都想据占竞争优势。另外，日本商人比较守时，与之会面一般要提前5-10分钟达到。

另外，在日本，菊花是国花，但樱花最受人们喜爱。日本人欣赏白色和黄色，比较忌讳绿色和紫色。日本人喜欢乌龟和仙鹤，注重养生和追求长寿。

## 二、韩国商人

### （一）韩国概况

韩国的全称是大韩民国（Republic of Korea），首都为首尔。韩国位于亚洲东北部，地处朝鲜半岛南部，是一个三面环海的半岛型国家。韩国的面积约为10.33万平方千米，气候属温带季风气候与亚热带季风气候。韩国的人口约为5 200万，人口密度约为530人/平方千米。韩国的官方语言为韩语，货币为韩元（South Korean won），法律体系为大陆法系和英美法系，居民的主要宗教信仰为基督教、天主教和佛教等。

韩国属于发达资本主义国家，早在20世纪60至90年代，就被列入"亚洲四小龙"之一，成为当时亚洲经济发展最快的经济体之一。2021年，韩国的GDP为1.81万亿美元，人均GDP达到3.5万美元。韩国的主要城市包括首尔、济州、釜山、仁川等，其中，釜山是韩国第一大港口和第二大城市，拥有在造船、轮胎、机械、纺织、食品、化工等领域的工业与贸易优势。另外，韩国也拥有不少世界知名企业，例如三星、现代、起亚、大宇、LG等。

### （二）韩国商人的谈判风格

第一，韩国商人比较重视谈判前的准备工作。与日本商人类似，韩国商人思路清晰、意图明确，习惯于在充分调研的基础上进行商务谈判。例如，韩国商人会提前调查谈判对手的资信与背景，涉外谈判往往是周密计划、有备而来。同时，韩国商人也很注重诚信，主张不谈则已，谈必有信。因此，当韩国商人坐上谈判桌时，多半已是成竹在胸。

第二，韩国商人比较注意营造和谐友好的谈判氛围。韩国商人的自尊心较强，对谈判氛围也十分敏感，忌讳在谈判中冷场或出现尴尬的情形。为此，韩国商人会在谈判的开始阶段，主动营造热情友好的谈判氛围，表现为提前到达会场、主动自我介绍、热情开启寒暄等。

第三，韩国商人做事认真、有条理，技巧性与逻辑性都较强。韩国商人会有条不紊地开展谈判，并对各个阶段的目标达成情况进行评估。有时候，韩国商人会在工作中表现得很"固执"，对自己的主张更是坚持不懈、寸步不让。同时，韩国商人也有施展谋略与技巧的一面，他们善于使用诸如"声东击西""请君入瓮""软硬兼施"等具有东方思维的计策，能够在谈判过程中形成自己的优势。为此，韩国商人的讨价还价能力也时常被外国商人所称道。

第四，韩国商人善用东方智慧，受传统儒家文化的影响较明显。韩国文化与中华文化相通，在建筑、文学、艺术及节庆等方面有诸多相似之处。例如，韩国也有春节、中秋节，韩国也使用汉字，学习书法等。这使得韩国商人的言行举止带有东方传统特征，尤其在人际关系和思维模式方面很明显。当然，当中国商人与韩国商人谈判时，也应注意照顾韩国商人的民族文化，不宜与其就文化异同进行争辩。

另外，韩国商人也很爱面子，一般不习惯被正面顶撞，也不怎么善于说"不"。韩国商人偏爱白色，对数字 4 比较忌讳。

### 三、南亚商人与东南亚商人

#### （一）南亚概况

南亚（South Asia）是指亚洲南部靠近印度洋的广袤区域，陆地面积约为 430 万平方千米。南亚共有 7 个国家，分别是印度、巴基斯坦、孟加拉国、尼泊尔、不丹、斯里兰卡及马尔代夫。这里简单介绍南亚的三个代表性国家。

印度共和国（The Republic of India），简称"印度"，首都新德里。印度是南亚次大陆最大的国家，国土面积约为 298 万平方千米，人口约为 14.08 亿人。印度的官方语言为印地语和英语，货币为印度卢比，法律体系为英美法系，居民的主要宗教信仰为印度教、伊斯兰教等。印度是金砖国家之一，近年来的经济增长速度较快。2021 年，印度的 GDP 为 3.18 万亿美元，人均 GDP 约为 2 256.6 美元。主要城市有新德里、孟买、加尔各答、班加罗尔等。

巴基斯坦伊斯兰共和国（Islamic Republic of Pakistan），简称"巴基斯坦"，首都伊斯兰堡。巴基斯坦的国土面积约为 79.6 万平方千米，人口约为 2.25 亿人。巴基斯坦的通用语言为乌尔都语和英语，货币为巴基斯坦卢比，法律体系为英美法系，居民的主要宗教信仰为伊斯兰教。巴基斯坦的经济以农业为主，工业基础相对薄弱。2021 年，巴基斯坦的 GDP 为 3 483 亿美元，人均 GDP 约为 1 505 美元。主要城市有卡拉奇、拉合尔、拉瓦尔品第、白沙瓦等。

孟加拉人民共和国（The People's Republic of Bangladesh），简称"孟加拉国"，首都达卡。孟加拉国的国土面积约为 14.76 万平方千米，人口约为 1.7 亿人。孟加拉国的通用语言为孟加拉语和英语，货币为塔卡，法律体系为英美法系，居民的主要宗教信仰为伊斯兰教。孟加拉国的经济以农业为主，工业发展落后，国民经济的整体现代化程度较低。2021 年，孟加拉国的 GDP 为 4 163 亿美元，人均 GDP 约为 2 457 美元。吉大港是孟加拉国第二大城市和最大的港口，加工贸易繁忙。

#### （二）东南亚概况

东南亚（Southeast Asia）位于亚洲东南部，包括中南半岛和马来群岛，陆地面积约为 457 万平方千米，总人口约为 6.7 亿人。东南亚共有 11 个国家，分别是泰国、缅甸、柬埔寨、老挝、越南、印度尼西亚、马来西亚、新加坡、菲律宾、文莱及东帝汶。东南亚国家联盟（Association of Southeast Asian Nations），简称东盟，这一由东南亚10国组成的区域经济一体化组织已成为亚洲第三大经济体，有效促进了区域经济与贸易的持续发展。这里简单介绍东南亚的三个代表性国家。

泰王国（The Kingdom of Thailand），简称"泰国"，首都曼谷。泰国的国土面积约为51.3万平方千米，人口约为6 617万人。泰国的通用语言为泰语，货币为泰铢，法律体系为大陆法系，居民的主要宗教信仰为佛教。泰国是一个新兴工业化国家，东南亚第二大经济体。2021年，泰国的GDP为5 059亿美元，人均GDP约为7 066.2美元。主要城市有曼谷、清迈、普吉、芭堤雅等。

新加坡共和国（Republic of Singapore），简称"新加坡"，首都新加坡市。新加坡的国土面积约为733.1平方千米，人口约为545万人。新加坡的通用语言为英语、马来语、汉语等，货币为新加坡元，法律体系为英美法系，居民的主要宗教信仰为佛教、基督教、伊斯兰教等。新加坡是东南亚经济最发达的国家，历史上的"亚洲四小龙"之一，国民经济具有显著的外向型特征，国际商务与贸易十分繁荣。2021年，新加坡的GDP为3 970亿美元，人均GDP约为7.28万美元。

印度尼西亚共和国（Republic of Indonesia），简称"印尼"，首都雅加达。印尼的国土面积约为191.36万平方千米，人口约为2.7亿人。印尼的通用语言为印度尼西亚语，货币为印度尼西亚盾，法律体系为大陆法系，居民的主要宗教信仰为伊斯兰教。印尼是东盟创立国之一，东盟最大的经济体，农业、工业及服务业相对健全。2021年，印尼的GDP为1.19万亿美元，人均GDP约为4 332.7美元。主要城市有雅加达、泗水、万隆、棉兰等。

### （三）东南亚商人与南亚商人的谈判风格

泰国商人在国际商务活动中具有较强的独立性，即使面对大型跨国企业，他们也能保持自身的风格与原则，绝不会因为惧怕对手实力而轻易让步。泰国号称"万佛之国"，佛教是泰国的国教，这对泰国商人的思维与行为产生了深刻影响。例如，泰国商人在会面时会将双手合十于胸前，忌讳他人触摸头部、用手指指点点、跷二郎腿等。外国商人需要注意，不能对寺庙、佛像、佛经等做出任何不尊重的言行。另外，泰国人以大米为主食，喜欢辛辣口味，其融合东西方特色的饮食文化世界闻名。

印度尼西亚商人十分注重外交礼仪，待人和善友好，说话做事谨小慎微。印尼商人的热情还表现为十分欢迎客人到家里来，希望通过拜访与接待来加深信任与感情。需要注意的是，印尼商人大多信仰伊斯兰教，与其谈判必须尊重穆斯林的文化习俗，不可触犯相关禁忌。印尼人禁食猪肉、禁止饮酒，不用左手交接物品等。商务谈判还应当注意"斋月"的时间，以及开斋节、宰牲节等节日期间的习惯讲究。另外，印度尼西亚的语言十分丰富，民族语言多达200种，官方语言为印尼语，常用语言有英语、马来语等。

在新加坡的居民中，华裔占比达74%。为此，新加坡商人大多为华裔，讲汉语、用汉字，也过春节、端午节、中秋节等传统节日，具有浓厚的中华文化氛围。同时，新加坡商人大多遵守中华传统道德习俗，重视社会伦理、讲求诚实信用、主张勤劳节俭、崇尚健康自然，从而在国际商务中与中国商人有着天然的亲近感。需要注意的是，新加坡商人比较爱面子，"面子"文化比较浓厚，自尊心也较强，因而比较忌讳在谈判时被当面拒绝或直接拆穿。另外，新加坡商人还十分善于做中间商贸易，其国内的委托代理业务也很繁荣，他们常常利用其独特的地理位置和信息网络在谈判中赢得先机与优势。

菲律宾商人具有和蔼亲切、热情大方的风格特点，在商务谈判中自信出众、礼仪规范、言行得体。在历史上，菲律宾曾经是西班牙、美国等的殖民地，这使得菲律宾人较早受到欧美文化的影响。为此，今天的菲律宾商人常常有着欧美留学或工作经历，既知晓国际惯例，又懂得入乡随俗，因而十分善于跨文化交际。

印度商人通常具有三项特点。第一，印度商人的观念比较传统，零和博弈的思维比较突出。例如，虽然印度商人十分注重在产品、技术及服务等方面的创新，但是却不太愿意与外商分享这些创新成果。他们的自我保护意识与竞争意识很强，害怕在谈判中吃亏或让步，因而常常表现得重利益而轻关系。第二，印度商人受本国文化、宗教及民俗的影响比较明显。例如，印度文化存在种姓制度，这导致其社会体系呈现出等级森严、层次分明的特征，因而在与印度商人寒暄、攀谈时要特别注意跨文化问题。第三，印度商人善于在谈判中抢占有利位置。例如，印度商人会在讨价还价时"漫天要价"，为了获利甚至不惜与对手持续争论。同时，印度商人在履行合同时也常常"疏忽大意"，出现问题也很少主动承担责任，因而与其交易必须加强对合同的管理和对违约的预防。

巴基斯坦和孟加拉国商人多数信仰伊斯兰教，与其谈判应当注意尊重其社会风俗与文化禁忌，切勿因跨文化冲突而影响国际商务活动。同时，两国商人比较看重与合作伙伴的友谊关系，谈判双方只要达成互信，则随后的经贸业务一般都比较顺利。例如，中国同巴基斯坦和孟加拉国有着良好的外交关系，在"一带一路"倡议下，双边经贸往来取得了长足的进步。另外，南亚商人大多能够熟练使用英语，从而使他们在国际商务谈判中具有了"先天"的语言优势。

## 四、阿拉伯商人

### （一）阿拉伯国家概况

阿拉伯国家是指以阿拉伯人为主要民族的国家，这些国家的居民大多使用阿拉伯语、信仰伊斯兰教，文化与习俗十分相似。目前，阿拉伯国家共有 22 个，主要分布于西亚、北非等地区，总面积约 1 313 万平方千米，总人口约为 4 亿人。主要国家包括沙特阿拉伯、也门、阿曼、叙利亚、黎巴嫩、伊拉克、约旦、阿联酋、埃及、利比亚、阿尔及利亚等。阿拉伯国家常被称为"世界能源库"，石油资源十分丰富，这里的不少产油国都是石油输出国组织（OPEC）的成员国。目前，阿拉伯国家均属于发展中国家，工业化程度不高，经济结构相对单一。部分国家的经济长期依赖于出口石油与天然气，部分国家的经济则主要依靠旅游业与农牧业。

### （二）阿拉伯商人的谈判风格

第一，阿拉伯商人是一类热情好客、重视友情的客商。由于生活环境主要为沙漠与绿洲，阿拉伯人养成了外向开朗的民族性格，他们会珍惜与朋友的每一次相遇，并愿意拿出最好的食物来款待客人。加之阿拉伯商人普遍财大气粗、资金充足，这使得他们在涉外交往中更有着充分的自信与实力来招待合作伙伴。同时，阿拉伯商人也比较大方，不喜欢斤斤计较、讨价还价的"小气鬼"，他们在商务活动中的馈赠礼品一般都比较贵重。

第二，阿拉伯商人的时间观念不强，谈判效率没有保障。在生活中，阿拉伯人习惯于慢条斯理的生活节奏，喜欢悠闲舒适、无拘无束的氛围；在工作中，阿拉伯商人也同样不紧不慢、我行我素，从来不会被"急迫的工作"牵着鼻子走。例如，阿拉伯商人不仅会迟到、早退，还会随时中止谈判，他们善于踌躇不前地拖延谈判，而不善于当机立断地拍板决策。

第三，阿拉伯商人注重礼仪、言谈稳妥，不喜欢波折起伏的谈判类型。阿拉伯商人通常会按照自身民族和宗教的礼仪参与商务谈判，风格特色十分明显。例如，在谈判时，他们会穿着长衫、头巾等民族服装，饮食、住宿等遵守伊斯兰教习俗，沟通交流讲阿拉伯语。同时，阿拉伯商人不喜欢冲突和对抗较为激烈的谈判，他们更善于在谈判中绕过问题或搁置争议，从而以温和、委婉的方式来守住自身的利益。例如，阿拉伯商人很少在谈判中与对手争吵，得利时他们会客客气气，失利时他们又会择机再谈。

第四，阿拉伯商人倾向于借助中间商或代理人完成交易。在阿拉伯国家做生意，一般需要寻找一位当地"向导"。由于这类中间人更熟悉当地的人文环境与商业关系，从而对提高国际商务谈判的成功率很有帮助。如果遇到违约或纠纷，中间人还能起到很好的调解与斡旋作用。

第五，与阿拉伯商人谈判，要注意相关的文化与宗教因素。其一，阿拉伯商人大多信仰伊斯兰教，要注意相关的礼仪、审美、习俗与禁忌。例如，伊斯兰教是禁止饮酒的，因而不能在宴请阿拉伯商人时敬酒，也不能将酒水作为馈赠的礼物。另外，谈判的时间要尽量避开开斋节和古尔邦节，阿拉伯商人一般不会在节假日谈工作。其二，与阿拉伯商人谈判，要谨慎对待有关女性的话题。由于受到封建与宗教思想的影响，一些阿拉伯国家比较忌讳妇女公开露面。为此，谈判时要尽量避免安排女性谈判代表，闲谈时不要涉及妇女问题，寒暄时不要问候或打听阿拉伯商人的女眷。其三，谈判时要避开君主、国王等敏感话题。在阿拉伯国家中，尚有 7 个君主制国家，外方谈判人员切勿因为好奇而过多谈及王室，从而令谈判氛围陷入尴尬或不快。

## 第五节 大洋洲部分国家商人与非洲商人的谈判风格

### 一、大洋洲部分国家商人的谈判风格

#### （一）澳大利亚商人

1. 澳大利亚概况

澳大利亚联邦（The Commonwealth of Australia），简称"澳大利亚"，首都堪培拉。澳大利亚位于南太平洋和印度洋之间，包括澳洲大陆与塔斯马尼亚岛等，总面积769.2

万平方千米，国土面积位列世界第六。澳大利亚的气候主要为热带大陆性气候与温带海洋性气候。澳大利亚的人口约为2 617万人，人口密度约为3.39人/平方千米，是世界上人口密度最小的国家之一。官方语言为英语，货币为澳大利亚元（Australian Dollar），法律体系为英美法系，居民的主要宗教信仰为基督教和天主教。

澳大利亚是南半球经济最发达的国家，采矿业、农牧业、服务业及制造业均很发达，对外贸易也较为繁荣。2021年，澳大利亚的GDP约为1.54万亿美元，人均GDP约为6.04万美元。澳大利亚的主要城市和港口包括堪培拉、悉尼、墨尔本、达尔文、黑德兰港等，其中，悉尼是澳大利亚第一大城市，拥有发达的金融业、制造业和旅游业；墨尔本是澳大利亚的文化艺术中心；黑德兰港是澳大利亚重要的铁矿石输出港口。另外，澳大利亚的著名企业有西太平洋银行、必和必拓公司、西农集团等。

2. 澳大利亚商人的谈判风格

首先，澳大利亚商人颇有时间观念，竞争意识也很强烈。澳大利亚商人比较强调工作效率，大多是时间管理的能手。他们会在谈判中直奔主题，不喜欢长时间的寒暄和无休止的争论。为此，澳大利亚商人会赋予谈判团队较大的决策权，从而做好随时签约的准备。另外，澳大利亚商人还很忌讳在谈判中迟到、早退和缺席，他们的上下班时间也很准时，不喜欢加班谈判。

其次，澳大利亚商人待人友好，但爱憎分明。与欧美国家的商人类似，澳大利亚商人也十分注重热情随和的待客之礼，在谈判中也比较讲究传统西方礼仪。同时，澳大利亚商人也十分看重第一印象，若发现谈判对手着装随意、仪表邋遢或言语不敬，则会一改笑脸，转而冷淡处理。而由此产生的成见也很难改变。

再次，澳大利亚商人公私分明，不会把工作关系与私人关系混为一谈。对待来自客户的招待、宴请及馈赠，澳大利亚商人会处之泰若，并不会产生"吃人嘴软、拿人手短"的"愧疚感"。他们懂得友谊的重要性，但更懂得交易的严肃性。

最后，澳大利亚商人还会因文化多元而展现出差异化的谈判风格。澳大利亚是移民国家，除了原住民之外，90%都是欧洲人的后裔，其中的英国后裔、法国后裔等就各自延续了其传统习俗，与之谈判也应注意不同的禁忌与偏好。

### （二）新西兰商人

1. 新西兰概况

新西兰（New Zealand），首都惠灵顿。新西兰位于澳洲东南部，与澳大利亚隔海相望，由南北两个大岛和其他小岛组成，总面积约27万平方千米，属于温带海洋性气候。新西兰的总人口约为512.4万人，人口密度约为19.5人/平方千米。官方语言主要为英语和毛利语，货币为新西兰元（New Zealand dollar），法律体系为英美法系，居民的主要宗教信仰为基督教。

新西兰属于发达国家，国民经济以农牧业为主，羊毛、奶制品等的出口量位居世界前列。2021年，新西兰的GDP约为2 499亿美元，人均GDP约为4.88万美元。新西兰的主要城市有惠灵顿、奥克兰、基督城、达尼丁、哈密尔顿等。其中，奥克兰是新西兰第一大城市，也是南半球的主要海港之一，素有"风帆之都"的美誉；达尼丁是新西兰的重要国际货运港口，且盛产羊毛和奶制品等。

2. 新西兰商人的谈判风格

首先，新西兰商人具有独特的文化习俗。新西兰是一个位于南太平洋上的岛国，外来文化与本土文化交融，这使得岛上的人们既具有外向的探索精神，又具有内向的淳朴品性。例如，欧美后裔具有现代化的思维，普遍使用现代商务礼仪，如握手礼、着装礼等；毛利人民族的商人则习惯于传统社交礼仪，如碰鼻礼、舞蹈礼等。

其次，新西兰商人生活富足，对外谈判从容而自信。新西兰为英联邦成员国，农业经济繁荣，国民福利丰厚，这使得人们能够更加理性客观地看待商务工作，很少出现急功近利或紧张焦虑的情形。加之新西兰的对外贸易发达，商人们见多识广、经验丰富，因而也十分善于讨价还价。同时，新西兰商人责任心较强，也比较诚信，是值得信赖的商贸伙伴。

最后，新西兰商人热爱自然、注重环保。新西兰以农牧业为支柱产业，盛产谷物、羊毛、乳酪、牛奶、猕猴桃、葡萄酒等，自然环境十分优美。在商贸交往中，新西兰商人具有较强的环保意识，绝不会为了商业利益而牺牲健康与环境。

## 二、非洲商人的谈判风格

### （一）非洲概况

非洲（Africa），全称为阿非利加洲，位于亚洲以西，欧洲以南，西面是太平洋，东面是印度洋。非洲的陆地面积约 3 022 万平方千米，总人口约 12.86 亿人，面积与人口均在世界各洲中排名第二。非洲的气候以热带沙漠气候、热带草原气候及热带雨林气候为主。习惯上，非洲又可被划分为北非、东非、中非、西非及南非五个区域，共有国家和地区 60 个。北非的主要国家有埃及、苏丹、利比亚、突尼斯、阿尔及利亚及摩洛哥等；东非的主要国家有埃塞俄比亚、南苏丹、厄立特里亚、索马里、吉布提、肯尼亚、坦桑尼亚、乌干达及塞舌尔等；中非的主要国家有乍得、中非共和国、喀麦隆、刚果（布）、刚果（金）、赤道几内亚等；西非的主要国家有毛里塔尼亚、塞内加尔、冈比亚、几内亚、利比里亚、加纳、多哥、尼日利亚、尼日尔等；南非的主要国家有博茨瓦纳、纳米比亚、安哥拉、南非共和国、斯威士兰、莱索托、马达加斯加、莫桑比克、赞比亚、津巴布韦等。由于历史原因，在非洲使用的语言有阿拉伯语、英语、法语、葡萄牙语及本地语言等，各国所用货币也比较丰富，包括美元、欧元、西非法郎、中非法郎等。

非洲是世界上经济发展水平最低的大洲，发展中国家和经济落后国家众多，工农业基础十分薄弱。非洲的主要港口包括埃及的亚历山大港和苏伊士港、南非的德班港、尼日利亚的拉各斯港、肯尼亚的蒙巴萨港、坦桑尼亚的达累斯萨拉姆港等。非洲各国的情况因民族、历史、文化等差异而各有不同，因而需要在国际商务活动中慎重对待。

### （二）非洲商人的谈判风格

第一，非洲商人民淳俗厚，有礼节而少心机。由于非洲地域广袤，民族众多，各地的风土人情又各有特色，这使得大部分非洲商人在对外交往中十分看重礼节与待遇。同时，非洲商人会在待人接物时表现得热情和坦诚，他们的情感表达十分直接，可谓爱憎分明、毫不掩饰。因此，在与非洲商人谈判时，就不适合实施故布疑阵、空城计、心理暗示等策略，无论是接受还是拒绝，都最好直接表达。

第二，非洲商人参差不齐，签约履约要注意。来自不同国家或地区的非洲商人会在行事风格、业务素质、文化水平、社交能力等方面存在明显的差异。例如，来自北非、南非的商人一般较为精明能干，来自中非、西非的商人一般就比较憨厚单纯，而来自东非的商人情况则比较复杂。加之部分非洲国家社会动荡、经济落后，当地商人的法律意识淡薄，缺乏商业诚信，因而与之交易存在一定风险，付款或发货都应当慎之又慎。同时，在与非洲商人签订合同时，一定要认真核对合同条款和明确双方责任，从而保证合同能够得以履行、利益能够得到保障。

第三，非洲商人效率不高，时间观念比较弱。由于非洲商人的生活节奏普遍较慢，使得他们在工作中也是一副不慌不忙、拖拖拉拉的样子。例如，非洲商人对时间性要求不敏感，他们一般很难准时完成规定的工作，在谈判中迟到也十分常见。另外，能够从事国际商务活动的非洲商人大多为当地富商或部落酋长，社会身份与地位一般较高，他们在商务活动中一般比较自我，也不会十分守时。

第四，非洲商人自尊心强，文化禁忌比较多。由于历史原因，非洲商人在对外交往中十分在意他人的态度与评价，反感被"轻视"或"歧视"。为此，非洲商人十分看重国际友谊，更愿意同主张平等、友好、互利、双赢的商业伙伴合作。同时，非洲商人的忌讳也较多。例如，在阿尔及利亚，行握手礼必须用力，无力则被视为无礼；在尼日利亚，宴会不能将食物吃尽，吃得一干二净则不礼貌。为此，在与非洲商人洽谈时，一定要了解和尊重非洲当地的风俗与习惯，切勿态度傲慢或触犯禁忌。

第五，非洲商人实力有限，商贸活动难度大。从历史和现状来看，非洲国家在国际贸易中主要出口自然资源和工业原料，例如铜矿石、铁矿石、石油、棉花等，主要进口工业制成品，例如机械设备、交通工具、家用电器、服装等。一般而言，受限于资金实力、产业链位置等因素，非洲商人的合同金额参差不齐，往往是出口合同金额大，而进口合同金额小。另外，由于非洲的基础设施条件十分有限，与之开展国际贸易还要面临装卸、运输、物流、仓储等方面的诸多困难，常常是签约容易，履约难。为此，在与非洲商人谈判时，不能忽略对当地商人和环境条件的充分调查，并注意对诸如银行保函、国际保理、信用保险等保障措施的应用。

 **本章小结**

本章主要讲述了两个方面的内容。

第一，文化与跨文化谈判。文化一般是指人们所共同拥有的价值观念、行为方式及历史背景，且具有精神性、符号性、习得性、社会性及多样性特征。文化差异也被称为跨文化差异，是指世界上不同国家、地区及民族间的各种文化差别，而跨文化谈判就是在存在文化差异的关系或环境中进行的谈判。由于国际商务谈判常常会受到文化差异的影响，因而具有跨文化谈判的复杂性、敏感性和困难性等特点。

第二，世界各国文化与谈判风格。这部分内容分四节展开。首先介绍了美洲部分国家（地区）商人的谈判风格，主要介绍了美国商人、加拿大商人及拉丁美洲商人的文化背景与谈判风格。其次介绍了欧洲部分国家（地区）商人的谈判风格，主要介绍了英国商人、法国商人、德国商人、意大利商人、西班牙商人、葡萄牙商人、俄罗斯商人及北欧商人的文化背景与谈判风格。再次介绍了亚洲部分国家（地区）商人的谈判风格，主要介绍了日本商人、韩国商人、南亚商人、东南亚商人、阿拉伯商人的文化背景与谈判风格。最后介绍了大洋洲部分国家（地区）商人与非洲商人的谈判风格，主要介绍了澳大利亚商人、新西兰商人及非洲商人的文化背景与谈判风格。

总之，文化差异是影响国际商务谈判的重要因素，谈判人员应当了解世界各国的文化背景与谈判风格，掌握跨文化谈判的基本方法与沟通策略，并注意遵守风俗礼仪和回避文化禁忌。

 **作业与习题**

## 一、单项选择题

1. 以下（　　）不属于物质文化的范畴。
   - A. 建筑风格
   - B. 服装配饰
   - C. 价值观念
   - D. 生活器皿

2. （　　）是指在存在文化差异的关系或环境中进行的谈判。
   - A. 跨地域谈判
   - B. 跨文化谈判
   - C. 跨国界谈判
   - D. 跨行业谈判

3. 加拿大的首都是（　　）。
   - A. 多伦多
   - B. 渥太华
   - C. 温哥华
   - D. 蒙特利尔

4. 俄罗斯居民的主要宗教信仰为（　　）。
   - A. 基督教
   - B. 天主教
   - C. 伊斯兰教
   - D. 东正教

5. 日本商人喜欢使用"P-D-C-A"管理模式，其中的"P"是指（　　）。
   - A. 计划
   - B. 执行
   - C. 检查
   - D. 处理

## 二、多项选择题

1. 广义的文化是指人类在社会实践过程中所获得的一切物质与精神财富，包括（　　）及图腾符号等。
   - A. 族群的历史
   - B. 风土人情

C. 传统习俗      D. 生活方式

E. 宗教信仰      F. 艺术审美

G. 伦理道德      H. 法律理念

I. 价值观念

2. 以下（    ）属于制度文化的范畴。

     A. 法律法规      B. 道德伦理

     C. 行为规范      D. 人生哲学

     E. 交通工具

3. 美国的主要城市包括（    ）等。

     A. 纽约      B. 洛杉矶

     C. 旧金山      D. 芝加哥

     E. 休斯敦      F. 费城

     G. 波士顿      H. 底特律

     I. 匹兹堡

4. 属于拉丁美洲的国家有（    ）等。

     A. 墨西哥      B. 危地马拉

     C. 洪都拉斯      D. 美国

     E. 加拿大      F. 尼加拉瓜

     G. 哥斯达黎加      H. 巴拿马

     I. 古巴

5. 法国的著名企业或品牌包括（    ）。

     A. 标致      B. 雪铁龙

     C. 雷诺      D. 香奈儿

     E. 爱马仕      F. 路易威登

     G. 汇丰集团      H. 普华永道

     I. 联合利华

## 三、判断题

1. 对于个体而言，文化并不是与生俱来的先天属性，而是在后天的耳濡目染中逐渐习得的。           （    ）

2. 文化是孤立现象，并不是带有群体性特征的社会化现象。    （    ）

3. 东方文化凸显集体主义，社会结构呈现出关系网络特征。    （    ）

4. 英国、德国、法国和西班牙并称欧洲四大经济体。    （    ）

5. 美国是一个老牌资本主义国家，曾经的"日不落帝国"。    （    ）

## 四、简答与论述题

1. 请简述日本商人的谈判风格。

2. 请简述阿拉伯商人的谈判风格

3. 请简述非洲商人的谈判风格。

4. 请举例阐述东西方文化的差异。

5. 试论述跨文化谈判的含义与注意事项。

## 五、实训题

1. 收集 3~5 个跨文化沟通的案例，比较不同文化背景下的沟通特点。

2. 和学校里的外国留学生进行一次面对面的交流，体验彼此在思维与逻辑方面的差异。

3. 观看一部外国电影或阅读一本外国书籍，感受世界文化与各国风情。

参考答案

# 第八章

# 国际商务谈判礼仪

---

■ **学习目标**

知识目标：理解国际商务礼仪的概念、特点、功能及原则；了解世界主要节日及民俗；掌握国际商务形象礼仪的内容与规范；熟悉国际商务宴会礼仪的内涵与要求；懂得国际商务馈赠礼仪的要点与禁忌；具有宽泛的礼仪知识，知晓国际商务中的其他礼仪。

能力目标：能够以规范的仪容仪表礼仪、服装配饰礼仪及言谈举止礼仪参与国际商务谈判；能够参与安排国际商务宴会，对宴会的形式、席位、流程等较为熟悉；能够大方得体地完成国际商务馈赠活动；能够熟练应用诸如致意、握手、安排座次、陪同、迎送等其他礼仪。

素养目标：具备国际商务礼仪常识与素养，能够自觉遵守各项礼仪与规范；注重自身与企业的良好形象，能够在涉外经济管理活动中展现良好的才干与风采，努力为祖国争光。

---

■ **学习重点**

礼仪、商务礼仪、国际商务礼仪的概念；国际商务礼仪的特点；国际商务礼仪的原则；外国与中国传统节日；仪容仪表礼仪；服装配饰礼仪；宴会的安排；中餐与西餐的餐桌礼仪；送礼的注意事项；会议座次、合影位次、签约位次及乘车座次的安排。

### 涉外礼仪

在国际交往中，礼宾是一项很重要的工作，许多外事活动，往往是通过各种交际礼宾活动进行的。一般来说，各种交际活动，国际上都有一定惯例，但各国往往又根据本国的特点和风俗习惯，有自己独特的做法。我们在对外交往中除应发扬我国礼仪之邦的优良传统，注意礼貌、礼节之外，还应尊重各国、各民族的风俗习惯，了解它们不同的礼节、礼貌的做法，从而使我们在对外活动中做到不卑不亢、以礼相待。

在外事活动中，举止要落落大方、端庄稳重，表情要自然诚恳、和蔼可亲，不能不拘小节。站时，身体不要东歪西靠，不要斜靠在桌面或椅靠；坐时，姿势要端正，不要跷脚、摇腿，也不要显出懒散的样子，女同志不要支开双腿；走时，脚步要轻，如遇急事可加快脚步，但不要慌张奔跑；说话时，手势不要过多，也不要放声大笑或高声喊人。

在与外宾交谈时，表情要自然，态度要诚恳，用语要文明，表达要得体。别人在与他人个别交谈时，不要凑前旁听。若有事需与某人谈话，应待别人说完。交谈中若有急事而要离开时，应向对方打招呼，表示歉意。在与外宾交谈时，不要打听对方的年龄、履历、婚姻、薪金、衣饰价格等私人生活方面的情况。同外国人交谈，最好选择喜闻乐道的话题，诸如体育比赛、文艺演出、电影电视、风景名胜、旅游度假、烹饪小吃等方面的话题，大家都会感兴趣。这类话题使人轻松愉快，受到普遍欢迎。如果外国人主动谈起我们不熟悉的话题，我们应该洗耳恭听，认真请教，千万不要不懂装懂，更不要主动同外国人谈论自己一知半解的话题。

资料来源：2017 年 8 月 1 日的《延安日报》。

思考：

1. 除了举止礼仪和谈吐礼仪，还有哪些与国际商务谈判有关的涉外礼仪？
2. 礼仪在国际商务谈判过程中发挥了什么样的作用？

## 第一节　国际商务礼仪概述

### 一、国际商务礼仪的概念与特点

#### （一）国际商务礼仪的概念

#### 1. 礼仪

礼仪，即礼节与仪式，是人们在社会交往过程中，表达尊重、友好、信任、真诚、服从、理解、致意、慰问、庆贺及怀念等意思的一系列行为规范。在中文中，"礼"的原意为敬神，"仪"的本意为仪式、法度及规则。一般认为，最早的礼仪起源于原始社会的宗教祭祀活动，古人在表达对神明或祖先的信仰与崇拜时，逐渐形成了特殊的动作语言与固定的仪轨流程。在这之后的千百年中，礼仪又逐渐进入人们的生产生活，并最终成为减少利益纷争、协调人际关系、维护社会秩序、促进经济发展的重要手段。今天，礼仪可谓无处不在，大到隆重庆典、国际会议，小到迎来送往、待人接物，参与者都要按照时间、身份、目标和场合来规范自己的言行，从而使遵守礼仪成为参与社会生活的一项基本前提。

2. 商务礼仪

商务礼仪是指人们在经济管理与商业贸易等商务活动中，需要遵守的各项礼仪。由于商务活动围绕买卖或交易展开，因而具有明确的竞争性和盈利性特征。为了使交易双方能够顺利地从利益分歧走向利益共识，讲究一定的礼仪就显得十分必要。实践证明，商务礼仪不仅可以突出平等互利、诚实守信的基本原则，更能表达放眼长远、合作共赢的战略意图，因而是一种很好的"润滑剂"。同时，商务礼仪涉及商务活动的方方面面，又可进一步细分为服装礼仪、仪表礼仪、谈话礼仪、书信礼仪、会议礼仪、陪同礼仪、馈赠礼仪、宴会礼仪以及签约礼仪等。现代商务活动的参与者，必须了解和学习商务礼仪，严谨而得体的商务礼仪不仅是约定俗成的行为准则，更是树立企业良好社会形象、展现人员优质业务素养、促进交易得以顺利达成的重要途径。

3. 国际商务礼仪

国际商务礼仪是指在国际商务活动中，各方参与者需要共同遵守的礼仪规范。尽管世界各国因国别、制度、地域、民族、文化及宗教等差异而各有礼仪，但是在长期的国际交往过程中，还是渐渐形成了一套具有国际性、通用性和惯例性特征的"世界礼仪"。

一方面，国际商务礼仪是对外交往的必要环节。在涉外实践中，能否遵守礼仪考验着参与者的素养与能力，而凡是违背礼仪的言行往往都会造成严重的后果。例如，若商务人士着装随意、会谈座次安排有误、迎来送往怠慢宾客等，就会传递出不尊重、不礼貌的意思，从而影响交易或合作的效果。

另一方面，国际商务礼仪与世界文化密切相关。实际上，礼仪是文化的延伸，而遵守礼仪就是尊重文化。在国际商务实践中，遵守国际商务礼仪不能以自我为中心，在兼顾庄重、正式、得体、大方的同时，还要充分尊重对方的风俗与习惯。例如，西方文化以右为尊，而东方文化以左为尊，如何安排座次就需要一定的智慧与技巧。为此，商务人员应当采取换位思考的方式，保持求同存异、入乡随俗的开放心态，从而避免因跨文化差异而产生的礼仪误解或沟通障碍。

总之，国际商务谈判的参与者需要学习和应用各项国际礼仪规范与禁忌，从而能够自信、从容、得体地完成会面、磋商、签约、宴请、迎送及陪同等涉外交往活动。

### （二）国际商务礼仪的特点

#### 1. 规范性

国际商务礼仪是一种约定俗成的行为规范，具有相对固定的约束性要求。例如，形象礼仪对商务人员的仪表、仪容、服装、举止等提出了规范性要求；宴会礼仪对宴请活动的筹备、出席、用餐、敬酒等提出了程序性要求；谈判礼仪对会谈过程中的态度、语言、座次、仪式等也提出了约束性要求。当然，国际商务礼仪也并非一成不变，随着世界各国经济交往的日益频繁，礼仪的形式也会推陈出新、与时俱进。

#### 2. 传承性

国际商务礼仪的形成具有历史文化的传承性，是人们在长期的社会生活与道德实践中逐渐积累与提炼的宝贵精神财富。世界各国、各民族都有着自身的历史与特色，而礼仪就是其世代相传的民族品格与文化精髓。以中国为例，中华文化源远流长、灿烂辉煌，中华礼仪道德高尚、系统规范，中国也以"文明古国，礼仪之邦"而闻名世界。在涉外交往中，中国商人讲诚信、懂礼仪，待人彬彬有礼、遇事通情达理、讲话虚怀若谷、闻言洗耳恭听，可谓处处彰显着优秀的传统美德，因而在国际商务活动中很受外国客商的尊敬。

#### 3. 简便性

国际商务礼仪的应用十分广泛，具有简明易懂、简便易学的特点。一方面，礼仪要容易被人理解和接受。商务活动强调效率与效益，所有礼仪都应符合商业活动的快节奏特点，因而一切繁文缛节或陈规陋习都不应当被人为带入国际商务活动当中。另一方面，礼仪还要具有可操作性。商务礼仪强调实际效果而不拘泥于具体程式，相关礼仪应当满足易学易行、容易推广的基本要求，从而得到世界上大部分国家与地区的认可和应用。例如，相比于拥抱礼和亲吻礼，握手礼就是一种十分简便的见面礼节，亲切地握手既体现了彼此间友好的情谊，又避免了过分亲密所引起的尴尬。

#### 4. 对象性

国际商务礼仪通常会针对特定的对象，带有一定的目的性或对象性。例如，当受用礼仪的对象为贵宾、长者或女士时，很多礼仪都会倾向于首先向他们表示尊重和照顾。同时，国际商务礼仪也具有一定的指向性，会在施礼过程中形成一定的次序，从而突出对重点人物的关注与敬意。例如，在宴会礼仪中，座次就分为上座与下座、主座与次座；在陪同礼仪中，行进次序是主人在前、客人在后；在握手礼仪中，伸手的顺序是女士先伸手、男士后伸手等。可以说，礼仪会根据对象的身份、地位、性别及年龄等因素而有所区别，呈现出因人、因时、因事而异的灵活性。在实践中，商务人员还应结合外宾的个体情况适度调整礼仪。例如，宴会时要注意客人的口味与忌讳，会谈时要注意客人的风格与情绪，迎送时要注意客人的身份与面子，从而给人留下礼数周全、宾至如归的良好印象。

#### 5. 共同性

国际商务礼仪的共同性主要体现为原理相通、形式趋同。一方面，各种国际商务礼仪的基本出发点具有共同性，即都着眼于体现良好的道德修养、文明礼貌和友好交流。

例如，无论是拱手礼、握手礼还是鞠躬礼，其含义都是致敬。世界各国的人们对于商务礼仪所蕴含的情感与意义早已达成共识，无论礼仪的形式有何差异，其主旨都是要表达尊敬与重视，其目标都是要促进商务活动的顺利开展。另一方面，国际商务礼仪具有相对一致的通用形式，为各国商人所共同遵守。如今，相对标准化的国际商务礼仪已在世界各国得到推广，人们也在商贸活动中自觉形成学礼仪、遵礼仪的行为习惯，从而形成了一系列不成文的商业准则与礼仪惯例。例如，会议室的布置、各方人员的座次、签约仪式的准备等已形成规范的操作流程，各国商人的安排也大同小异。

6. 国际性

国际商务礼仪还具有很强的涉外性，是一类国际化、现代化和商业化的礼仪集合。国际商务礼仪虽然受到世界各国传统礼仪的影响，但是又不是对传统礼仪的简单照搬。国际化的商务礼仪是对传统礼仪的改造与发展，更能够适应现代商业活动的实际需要。例如，商务活动中的正装常常是西装，但是今天的西装早已不是传统意义上的西方服饰，而是经过不断设计改良的"国际服装"。另外，国际商务礼仪也强调对世界各国文化的欣赏与包容，要求商务人员能够熟练掌握各国礼仪的异同。可以说，无论面对来自哪里的外国客商，接待人员都应以恰当的礼仪赢得宾客的赞许。

## 二、国际商务礼仪的功能与原则

### （一）国际商务礼仪的功能

1. 彰显商业团队及个人的素质

在国际商务谈判中，礼仪的首要功能是展现团队及个人的良好形象与专业素养。对于大部分涉外谈判而言，双方人员来自不同国家或地区，初次会面的第一印象十分重要。通过一定的礼仪，谈判人员可以向对方展现良好的精神面貌与气质形象，而观察对方的仪容仪表、着装风格及言谈举止等，也能判断其准备情况与合作诚意。例如，在正式的国际商务会议中，各方人员都会严格遵守各项商务礼仪，尽力做到服装严谨、姿态端庄、言行谨慎、程序完备，从而体现出良好的团队风采与个人修养。另外，应用礼仪的水平也反映了商务人员的经验与能力。一般而言，越是讲礼仪的谈判对手越具有商业价值，与其合作的可行性、可靠度、成功率都比较高。反之，一个连礼仪都不遵守的团队，大概率是不值得信赖的。

2. 促进人际沟通和跨文化交流

国际商务礼仪是实现跨文化沟通的重要"桥梁"，尤其对于在陌生商人之间建立认识与信任十分必要。古人云，"人无礼则不生，事无礼则不成，国家无礼则不宁"。礼仪代表着自信与尊重，不仅能够促进信息交流和意见表达，更能够很好地拉近人与人之间的心理距离，从而在和风细雨、温文尔雅中化解沟通障碍与意见分歧。同时，国际商务礼仪深入涉外交往的方方面面，已成为人际交往的必备前提。而细节之处最能打动人，也最能得罪人。例如，在诸如会面、拜访、乘车、写信、交换联系方式等"小事情"中就有着不可违背的"大礼议"，只要是人与人的接触，礼仪就不能被忽略。有时候，一束鲜花、一句问候、一个姿态、一个微笑，都能给客人留下深刻的印象。如果能够通过礼仪给高度理性的商业交易增添一些非理性的情感与友谊，那么彼此间的客户关系也将更加稳定和持续。

### 3. 维护国家与企业的良好形象

国际商务礼仪还是一国公民道德素养、文明形象的具体体现。若礼仪不当，小则有损于企业与个人的形象，大则会伤害本国公民的整体国际形象，从而造成极为不利的严重后果。在国际商务谈判中，谈判人员应当时刻注意自身的礼仪，时时做到谨言慎行、进退有度。在维护企业层面，商务人员应当注意展现企业组织的品牌形象，将诚信经营、自力更生、开放包容、锐意进取等企业文化融入商务礼仪，从而让对手认识企业的理念、认可企业的产品、认定合作的关系。在维护国家层面，商务人员应当注意展现本国商人的优良形象，将平等互利、友好协商、依法办事、不卑不亢等外事原则体现在商务礼仪之中，从而彰显"礼仪之邦"的传统和提升国家的整体形象。总之，掌握国际商务礼仪，将有助于企业拓展国际市场、深化国际合作、扩大国际绩效，这也是一件贯穿"个人—组织—国家"三个层面的系统性工作。

### （二）国际商务礼仪的原则

#### 1. 平等尊重

平等和尊重是商务礼仪的核心思想。一方面，平等原则强调宾主双方的地位必须对等。在现代商务环境中，恃强凌弱、居高临下的不平等礼仪早已被废除，而现有礼仪大多具有明显的对等性。例如，一般在接受问候、馈赠、宴请及拜访等之后都需要还礼，一项完整的礼仪往往需要施礼方和受礼方共同配合完成。另一方面，尊重原则要求尊重对方和尊重自己。商务人员应当尊重对方的社会文化背景和商业经营作风，在风俗礼仪上不要斤斤计较、强人所难。对待自己，也应不卑不亢、自尊自爱，在礼节与态度上既不能盲目自负，也不能妄自菲薄。例如，当谈判双方的地位、实力相差悬殊时，弱势的一方与其低头折节地自取其辱，倒不如堂堂正正、坚持礼节。总之，商务人员在把握礼仪时，要彬彬有礼，而不能唯唯诺诺；要热情洋溢，而不能曲意逢迎；要温恭自虚，而不能崇洋媚外。

#### 2. 入乡随俗

常言道，"入国问禁，入乡问俗"。入乡随俗原则是国际商务礼仪中的一项灵活变通原则，要求商务人员能够尊重和适应不同外商差异化的文化习惯、节令风俗及礼教仪轨等。在实践中，入乡随俗也分为三个层次。第一，表面层次的入乡随俗是指对物质文化的接受。例如，欣赏和穿戴外国民族服饰、品尝和享用外国当地美食、欢度外国传统节日等。第二，中间层次的入乡随俗是指对制度文化的接受。例如，学习和遵守外国市场的交易习惯、认知与应对外国社会的层次结构、学习与探究外国传统礼仪的背景与源头等。第三，核心层次的入乡随俗是指对精神文化的接受。例如，在充分理解外国文化中的价值观念、道德伦理、人际关系等内涵后，再按照外国人的习惯与逻辑来开展工作，从而真正实现完全一致的文化礼仪。在国际商务谈判中，客方人员应当做到入境问俗、顺时随俗和客随主便，对于无伤大雅的特殊礼仪，大可不必过分计较。

### 3. 信守时约

诚实守信既是国际商务谈判的基本要求，也是商务礼仪的重要原则。信守时约又包括两项基本要求，即守时与守约。一方面，遵守礼仪要做到守时。商务人员应当具有较强的时间观念，在参加会谈、出席宴会、应邀拜访等活动时务必做到准时，既不能迟到、早退或缺席，也不能随意更改计划时间或过分提前达到。例如，一些欧洲商人在接待来宾时就比较忌讳客人早到，因为在他们看来，主人在没有完成准备工作之前就与客人会面是很不礼貌的。另一方面，遵守礼仪还要做到守约。这里的约，既可以指书面的合约、契约，也可以指口头的约定、承诺。商务人员应当注意言而有信、一诺千金，若不能兑现承诺，也不要信口开河、自食其言。例如，当谈判双方已经达成某项交易条件之后，一方就不得轻易反悔，言而无信、出尔反尔的人不仅没有礼貌，还会失去一切合作的机会。

### 4. 以右为尊

按照国际商务礼仪惯例，当需要排列各种位置或次序时，需要按照以右为尊的基本原则。所谓以右为尊，即以右为大、为上、为主、为尊，以左为小、为下、为次、为卑。于是，当主宾双方需要并排站立、行走或落座时，为表示对客人的尊重与友好，客人就应当在右侧，而主人退居左侧。例如，当主宾双方正式合影时，主人就应当自觉站在客人的左侧。除此之外，以右为尊原则的应用还十分广泛，在会议座次、乘车位置、宴会安排、展会布置、旗帜摆放、签约仪式等环节均有体现。值得注意的是，以右为尊虽是国际惯例，但在中国却有所不同。在中华传统礼仪中，向来是以左为尊，这正好与国际礼仪截然相反。于是，中国商人常常在礼仪上"内外有别"，即国际商务以右为尊，国内商务以左为尊。

### 5. 避讳隐私

在国际商务活动中，尊重彼此的隐私也是商务礼仪的基本原则。尤其是在国际商务谈判中，主宾双方难免会相互寒暄问候，在非正式场合也会有所攀谈与交流，因而尤其需要避讳敏感、尴尬、不便回答的隐私话题。例如，在人际交往中就存在"九不谈"的不成文规则，即不得主动谈及对方人员的年龄、婚恋、收入、存款、信仰、政见、住址、疾病及过往经历，以免因刺激对方情绪而影响商务工作。同时，对待己方团队人员的隐私话题也要采取保护与回避的态度，正所谓，"家丑不可外扬"。在涉外场合谈论私人话题，终归是不太恰当的。

## 三、世界主要节日民俗举例

礼仪与节日密切相关，谈判人员需要了解世界主要节日及相关民俗，从而更好地理解和掌握各项国际商务礼仪。

### （一）外国传统节日

1. 元旦节

元旦节（New Year's Day）为公历的 1 月 1 日，是世界上大多数国家都会过的"新年节"。在中文中，元的含义为"开始"，旦的意思是"日"，元旦即为"初始之日"，意味着一年当中的第一天。今天的元旦节已演变为"世界新年",很多国家都将其列入法定节假日,人们会在这一天的前后举行以辞旧迎新为主题的欢庆活动。例如,很多国际商务企业会在新年到来之际举办年会、酒会、联欢会,总结过去一年的成绩与体会,展望未来一年的目标与计划。人们在相见时,也会相互致以"新年快乐""Happy new year!"等吉祥用语。如果商务谈判恰逢元旦节,双方人员也可互道新年贺词、互赠节日贺卡或新年礼物。

2. 情人节

情人节(Valentine's Day)也被称为圣瓦伦丁节,为每年的 2 月 14 日,是西方国家兼具传统文化与浪漫色彩的节日。历史上的情人节虽然起源于宗教,但今天的情人节却已演变为以爱情为主题的大众化节日。如今,情人节是人们表达爱慕、表白爱情或回味爱恋的重要日子,且尤其受到各国青年的喜爱。在情人节这一天,无论是朋友、情侣还是夫妻,都会沉浸在浪漫温馨的节日氛围之中,人们会相互赠送鲜花、巧克力、贺卡及礼物等,并在约会中畅谈人生、共进晚餐。值得注意的是,情人节并非西方国家所独有,不少国家也有着自己的"情人节"。例如,中国的传统节日七夕节,就被视为"东方情人节"。

3. 愚人节

愚人节(April Fool's Day)也被称为幽默节,为每年的 4 月 1 日,是流行于欧美等西方国家的以开玩笑为主题的民间节日。历史上的 4 月 1 日曾经是基督教旧历的新年,当新年改为元旦时,使用新历的人就常常在这一天捉弄还在使用旧历的人,因而产生了愚人节。按照习俗,在愚人节撒谎是不需要承担责任的,但是任何玩笑都应当在中午 12 点后结束,且玩笑的分寸必须合适。如今,人们可以在愚人节这一天互相逗乐、嘲弄和开玩笑,大家也在善意的哄骗中寻找着久违的童真与欢乐。在国际商务活动中,需要注意排除来自愚人节的干扰,对于来自这一天的假消息更应当保持一笑了之的娱乐心态,切勿因"上当受骗"而失了礼节与气度。

4. 复活节

复活节(Easter Day)为每年的春分月圆后的第一个星期天,是基督教纪念耶稣死后第三天复活的节日。由于每年的春分并不固定,因而每年的复活节日期也有所不同,但一般位于 3 月下旬至 4 月下旬之间。复活节是西方国家重要的宗教节日,并蕴含着重获新生、带来希望、走向繁荣等美好含义。另外,彩蛋和兔子是复活节的象征,认为彩蛋预示着新的生命,兔子代表着不断地繁殖。在节日期间,人们会按照传统习俗将煮熟的鸡蛋涂成红色,并购买以兔子为主题的商品。如今,复活节也已演变为一个充满欢乐与童趣的现代节日,人们会在这个假期放松心情、享受春天,各种巧克力或糖果类彩蛋更会让孩子们欢乐无比。

5. 万圣节

万圣节前夜(Halloween)与万圣节(All Saints' Day)为每年的 10 月 31 日和 11 月 1 日,是流行于英国、美国、加拿大、澳大利亚、新西兰等西方国家的传统节日。历史上的万圣节起源于宗教祭祀活动,并含有赞美秋天、驱除鬼怪、祈求平安的寓意。今天的万圣节则已经演变为充满欢乐与趣味的综合性节日，并被认为是西方国家最受欢迎的节日之一。例如，在万圣节期间，孩子们会穿戴各种稀奇古怪的服装与面具，提着南瓜灯，到邻居家去索要糖果或礼物；成年人则会举行和参加一系列聚会交流活动；一些城市还会举行盛大的万圣节巡游活动，节日氛围十分浓厚。当商务谈判遇到万圣节时，需要注意外国商人善意的"恶作剧"，且不要对外国"鬼怪文化"大惊小怪。

### 6. 感恩节

感恩节（Thanksgiving Day）为每年 11 月的第四个星期四，是起源于美国、并流行于美国、加拿大等国的西方传统节日。回顾感恩节的历史，可以追溯至 1620 年的"五月花"号船和船上的英国清教徒，而在 1621 年 11 月下旬的星期四，清教徒为了感谢印第安人的帮助，与他们共同度过了第一个欢乐祥和的感恩节。今天，人们会在感恩节期间阖家欢聚，主要习俗包括共进晚宴、唱歌跳舞、相约郊游、集中购物等。例如，人们会在感恩节期间食用火鸡，并把火鸡视为感恩节的象征。另外，感恩节的第二天常常被称为"黑色星期五"，因为美国人会在这一天疯狂采购各类商品，从而拉开本年度的最后一轮节庆消费——"圣诞节"。

### 7. 圣诞节

圣诞节（Christmas）为每年的 12 月 25 日，是基督教纪念耶稣诞生的重要节日。圣诞节前夜，也被称为平安夜，即每年的 12 月 24 日，这一天也被视为整个圣诞节的重要组成。历史上的圣诞节起源于公元 336 年的罗马教会，而今天的圣诞节则已超越了传统宗教节日的范畴，成了流行于西方各国及日本、韩国等其他国家的常见节日，诸如圣诞树、圣诞老人、圣诞礼物、圣诞贺卡等"圣诞文化元素"也已传入世界各国。每逢圣诞节，家家户户都会提前做好节日布置，街头巷尾也随处播放着"Merry Christmas"等传统歌曲。在平安夜，孩子们还会在床头挂上"圣诞袜子"，期待着能在第二天收到来自圣诞老人的心仪礼物。当国际商务谈判临近圣诞节时，应当特别注意外商人员的休假安排和回程时间，为避免假期的干扰，双方也应当尽量在节日之前达成共识。

### 8. 狂欢节

狂欢节（Dionysia）一般为每年的 2 月至 3 月，是盛行于欧美地区的一项综合性传统节日。早期的狂欢节与宗教有关，但现在的狂欢节已演变为由各类庆祝活动组成的欢乐盛会。世界上不少国家都有着自己的狂欢节，其中又以巴西狂欢节、西班牙狂欢节、意大利狂欢节等最为出名。例如，巴西里约热内卢狂欢节是世界上规模最大的狂欢节，每年吸引的外国游客数超过 10 万人。人们会在狂欢节期间穿着华丽的服装、登上缤纷的花车、燃放炫目的烟火，载歌载舞地巡游联欢，充分表达着对生活的热爱、对幸福的向往和对未来的期待。对于国际商务活动而言，则应当尽量避开在狂欢节期间开展严肃而紧张的谈判，此时的外商也许正沉浸在娱乐与消遣活动当中，根本无心开展商务工作。

### 9. 其他节日

除了以上外国节日之外，世界上还有很多其他具有民族、地域特色的传统节日，都需要谈判人员在国际商务活动中留心与注意。例如，在伊斯兰国家和地区，当地的传统节日就包括开斋节、古尔邦节、圣纪节等。另外，各国还有相应的国庆日、纪念日、主题日等，相应的时间、风俗及忌讳等都需要谈判人员提前进行有针对性的查询与了解。

### （二）中国传统节日

#### 1. 春节

春节（Spring Festival）是中国农历新年的第一天，即正月初一，节日的前一天为除夕。春节也被称为"年节""新春""过年""新禧"等，相应的民俗活动会从农历的腊月一直持续到正月十五以后，十分热闹精彩。春节是中国人及海外华人华侨最重要、最隆重、最具文化特色的传统佳节，人们会在节日期间阖家团聚、祭祀祈福、张灯结彩、燃放爆竹、辞旧迎新、共贺新春，并在吉祥喜庆、欢乐祥和的氛围中共同度过。春节期间的传统活动包括拜年、年夜饭、守岁、贴春联、逛庙会等，传统饮食包括春卷、年糕、饺子、汤圆等。如今，随着中国文化的广泛传播，世界上有不少国家也过春节，除了新加坡、马来西亚、印度尼西亚、菲律宾、日本、泰国、韩国及越南等亚洲国家外，春节在美国、加拿大、巴拿马、巴西等欧美国家也受到欢迎。

#### 2. 元宵节

元宵节（Lantern Festival）也被称为上元节、小正月、花灯节等，为每年农历正月十五。元宵节是农历年当中的第一个月圆之夜，又紧随春节之后，因而很受人们的重视，是一个欢乐喜庆氛围十分浓厚的中华传统佳节。元宵节的民俗活动包括赏花灯、猜灯谜、耍龙灯、舞狮子、踩高跷、闹元宵等，饮食文化以汤圆、元宵为代表。如今，不仅海内外华人十分喜爱元宵节，在韩国、日本、越南等国家也有过元宵的传统习俗。

#### 3. 清明节

清明节（Qing-Ming Festival）又被称为踏青节、祭祖节、三月节等，为每年公历4月5日前后。清明节既是自然节气，又有人文内涵，与春节、端午节和中秋节并称中华四大传统节日。人们会在清明节前后组织踏春郊游、祭祖扫墓，各项民俗活动体现着中华民族崇尚自然、缅怀祖先的传统思想。值得注意的是，清明节的前一天是寒食节，中国人会在这一天禁烟火、吃冷食，代表着千百年来人们对忠义之士的敬重。另外，除了中国人之外，在马来西亚、越南、韩国、新加坡等国家的海外华人也保留了过清明节或寒食节的传统。

#### 4. 端午节

端午节（Dragon Boat Festival）也称端阳节、龙舟节，为每年农历的五月初五。"端午"的字面意思为"正中"，取"仲夏午月午日，飞龙在天"之意。后来逐渐演变为纪念屈原、伍子胥等历史人物的民俗节日。端午节的民俗活动可谓丰富多彩，包括赛龙舟、祭神明、挂艾草与菖蒲、佩香囊、喝雄黄酒等，而制作和食用粽子的习俗也很受人们欢迎。除了中国之外，端午节也在国外很受推崇，不仅在韩国、日本、越南、新加坡等国家有着端午习俗，甚至连美国、英国、德国等也开始流行端午赛龙舟、包粽子等活动。

#### 5. 中秋节

中秋节（Mid-Autumn Festival）又被称为月亮节，为每年农历的八月十五日。中秋节是中国人最为重要的传统佳节之一，人们以月圆为契机，寄托着思念故乡、阖家团圆、盼望丰收、追求幸福的美好愿望。中秋节的主要民俗活动包括赏月、赏花、观灯、观潮、食蟹、聚会等，而月饼则是中秋节的特色节令食品之一，深受人们的喜爱。另外，诸如韩国、日本、越南、马来西亚、新加坡、泰国、菲律宾等国家也有过中秋节的传统习俗。

### 6. 重阳节

重阳节（Double Ninth Festival）又被称为登高节、敬老节，为每年农历九月初九日，取"九九"两阳相重之意。重阳节具有丰富的历史文化内涵，包含着中华民族千百年来敬畏天地、祈求丰收、尊老爱老的传统思想。重阳节的主要民俗活动包括登山秋游、孝敬老人、观赏菊花、吃重阳糕等。如今，在日本、韩国等国家还保留着一些重阳节的习俗，而世界上的其他国家大多也有着与重阳类似的敬老节日。

### 7. 其他节日

中华文化源远流长、博大精深，传统节日也十分丰富，诸如七夕节、冬至节、中元节、腊八节、小年节、泼水节、火把节等不胜枚举。在国际商务活动中，中方人员一定要充分了解本国的传统节日与风俗，并将其作为吸引外商、促进交流、加强合作的亮点与特色。

## 第二节　国际商务形象礼仪

国际商务形象礼仪由三部分组成，分别是仪容仪表礼仪、服装配饰礼仪以及言谈举止礼仪。形象礼仪是参与国际商务谈判的最基本礼仪，谈判人员务必要做到仪表端庄大方、服饰优雅得体、言行规范恰当。

### 一、仪容仪表礼仪

仪容礼仪是国际商务形象礼仪的首要内容，并具体表现在一个人的面容、微笑、头发及手部等方面。

#### （一）面容

面容是形象礼仪的核心内容，在商务谈判中发挥着至关重要的沟通作用。面容能够展现一个人的精神面貌、形象气质与工作状态，能够反映个人、企业及国家的整体形象，对于推动国际商务谈判的合作与成交亦具有重要意义。虽然人们常常强调"以貌取人不可取"，但人的容貌又是具有"首因效应"的第一印象，因而掌握相应的面容礼仪就显得十分必要。做好国际商务面容礼仪一般包括三项要点。

首先，谈判人员的面部应当保持清洁。人的面部暴露在外，常常因风吹日晒而沾染污渍，加之又有汗水、眼屎等分泌物，因而很容易受到污染。例如，眼角、脸颊、鼻孔、耳朵等处最容易藏污纳垢，从而给人留下不讲卫生、不讲礼仪的不良印象。为此，谈判人员应当注意随时清洁面部污垢，并做到勤于洗脸、善于洗脸。例如，商务人员在清晨、午后、用餐后、运动后、外出后，应当用热水洗脸一次。

其次，谈判人员的面部可以适当美化。妆容最能体现人的审美与品位，做好日常面部护理或美容也十分必要。对于男士而言，应当注意打理自己的胡须、控制面部的油脂、消除毛囊的炎症等；对于女士而言，则应当选择适合自己的化妆品与护肤品，化淡妆参加商务活动。例如，女士的粉底、眉毛、眼线、口红及香水等应当给人清新、自然、淡雅之感，男士的眼镜应当符合商务风格，一般不宜戴墨镜或有色眼镜参加商务谈判。

再次，谈判人员的牙齿应当洁净，谈吐无异味。对话与交谈是谈判活动的主要形式，特别是当人与人近距离谈话时，口腔的整洁就显得十分重要。为此，谈判人员要注意自己的口腔卫生，要做到勤刷牙、常漱口。同时，不要在谈判前食用影响口腔气味的食物或饮料，也不宜在谈判期间吸烟和饮酒。

最后，谈判人员的面部礼仪十分重要，而在涉外交往中，蓬头垢面、不修边幅的人总是不受欢迎的。

### （二）微笑

微笑是人际沟通中的一种最常用、最简单、最有效的表达方式。微笑也是跨文化沟通的一种国际礼仪，能够表达尊重、愉快、欢乐、满足、信任、认同、肯定、理解及感谢等各种正向积极的态度与情感。特别是在陌生人之间，微笑更是拉近距离、消除怀疑、化解尴尬的重要方式，常常被视为"国际通用语言"。

国际商务中的微笑礼仪一般包含四项基本标准，分别是表情、眼神、姿态及语气。首先，微笑时的面部表情应当亲切自然、和蔼友善。自然的微笑动作为嘴角微翘、双颊肌肉上抬，口中可以默念中文中的"一"字。按照中国传统礼仪，微笑应当笑不露齿，但是按照国际通行礼仪，微笑又可以露出牙齿，但一般只能露出 6~8 颗牙齿，切不可捧腹大笑。其次，微笑时的眼神应当自信坦然、真诚柔和。俗话说，眼睛是心灵的窗户。一个人的眼神最能反映其内心的真实想法。因此，人在微笑时，双眼应当正视前方，饱含真情实意，切忌东张西望、左顾右盼。按照礼仪规范，微笑时的目光应该聚焦于对方的双眼中下方位置，这样既可以避免四目相对的尴尬，也可以保持目不转睛的尊重。第三，微笑时的姿态应当彬彬有礼、温文尔雅。微笑的表情需要和恭敬的姿态相配合，即站姿、坐姿、手势等应当端庄得体。微笑也是各种肢体语言的"点睛之笔"，如果少了微笑，哪怕是简单的握手、敬礼、陪同等动作，都会显得严肃、尴尬、没有氛围。最后，微笑时的语气应当平缓细腻、恭敬诚恳。说话的音量不宜过大，吐词要清晰、语速要适中、语调要平和。一般不要笑出声音，也不能在说话的中途突然发笑，每一次微笑都应当恰到好处。

当然，微笑也有一些注意事项。第一，微笑的风格和效果会因人而异。例如，亚洲人的微笑含蓄而矜持，欧洲人的微笑直爽而幽默，美洲人的微笑自信而外向，非洲人的微笑淳朴而坦诚。每一名国际商务活动的参与者都应当学会最适合自己的微笑方式。第二，要避免假装微笑或刻意微笑。发自内心的微笑更容易引起对方的共鸣，而假意的微笑却会引起对手的怀疑和反感。不难理解，生硬而勉强的微笑不但不能增进彼此的信任，反而会给人留下一种嘲笑、冷笑、苦笑、讥笑的不良感觉，从而使谈判的氛围更加尴尬和紧张。第三，要注意微笑的时间、场合、对象和频率。如何把握最佳微笑的"度"，是谈判人员应当思考的重要问题。例如，在严肃紧张、对抗激烈的谈判氛围下，微笑就应当克制和慎重，过于频繁的微笑反而会使对方误以为我方软弱，进而步步紧逼我方的立场与原则。总之，微笑应当收放自如、不卑不亢。

### （三）头发

头发既是形象礼仪中的重要组成，也是国际商务交流中最为显著的一项个人特征。尽管世界各国的商务人士会因为地域、民族、文化、个人审美等因素的差异而拥有不同的发质、发色、发型及发饰，但国际商务礼仪对个人头发的基本要求还是健康、干净、整洁与得体，即头发必须与国际商务谈判的主题与氛围相适应。从另一个角度讲，谈判人员的头发也能向谈判对手传递出无声的信息，尤其是当双方人员初次见面时，头发能够体现出自身的业务素养、审美情趣、身份等级、性格习惯及工作态度等。做好国际商务头发礼仪一般需要注意四个方面的工作。

首先，要注意保持头发的清洁。由于人的头发会分泌油脂、吸收水分、吸附灰尘、沾染污垢，因而谈判人员应当时刻注意保持头发的干净整洁。女士要注意打理自己的长发，男士最好能够每日洗头。

其次，要注意加强对头发的保养与护理。研究表明，正常人大约拥有 10 万根头发，且每日的脱发量在 50 根左右。为此，人们应当保持健康规律的生活作息，注意日常饮食、加强体育锻炼、保持良好心态、克服不良生活习惯，从而避免过早出现头发变色、变白、变质、脱落等影响个人形象的情况。

再次，要注意选择恰当的发型与发饰。人的发型要与脸型、头型、体型、五官、年龄、服装及职位等相称。以女性发型为例，宽额者适合刘海，圆脸者适合长发，年长者适合盘发。就总体而言，在职场中，长发显得端庄、温柔，短发显得敬业、果敢，直发显得天真、活泼，卷发显得成熟、稳重，不同的发型有着不同的效果，只要大方得体就不违背礼仪。另外，发饰的选择要力求简单精致，一般略有点缀即可，切勿一味追求奢华与繁多。

最后，要注意头部整体形象的规范。除了不梳理标新立异的"奇特"发型之外，谈判人员还要注意保持头发的正常颜色。以亚洲商人为例，就不宜在商务活动中将头发染成黄色、红色、紫色、绿色、白色等除黑色以外的颜色，这样的发色很可能会破坏严肃认真的谈判氛围。

### （四）手部

手是人际交往中与人接触最为频繁的部位，同样担负着展现商务礼仪的重要作用。例如，在握手、招手、挥手、摆手、拱手、拍手及传递物品等过程中，手部的动作与情形亦能传递出一定的信息。正如俗话说，"看人先看手"。通过观察一个人的手部，就可以了解其生活习惯、文化信仰、个性风格及审美偏好等。做好国际商务手部礼仪一般需要注意四个方面的工作。

首先，谈判人员的手部应当保持清洁。例如，在同外商进行握手时，干净的手部能够体现尊重与友好，而粘满污渍的手部只会使双方都很尴尬。

其次，谈判人员的指甲应当整洁。例如，对于男士而言，指甲应当修剪整齐、不留污垢，一般不要留长指甲；对于女士而言，指甲的长度与颜色应当庄重得体，一般不染过分鲜艳的指甲。

再次，谈判人员的手部动作应当收敛。例如，除了必要的握手、挥手等商务动作外，不应当在谈判期间做出拨弄手指、揉捏虎口、摩拳擦掌、抓耳挠腮、指指点点等"小动作"，这样容易给人留下不自信、不耐烦、不礼貌的印象。

最后，谈判人员的手部装饰应当简洁。例如，对于女士而言，戒指、手镯、手链等饰品不宜佩戴得过多，稍加点缀为宜；对于男士而言，可以佩戴商务风格的手表，但不要佩戴珠串、腕带、绳索等装饰品。需要注意的是，不同的首饰往往蕴含着不同的意义，谈判人员切勿因胡乱佩戴而触犯了文化禁忌。例如，戴在不同手指的戒指就代表着不同的含义，而一些奇特的手链往往也代表着某种宗教含义，不能随意佩戴和胡乱理解。

## 二、服装配饰礼仪

服装配饰礼仪是国际商务形象礼仪的第二重要内容，也是国际商务人士展现形象气质的最直观表现。在国际商务活动中，谈判人员需要遵循一系列国际通行的着装原则，一般而言，男士应当穿着规范的西装，女士应当穿着职业套装。

### （一）规范着装的原则

在国际商务中，相应人员应当遵守国际通行的"TPO"着装原则。所谓"TPO"原则，是指国际商务着装应当符合"时间（Time）""地点（Place）"和"对象（Object）"三项基本内容的具体要求，即要尽量做到服装与特定的商务场合相适应。

第一，着装应当符合时间要求。在一年中的不同季节、一天中的不同时刻，着装应当根据温度、湿度、天气等的变化而有所调整。例如，在热带地区，在谈判中穿着厚实的西装就不合时宜。

第二，着装应当符合地点要求。这里的地点泛指谈判的各种场景，既包括了会议、宴请、谈判、庆典等正式场合，也包括参观、考察、拜访、联谊等非正式场合。例如，在参加主方人员以私人名义举办的茶会、酒会、体育活动时，客方人员的着装就应当轻松、自然、有生活气息，若再穿着严谨的西装反而会显得与活动氛围格格不入。

第三，着装应当符合对象要求。谈判人员应当明确"和谁谈"与"谈什么"两个问题，并根据谈判的对象和目标来制定着装策略。例如，当面对亲切友好、长期合作的国外老客户时，着装可以在不失礼节的前提下稍显轻松、活泼；当面对初次接触、缺乏信任的国外新客户时，着装则应当在规范严谨的前提下，尽量显得庄重、大方。再比如，对于合作双赢类商务谈判，着装可以适当轻松、简便，而对于索赔理赔类商务谈判，着装则应当严肃、郑重。

### （二）男士正装礼仪

国际商务活动中的男士正装一般为西装，穿着西装需要符合一定的礼仪，并注意一系列容易出错的细节问题。

第一，合理选择西装的样式。西装一般分为正式西装和休闲西装两类，前者适合于在正式的国际商务场合中穿着，后者则适合于在非正式的国际交流场合中穿着，切勿不分场合地随意穿着。正式西装的样式一般为套装，包括上衣、裤子及马甲等，一般为两件套或三件套。正式西装的造型一般包括欧式、英式、美式及日式等，欧式西装潇洒大气、英式西装严谨讲究、美式西装宽松舒适、日式西装合身精致。而休闲西装则不受传统礼仪的约束，一般样式较为随意，搭配也比较灵活。谈判人员需要根据自身的身高、体重、形象、气质等，选择最适合自己的西装样式。

第二，注意穿着西装时的细节。其一，注意拆除商标。按照制作惯例，新的西装会在袖口、领边等处缝制明显的商标。由于穿着带有商标的西装既不礼貌，也不专业，因而必须在拆除商标之后才能穿着西装。其二，注意西装的颜色和图案。在正式的商务活动中，应当选择黑灰色、深蓝色、藏蓝色等深色系面料的西装，且不宜穿着带有条纹、格子、刺绣或其他图案的西装。习惯上，西装的颜色越深，谈判人员的地位、职务、年龄等也越高。例如，年轻人更喜欢穿着浅蓝色或白色西服，显得青春、活泼、有干劲。其三，注意西装的尺寸。商务人士的西装最好能够按照自身的尺寸定做，服装的整体效果要笔挺合身，既不能过于宽松，也不能过于贴身。其四，注意西装上衣的纽扣。西装上衣的纽扣分为单排扣和双排扣两种。单排扣西装又包括两粒扣、三粒扣等样式。按照约定俗成的习惯，单排扣西装的上衣纽扣"系上不系下"，即只需系上第一颗或前两颗纽扣，不能系上最后一颗纽扣。双排扣西装则一般要求系上全部纽扣。其五，注意西装的口袋。西装的口袋一般带有装饰作用，通常不能装载太多杂物。按照习惯，上衣胸前口袋可放装饰手巾，上衣内侧口袋可放钱夹、名片，而上衣外侧口袋、西裤外侧口袋要尽量少放物品，西裤后侧口袋一般不要放任何物品。其六，注意西装的平整。为了体现整洁与美观，西装的面料要熨烫平整，也不应在商务活动中将西装的袖子、裤腿卷起。

第三，精心挑选西装的配饰。其一，正确使用领带。穿着西装一般需要搭配领带或领结，领带的面料以羊毛或丝绸为宜。领带的颜色需根据会谈的主题与氛围进行选择，亮色与花色显得轻松愉快，暗色与素色显得严肃紧张。掌握领带的多种结法亦是商务人士的必备技能。其二，合理搭配衬衫。搭配西装的衬衫必须为正装衬衫。衬衫的颜色应以白色、浅蓝色、浅灰色等素色为主，不宜穿着带有条纹、格子等图案的花衬衫。衬衫的纽扣必须全部系上，只有当不系领带或领结时，可以将衬衫领口的纽扣解开。衬衫的领口与袖口一般要长于外套 1~2 厘米，袖口要系上纽扣，下摆要收入裤腰。切忌搭配短袖衬衫。其三，巧妙搭配腰带。除了带有背带的西裤外，一般的西裤都必须配有腰带。腰带以皮带为主，颜色、图案及皮带扣等不能过于花哨，要尽量与全身的着装相匹配。其四，注意搭配鞋袜。西装一定要搭配正装皮鞋，一般应选择系带款式、深色系颜色。袜子也应选择灰色、深蓝色等颜色，切忌穿黑色皮鞋配白色袜子。其五，正确选择公文包。与西装搭配的公文包应当为皮质的长方形单肩背包或手提包，颜色应当与皮鞋、皮带的颜色保持一致。不宜搭配双肩书包、腰包等其他形式的背包。

**（三）女士套裙礼仪**

国际商务活动中的女士正装一般为西装套裙，穿着西装套裙也需要注意一定的礼仪与细节。

一方面，西装套裙的穿着应当规范得体。第一，套裙的长短要合适、大小要合身。套裙的上装至少应当齐腰，袖子应当盖过手腕；裙子应当盖过膝盖，但不能到达脚踝。上装和裙子应当大小适度，兼顾庄重与优美。第二，套裙的穿着要严谨规范。上装的领口、袖口、衣袋、纽扣等应当整齐、端正、洁净，一般不能披着外套、敞开胸膛及挽起袖口。裙子的穿着更要端正、整洁，并注意就座与行进时的举止礼仪。

另一方面，西装套裙的搭配要注意端庄大方。第一，要注意衬衫的搭配。女士衬衫的选取应注意面料柔软、材质舒适，颜色以单色、素色为宜。穿着衬衫时，下摆需放入裙腰，纽扣也应全部系上。第二，要注意鞋袜的搭配。鞋子一般以高跟或半高跟皮鞋为主，颜色以棕色、黑色、灰色等为宜。正式场合不能穿凉鞋或拖鞋。袜子的颜色应当与套裙和鞋子相匹配，不能过于鲜艳或突兀。第三，要注意配饰的搭配。适当点缀珠宝首饰可以提升女性的气质与仪表，但配饰的数量、大小、样式、色泽及质量等应当与人员的整体着装效果、角色职位及会谈氛围等相适应。在与外国客商进行谈判时，还要特别注意在对方的文化习俗中佩戴首饰的禁忌与含义。第四，要注意化妆与香水的搭配。商务妆容以淡妆为宜，比较忌讳浓妆艳抹等过分修饰的行为。另外，在商务谈判过程中补妆也是一种不礼貌的行为。选择香水应当慎重，要尽量选用认可度较高的品牌和香型。香水的用量也要适度，过量则会引起他人的不适，尤其在参加宴会、酒会等商务活动时，香水的味道不能影响他人的嗅觉与味觉。

## 三、言谈举止礼仪

人的形象不仅包括静态的仪表和服装，还包括动态的言谈举止。习惯上，人们往往重视对自己外在形象的修饰与打扮，而不注意对自己内在言行的约束与规范，因而言谈举止礼仪也是国际商务形象礼仪中最容易被忽视的重要内容。

### （一）谈吐礼仪

在国际商务谈判中，谈判人员需要"听、说、问、答、论、辨、默"，每一个环节都需要注重一定的谈吐礼仪。

第一，在"听"时，要注意耐心倾听。要允许对方陈述和表达，切勿贸然打断对方讲话或随意插话、接话。

第二，在"说"时，要注意清晰和自信。说话时的语速应当平稳适中，音调应当根据内容动态调节，讲话的思路和逻辑应当清晰。切勿因内心紧张而吞吞吐吐、言之无物。

第三，在"问"时，要注意兼顾技巧与礼节。提问应当抓住重点，不问与谈判无关或不该问的无效问题。提问的态度应当谦虚诚恳，即使是"明知故问""以问代答"，也要注意不伤害对方的颜面。

第四，在"答"时，要注意兼顾真诚与策略。无论回答是否完整和彻底，态度一定要诚恳、语言一定要自然，切勿给人留下有所隐瞒或欺骗的不良感受。

第五，在"论"和"辨"时，要注意有理有据。面对谈判中的争议或冲突，谈判人员应当注重以事实为依据、以规则为惯例，坚持对事不对人的基本原则，不能以音量或姿态强势压倒对方。

第六，要学会"沉默"。俗话说，"言多必失"。沉默本身就是一种无声的语言，既能够表明态度，又能够保持礼仪，还是一种巧妙的拒绝方式。

另外，在谈判过程中，如何选择寒暄的话题、如何避免谈及各方隐私、如何缓解尴尬或安静的氛围等，都需要谈判人员掌握一定的技巧与礼节，从而展现出良好的个人修养与高超的谈话艺术。

### （二）举止礼仪

第一，站立姿态。俗话说，"站如松、坐如钟、行如风、卧如弓"。古人早就对我们的姿态礼仪进行了规范。在国际商务活动中，正确的站姿为：双脚平行，分开幅度不超过肩宽；双手自然下垂放于身体两侧，肩部保持平衡；腰背挺直，脖颈直立，自然地挺胸收腹和略收下颚；精神饱满，面带微笑，目光注视前方。如果站立时间稍长，可做"稍息"动作，双脚交替休息。男士站立时不宜将手插入裤兜，女士站立时可以将双手相握于身前。另外，站立时忌讳弯腰驼背、摇晃身体及东张西望，频繁地看手表或手机也很不礼貌。

第二，落座姿态。俗话说，"站有站相，坐有坐相"。在商务谈判中，坐也是一种沟通与礼仪。落座前，要注意观察座次与座位的安排，切勿随意落座；入座时，要礼让尊长、女士、宾客等先入座，自己入座时要遵守"左进左出"原则，动作要轻巧、安静；入座后，身体应当保持端正，后背不宜立即倚靠椅背，双手放于膝盖或之上，双腿自然放平，不跷"二郎腿"。如果落座的时间较长，起身休息应当礼貌地告知他人并保持安静，忌讳在座位上仰面休息、左右晃动或用手敲打桌面等行为，也不要长时间地低头看手机或闭目养神。

第三，行走姿态。在迎送、陪同等商务活动中，走路的姿态亦能反映人的气度与修养。男士在行进时，应当昂首挺胸、跨步摆臂，步幅与速度要适中。女士在行进时，应当平视前方、轻摆手臂，受套裙和鞋跟的限制，步幅应当小而不乱。另外，走路时要注意保持安静，不东张西望，不大声喧哗，不长时间接听电话，若遇到谈判对手，则应当点头致意。如果与客人同行，应当根据对方的年龄、性别及姿态等主动调节行走的速度。

第四，下蹲姿态。在拿取低处物品、集体合影、与落座者临时沟通时，就需要商务人员保持下蹲姿态。正确的蹲姿为：双腿前后弯曲下蹲，腰背保持直立，目光平视前方，双手自然下垂或握于膝盖。常用的下蹲姿态包括高低式和交叉式两种，切忌使用"厕所蹲"姿态，这既不美观，也不礼貌。下蹲时要注意保持身体的平衡，注意与他人保持一定的距离，且不要突然下蹲或起身。

第五，其他姿态。其一，在国际商务谈判中，要注意约束自己的各种"小动作"。例如，谈话时不要手舞足蹈、不停比划；倾听时不要挤眉弄眼、抓耳挠腮。要克服诸如转笔杆、玩手指、揪头发等不雅观、不自觉的小动作。其二，为避免文化冲突，要慎用各种手势。例如，"OK"手势、跷大拇指手势、挥手的动作、"V"形手势、"敬礼"手势、拱手姿态等，就很可能在不同国家有着截然相反的含义。其三，为了体现必要的尊重，要保持正确的人际空间距离。恰当的社交距离一般为1米左右，关系越亲密，这一距离也越小。谈判人员应当合理确定与对方人员的距离，充分体现必要的礼节与足够的信赖。

总之，形象礼仪的要点是要做到形象美，而"美"的含义又包括自然美、修饰美和心灵美三个方面。国际商务谈判人员应当在一言一行中自觉维护自身及团队的良好形象，并逐渐将相对简单的外在美，提升为更为深刻的内在美，从而能够更加自信和自如地参与国际商务谈判。

## 第三节　国际商务交往礼仪

### 一、国际商务宴会礼仪

商务宴会是促进国际商务谈判与交流的重要形式，学会组织宴会、参与宴会及掌握宴会礼仪亦是商务人员的必修课程之一。

#### （一）宴会的形式

**1. 宴会**

宴会是指主宾双方在特定场合、按照一定规格和礼仪进行的正餐聚会。宴会一般只在国际商务谈判的关键环节举办，礼仪较为隆重。例如，谈判开始前的"接风洗尘"宴会、谈判签约后的"庆祝总结"宴会等。一方面，按照举办的场合不同，可将宴会分为正式宴会和非正式宴会两种类型。正式宴会一般在宴会厅举行，对宴会的座次、流程、菜品、着装等有着严格的要求，是所有宴会形式中规格最高、规模最大、礼仪最为隆重的一种。非正式宴会的举办场所较为灵活，常见的有便宴和家宴两种形式。非正式宴会的气氛相对轻松，环境相对惬意，主宾双方可以亲切、自然、随意地沟通交流，十分适合人数不多、关系信赖的商务伙伴。另一方面，按照举办的时间不同，宴会又可分为午宴与晚宴两种类型。午宴为午间正餐，公务特征较强，席间谈话的重点较为突出商务活动中的利益；晚宴为晚间正餐，社交特征突出，席间谈话的重点则更加强调商务活动中的情感。

**2. 招待会**

招待会是一种不准备正餐，只准备糕点、瓜果、酒水等简单食品和饮料的宴会形式。招待会一般适合参加人数较多、往来时间不定、服装与流程要求不高的接待型餐会，相对比较灵活。常用的招待会形式包括自助餐和酒会两种形式。一方面，自助餐也可以是冷餐会，饮食以冷食为主，并摆放在公共取餐台上。自助餐的场地不限、时间不限、座位不限，主宾双方自由取食、自由交谈，整体氛围轻松随意。另一方面，酒会也被称为鸡尾酒会，一般以酒水为主，略备少量茶点。酒会主要适合于在重要会议、仪式或庆典之前举办，是一种社交氛围浓厚的聚会形式。

### 3. 茶话会

茶话会也被称为茶会，是一种形式简单、内容灵活、沟通方便的聚会形式。茶话会的时间要避开正餐时间，一般在下午或傍晚举行。主办方一般会准备茶水、咖啡、点心、地方小吃等，主宾双方也可以一边品茶，一边摆谈，谈话氛围亲切而融洽。习惯上，欧洲商人与亚洲商人比较喜爱茶会，又以中式茶会、英式茶会、日式茶会最具特色。为此，国际商务人员应当了解不同国家的茶文化，懂得一定的品茗常识，从而避免出现尴尬的情形。例如，茶的类型就包括了绿茶、红茶、白茶、黄茶、黑茶及乌龙茶等，切勿混为一谈。另外，在谈判或会议过程中，还可以安排茶歇活动。所谓茶歇，即是一种简单的茶会间歇。商务人员可以在茶歇期间补充能量与水分，从而获得短暂的休息与交流。

### 4. 工作餐

工作餐是一种在吃饭过程中继续工作的餐会形式。工作餐具有形式简单、节奏快捷、礼仪简明的特征，常常应用在谈判进程最为紧张、谈判博弈最为激烈的那几天当中。工作餐多为午餐，多为简餐、便餐、快餐、冷餐等，且以分餐制、"AA"制为主。参加工作餐应当遵从客随主便、务实高效的基本原则，客方人员不宜对菜品、环境、礼节等过分挑剔。同时，双方人员都应当以餐会为契机，对内小结会谈成果，对外沟通会谈争议，即要在就餐过程中积极展开非正式交流，从而为尽快达成共识创造有利条件。

### （二）宴会的安排

#### 1. 宴会的时间

宴会的日期和时间需主宾双方协商确定。在日期方面，一般应当避开休息日、重大节日、较为繁忙的工作日等；在时间方面，晚宴通常要比午宴时间更加充裕、氛围更加轻松、交流更加深入。另外，按照不同国家的习俗与禁忌，宴会的日期与时间还应考虑特定的数字。例如，对于欧美商人而言，宴会就不宜安排在每月的 13 日和每周的星期五；对于亚洲商人而言，带有 6 或 8 的日期就比较受欢迎。对于较为正式的宴会，主方应当向客方提前发出邀请，以便双方都有充分的时间来准备接待和赴宴，切忌宴会当天才发出邀请。

#### 2. 宴会的席位

按照国际商务礼仪，正式宴会需要提前安排主宾双方的席位与座次。

一方面，要做好桌次的安排。当宴会人数超过 2 桌时，需要区分主桌与次桌。主桌只有 1 桌，应当安排职位、等级最高的人员；次桌的数量不限，一般按照职位、等级的高低依次安排其他人员。在布置宴会厅时，按照国际惯例，主桌居中、居前，次桌以主桌为参照，由近及远地依次排列。例如，离主桌越近，相关人员的重要性越高。概括而言，餐桌布局的基本原则为以远为尊（远离大门）、以中为尊、以右为尊、观景为宜、面门为宜、背墙为宜。

另一方面，要做好座次的安排。餐桌的形制一般分为圆桌和方桌两种，圆桌人员围坐一圈，方桌人员相对而坐。按照国际惯例，座次的安排应当遵循以右为尊、女士优先、主客相间、由近及远（距离贵客的位置）的基本原则。具体而言，圆桌的座次通常可以这样安排：如果主方有两位重要人员，第一主人坐在面向大门的正中位置，第二主人与第一主人相对而坐，即坐在背对大门的正中位置。第一客人与第二客人分别坐在第一主人的右侧与左侧，第三客人与第四客人分别坐在第二主人的右侧与左侧，以此类推（见图8-1）。如果主方只有一位重要人员，则主人还是坐在面向大门的正中位置，客人按照级别高低先右后左地依次就座于主人的两侧（见图8-2）。主方的翻译、秘书等其他陪同人员可以按照位次顺序坐于客人之后的剩余座位。方桌的座次一般可以这样安排：如果主方有两位重要人员，第一主人坐在面向大门的正中位置，第二主人与第一主人相对而坐。第一客人坐于第一主人的右侧，第二客人坐于第二主人的右侧，第三客人坐于第一主人的左侧，第四客人坐于第二主人的左侧，以此类推（见图8-3）。如果主方只有一位重要人员，则第一主人与第一客人相对而坐，其余客人依次坐在第一主人的右侧、第一客人的右侧、第一主人的左侧及第一客人的左侧，以此类推（见图8-4）。值得注意的是，如果遇到特别尊贵的客人，为了体现充分的礼仪，也可请客人坐于第一主人的位置，第一主人位居其右。

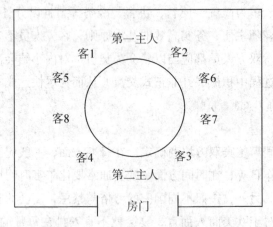

图8-1　两位主人时的圆桌宴席座次

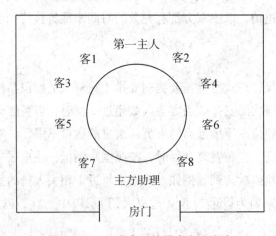

图8-2　一位主人时的圆桌宴席座次

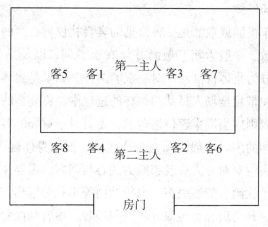

图 8-3　两位主人时的方桌宴席座次

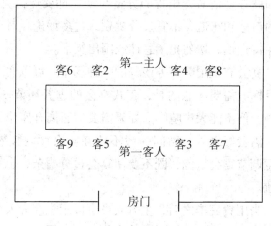

图 8-4　一位主人时的方桌宴席座次

3. 宴会的流程

第一，宴前准备。首先，正式宴会需要准备请帖或请柬。请帖的内容需要载明宴会的邀请方与被邀请方的机构名称或人员姓名，以及举办宴会的时间、地点及主题等信息。纸质请帖需送至被邀请方人员手中，电子请帖或电话邀请需得到被邀请方人员的确认。为方便宴会的组织与协调，还可请宾客以"回执"形式反馈是否出席宴会、出席宴会的人数以及其他特殊要求等信息。其次，要做好宴会菜单的准备。国际商务宴请需要结合宾客的国别、民族、宗教、文化、习俗及年龄等选择合适的菜品与酒水。例如，安排中餐要慎重选择辛辣、麻辣等刺激性口味，宾客中若有老人、妇女或儿童，还应单独准备清淡、柔软、温和的饮食。对于信仰伊斯兰教的外宾，应当安排清真宴席。最后，要做好宴会的迎宾布置、座次安排、主持人、发言人、安保及后勤等其他事项的准备。对于宴会期间可能出现的突发情况，也应提前做好预案准备。

第二，宴会致辞。当主宾双方陆续进入宴会厅之后，服务人员需引导各方人员入座，待宴会正式开始时，主宾双方应当进行宴会致辞。主方人员的致辞应当以欢迎为主题，发言要热情、亲切、轻松、高兴；客方人员的致辞应当以感谢为主题，讲话要友好、诚挚、随和、愉快。双方致辞都应当简短而流畅，既不要长篇累牍地"念稿子"，也不要毫无准备地临场发挥。

第三，宴会祝酒。祝酒或敬酒是一种常见的宴会礼仪，祝酒的目的是向对方表达祝福、欢迎、感谢和致敬，一般为相互敬酒并伴有祝酒词，以及举杯、碰杯和干杯等环节。祝酒的形式可以分为集体祝酒和一对一祝酒两种。如果是集体祝酒，祝酒人应当高举酒杯、发出号召，在带领全场人员共同举杯的过程中，将宴会的氛围推向高潮；如果是一对一祝酒，祝酒人则应当逐桌逐位地敬酒，尤其对于重要的客人，更应当单独敬酒和面对面交流。祝酒词的内容一般为预祝合作成功、祝愿身体健康、祝贺生意兴隆等，也可基于私人关系，表达对对方人员及家庭的关心与问候。需要注意的是，祝酒是一种礼节，要避免出现过量饮酒、醉酒失态、强行劝酒等不礼貌情形。

第四，正式开席。开席后，宾主双方将共同进餐。中餐与西餐都有着相应的用餐次序和礼仪特色，相关人员应当了解不同国家或地区的餐饮习俗与礼仪禁忌，做到礼貌出席、文明用餐。在参加商务宴请时，用餐的分量与动作都要保持克制，切勿狼吞虎咽、暴饮暴食。对于饭菜的口感和味道，不宜过分挑剔或过多评论。对于不清楚食材、味道或吃法的食物，更要保持谨慎，切勿犯了忌讳或闹出笑话。

第五，席间交流。宴会亦是国际商务谈判的一种场景，可以实现信息沟通、问题磋商、情感联系等多种目标。需要注意的是，正式宴会的进餐环节一般还是比较安静的，主宾双方可以低声交谈，但不能大声喧哗。如果需要短暂离开座位，也应当有所示意并安静离席。除自助餐、酒会等之外，席间一般不要在宴会厅内频繁和随意地走动。同时，主方人员还要注意调节宴会氛围，既不要使宴会过分嘈杂，也不要让双方陷入埋头用餐、毫无交流地尴尬。

第六，欢送离席。当用餐完毕之后，主方人员可以示意客方人员宴会完毕，双方人员准备离席。主方人员还应主动送别客方人员，对于重要的客人还要一一握手、友好话别。这时，客方人员应当再次表达感谢，并就回请宴会提出口头的意向性邀请。

（三）餐桌礼仪

1. 中餐餐桌礼仪

中餐为中式餐饮，是以中国传统烹饪技艺与菜品为代表的一整套餐饮体系。就菜系而言，中餐包括川菜、粤菜、鲁菜、淮扬菜、湘菜、闽菜及客家菜等多个系列，内容与内涵十分丰富。就餐具而言，中餐会用到杯、盘、碗、碟、筷、匙六种。在正式宴会中，个人餐具的摆放方式为下盘上碗，水杯在左，酒杯在右，筷子与汤匙放在专用的底座上。在中式餐具中，筷子是最具特色的餐具，这一科学、简单、灵活、巧妙的工具充分体现了中华文化的博大精深。需要注意的是，使用筷子也有一些禁忌，包括不能用筷子敲打碗碟；递送筷子要双手交接，不能投掷；不能将筷子插在碗中，或横竖交叉放置；不能挥舞筷子，或用筷子指指点点；不能公筷私用等。就上菜顺序而言，中餐一般是先上凉菜，后上热菜，最后上汤菜与果盘。取用食物应当适量，美酒佳肴适可而止。

总之，中餐以其丰富的菜肴、独特的技艺、美味的口感和深厚的文化特色深受世界各国人们的喜爱，因而是中国商人招待国际伙伴的主要餐饮形式。

## 2. 西餐餐桌礼仪

西餐为西式餐饮，是以欧美传统餐饮为代表的一系列饮食范式。相比于中餐而言，西餐是一个综合概念，并非某种单一的菜系。广义的西餐可以包括各种外国餐饮，除了传统的法式、英式、意式、美式及俄式西餐之外，还可以包括墨西哥菜、地中海菜、东南亚菜、阿拉伯菜、日本菜等，可谓风格多样、特各有色。例如，法式西餐以"法国大餐"闻名于世，具有用料广泛、加工精细、口味丰富的特点，特色食材有蜗牛、鹅肝、生蚝等；意大利西餐则以面食为代表，知名菜品有意大利面、通心粉、比萨饼等；俄式西餐口味浓厚，较为偏爱熏肉与烤肉，代表菜肴有罗宋汤、鱼子酱、小餐包、烤肉串等。在酒水方面，西餐的酒水通常分为餐前酒、佐餐酒和餐后酒三类。餐前酒常用香槟酒、佐餐酒常用葡萄酒、餐后酒常用白兰地，亦有"白酒配白肉，红酒配红肉"的习俗。在餐具方面，除了碗、盘、杯之外，西餐的主要餐具是刀、叉、勺子。使用刀叉应当符合一定的礼仪。用餐时，左手持叉，右手持刀，先以叉子固定食物，再以小刀切割食物，最后用叉子将食物送入口中。暂停进食时，刀叉的摆放应当呈"八"字形，刀刃向内、叉尖向上。注意不要挥舞刀叉、不要碰撞刀叉、不要用刀取用食物。另外，还要注意西餐巾的使用礼仪，应当将西餐巾放在腿上，而不能围于脖颈或塞入领口。

总之，正式的西餐具有严格的礼仪与规范，国际商务人员不仅要了解西餐、学会西餐，更应当认识和理解西餐礼仪背后的餐饮文化、民族特征及谈判风格。

## 二、国际商务馈赠礼仪

### （一）送礼的礼仪

#### 1. 礼品的选择

商务馈赠礼品不同于日常生活中的一般礼品，需要符合一定的原则和满足一定的要求。

第一，选择商务礼品应当首先考虑其商务功能。例如，企业的宣传画册、广告型日历、产品模型、文化服饰等。这些礼品具有宣传性、纪念性、便携性和实用性特征，能够很好地将企业文化融入商业交往之中。

第二，选择商务礼品应当考虑对方的需求与偏好。例如，如果外方人员对中华文化很感兴趣，就可以准备瓷器、丝绸、刺绣等传统工艺品；如果外方人员对电子产品较为热衷，则可以准备电子手表、无线耳机、蓝牙音箱、U盘等数码产品。这些礼品能够"投其所好"地赢得好感与信任，令外方人员倍感我方人员的真心诚意与细致周到。

第三，选择商务礼品应当考虑本次商务活动的规格或目标。礼品的档次应当符合会谈者的身份。例如，对于十分重要的商务谈判，或者针对职位较高的团队及人员，就应当准备相对精致和有价值的礼品。这类礼品的选择能够充分体现尊敬与重视，并直接彰显馈赠礼仪的质量与分量。

#### 2. 送礼的时机

赠送礼品一定要注意把握特定的时机。

第一，可以选择传统节日作为馈赠的时机。无论是国内还是国外，每逢佳节，人们常常相互馈赠节令性礼物。例如，中秋节的月饼、端午节的粽子。遵照传统习俗和节日期间的馈赠，一般寓意吉祥，也更容易被接受。

第二，可以选择商务活动的关键节点作为馈赠的时机。适时的馈赠可以缓和氛围、改善关系和促进合作。例如，谈判双方初次见面时、对方人员远道而来时、谈判成功即将签约时、会谈结束即将分别时，都可以作为互赠礼品的时机。这些时刻的馈赠往往让人印象深刻、久久难忘。

第三，可以结合对方企业及人员的重要事件选择馈赠时机。相比于礼节性的一般馈赠，有针对性的馈赠往往更能产生积极的效果。例如，恰逢对方企业的纪念日、活动日、周年庆典、厂房或大楼的落成典礼之时，以及对方人员的晋升、康复、乔迁、生日等时间。这时馈赠，能够表达喜悦、祝贺之情，十分有利于沟通情感与维护信任。另外，当相互拜访时，客人应当在见面之初就送上礼品，主人应当在客人离开前回赠礼品，切勿空手上门或忽略回礼。

3. 送礼的场合

馈赠礼品需要区分不同的场合。

一方面，公务或商务性质的交往活动，需在正式场合完成馈赠礼仪。国际商务谈判的主体大多是企业、公司等法人组织，馈赠的礼品对公不对私，因而具有明显的礼节性和象征性。常见的正式场合就包括会议室、会客厅、办公室、主席台及宴会厅等。在这类场所互赠礼品，还能产生公开宣传、扩大影响、展现风采的良好效果。

另一方面，私人之间的交往活动，需在非正式场合完成馈赠礼仪。国际商务谈判毕竟是人与人之间的沟通和交流，建立和维护人际关系亦不可避免，而馈赠礼品就常常成为人际交往中的"润滑剂"。常见的非正式场合就包括私人居所、下榻酒店、私人宴会、朋友或家庭聚会等。在这类场所互赠礼品，更容易增进友谊与信任，亦是客户关系管理的常用方法。

值得注意的是，商务人员一定要坚持原则、公私分明，切勿将两种场合混淆。例如，既不要在正式场合向某位对方人员单独赠送礼物，也不要在非正式场合因收礼而谈及工作上的秘密。

4. 送礼的注意事项

第一，赠送礼品应当保持正确的态度。商务馈赠是一种礼节性活动，赠送方人员应当保持亲切友好、不卑不亢的态度，自然而大方地将礼品送出。谈判人员需明白，送礼不等同于"求人办事""委曲求全"或"妥协退让"，而是一种积极的沟通姿态与有效的谈判策略。

第二，赠送礼品应当配合一定的语言。赠送方人员在送上礼品的同时，还要配合一定的礼节性语言，从而表达礼遇与敬意。例如，"略备薄礼、不成敬意""礼轻情意重""请您笑纳"等。同时，赠送方人员还要简要说明馈赠礼品的缘由，以便令对方不产生怀疑和欣然接受礼品。

第三，赠送礼品应当真心诚意、有备而来。相互馈赠礼品是商务交往的惯例，相关人员应当在谈判或会晤前做好礼品的调研、采购、包装及携带等准备工作。切忌到了谈判期间才询问对方是否需要礼品或需要什么样的礼品。这类"问客杀鸡"式的虚伪客套做法很不礼貌。

第四，赠送礼品应当注意不要违反禁忌。按照国际惯例，有三类物品不能作为礼品。其一，违法的物品不能作为礼品。馈赠礼品必须符合国际国内的各项法律法规，商务人员应当熟悉禁止交易、禁止流通、禁止出口的各类物品，不得将其作为礼品。例如，不能选择文物古董、枪支弹药、毒品与特定药品等作为礼品。其二，触犯文化禁忌的物品不可作为礼品。国际商务往来涉及跨文化沟通与交流，需要规避文化与习俗方面的各种禁忌。例如，针对欧美、日韩客商，礼物的数量或号码要避开 3、13、14 等；针对亚洲客商，不宜赠送刀剑、钟表、手帕、鞋帽及雨伞等有特殊寓意的物品。另外，礼物还应体现对特定民族或宗教的尊重，不可"好心办了坏事"。其三，涉及个人禁忌的物品不宜作为礼品。选择礼品一定要结合对方人员的个人喜好与禁忌，既要投其所好，也要避其厌恶。例如，不能向不吸烟者赠送香烟，不能向素食者赠送肉食。

第五，赠送礼品的价值要恰当。如果礼品的价值太高，容易给对方以压力，使其难以接受；如果礼品的价值太低，又会适得其反，让对方产生被轻视、被怠慢的感觉。为此，礼品的价值应当合适，要符合双方人员的身份与商务活动的实际需要。俗话说，"千里送鹅毛，礼轻情意重"。实际上，商务馈赠的重点在于礼仪而不在礼品，因而不能片面地将礼品价值的高低作为衡量礼仪分量大小的标准。另外，还应注意礼品本身与包装的价值，如果礼品很普通，但包装很华丽，反而会给人留下华而不实、形式大于内容的不良印象，好似"买椟还珠""舍本逐末"一般。

总之，国际商务活动中的相互馈赠与庸俗营销中的"请客送礼"有着本质区别，二者不可混为一谈。

### （二）收礼的礼仪

#### 1. 收礼要有原则

在国际商务谈判中，作为收礼方的人员应当懂得收礼的礼仪，并按照一定的原则来配合对方完成礼品的交接。

第一，接受馈赠应当心安理得。面对对方的赠礼，接收方人员应当欣然接受，并主动起身前往交接礼品。既不要带有虚情假意地过分推辞，也不要诚惶诚恐般不知所措。

第二，接受馈赠应当礼貌感谢。表达感谢是对赠送者的基本尊重。如果当面接受礼品，则需要当面感谢；如果是邮寄礼品，则需要电话感谢或书信致谢。

第三，接受馈赠应当秉节持重。当对方送上礼品时，收礼方人员应当保持沉稳与克制，无论礼品如何，言行举止都要大方得体。既不能因好奇礼物而跃跃欲试、手舞足蹈，也不能因轻视礼物而消极怠慢、言语不恭。

#### 2. 拒礼要有礼貌

在诸如谈判终止、合作取消或个人因素等一些特殊情况下，需要拒收礼品。拒礼也应注意一定的礼貌与礼节。

首先，涉及原则问题时，拒收的意思应当直言不讳。尤其是对于违反国家政策、企业规定及外事纪律的赠礼，一定要坚决拒收。例如，当对方赠送贵重珠宝、外汇钞票等不恰当的礼品时，应当断然拒绝和明确说明，若收取则涉及行贿受贿，属于违法犯罪。

其次，不涉及原则问题时，拒收的意思应当委婉地表达。商务人员需要坚持对事不对人、对公不对私的原则，有礼貌、有分寸、有技巧地拒收礼品。例如，当对方赠送烟酒等礼品时，可以婉言告知对方自己不吸烟、不饮酒。

最后，要及时退还礼品。如果是当面送礼，则可以当面拒收和退回礼品；如果是邮寄送礼，则需在告知对方的同时，将礼品原路寄回。需要注意的是，为了不让拒礼行为产生"不满意""不喜欢""不好用"等误解，就要求退还的礼物不可拆封、不可使用、不可折现，一定要原状退回。

3. 还礼不可遗忘

按照中国传统礼仪，"来而无往非礼也"。中国人一般讲究礼尚往来，对待回礼或还礼十分重视。为此，在国际商务活动中，收礼方需择机向送礼方回礼，以便表达真诚的感谢与充分的尊重。回礼也有一些注意事项，比如回赠的礼品不能与赠礼重复或雷同；回礼的时间需要与赠礼的时间适当间隔；回礼的价值不能与赠礼相差太大等。总之，谈判双方在赠礼与回礼的过程中，逐渐增进了彼此间的情感与信任，这也将有利于最终的合作与签约。

### 三、国际商务其他礼仪

#### （一）致意礼仪

致意是指通过一定的行为或动作，向他人表达尊敬、问候、友好之意。致意的主要方式包括点头礼、注目礼、鞠躬礼、挥手礼、起立礼及脱帽礼等。

第一，点头礼即点头致意，见面打招呼时，彼此面带微笑、相互点头即可。点头礼多用于简化的、短时间的、偶然的、距离较远的或匆忙的会面场景中。例如，当双方人员在会议室外的走廊中相遇时，彼此擦肩而过，略表致意。

第二，注目礼即双目注视对方，目光紧随对方移动。注目礼多用在商务交往的迎送环节，以此表达高度的关注与殷切的期望。例如，当欢送谈判伙伴离场时，全体人员可以一边鼓掌、一边起身行注目礼。

第三，鞠躬礼即以鞠躬表达敬意的礼仪。鞠躬礼多用于庄严、肃穆、大型、隆重的商务场合，也是最为恭敬的致意礼仪。例如，在大型集会致辞前后，可向主席台上下的人群行鞠躬礼。另外，来自东亚国家的商人常用鞠躬礼，待其鞠躬后，应当欠身回礼，以表尊敬。

第四，挥手礼也被称为举手礼、抬手礼，双方既可以挥动右手，也可以将右手举到眉梢，以此遥表致意。挥手礼多用于与距离较远的人打招呼，或者是在迎送环节表达敬意。例如，当乘坐交通工具准备离开时，可以挥手礼向送行人员表达感谢。

第五，起立礼是以起身动作来表达致意的礼仪。起立礼多用于室内的欢迎与欢送环节，以由坐到立的行动来表达充分的尊重。例如，当领导、长者或其他重要人物进入会议室时，已经坐下的人员就应当起立致意，继续落座显然是很不礼貌的。

第六，脱帽礼是指脱下帽子的致意礼仪。例如，当参加升旗仪式时，就应当行脱帽礼。

另外，多种致意礼仪也可以综合使用，例如，起身礼、脱帽礼、注目礼等就可以是一套连续动作。除了以上常用的致意礼仪外，还有拥抱礼、合十礼、亲吻礼、吻手礼等其他礼仪。这些礼仪存在于特定的国家或地区，在与相关外商进行接触时，亦需要商务人员了解、学习和尊重。

### （二）握手礼仪

握手礼是商务活动中最常用的一种见面礼仪。回顾历史，握手的行为起源于原始社会时期。那时，当两个陌生人相遇时，为了表达善意就必须放下手中的物品，相互伸出手掌以证明没有武器。这种习惯就逐渐演变成了今天的握手礼。今天的握手礼不仅被用来打招呼与致意，还蕴含着信赖、友好、恭贺、祝福、感谢、理解、慰问、期许等多重含义，适用于各种不同的会面场合。

关于握手礼，也有一些注意事项。第一，要注意握手的正确方式。握手一定要用右手，这是国际上约定俗成的惯例。尤其在南亚、东南亚等地区，左手被视为不洁的，用左手握手将很不礼貌。第二，要注意握手的持续时间。一般以 1 至 5 秒为宜，而长时间握手只适用于私交甚好、关系融洽的朋友之间。第三，要注意握手时的其他动作。按照习惯，左手不要触碰对方的肩膀，右手不要揉捏对方，目光应当注视对方，表情应当自然微笑，语言可以简单寒暄。第四，要注意伸手的先后顺序。一般为主人、长辈、领导、女士等先主动伸手，客人、晚辈、下属、男士等后相迎握手。反之不仅显得不礼貌，还可能因遭到拒绝而陷入尴尬。第五，要注意握手给对方带来的感受。包括不要戴着手套握手、不要交叉手臂与多人握手、不要带着污渍或水渍与人握手等。

### （三）座次礼仪

国际商务谈判需要安排主宾双方的座位与次序，而座次是最能直观体现国际商务礼仪的一项重要内容。座次安排的基本原则为：国际上以右为尊，国内以左为尊。假设商务人员的职位或重要程度依次排列，从高到低分别产生 1~9 号人员，如何安排座次将是一项关键而实用的礼仪规范。

#### 1. 会议座次

当举行大型会议时，可以设置主席台与观众席。主席台的座次安排将出现两种情况。当台上人员是偶数时，1 号人员与 2 号人员居中排列，2 号人员坐在 1 号人员的左侧，3 号人员坐在 1 号人员的右侧，以此类推（见图 8-5）。当台上人员是奇数时，1 号人员居中排列，其余顺序不变（见图 8-6）。由于主席台式会议多用于国内，因而主要遵循以左为尊的原则。

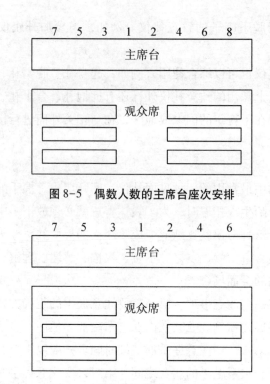

图 8-5　偶数人数的主席台座次安排

图 8-6　奇数人数的主席台座次安排

当举行室内会议时，又可以根据会议室和会议桌的布置分为几种情况。

首先，当采用横桌会谈时，主方人员背门而坐，客方人员面门而坐。其中，主客双方人员都按照这样的顺序安排：1 号人员居中落座，2 号人员坐在 1 号人员的右侧，3 号人员坐在 1 号人员的左侧，以此类推（见图 8-7）。

其次，当采用竖桌会谈时，主方人员坐在进门左侧，客方人员坐在进门右侧。其余顺序不变（见图 8-8）。

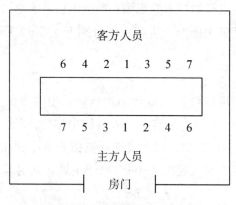

图 8-7　横桌会议室座次安排

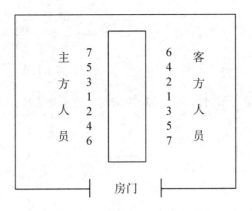

**图8-8　竖桌会议室座次安排**

当举行双边领导会面时，则会见座次安排如图8-9所示。按照以右为尊的原则，主宾双方各坐一侧，客人居右而主人居左，其余随员按次序就座于各自一方。需要注意的是，竖桌会议室座次安排与会见座次安排的"以右为尊"存在差异，切勿混淆。

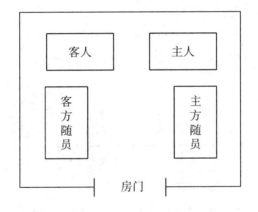

**图8-9　会见座次安排**

2. 合影位次

当需要主宾双方集体合影时，参与人员的站位次序需要符合一定的礼仪。主方人员应提前做好次序安排，并以标记或绘图提示全体人员。位次安排一般按照主人居中、前排为上、主客交叉的原则。例如，1号人员站在前排中间位置，2号人员站在1号人员的右侧，3号人员站在1号人员的左侧，以此类推。另外，边缘地带或每一排的两段应排列主方人员，以表尊敬（见图8-10）。

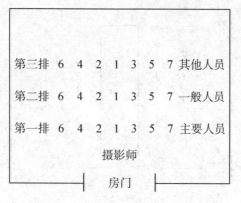

图 8-10　集体合影位次安排

### 3. 签约位次

当需要签订合同或协议时，双方人员需要按照一定的规范就坐签字和站立参与。位置安排为客方签字人和文本位于进门左侧，主方签字人和文本位于进门右侧，各方陪同人员站立于签字人身后。（见图 8-11）

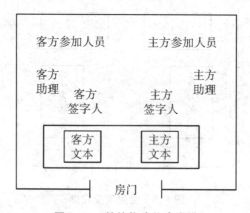

图 8-11　签约仪式位次安排

### 4. 乘车座次

在陪同外商乘车时，也应遵守特定的乘车礼仪。按照国际惯例，乘坐轿车的座次安排应当遵循右高左低，后高前低的基本原则，即座位的等级顺序从高到低分别是后排右座、后排左座、后排中座、前排右座、前排左座（图 8-12）。需要注意的是，副驾驶位置一般乘坐秘书、翻译、向导等随行人员，如果由主人或等级较高者亲自驾驶汽车，则副驾驶位置升级为上座（图 8-13）。如果需要接送重要人物，出于安全方面的考虑，司机后方的座位也可被视为上座。另外，对于不同的车型，乘车座次也有一定区别（见图 8-14 和图 8-15），商务人员应当注意规范安排。

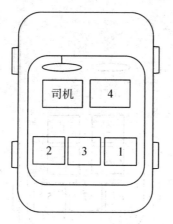

图 8-12　轿车乘车座次

图 8-13　主人驾车时的轿车乘车座次

图 8-14　七座商务车的乘车座次

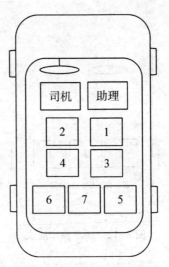

图 8-15　小客车的乘车座次

 **本章小结**

本章主要讲述了三个方面的内容。

第一，国际商务礼仪概述。国际商务礼仪是指在国际商务活动中，各方参与者需要共同遵守的礼仪规范。国际商务礼仪具有规范性、传承性、简便性、对象性、共同性及国际性等特点，并具有彰显商业团队及个人的素质、促进人际沟通和跨文化交流、维护国家与企业的良好形象等重要作用。同时，国际商务礼仪还有一些基本原则，包括平等尊重、入乡随俗、信守时约、以右为尊及避讳隐私等。中外主要节日民俗也需要谈判人员知晓与了解。

第二，国际商务形象礼仪。国际商务形象礼仪包括仪容仪表礼仪、服装配饰礼仪与言谈举止礼仪。仪容礼仪体现在面容、微笑、头发及手部等方面；服装配饰礼仪包括一系列国际通行的着装原则，包括男士西装与女士套装等；言谈举止礼仪则主要表现在谈吐礼仪和举止礼仪两个方面。规范和良好的形象礼仪是参与国际商务谈判的一张"靓丽的名片"。

第三，国际商务交往礼仪。主要包括国际商务宴会礼仪、国际商务馈赠礼仪、国际商务致意礼仪、国际商务握手礼仪及国际商务座次礼仪等。每一类礼仪都有着相应的规范与流程，需要谈判人员充分了解和熟练应用。

总之，国际商务礼仪是国际商务谈判的重要内容和必要要求，谈判人员应当掌握国际通用礼仪，熟悉各国风俗习惯，善于商务沟通与社会交际，从而在国际商务活动中彰显优良素养、建立合作关系、取得丰硕成果和赢得国际赞誉。

**作业与习题**

## 一、单项选择题

1. （　　）是指在国际商务活动中，各方参与者需要共同遵守的礼仪规范。
　　A. 礼仪
　　B. 商务礼仪
　　C. 国际商务礼仪
　　D. 国际商务文化

2. （　　）为每年 11 月的第四个星期四，是起源于美国、并流行于美国、加拿大等国的西方传统节日。
　　A. 万圣节
　　B. 感恩节
　　C. 复活节
　　D. 圣诞节

3. （　　）是中国农历新年的第一天，这是中国人及海外华人华侨最重要、最隆重、最具文化特色的传统佳节。
　　A. 春节
　　B. 元宵节
　　C. 端午节
　　D. 中秋节

4. （　　）的代表菜肴有罗宋汤、鱼子酱、小餐包、烤肉串等。
　　A. 美式西餐
　　B. 法式西餐
　　C. 意大利西餐
　　D. 俄式西餐

5. 当欢送谈判伙伴离场时，全体人员可以一边鼓掌、一边起身行（　　）。
　　A. 点头礼
　　B. 注目礼
　　C. 鞠躬礼
　　D. 握手礼

## 二、多项选择题

1. 国际商务礼仪的特点包括（　　）。
　　A. 规范性
　　B. 传承性
　　C. 简便性
　　D. 对象性
　　E. 共同性
　　F. 国际性

2. 国际商务礼仪的功能主要包括（　　）。
　　A. 彰显商业团队素质
　　B. 彰显个人素质
　　C. 促进人际沟通
　　D. 促进跨文化交流
　　E. 维护国家形象
　　F. 维护企业形象

3. 在国际商务谈判中，应当避讳（　　）等隐私话题。
　　A. 年龄
　　B. 婚恋
　　C. 收入
　　D. 存款
　　E. 疾病
　　F. 过往经历

4. 国际通行的 "TPO" 着装原则是指（　　　）。

    A. 时间                     B. 地点

    C. 对象                     D. 习惯

    E. 人员                     F. 款式

5. 常见的宴会形式包括（　　　）。

    A. 正式宴会               B. 招待会

    C. 茶话会                D. 工作餐

## 三、判断题

1. 礼仪是人们在社会交往过程中，表达尊重、友好、信任、真诚、服从、理解、致意、慰问、庆贺及怀念等意思的一系列行为规范。（　　　）

2. 东方文化以右为尊，而西方文化以左为尊。（　　　）

3. 在欧美国家，彩蛋和兔子是复活节的象征，认为彩蛋预示着新的生命，兔子代表着不断地繁殖。（　　　）

4. 对于商务男士而言，手部可以佩戴各种风格的手表，或者佩戴珠串、腕带、绳索等装饰品。（　　　）

5. 穿着正装时，黑色皮鞋配白色袜子显得十分美观和规范。（　　　）

## 四、简答与论述题

1. 请简述如何做好面容礼仪。

2. 请简述商务男装的穿着礼仪。

3. 请简述国际商务举止礼仪的内容。

4. 试论述行握手礼时的注意事项。

5. 请画图阐述如何安排商务活动中的乘车座次。

## 五、实训题

1. 穿着一次正装，男士练习打领带，女士练习服饰的搭配。

2. 两人一组进行微笑训练，相互反馈微笑沟通的效果。

3. 体验一次西餐，比较各国餐饮文化与礼仪的异同。

参考答案

# 参考文献

白远，2022. 国际商务谈判：理论、案例分析与实践 [M]. 6 版. 北京：中国人民大学出版社.

查尔斯·希尔，托马斯·霍特，2019. 国际商务 [M]. 11 版. 北京：中国人民大学出版社.

陈国海，安凡所，刘晓琴，等，2021. 跨文化沟通 [M]. 2 版. 北京：清华大学出版社.

仇志荣，1994. 对外商务谈判中的问题与对策 [M]. 北京：中国经济出版社.

丁枫，2010. 谈判场上的 99 个心理谋略 [M]. 北京：中国致公出版社.

董炳和，1996. 国际商务法律与惯例 [M]. 济南：山东人民出版社.

董道军，2021. 谈判心理学 [M]. 北京：中国商业出版社.

弗雷德·卢森斯，乔纳森·多，2016. 跨文化沟通与管理 [M]. 9 版. 北京：人民邮电出版社.

黄卫平，丁凯，宋洋，等，2023. 国际商务谈判 [M]. 4 版. 北京：中国人民大学出版社.

靳娟，2010. 跨文化商务沟通 [M]. 2 版. 北京：首都经济贸易大学出版社.

李高朋，2010. 商场博弈论的诡计 [M]. 北京：中国画报出版社.

李嘉珊，2020. 国际商务礼仪 [M]. 3 版. 北京：电子工业出版社.

李建民，2016. 国际商务谈判案例 [M]. 北京：经济科学出版社.

李力刚，2021. 谈判博弈 [M]. 北京：中国商业出版社.

李爽，刘萍，于湛波，等，2021. 商务谈判 [M]. 4 版. 北京：清华大学出版社.

李志军，2018. 商务谈判与礼仪 [M]. 北京：中国纺织出版社.

利·汤普森，2019. 国际商务谈判 [M]. 6 版. 北京：中国人民大学出版社.

莉莲·钱尼，珍妮特·马丁，2021. 跨文化商务沟通 [M]. 6 版. 北京：中国人民大学出版社.

刘春生，2016. 国际商务谈判［M］. 北京：电子工业出版社.

刘宏，白桦，2019. 国际商务谈判［M］. 4 版. 大连：东北财经大学出版社.

刘荣，廖思湄，2015. 跨文化交际［M］. 重庆：重庆大学出版社.

刘向丽，2020. 国际商务谈判［M］. 3 版. 北京：机械工业出版社.

刘园，2022. 国际商务谈判［M］. 5 版. 北京：中国人民大学出版社.

刘园，都雨菲，2021. 国际商务谈判［M］. 6 版. 北京：首都经济贸易大学出版社.

罗伊·列维奇，布鲁斯·巴里，戴维·桑德，2021. 商务谈判［M］. 8 版. 北京：中国人民大学出版社.

吕彦云，2020. 国际商务礼仪［M］. 2 版. 北京：清华大学出版社.

马俊，毕劲芳，马欣玥，2021. 国际商务谈判理论与实战（双语版）［M］. 北京：清华大学出版社.

聂元昆，2009. 商务谈判学［M］. 2 版. 北京：高等教育出版社.

彭凯平，王伊兰，2009. 跨文化沟通心理学［M］. 北京：北京师范大学出版社.

王德新，1996. 商务谈判［M］. 北京：中国商业出版社.

王剑华，马军伟，杨洋，2017. 商务谈判实务与综合实训［M］. 北京：北京交通大学出版社.

王珏，2017. 商务写作与外贸函电［M］. 北京：中国人民大学出版社.

王军旗，华昊，刘旭青，等，2021. 商务谈判：理论、技巧与案例［M］. 6 版. 北京：中国人民大学出版社.

王艳，2021. 国际商务礼仪［M］. 2 版. 北京：电子工业出版社.

王玉苓，2021. 商务礼仪：案例与实践［M］. 2 版. 北京：人民邮电出版社.

温克勒，1988. 讨价还价技巧［M］. 北京：机械工业出版社.

谢识予，2017. 经济博弈论［M］. 4 版. 上海：复旦大学出版社.

新华通讯社，国务院国资委，孔子学院总部，2017. "一带一路" 100 个全球故事［M］. 北京：新华出版社.

雪映，2001. 谈判签约礼仪与禁忌［M］. 北京：中国人民公安大学出版社.

严文华，2008. 跨文化沟通心理学［M］. 上海：上海社会科学院出版社.

杨丽，2018. 国际商务礼仪［M］. 北京：高等教育出版社.

张国良，2021. 国际商务谈判［M］. 2 版. 北京：清华大学出版社.

张晖，胡晓阳，江丽，等，2019. 商务谈判［M］. 上海：上海财经大学出版社.

赵威，2021. 经济法［M］. 8 版. 北京：中国人民大学出版社.

郑小兰，2009. 改变一生的 60 个心理学效应［M］. 北京：中国青年出版社.

郑兴山，2019. 跨文化管理［M］. 2 版. 北京：中国人民大学出版社.

周朝霞，2017. 国际商务礼仪实训教程［M］. 南京：南京大学出版社.

祖晓梅，2015. 跨文化交际［M］. 北京：外语教学与研究出版社.

左世翔，2020. 新编客户关系管理［M］. 成都：西南财经大学出版社.

左世翔，2022. 新编国际贸易理论与实务［M］. 2 版. 成都：西南财经大学出版社.